Die Autoren

CHRISTIAN LUKAS, geboren 1970 in Witten, arbeitet als Filmjournalist. Aus seiner Feder stammen u. a. Bücher zu TV-Serien wie STARGATE und AKTE X. Darüber hinaus ist er Mit-Herausgeber der Interviewsammlung ONSCREEN. Für weitere Informationen lädt er alle Interessenten zu einem Besuch auf seiner Homepage www.christianlukas.purespace.de ein.

SASCHA WESTPHAL wurde 1971 in Dortmund geboren, wo er immer noch lebt und als freier Filmjournalist arbeitet. Als Buchautor hat er sich vor allem mit seinen Sachbüchern zur TV-Serie MILLENNIUM einen Namen gemacht, zu seinen weiteren Arbeiten gehört unter anderem seine Mitarbeit an dem Buch »Rituale und Romantik – das Kino des Eckhard Schmidt«.

Zusammen haben die beiden Autoren bereits mehrere Bücher über die TV-Serie BUFFY – IM BANN DER DÄMONEN verfasst.

SASCHA WESTPHAL
CHRISTIAN LUKAS

Die
SCREAM
Trilogie

... und die Geschichte des
Teen-Horrorfilms

WILHELM HEYNE VERLAG
MÜNCHEN

HEYNE ALLGEMEINE REIHE
Nr. 01/13271

Umwelthinweis:
Dieses Buch wurde auf chlor- und
säurefreiem Papier gedruckt.

Redaktion: Hans Schifferle

Originalausgabe 7/2000
Copyright © 2000
by Wilhelm Heyne Verlag GmbH & Co. KG, München
Printed in Germany 2000
Umschlagillustration: The Image Bank/Barros & Barros, München
Umschlaggestaltung: Nele Schütz Design, München
Satz: Schaber Satz- und Datentechnik, Wels
Druck und Bindung: Ebner Ulm

ISBN 3-453-18124-7

http://www.heyne.de

Inhalt

Einleitung 7

Das Spiel mit der Angst –
Der Stalker-Film und seine Regeln 9

Scream – Schrei 39

Scream – Die Biografien 68

- *Wes Craven* 69
- *Kevin Williamson* 146
- *Neve Campbell* 177
- *Die anderen Darsteller* 211

Scream 2 247

Wer hat Angst vorm Schwarzen Mann?
Die Geschichte des Teen-Horrorfilms 270

Scream 3 427

Filmografie 454

Bibliografie 489

Danksagungen 492

Top Ten der Autoren 493

EINLEITUNG

Im Jahre 1996 ließ der Film SCREAM – SCHREI die Kinokassen klingeln. 103 Millionen Dollar spielte er alleine in den USA ein. Niemand konnte sich seinen Erfolg erklären. Teen-Horrorfilme waren seit langer Zeit out, lediglich auf dem Videomarkt erhielten sie ihr Gnadenbrot, unbeachtet in den hintersten Ecken, gleich neben dumpfen Ballerfilmen und Pornos. Doch dann kam SCREAM und ein totgeglaubtes Genre erwachte zu neuem Leben. Mit ihm hat der Teen-Horrorfilm einen zweiten Frühling erlebt, nachdem in den frühen 80er Jahren eine ganze Reihe von verrückten Maskenträgern und anderen Psychopathen die Leinwände rund um den Globus unsicher gemacht hatten. Freddy, Jason, Michael und wie sie alle hießen: Sie wurden zu den Stars ihres jugendlichen Publikums und etablierten den Teen-Horror als ein ernstzunehmendes, da ungemein erfolgreiches Genre. Doch die immer gleichen Geschichten und die immer gleichen, talentfreien Schauspieler und Autoren ließen das Interesse an diesem Genre schwinden, weshalb auch die wenigen guten, in diesen Jahren gedrehten Filme, kein Publikum fanden. Bis SCREAM auf der Leinwand erschien.

Als wir dieses Buch planten, fragten wir uns: Was sind eigentlich Stalker-Filme, die gemeinhin auch Teen-Horrorfilme genannt werden? Wie ist das Genre des Teen-Horrorfilms eigentlich entstanden? Wo liegen seine Wurzeln? Welches sind die Filme, die die Regeln dieses Genres definiert haben? Dies musste geklärt werden, bevor wir uns den Personen zuwenden konnten, ohne die SCREAM niemals zum Kult hätten werden können: Drehbuchautor Kevin Williamson, Hauptdarstellerin Neve Campbell und natürlich Regisseur Wes Craven, der in einem Interview selbst Rede und Antwort zur SCREAM-Serie steht. Über die Filme selbst haben wir nicht nur eine ganze Reihe von Hintergrund-Informationen zusammengetragen: Wir haben die Filme auch mit Argusaugen betrachtet und führen beispielsweise auf, wer in welchem Film in Cameo-Auftritten zu sehen ist, oder welche Filme in welchen Szenen zitiert werden.

Und wem dies immer noch nicht ausreicht, für den haben wir am Ende dieses Buches eine kleine Filmografie mit den Teen-Horrorfilmen zusammengetragen, die man gesehen haben sollte.

In diesem Sinne viel Spaß mit »Die SCREAM-Trilogie ... und die Geschichte des Teen-Horrorfilms«.

Dortmund und Witten, im Mai 2000

DAS SPIEL MIT DER ANGST

Der Stalker-Film und seine Regeln

»Es gibt gewisse Regeln, die man beachten muss, um [...] in einem Horrorfilm zu überleben. Nummer eins: Enthalte dich jeder Form von Sex. [...] Sex ist gleich Tod! Nummer zwei: Nicht trinken und keine Drogen. Das alles fällt unter Sünde. Sünde ist die Erweiterung von Nummer 1. Und Nummer drei, Du darfst nie, niemals, unter keinen Umständen sagen, ich komm gleich wieder. Denn du kommst nicht wieder. [...] Jeden, der gegen die Gesetze verstößt, erwartet der Tod.« (Der Stalker-Filmbuff Randy in SCREAM)

Als Randy seinen Freunden und Mitschülern diese Regeln erklärt, sehen sie sich gerade auf einer Party John Carpenters HALLOWEEN – DIE NACHT DES GRAUENS (HALLOWEEN, USA 1978) an, ohne den es wahrscheinlich weder diese Regeln noch den Film SCREAM – SCHREI (SCREAM, USA 1996) überhaupt geben würde (siehe hierzu auch das 1. Kapitel der Kevin Williamson-Biografie). Wenn sich wenig später diese Feier zur vorübergehenden Schließung der Schule endgültig in ein Massaker verwandelt, wird HALLOWEEN weiter laufen, und das ist mehr als nur Hommage. Ein Dialog entsteht in diesen Momenten zwischen zwei Filmen, von denen der eine den Slasher-Film, so wie wir ihn heute kennen, erschaffen und der andere ihn wiedererweckt hat. Man muss zwar den großen Klassiker der *scary movies* nicht unbedingt kennen, um Spaß an Wes Cravens und Kevin Williamsons Spiel mit den Konventionen des Genres zu haben ... aber wenn man ihn gesehen hat, wird man ganz sicher noch mehr Spaß haben können.

Es ist gar nicht so einfach, den Anfang des Films HALLOWEEN zu beschreiben, diese erste Szene, die vielleicht nicht die Urszene ist, aber doch ihre entscheidende Wiederholung und Neuinterpretation. Zunächst ist da diese Kamera, die von der anderen Straßenseite aus ein ganz gewöhnliches weißes Haus, ein typisches Vorstadtheim, fixiert hat. Doch ihr Blick ist nicht ruhig, etwas Unstetes, Lebendiges liegt in ihm. Was wir in diesem Moment sehen – darüber kann nicht der geringste Zweifel bestehen –, sehen wir mit den Augen eines Menschen. Doch wer da dieses unscheinbare, zum Halloween-Fest geschmückte Haus beobachtet und sich ihm dabei immer mehr nähert, ist unklar. Wir blicken – und das kann man hier in jedem Sinne wörtlich nehmen – mit den Augen eines Fremden. Er führt uns an das Haus heran. Irgendwann sind auch Stimmen zu hören, und der Blick scheint durch ein Seitenfenster hindurch sein Objekt gefunden zu haben – ein etwa 16-jähriges Mädchen, Judy Myers, und ihren Freund. Die beiden küssen sich, und ihre Hände ertasten ein bisschen unbeholfen den Körper des anderen. Sex ist noch ein Spiel, eine Entdeckungsreise, immer bedroht von unerwünschten Störenfrieden und durch die Verbote der Erwachsenen. Deshalb will der Junge auch ganz genau wissen, ob sie wirklich alleine sind. Aber als Judy ihm sagt, dass Michael irgendwo hier sein müsste, stört ihn das nicht weiter. Michael – wer auch immer das ist – kann ihn nicht aufhalten, nicht einmal stören. So macht er weiter, nimmt eine Clownsmaske und neckt Judy damit. Schließlich beschließen die beiden, nach oben zu gehen. Als sie unten das Licht löschen, läuft der Beobachter hektisch zur Vorfront des Haus und richtet seinen Blick nach oben, zum einzigen erleuchteten Fenster. Auch dieses Licht verlöscht, und er geht schnell und zielstrebig zur Rückseite des Hauses, betritt es durch die Hintertür. In der Küche schaltet er kurz das Licht an und greift nach einem großen Messer. Zum ersten Mal sehen wir etwas von dem Menschen, der bisher nur als Beobachtender, als Träger unseres eigenen Blicks, existierte. Die Hand, die das Messer nimmt, wirkt klein; der Arm wird bedeckt von grünem, schimmerndem Stoff, der wahrscheinlich Teil eines Halloween-Kostüms ist. Nun hat auch Musik auf dem Soundtrack eingesetzt, kalt und bedrohlich, sinister und verstörend. Der Blick hat sich mit einer Absicht verbunden, die weit über unser voyeuristisches Interesse hinausgeht. Er geht von einem Mörder aus, und wir können uns nicht von ihm lösen. Als Judys Freund, sich das T-Shirt wieder anziehend, die Treppe herunterkommt, versteckt sich der bewaffnete Eindringling. Er wartet ab, bis der Junge weg ist, dann geht er selbst die Treppe nach oben, auf deren Absatz die Maske liegt. Er nimmt sie hoch und setzt sie sich auf. Unser Blick fällt nun durch die Augenschlitze, ist noch mehr an den Eindringling gebunden, der die nur mit einem Höschen bekleidete Judy beobachtet, wie sie sich vor einem Spiegel sitzend die Haare richtet. In dem Moment, in dem der Eindringling sich die Maske aufsetzt, hören wir auch zum ersten Mal seinen Atem, der schwer ist, von Erregung zeugt. Als Judy sich umdreht, kann sie nur mehr entsetzt »Michael« schreien. Das Messer saust auf sie nieder. Wie im Rausch sticht der Maskierte auf das Mädchen ein. Danach geht er wieder die Treppe hinunter, tritt aus dem Haus, vor dem gerade Judys Eltern angekommen sind. Erst jetzt wechselt die Perspektive. Wir sehen den Mörder zum ersten Mal. Es ist der sechs Jahre alte Michael, Judys kleiner Bruder, in einem farbenfrohen Clownskostüm, das blutige Messer noch in der Hand haltend.

So beginnt John Carpenters HALLOWEEN. Gerade einmal fünf Minuten vergehen von dem ersten Blick auf ein Haus, das ein Inbild amerikanischer Alltäglichkeit und Normalität sein könnte, bis zu der nur schwer fassbaren Offenbarung, dass der eben miterlebte brutale Mord von einem kleinen Jungen begangen worden ist. Aber diese kurze Zeit reicht mehr als aus, um uns jede Sicherheit zu nehmen und uns ins dunkle Herz einer Welt zu stoßen, die unserer eigenen so nah ist, dass die alte, den Schrecken mildernde Formel »Es ist nur ein Film« ihre beruhigende Kraft verliert. Was man gerade gesehen und zu einem gewissen Grad auch mitgetan hat, ist mehr als eine filmische Fiktion. Es ist ein Erlebnis, das uns mit der kalten Mechanik eines ohne jede Gefühle begangenen Mordes konfrontiert. Man hatte über die eigenen Augen Teil an einer Form des Bösen, an der jeder Versuch einer Erklärung scheitern muss.

Natürlich kommt diese zur Urszene eines ganzen Genres, des Stalker- und Slasher-Films (von ›stalk‹ verfolgen und

›slash‹ zerschneiden), gewordene Sequenz nicht aus dem Nichts. Sie baut vielmehr auf dem vielleicht berühmtesten Mord der Filmgeschichte, dem tödlichen Angriff von Norman Bates auf die duschende Marion Crane in Alfred Hitchcocks PSYCHO (PSYCHO, USA 1960), auf. Aber Carpenter zitiert diese klassische Szene nicht einfach, er geht noch einen Schritt weiter. In PSYCHO war der Mord ein solcher Schock, weil er mit einer ungeschriebenen Konvention des Kinos brach. Niemand rechnete damit, dass eine Figur wie Marion Crane, die als die Heldin des Films eingeführt wurde, schon nach etwa einem Drittel des Films brutal getötet wird. Norman Bates' Messer zerschnitt nicht nur den Duschvorhang und den Körper der jungen Frau, er zerstörte auch Erwartungen. Aufgrund seiner Position im Verlauf des Geschehens trifft uns der Mord an Marion Crane anders als der an Judy Myers.

Auch Hitchcock inszeniert zumindest zum Teil aus der subjektiven Perspektive des Mörders, die Kamera gibt seinen Blick wieder und verheimlicht uns damit seine Identität. »Wer ist der Täter?« – das ist hier noch die entscheidende Frage. Aber wie später in der Anfangssequenz von HALLOWEEN spielt auch bei Hitchcock das voyeuristische Moment einer solchen Inszenierung eine entscheidende Rolle. Der mit einer subjektiven Kamera gefilmte Mord ist die direkte Fortführung der Szene, in der Norman Bates die attraktive Marion Crane heimlich durch ein Loch in der Wand in ihrem Zimmer beobachtet. Aus dem lustvollen Blick des Peeping Tom wird das kalte Starren eines sadistischen Mörders. Das Messer, das in den Körper eindringt und ihn zerstört, wird zum Ersatz für echten körperlichen Kontakt. Der Killer nimmt sich das, was er sonst nicht besitzen kann, und zerstört es mit Gewalt.

Da wir Marion Crane kennen, sie eigentlich sogar unsere Heldin oder zumindest Bezugsperson im Rahmen des Films ist, erzeugt die subjektive Kamera keinerlei Identifikation mit dem Mörder. Während wir vorher noch mit dem Blick von Norman Bates auf ihren Körper sympathisieren konnten – so wie sie ihm gefällt, findet auch der Zuschauer aufgrund ihrer äußerlichen Reize Gefallen an ihr –, bleibt in der Duschszene nur die Angst um sie. Auch wenn wir mit seinen Augen sehen, so sind wir in diesem Moment nicht der Angreifer, sondern die Angegriffene. Der Mord ist deshalb so verstörend, weil er mit der ihm vorausgehenden Sympathielenkung bricht. Mit Marions Tod steht der Zuschauer quasi vor dem Nichts, alles muss noch einmal von vorne beginnen. HALLOWEEN stellt den ›Duschmord‹ nun direkt am Anfang nach. Die Sympathien sind noch nicht verteilt und es gibt auch niemanden, auf den sie zu verteilen wären. Der Beobachter, dessen Blick die Kamera die ganze Zeit übernimmt, existiert nicht als Figur, er ist nur Blick. So sehen wir zwar, was auch er sieht, aber wir wissen nichts über ihn. Das gemeinsame Sehen stellt zwar eine Art von Basis dar, so etwas wie ein Angebot zur Identifikation, doch wir können es nicht wirklich annehmen. Dafür fehlt uns eine Verbindung, die über den reinen Blick hinausgeht. Auf der anderen Seite können wir uns auch nicht mit Judy und ihrem Freund identifizieren. Sie sind einfach nur ein Teenager-Pärchen, das sexuelle Erfahrungen sucht und mit der Liebe experimentiert. Sie sind fixiert im Blick des Beobachters, beinahe Gefangene seines Blickes, den sie nie erwidern können. Sie sehen ihn nicht. Das ist hier ganz entscheidend. So bleiben sie die ganze Zeit über Objekte, gewinnen nie eine Identität, die über ihre Handlungen hinausgeht. Deshalb erschreckt uns der Mord an Judy, aber trifft uns nicht so wie der an Marion. Verstörender als die Tat wirkt dann die Enthüllung des Täters, zu dem wir zwar schon im Moment des Mordes eindeutig auf Distanz gegangen waren, aber den wir doch nie für einen kleinen Jungen gehalten hätten.

John Carpenter spielt in der Anfangssequenz von HALLOWEEN ganz dezidiert mit unserer Lust am Schauen und unserer Bereitschaft, im Kino sehr schnell unseren unterbewussten Sehnsüchten nachzugeben. Auch wenn wir uns nicht mit dem Beobachter identifizieren, übernehmen wir seinen Blick doch ohne Widerstreben. Im Kino sind wir zwar immer Voyeure, die in ein anderes Leben eindringen und es mit unseren Blicken sezieren, aber hier wird dieser Aspekt des Sehens von Filmen noch einmal besonders betont. Es macht uns nichts aus, zwei fremde Teenager beim Vorspiel

Michael Myers ist seit über 30 Jahren der Inbegriff für das unsterbliche Böse. Ohne HALLOWEEN würde es aber auch keinen Teen-Horrorfilm moderner Prägung geben. 20 Jahre nach Teil eins kam mit H20 1998 der inzwischen siebte Teil in die Kinos.

zu beobachten, darin liegt sogar ein gewisses Vergnügen. Selbst der aus Michaels Perspektive gefilmte Mord löst noch eine sehr ambivalente Haltung aus. Wir nehmen unmittelbar teil an ihm, erleben dieses Tabu so direkt, wie es nur möglich ist. Da wir uns aber nicht mit dem Mörder identifizieren und das Opfer im Prinzip keine emotionale Bedeutung für uns hat, betrachten wir das Geschehen aus der nötigen Distanz, erleben den ultimativen Thrill eines Mordes, der uns zwar mit der Gewalt in der Welt, aber nicht mit der in uns konfrontiert. Der Voyeur im Kino kann bei einem so miterlebten Akt der Gewalt die dunkle Seite seiner Begierden ausleben, ohne dass sich daraus weitere emotionale Konsequenzen für ihn ergeben.

Die sich hier andeutende Komplexität der Beteiligung des Zuschauers an den Vorgängen ist unerreicht im Kino der verrückten Stalker und Slasher. Der Mord von Michael Myers an seiner Schwester Judy hat das Horrorkino der letzten

30 Jahre wahrscheinlich mehr geprägt als jede andere Sequenz in diesem Genre. Zusammen mit dem Duschmord aus PSYCHO ist er wirklich so etwas wie die Urszene dieser Form des Horrorfilms. Kein anderer Regisseur außer Carpenter hat wohl den Schwerpunkt der Inszenierung in diesem Maße auf eine Reflexion der grundsätzlichen Bedingungen des Sehens im Kino gelegt. In diesen ersten fünf Minuten, die fünfzehn Jahre vor der eigentlichen Handlung von HALLOWEEN spielen und praktisch einen eigenen, abgeschlossenen Film für sich darstellen, hat Carpenter zurückgehend auf Hitchcock und zugleich weit über ihn hinausweisend das metaphysische Potential des Stalker-Films ausgelotet. Sie werden zu einem Essay über die oft uneingestandenen psychologischen Hintergründe des Sehens. Die eigentliche Geschichte des Films, Laurie Strodes Kampf gegen den nach fünfzehn Jahren aus der psychiatrischen Anstalt geflohenen Michael Myers, wird diese das Medium selbst reflektierende Tiefe nicht mehr erreichen. Sie baut auf der in der Vergangenheit angesiedelten Anfangssequenz auf und gibt ihren filmischen Mitteln einen anderen Hintergrund und ein anderes Bezugssystem.

Wenn man die Geschichte des Stalker-Films, der im Lauf der Zeit immer mehr zum Slasher-Film geworden ist, betrachtet, dann kommt HALLOWEEN die zentrale Position zu. John Carpenters für relativ wenig Geld produzierter Film hat durch seinen enormen Erfolg eine wahre Welle von Filmen ausgelöst, in denen ein psychopathischer Mörder Teenager jagt und auf mehr oder weniger originelle Weise umbringt. Aber er ist eben nicht nur der Ausgangspunkt dieser Art von Filmen, die sich schnell zu einem eigenen Subgenre im Horror-Kosmos ausweiten sollte, er verbindet sie zugleich auch mit der Vergangenheit. Ohne PSYCHO, der hier nicht nur durch die Inszenierung des Mordes als Vorbild präsent ist, wäre HALLOWEEN nur schwer vorstellbar. So wie Hitchcocks Inszenierung Carpenters Umsetzung der Morde, besonders des ersten, beeinflusst hat, so stehen auch die Strukturen der Geschichte von PSYCHO Pate in HALLOWEEN. Carpenter betont die Nähe zu dem Klassiker sogar noch und erweist ihm in mehrfacher Hinsicht seine Referenz. Das Messer, zu dem Michael greift, um seine Schwester zu töten, gleicht nicht von ungefähr dem, das Norman Bates bei seinem Angriff auf Marion Crane verwendet. Außerdem hat die Figur des von Donald Pleasance gespielten Psychiaters, der Michael über Jahre hinweg beobachtet hat und ihn nun als eine Inkarnation des Bösen an sich jagt, den Namen Sam Loomis. So hieß bei Hitchcock Marion Cranes Geliebter, der indirekt Schuld an Marions Fehltritt hat, der sie überhaupt erst in Bates' Motel führt, und später eine entscheidende Rolle bei der Suche nach dem Mörder spielt.

Alfred Hitchcock hat in PSYCHO ein komplexes Geflecht aus Sex und Tod, Schuld und Bestrafung geschaffen, das zu einem zentralen Bestandteil des Stalker-Genres werden sollte. Marion Crane macht sich in mehrfacher Hinsicht schuldig und wird damit erst zum möglichen Opfer für den psychopathischen Mörder. Sie hat eine Affäre mit Sam Loomis, die sie in heimlichen Treffen in Motelzimmern während ihrer Mittagspause auslebt. Aber damit ist sie nicht glücklich. Marion sehnt sich nach einer ganz normalen, legitimierten Beziehung, für die ihr und ihrem Geliebten allerdings das Geld fehlt. Deshalb stiehlt sie, als sich ihr die Gelegenheit bietet, 40 000 Dollar aus der Kasse ihres Chefs. So entsteht eine direkte Beziehung zwischen dem Ausleben ihrer Sexualität und dem Diebstahl, der sie zu einer Flüchtigen macht, die dann in dem Motel von Norman Bates strandet. Hier ist es nun wieder ihre Sexualität, in diesem Falle ihr äußerst attraktives Aussehen, das die weiteren Ereignisse in Gang bringt. Sie gefällt Norman, er begehrt sie. Doch dies ruft sein zweites Ich, seine in ihm weiterlebende Mutter, auf den Plan. Diese ihm gar nicht bewusste Seite seiner Psyche fühlt sich von Marion bedroht. Sie fürchtet, dass diese schöne junge Frau sie verdrängen und aus Normans Innerem auslöschen könnte. Deshalb übernimmt die ›Mutter-Hälfte‹ die Oberhand und tötet Marion. Der Mord ist also zum einen eine perfide Form der Bestrafung Marions und zugleich ein Versuch der Auslöschung von Sexualität. Eine grausame Form von *double-bind* entsteht damit. Ausgelebte Begierden lassen Marion Crane schuldig werden, verdrängte Begierden machen Norman Bates zu einem Mörder.

Ähnliche Mechanismen wirken auch in HALLOWEEN, nur dass hier die Schuld der Opfer viel geringer ist, im juristischen Sinne sind sie sogar unschuldig. Judy Myers stiehlt keine 40 000 Dollar und begeht auch kein anderes Verbrechen. Sie vernachlässigt nur ihren kleinen Bruder, auf den sie eigentlich aufpassen sollte. Sex ist ihr, wie vielen Teenagern, in diesem Moment wichtiger als ihre Pflichten. Diese Pflichtvergessenheit bestraft Michael mit dem Messer. Aber – und da ist es besonders wichtig, dass wir zum Zeitpunkt der Tat noch nicht wissen, dass sie von einem Sechsjährigen verübt wird – der Mord hat auch ganz deutlich eine sexuelle Komponente. Der Mörder tötet ein Mädchen, das er beobachtet, also heimlich auch begehrt hat, nachdem es Sex mit einem anderen hatte. Bevor er zusticht, setzt er sich eine Maske auf, die vorher Teil des Liebesspiels zwischen Judy und ihrem Freund war – dass diese Maske ursprünglich wieder zu Michaels Kostüm gehörte, gibt dem ganzen natürlich noch eine weitere, alles komplizierende Dimension. Judy ist für ihn – auf jeden Fall in sexueller Hinsicht – unerreichbar, es bleibt nur der Mord als ein in Gewalt umgewandelter Sexualakt. Weil wir dies wissen, trifft uns die Enthüllung des Täters noch mehr. Ein kleiner Junge begeht einen Mord, bei dem unterdrückte und verdrängte Begierden eine entscheidende Rolle spielen.

Carpenter deutet hier eine offensichtlich inzestuöse Bindung Michaels an seine ältere Schwester an. In diesem Netz aus (verbotenen) Begierden wird die Clownsmaske zum entscheidenden Bedeutungsträger, deren große Nase – darauf verweist schon Vera Dika in »Games of Terror«, ihrer zum Teil sehr aufschlussreichen Studie über Stalker-Filme aus den Jahren von 1978 bis 1981 – etwas extrem Phallisches hat. Scheinbar hat Michael sie im Haus liegen lassen, bevor er gegangen ist. So kann Judys Freund sie an sich nehmen und offen in ein Instrument seines Liebesspiels verwandeln. Er kann und darf das machen, wonach sich Michael nur sehnt. Vor dem Mord setzt der Junge sie dann wieder auf. Sie dient dabei nicht als Maskerade, die sein Gesicht vor den Augen der Schwester verbergen soll, sondern ist ein Symbol. Er tritt jetzt gleichsam an die Stelle von Judys Freund. Das schwere

Atmen, das wir in der Zeit hören, in der Michael die Maske trägt, lässt keinen Zweifel an dem eigentlichen Charakter der Tat. Der Mord ist für ihn auch eine Form des Sexualaktes.

Als Michael, nun 21 Jahre alt, aus der Anstalt flieht und in seine Heimatstadt Haddonfield zurückkehrt, ist er in vielerlei Hinsicht immer noch der kleine Junge, der in der Halloween-Nacht des Jahres 1963 seine große Schwester getötet hat. Er begehrt Judy auch jetzt noch, deshalb ist er so fixiert auf drei etwa 16-jährige Mädchen, die an diesem Halloween-Abend zum Teil als Babysitter arbeiten. Er überträgt seine Begierde auf sie und kann diese doch nur, wie schon vor 15 Jahren, durch Gewalt ausleben. Zwei der drei untereinander befreundeten Mädchen interessieren sich genau wie Judy mehr für Sex als für alles andere, und eines der beiden wird wie Judy von Michael getötet, kurz nachdem sie mit ihrem Freund geschlafen hat. Nur Laurie Strode, die dritte, die immer noch Jungfrau ist und ihre Pflichten nicht vernachlässigt, kann sich gegen den Killer wehren und ihn mit der Hilfe von Dr. Loomis zumindest für eine Zeit bezwingen.

In der Auseinandersetzung mit HALLOWEEN ist immer wieder auf diese Konstellation verwiesen worden. Die Opfer des Mörders sind sexuell aktiv und damit schuldig heißt es, während die Heldin dank ihrer Tugendhaftigkeit überleben darf. Doch ganz so einfach sind die Verhältnisse nicht. Michael macht eben nicht nur Jagd auf Lauries Freundinnen, sondern auch auf sie selbst. Die Morde sind also keine Akte der Bestrafung, in denen die beiden Mädchen für ihre ›Sünden‹ bezahlen müssen, sie sind vielmehr Ausdruck von Michaels unterdrückter, durch Gewalttaten kompensierter Sexualität. Er muss den Mord an seiner Schwester wiederholen, weil er sich nicht weiter entwickelt hat.

Auf der anderen Seite schafft gerade Lauries Enthaltsamkeit – sie sehnt sich zwar nach einem Freund und ersten Erfahrungen, hat aber gleichzeitig genau davor Angst – eine Verbindung zwischen ihr und Michael, die sie für ihn zu einem annähernd gleichwertigen Gegner macht. John Carpenter hat einmal in einem Interview zu den Vorwürfen einiger Kritiker, dass in HALLOWEEN Sex mit dem Tod bestraft würde, Stellung genommen und eben diesen Zusammenhang zwi-

schen dem Mörder und dem überlebenden Mädchen hergestellt: »Sie [die Kritiker] haben meiner Meinung nach das Ganze völlig falsch verstanden. Dreht man die Sache nämlich um, dann ist es das sexuell völlig verklemmte Mädchen, das nicht aufhört, auf diesen Typen mit einem langen Messer einzustechen. Sie ist in sexueller Hinsicht am meisten frustriert. Sie ist diejenige, die ihn tötet – nicht weil sie noch Jungfrau ist, sondern weil diese ganze unterdrückte Energie sich einen Weg nach draußen bahnt. Sie benutzt all diese phallischen Symbole gegen den Angreifer ... Sie und der Killer haben eine bestimmte Verbindung: ihre unterdrückte Sexualität.« Laurie, das *final girl*, das letzte überlebende und schließlich siegreiche Mädchen, das sich im zweiten Teil der HALLOWEEN-Serie als Michaels zur Adoption freigegebene Schwester entpuppt, ist zumindest im übertragenen Sinne schon hier die Schwester des Mörders, eine Geistesverwandte, die allerdings die in ihr aufgestauten Energien nur zu ihrer Verteidigung nutzt.
So wie HALLOWEEN zum Vorbild für das ganze Subgenre des Stalker- und Slasher-Films geworden ist, so ist auch seine Heldin Laurie Strode eine Art von Rollenmodell, an dem sich die Macher der HALLOWEEN-Nachzügler immer wieder orientiert haben. Sie ist zwar nicht wirklich das erste *final girl*, das war in vielerlei Hinsicht Sally, die einzige Überlebende in Tobe Hoopers BLUTGERICHT IN TEXAS (THE TEXAS CHAINSAW MASSACRE, USA 1974), die auch das Vorbild für Molly, die Heldin in David Schmoellers in etwa parallel zu HALLOWEEN entstandenem TOURIST TRAP (TOURIST TRAP, USA 1978), darstellt. Aber Laurie Strode ist die Figur, die mit ihren Eigenschaften und Fähigkeiten das Bild der Heldin im Kino des Teen-Horror am stärksten geprägt hat. Neben ihrer Keuschheit, die das Ergebnis eben der Verdrängung und Unterdrückung ihrer Sexualität ist, zeichnen sie zwei andere Eigenschaften aus, die im Kontext der Teen Slasher Movies noch weit bedeutsamer sind.
Sie ist die einzige der Jugendlichen in HALLOWEEN, die erkennt, in welcher Gefahr sie schwebt. Alle anderen sind nicht in der Lage wahrzunehmen, was um sie herum passiert. In dieser Hinsicht bekommt eine kleine Szene in der

ersten Hälfte von Carpenters Horror-Thriller eine besondere Bedeutung. Laurie ist zusammen mit ihren beiden Freundinnen Annie und Linda, die später beide zu Opfern von Michael werden, auf dem Weg von der Schule nach Hause. Als der maskierte Myers langsam mit einem Auto an ihnen vorbeifährt und sie unverwandt anstarrt, reagieren Annie und Linda in einer sie treffend charakterisierenden Weise. Die eine setzt auf eine aggressive Bemerkung, die andere meint, Michael sehe süß aus – eine schon unglaubliche Bemerkung, wenn man bedenkt, dass er die für ihn typische ausdruckslose weiße Maske trägt. Nur Laurie ahnt instinktiv, dass von diesem seltsamen jungen Mann eine Bedrohung ausgeht. Später, wenn sie von Michael Myers angegriffen werden, wiederholt sich diese Situation in extremer Weise. Annie und Linda wissen überhaupt nicht, wie ihnen geschieht, bis es zu spät ist und sie zu hilflosen Opfern des Killers werden. Sie können Michael Myers einfach nicht sehen, im wörtlichen genauso wie im übertragenen Sinne. Zum einen erkennen sie eben nicht die Gefahr, zum anderen sehen sie den Killer wirklich erst – wenn überhaupt – in dem Moment, in dem der tödliche Angriff stattfindet. Diese Unfähigkeit zu sehen, macht sie wehrlos. Sie können seiner Gewalt nichts entgegensetzen.

Im Gegensatz zu ihnen besitzt Laurie die für das Überleben entscheidende Eigenschaft, sie kann Michael Myers sehen. Dabei macht sie im Verlauf der Handlung eine Entwicklung durch, die sie am Ende dann befähigt, gegen den Killer zu kämpfen. Zunächst nimmt sie zum Teil bewusst, zum Teil aber auch nur unbewusst wahr, dass etwas in ihrer kleinen Welt nicht stimmt. Sie fühlt sich beobachtet und verfolgt, da sie immer wieder kurz einen Fremden, Michael Myers, sieht, der ihr Unbehagen bereitet. Schließlich ist sie es auch, die die schreckliche Gefahr erkennt, als sie die Leichen ihrer Freunde entdeckt. Sie begibt sich auf die Suche, forscht nach. Ihr Blick ist so wie der des Mörders ein aktiver, der eben nicht nur reagiert. Im Prinzip ist es dieses aktive Sehen, das die Welt und die anderen Charaktere um sie herum zu Objekten ihres Blickes macht, was im Kino des Stalker-Films die Heldin von den typischen Opfern trennt. Zugleich schafft es eine zweite Verbindung zwischen dem *final girl* und dem Killer, der sich seine Opfer auch durch seinen Blick unterwirft.

Anders als ihre Freundinnen sieht Laurie den Angreifer kommen und kann sich so zur Wehr setzen. Sie ist die einzige unter den Jugendlichen, die damit in der Lage ist, Gewalt anzuwenden. Sie läuft eben nicht nur davon und schreit, sie kämpft auch. Allerdings – und das unterscheidet Laurie Strode in beiden HALLOWEEN-Teilen, Carpenters Original und Rick Rosenthals Sequel HALLOWEEN II – DAS GRAUEN KEHRT ZURÜCK (HALLOWEEN II, USA 1981), von den *final girls* der anderen Stalker-Filme – kann sie Michael weder töten noch ihn für eine längere Zeit außer Gefecht setzen. Sie benötigt die Hilfe von Dr. Loomis, der ihn im ersten Teil durch sechs Kugeln vorerst ausschaltet und im zweiten Teil durch eine Gasexplosion vorläufig stoppt.

Anders als Laurie Strode sind die Heldinnen der von HALLOWEEN und seinem Erfolg inspirierten Teen Stalker Movies meist stark genug, den Killer, ihre Nemesis, alleine zu überwinden. Es bleibt auch kaum jemand übrig, der ihnen noch helfen könnte. Die Freunde sind zumeist schon tot, und die Erwachsenen spielen eine untergeordnete Rolle. Entweder werden sie einfach sang- und klanglos vom Killer ermordet, oder sie kommen viel zu spät wie die Polizisten in Sean S. Cunninghams legendär-berüchtigtem FREITAG, DER 13. (FRIDAY THE 13TH, USA 1980). Die überlebenden Heldinnen töten den Serienmörder – oft mit seinen eigenen Waffen – wie Alice in FREITAG, DER 13. oder Kim in Paul Lynchs PROM NIGHT – DIE NACHT DES SCHLÄCHTERS (PROM NIGHT, USA 1980) und Marti in Tom DeSimones PARANOIA (HELL NIGHT, USA 1980). Ihre Entwicklung geht damit noch weiter als die von Laurie. Sie sind in der Lage, Gewalt zu ihrer Verteidigung anzuwenden und so lange am Leben zu bleiben, bis ihnen ein Mann zu Hilfe kommt (dies war beispielsweise noch so bei dem ersten *final girl* Sally in BLUTGERICHT IN TEXAS; sie wird vor ihrem sicheren Schicksal von einem Truckfahrer bewahrt).

Die *final girls*, die in Laurie Strodes Fußstapfen treten, sind also in einem noch umfassenderen Sinne Heldinnen als

Jamie Lee Curtis in HALLOWEEN. Wie der klassische männliche Held wachsen sie nicht nur an der Situation, sondern sind auch in der Lage, ihre Gegner alleine auszuschalten – zumindest für eine Zeit. Dass auch die *final girls* sich am Ende nicht ganz von dem Killer befreien können – in HALLOWEEN ist die Leiche verschwunden, in FREITAG, DER 13. deutet sich die Rückkehr des Mörders in anderer Gestalt durch den Albtraum von Alice an –, hängt nicht mit ihrer Weiblichkeit zusammen, sondern ist Teil der Struktur des Genres.

Diese Annäherung an männliche Figuren findet in vielen Stalker-Filmen ihren Ausdruck schon im Namen der Heldinnen, der nicht mehr eindeutig einem Geschlecht zuzuordnen ist. Sie heißen Kim, Marti, Chris (in Steve Miners UND WIEDER IST FREITAG, DER 13. [FRIDAY THE 13TH – PART 3, USA 1982]) oder Sidney wie in Kevin Williamsons und Wes Cravens postmoderner SCREAM-Trilogie. Wie beinahe alles in SCREAM ist der Name von Neve Campbells Heroine ganz bewusst gewählt. Er verweist auf die androgynen Figuren, deren Nachfolgerin sie ist, und treibt das Spiel mit der Auflösung der Geschlechterdifferenz durch nicht mehr eindeutig zuzuordnende Namen auf die Spitze. Schwingt in Kim, Marti und Chris noch eine gewisse Ambivalenz mit, ist Sidney ein Vorname, den man normalerweise eindeutig einem Mann zuordnet. Dabei ist Sidney als Figur viel weiblicher gezeichnet als viele der anderen *final girls*. Der Name verliert seine inhaltliche Signifikanz, er ist nur mehr Teil des selbst- und genrereflexiven Spiels, das Williamson und Craven hier mit dem Zuschauer veranstalten.

So wie HALLOWEEN die Grundzüge des *final girl*-Charakters fest umrissen hat (Sean S. Cunningham und all die anderen sind eben nur konsequent noch einen Schritt weitergegangen), so hat Carpenter auch die Inszenierung des Mörders in gewisser Weise schon festgeschrieben. Die 1963 spielende Anfangssequenz stellt in ihrer Repräsentation des voyeuristischen Beobachtens, das dann in einen Akt der Gewalt übergeht, die Essenz des Stalker-Films dar. Carpenter zitiert hier Hitchcocks PSYCHO und interpretiert dessen Inszenierung eines Mordes an einer Frau der Zeit gemäß neu. Wie in dem

Klassiker verbindet sich auch bei HALLOWEEN die subjektive Kamera mit einer aggressiven, den Zuschauer praktisch direkt angreifenden Musik. Der Einsatz der Streicher in Bernard Herrmanns Score schafft ein musikalisches Äquivalent zu den Stichen, mit denen Norman Bates den Körper Marion Cranes zerschneidet. Carpenter arbeitet nun in der Anfangssequenz mit einer von ihm selbst komponierten und berühmt gewordenen elektronischen Musik, die gerade durch ihre Höhen etwas Enervierendes hat. Sie beschwört eine Atmosphäre der Bedrohung herauf, die schon während dieses ersten Mordes zum inszenatorischen Markenzeichen des Killers wird.

Diese Musik und die subjektive Kamera sind in HALLOWEEN ein untrügliches Anzeichen für die Anwesenheit Michael Myers. Sie dienen dem Aufbau von Spannung, der hier anders als beispielsweise in einem klassischen Krimi nicht an die Frage »Wer ist der Mörder?« gebunden ist. Wir wissen schließlich genau, wer die Teenager verfolgt und tötet. Aber selbst wenn die Identität des Täters ein Rätsel ist wie in PROM NIGHT – DIE NACHT DES SCHLÄCHTERS, wird die typische Spannung des *Whodunit* doch von einem den Stalker-Film konstituierenden *Suspense* überlagert, die sich aus der Frage ergibt: Wo ist der Mörder? In HALLOWEEN und in einem noch stärkeren Maß in FREITAG, DER 13. beherrscht der Killer durch seine Blicke lange Zeit den gesamten Raum des Films – eine Vorherrschaft, die ihm erst das *final girl* streitig machen wird. Die subjektive Kamera verweist auf seine Anwesenheit, doch sie wechselt in einigen Szenen so schnell ihre Position, dass man nie ganz sicher sein kann, wo sich Michael oder Mrs. Vorhees, die Killerin im ersten FREITAG, DER 13., gerade befinden. Der Zuschauer weiß durch den Musikeinsatz (in jedem Stalker-Film hat der Killer seine ›Erkennungsmelodie‹) und die Kameraperspektive ganz genau, dass der Mörder gleich zuschlagen wird, doch wann dieser Angriff erfolgt und von wo, bleibt völlig offen.

Die grundsätzlichen Merkmale eines klassischen Kino-Genres, wie beispielsweise des Western, sind bestimmte Figurenkonstellationen, gewisse Strukturen in der Handlung und eine Reihe von Konflikt erzeugenden Oppositionen, die sich in jedem Film des Genres wiederfinden lassen. Diese gemeinsame Basis stellt dann jeweils so etwas wie die Grundierung des einzelnen Films dar, auf der Regisseure, Drehbuchautoren, Schauspieler und alle anderen an der Produktion Beteiligten aufbauen können. Der Wiedererkennungswert bestimmter Elemente schafft für den Zuschauer eine Vertrautheit, die ihn die individuellen Abweichungen und die Überraschungen, die ein neuer Film bereithält, um so höher schätzen lässt.

Im Stalker- und Slasher-Film sind diese quasi allgemeingültigen Merkmale, zu denen hier unter anderem auch der Kampf zwischen dem psychopathischen Mörder und dem *final girl* und das offene, die Rückkehr des besiegten Killers andeutende Ende gehören, mehr als nur eine Grundierung. Dieses Subgenre ist im Prinzip innerhalb eines guten Jahres entstanden. 1978/79 wurde HALLOWEEN zum Überraschungserfolg, der unabhängigen Produzenten von kleinen und billigen Filmen einen Weg wies, wie man einen relativ sicheren Hit landen kann. Schon 1980 kam mit FREITAG, DER 13., PROM NIGHT – DIE NACHT DES SCHLÄCHTERS und Roger Spottiswoodes MONSTER IM NACHTEXPRESS (TERROR TRAIN, USA 1980) eine ganze Welle von Filmen in die amerikanischen Kinos, die sich mehr oder weniger deutlich auf Carpenters Schocker bezogen. Sie kopierten die Formel von HALLOWEEN und hatten damit Erfolg. So wurden einzelne, zum Teil innovative, zum Teil selbst schon aus anderen Filmen übernommene Elemente von HALLOWEEN zu unverzichtbaren Bestandteilen eines Genres, dessen Grenzen so streng gezogen sind und dessen Gesetze so strikt gehandhabt werden wie in keiner anderen Filmgattung.

Vera Dika betrachtet in ihrem Buch »Games of Terror« die Jahre von 1978 bis 1981 als die Blütezeit des Genres. In diesen Jahren sind nicht nur ungewöhnlich viele Filme dieser Art in die Kinos gekommen, sie repräsentierten eine genre-spezifische Reinheit, die in den folgenden Jahren immer mehr Mischformen und stärkeren Abweichungen gewichen ist. Auch wenn so ein sehr enger Rahmen entsteht, der ein an sich schon uniformes Genre noch rigider auf bestimmte Elemente und Formeln reduziert, setzen Dikas Beobachtungen einen analytischen Standard, der in der Auseinandersetzung mit diesem Genre seinesgleichen sucht. Sie hat anhand der Geschichte von HALLOWEEN eine Handlungsstruktur herausgearbeitet, die nicht nur für die Filme der Blütezeit grundlegend ist, sondern sich auch mit gewissen Abweichungen in den anderen Stalker & Slasher Movies der 80er Jahre sowie in den Filmen des Genre-Revivals der späten 90er Jahre wiederfinden lässt.

Grundsätzlich teilt sich nach Vera Dika die Handlung in zwei zeitlich teilweise sogar stark voneinander getrennte Phasen auf. In HALLOWEEN spielt der erste Teil, der die Ereignisse der Vergangenheit umfasst, 1963, während die eigentliche Handlung im Jahr 1978 angesiedelt ist. Die vergangenen Ereignisse, die in klassischen Stalker-Filmen wie HALLOWEEN, FREITAG; DER 13. oder PROM NIGHT – DIE NACHT DES SCHLÄCHTERS meist in der Anfangssequenz erzählt werden, lassen sich in der Regel in vier Komponenten zerlegen:

- Eine Gruppe von Jugendlichen macht sich durch ihre Handlungen schuldig (dies kann wie in HALLOWEEN einfach die Vernachlässigung von Babysitter-Pflichten sein, aber es kann genauso auch ein wirkliches Vergehen sein wie beispielsweise der Totschlag an einem kleinen Mädchen in PROM NIGHT).
- Der Killer wird Zeuge dieser Schuld oder sieht sich als ihr Opfer.
- Der Killer erfährt einen Verlust.
- Der Killer tötet einen oder mehrere Jugendliche, die er für schuldig hält.

Die Handlung des in der Gegenwart spielenden Teils des typischen Stalker-Films zerfällt dann in dreizehn sich zum Teil überlagernde Schritte:

- Ein Ereignis in der Gegenwart erinnert an das Vergangene (dies ist häufig ein Jahrestag oder ein Feiertag wie Halloween).
- Die zerstörerische Kraft des Killers wird durch diese Erinnerung reaktiviert.
- Der Killer erkennt in den Jugendlichen der Gegenwart die der Vergangenheit wieder.

- Ein Erwachsener, der sogenannte ›Prophet of Doom‹ (der Verkünder des Unheils), warnt die Jugendlichen.
- Die Jugendlichen schenken dieser Warnung keinerlei Beachtung.
- Der Killer verfolgt einige der Jugendlichen.
- Der Killer tötet einige der Jugendlichen.
- Die Heldin findet eines oder mehrere der Opfer des Killers und wird sich damit der Gefahr bewusst.
- Die Heldin sieht den Killer.
- Die Heldin kämpft gegen den Killer.
- Die Heldin tötet den Killer oder überwindet ihn zumindest.
- Die Heldin überlebt.
- Die Heldin wird aber weiter verfolgt – im wörtlichen Sinne wie in HALLOWEEN (Michaels Leiche ist vom Rasen hinter dem Haus verschwunden, er kann also jederzeit zurückkehren) oder im übertragenen Sinne wie beispielsweise in FREITAG, DER 13. (hier ist Jasons Mutter zwar tot, aber die Erinnerungen suchen Alice in Form eines Albtraums von Jason selbst heim) oder in PROM NIGHT (Kim hat den Killer, ihren eigenen Bruder, getötet und muss nun für immer damit leben).

Zu jedem dieser allgemein formulierten Handlungselemente finden sich in Carpenters HALLOWEEN die entsprechenden Szenen, die zusammengenommen eine so perfekte Einheit ergeben haben, dass es tatsächlich reichte, diese siebzehn für neue Interpretationen und etwas andere Realisationen sehr offenen Story-Partikel leicht zu variieren, um FREITAG, DER 13. zu einem riesigen Erfolg zu machen. Allerdings sind es auch nur diese beiden Filme, die sich ganz genau an diese Struktur halten. Alle anderen Stalker- und Slasher-Filme gehen etwas freier mit diesem Handlungsschema um. So kann es sein, dass die in der Vergangenheit liegenden Ereignisse nur von einzelnen Figuren erzählt werden wie in PARANOIA oder dass der spätere Killer zwar in der Vergangenheit Zeuge der Schuld einiger Jugendlicher ist, sie aber nicht tötet wie beispielsweise in PROM NIGHT. Aber auch diese Variationen ändern nichts an der grundsätzlichen Handlungsstruktur dieses Sub-

genres, die John Carpenter mit HALLOWEEN ein für alle Mal festgelegt hat.
Selbst in Wes Cravens NIGHTMARE – MÖRDERISCHE TRÄUME (A NIGHTMARE ON ELM STREET, USA 1984), in Kevin Williamsons und Wes Cravens SCREAM und in Jim Gillespies ICH WEISS WAS DU LETZTEN SOMMER GETAN HAST (I KNOW WHAT YOU DID LAST SUMMER, USA 1997), drei der wichtigsten Slasher-Filme der Zeit nach 1981, die das Genre in eine andere Richtung treiben, es neu erfinden beziehungsweise mit einer nie dagewesenen Ernsthaftigkeit erfüllen, greifen noch die Mechanismen dieser Struktur. In NIGHTMARE, der den Slasher endgültig in den Bereich des Okkulten führt, kehrt der von einem Lynchmob getötete Kindermörder Freddy in den Träumen der Jugendlichen wieder, um den von ihren Eltern begangenen Mord an ihm zu rächen. Das Mädchen Nancy, das zu den stärksten und kämpferischsten *final girls* des ganzen Genres zählt, muss sich ihm genauso stellen wie Laurie oder Alice. Nur geht es für sie nicht um die Herrschaft über die Blicke, sondern über die Träume. Aus dem »sieht den Killer« wird nun ein »träumt den Killer, ohne dabei die Kontrolle zu verlieren«.
Mit seinen Drehbüchern zu SCREAM und ICH WEISS WAS DU LETZTEN SOMMER GETAN HAST hat Kevin Williamson den Slasher-Film in die 90er Jahre geholt, indem er die klassischen Elemente für diese Zeit völlig neu interpretiert hat. In ICH WEISS … kehrt er sogar wieder direkt zu der zweigeteilten Zeitstruktur des klassischen Stalker-Films zurück. Wie in PROM NIGHT – DIE NACHT DES SCHLÄCHTERS lädt am Anfang eine Gruppe von Jugendlichen Schuld auf sich, die der Killer zu einem späteren Zeitpunkt, in diesem Fall nach genau einem Jahr, durch seine Morde sühnen will. Dass allerdings selbst der Anfang mit einem Ereignis in Verbindung steht, das wieder genau ein Jahr zurückliegt, erhöht die Komplexität dieses grandiosen Poems über Schuld und Sühne und bringt es auf eine Ebene, die in den Filmen der Blütezeit nicht einmal angedacht war.
Noch extremer spielt Williamson in SCREAM mit den klassischen Bestandteilen des Genres. Während der eingangs verübte Mord ganz deutlich neben Fred Waltons DAS GRAUEN

KOMMT UM 10 (WHEN A STRANGER CALLS, USA 1978) auch die großartige und immer noch unerreichte *Pre-Credit*-Sequenz von Steve Miners unterschätztem FREITAG, DER 13. – JASON KEHRT ZURÜCK (FRIDAY THE 13TH, Part II; USA 1981) zitiert, folgt die weitere Handlung bis auf wenige Einschränkungen und Veränderungen dem Gegenwartsteil der klassischen Stalker-Filme. Es gibt sogar das Ereignis in der Vergangenheit, das wie in PARANOIA über Gespräche zwischen den einzelnen Figuren in die Geschichte eingebracht wird. Nur gelten hier nicht mehr die Zusammenhänge von Unrecht, Schuld und Mord, die in HALLOWEEN oder FREITAG, DER 13. die Handlung in Gang setzen. Williamson pervertiert ganz gezielt deren Strukturen, um so mit unserer Kenntnis der Genre-Regeln zu spielen.

Neben den archetypischen Figuren, die mit leichten Veränderungen in jedem Genre-Film auftreten, und den stark formalisierten Handlungsabläufen definiert sich ein Genre über einen bestimmten Katalog von Oppositionen, die Bewegung in die Konstellationen bringen. Als ideales Beispiel hierfür kann man den Western nehmen. Das zentrale Gegensatzpaar, das den Held und seinen Widersacher charakterisiert, ist hier natürlich das von Gut und Böse. Aber es gibt eben noch andere Oppositionen, die das Konfliktpotential erhöhen. So stehen sich meist Cowboy und Städter, die kleinen Farmer und die Großgrundbesitzer, Schaf- und Rinderzüchter aufgrund ihrer unterschiedlichen Ziele und Überzeugungen in der einen oder anderen Form als Gegner gegenüber.

Ähnliche Oppositionen finden sich auch im Stalker- und Slasher-Film. Vera Dika benennt in ihrer Auseinandersetzung mit diesem Subgenre fünf zentrale Gegensatzpaare, die für die einzelnen Filme in einem noch stärkeren Maße bindend waren als die schon beschriebene Handlungsstruktur und zumindest in bestimmten Teilen immer noch gültig sind. Die zentrale Opposition ist hier weniger das ›Gut-gegen-böse‹ des Westerns oder Kriminalfilms, obwohl es natürlich impliziert ist, sondern der Gegensatz zwischen Leben und Tod, der die Jugendlichen von dem Killer trennt. Dabei haben diese beiden Begriffe hier eine metaphorische Bedeutung.

Sie beziehen sich zum einen auf die Stellung der Figuren in einem normalen sozialen Gefüge und zum anderen auf ihre äußeren Attribute. Die Jugendlichen verkörpern das Leben aufgrund ihres Verhaltens und ihres Aussehens. Sie agieren untereinander den Maßstäben unserer Gesellschaft entsprechend. Auch wenn sie gelegentlich Verbote missachten, ihre Fixierung auf sexuelle Aspekte des Lebens sie anderes vernachlässigen lässt, entsprechen ihre Handlungen doch dem, was für Teenager als normal und durchschnittlich gilt. Nicht ganz so durchschnittlich ist allerdings ihr Aussehen. In der Regel sind die Darsteller und Darstellerinnen in Stalker-Filmen attraktiver als die meisten wirklichen Jugendlichen. Sie repräsentieren so ein Ideal von Schönheit, entsprechen der Traumvorstellung vom *all-american-boy* und *all-american-girl*. Gerade dieses idealisierte Aussehen, diese überdurchschnittliche Attraktivität macht sie zum Inbegriff des Lebens.

Diesen letztlich außergewöhnlichen, aber zugleich eine überhöhte Vorstellung von Normalität repräsentierenden Jugendlichen steht der Killer gegenüber. Er hat weder die sozialen Fähigkeiten, die die Gesellschaft von einem ihrer Mitmenschen erwartet, noch passt sein Aussehen in die Welt der attraktiven Jugendlichen. Er ist nicht in der Lage, einen normalen Kontakt zu anderen Menschen herzustellen. Dies gilt sowohl für die unverbindliche und beiläufige Seite menschlicher Beziehungen als auch für tiefergehende emotionale oder sexuelle Verbindungen. Er ist aus der Gesellschaft ausgeschlossen und damit auch nicht mehr Teil des Lebens in seiner ganzen Bedeutung. Diese Anormalität findet ihren direkten Ausdruck in seinem Aussehen. Er verbirgt sein Gesicht meist hinter einer Maske, die zum Spiegel des Unnatürlichen seiner Person wird und ihn als Monster kennzeichnet. Wenn man seine Züge dann doch einmal sieht wie zum Beispiel die von Jason in FREITAG, DER 13. – JASON KEHRT ZURÜCK oder die der Killer in PARANOIA, sind sie entstellt. Eine frühe Ausnahme stellt nur der Mörder in PROM NIGHT – DIE NACHT DES SCHLÄCHTERS dar, der ganz normal aussieht, aber innerlich deformiert ist. Bei ihm kehrt die Maske direkt das Innere nach außen ähnlich wie später dann bei dem Killer-Duo in SCREAM.

Der Killer des Slasher-Films ist aus der Gesellschaft ausgeschlossen und damit auch nicht mehr Teil des Lebens in seiner ganzen Bedeutung. Diese Anormalität findet ihren direkten Ausdruck in seinem Aussehen. Er verbirgt sein Gesicht meist hinter einer Maske, wie Jason, der Killer der FREITAG, DER 13.-Serie.

Die anderen von Vera Dika aufgestellten Gegensatzpaare sind ›wert und unwert‹, ›Jugendliche und Erwachsene‹, ›stark und schwach‹ und die mit Begriffen der Psychoanalyse arbeitende Opposition von ›Ich‹ und ›Es‹. Gerade diese letzte Kategorie, die sich auf den Antagonismus von *final girl* und Killer bezieht, hat eine zentrale Bedeutung. Wie Carpenter selbst betont hat, gibt es in HALLOWEEN eine Verbindung zwischen Laurie und Michael, ihre repressive Sexualität. Nur ist die Heldin anders als der Killer in der Lage, sich zu kontrollieren. Die Kräfte ihres Ichs sind stärker als die ihres Es. Im Gegensatz dazu reduziert sich die Persönlichkeit von Michael und den anderen Killern ganz auf ihr Es. Sie leben ihr dunkles Unterbewusstsein völlig aus, es wirken keinerlei kontrollierende Instanzen mehr.

Der zwischen Jugendlichen und Erwachsenen bestehende Gegensatz isoliert die bedrohten Teenager von ihrer Umwelt. Sie sind dem Killer ausgeliefert und müssen ihn meist auf eigene Faust überwinden. Der Gegensatz äußert sich entweder darin, dass die Erwachsenen bis auf den einen ›Prophet of Doom‹ (In HALLOWEEN ist dies der außergewöhnlich starke und für den Kampf gegen Michael unverzichtbare Dr. Loomis, in den ersten beiden Teilen der FREITAG, DER 13.-Reihe übernimmt diese Rolle der Verrückte) nicht an das glauben, was ihnen die Teenager sagen, oder dass sie völlig machtlos sind. Oft werden gerade die Erwachsenen noch schneller zum Opfer als die Teenager. Ein klassisches Beispiel hierfür ist der zweite FREITAG, der 13., in dem sowohl der Sheriff, der Jasons Hütte entdeckt, als auch der ›Prophet of Doom‹ zu den ersten Opfern des Killers gehören.

Es ist diese Trennung der Welt der Jugendlichen von der der Erwachsenen, die den Stalker-Film für seine Figuren zu einem Initiationsritus macht. Der Killer konfrontiert sie mit der Gewalt und dem Tod, die beide Teile des Lebens sind. Sie zu akzeptieren heißt Erwachsenwerden. Die Gruppe der Jugendlichen zerfällt bei diesem Ritus in die Starken und die Schwachen. Die Starken, im Fall des klassischen Stalker-Films gibt es nur eine Starke, das *final girl*, überleben. Sie setzen sich gegen den Killer durch, besiegen den Tod, gewinnen die Kontrolle über das Verdrängte und treten damit erfolgreich in die Welt der Erwachsenen ein. Die Schwachen dagegen sind eben zu schwach für die Wirklichkeit, sie werden einfach von der dunklen Kraft des Verdrängten getötet. Der andere Starke ist der Killer selbst. Seine Stärke manifestiert sich zum einen in seinem Blick, der die Jugendlichen beobachtet, erforscht und letztlich zu seinen Gefangenen und Opfern macht. Zum anderen ist er stark, weil er handelt und meist bis zum entscheidenden Kampf über das Gewaltmonopol verfügt. Seine Opfer sehen ihn nicht und wehren sich also auch nicht. So wird seine Gewalt über weite Strecken zur einzigen Form einer bedeutsamen Handlung, das heißt einer Handlung, die entscheidende Konsequenzen hat.

Natürlich findet man nicht alle dieser bisher beschriebenen Oppositionen in ihrer Gesamtheit in jedem Stalker & Slasher-Movie, gerade die Filme des 90er Jahre Revivals lösen Teile dieser Oppositionen bewusst auf, um andere noch zu verstärken oder einfach um mit dem Wissen und den Erwartungen eines im Kino und vor dem heimischen Fernseher groß gewordenen Publikums zu spielen. Trotz allem stellen sie signifikante und auch nicht weiter in Frage zu stellende Elemente dieses Subgenres dar. Etwas problematischer ist da schon das letzte Gegensatzpaar ›wert–unwert‹, das Vera Dika wie auch die anderen vier grundlegenden Oppositionen anhand von HALLOWEEN herausgearbeitet hat. Es bezieht sich auf die Differenz zwischen der Heldin und den Jugendlichen, die zu Opfern werden, und verweist auf das, was viele Kritiker als die konservativen oder sogar reaktionären Tendenzen des Stalker-Films angegriffen haben.

Da die Opfer des Killers oft nur Sex, Drogen und Alkohol im Sinn haben, während das keusche *final girl* gut in der Schule ist und ihren Verpflichtungen gewissenhaft nachkommt, scheinen die Morde des Killers eine Art von Selektion darzustellen. Die Gute überlebt, die Degenerierten werden aufgeschlitzt. Aber auch wenn es genügend Jugendliche in diesem Subgenre gibt, die von vornherein nur als potentielle Opfer inszeniert werden, deren Tod dann im Kino vom Publikum oft auch noch umjubelt wird, verfehlt diese Opposition ihr Ziel. Sie tritt sogar in einen offenen Widerspruch zum zentralen Gegensatz ›Leben–Tod‹, der in den Jugendlichen dieser Filme das Normale innerhalb unserer Welt wiedererkennt, und lässt völlig außer Acht, dass die Heldin nicht aufgrund ihrer Tugenden, sondern aufgrund ihrer Nähe zum Killer überlebt. Natürlich liegt eine gewisse Ambivalenz in dem Geschehen und der Figurenzeichnung der Stalker-Filme. Selbst eine gewisse reaktionäre Grundhaltung kann man zumindest bei einigen von ihnen nicht ganz leugnen – zu diesen wenigen zählt aber auf keinen Fall Carpenters HALLOWEEN oder Tom DeSimones PARANOIA, der sich von allen Stalker Movies der ersten Blütezeit des Subgenres am weitesten von den schnell entstandenen Konventionen und Regeln entfernt. Aber nicht einmal in den ersten beiden Teilen der FREITAG, DER 13.-Reihe liegt die Sache ganz so einfach. Außerdem sind nicht die typischen Opfer dieser Filme krank, sondern immer noch ihre Mörder – darauf verweist Kevin Williamson in SCREAM ganz bewusst, wenn er die beiden Killer sich selbst analysieren lässt.

Aufgrund seiner starken Bindung an Genremechanismen und seines Hangs zu Sequels und *Rip-Offs* bietet es sich regelrecht an, den Stalker-Film auf eine Handvoll Gesetze und Regeln zu reduzieren. Wenn man dann einen solchen Regelkatalog wie den von dem Horrorfilm-Fan Randy in SCREAM hört oder liest, will man am liebsten sofort zustimmen. Doch ganz so standardisiert war dieses Genre selbst während der ersten großen Welle der HALLOWEEN-Nachzügler nicht. Erst Mitte der 80er Jahre, als es seinen starken Massenappeal schon verloren hatte (die Ausnahme ist hier natürlich NIGHTMARE), verlor es sich wirklich in endlosen Wiederholungen und in einem reaktionären Zynismus, der die Killer zu den eigentlichen Helden und ihre Opfer wirklich zu unwerten Figuren machte. Deshalb sollte man Randys Regel auch nicht zu ernst nehmen. In den ersten Jahren nach HALLOWEEN war das Genre für einige echte Überraschungen und gelungene Wendungen gut, die denen in ICH WEISS WAS DU LETZTEN SOMMER GETAN HAST und in den Filmen der SCREAM-Trilogie in nichts nachstehen. Ein Genre ist immer nur so interessant wie die ›Regelverstöße‹ und ›Gesetzesbrüche‹, die Filmemacher gewagt haben. Deshalb hier nun einige Ausnahmen von Randys Regeln, die sie vielleicht letztlich bestätigen, denen wir aber einige der interessantesten Stalker-Filme überhaupt verdanken.

Die zweite Regel steht an sich schon auf einer sehr wackeligen Basis, denn in den meisten Stalker-Filmen lebt das *final girl* nicht wirklich abstinent. Selbst Laurie Strode raucht in HALLOWEEN einen Joint, zwar etwas widerstrebend und sichtlich unerfahren, aber sie lehnt ihn nicht ab – genauso wenig wie Amy in Tobe Hoopers DAS KABINETT DES SCHRECKENS (THE FUNHOUSE, USA 1981), einem Film, der zwar nicht direkt in die Reihe der Stalker-Filme gehört, aber doch einige zentrale Parallelen zu ihnen aufweist. Und ein bisschen Alkohol trinken nahezu alle *final girls*. Randys erste Regel, dass Sex sofort den Tod nach sich zieht, gilt da schon in viel mehr Slashern. Aber auch sie wird zumindest in einem Fall ganz offen und in einem zweiten zumindest andeutungsweise gebrochen. Gerade in FREITAG, DER 13. – JASON KEHRT ZURÜCK, dem zweiten Teil der Slasher-Serie, die für viele der absolute Inbegriff der Konventionen dieses Subgenres ist, schläft das *final girl* Ginny mit ihrem Freund.

Tom De Simones PARANOIA kontrastiert in der Parallelhandlung der beiden Paare in dem Haus, Marti / Jeff und Denise / Seth, zwei ganz unterschiedliche Formen, mit Sex und Liebe im Kino umzugehen. Denise und Seth schlafen miteinander, so unzweideutig, wie sie reden. Deutlich setzt DeSimone ihre nur auf Lust basierende Beziehung in Szene. Dagegen inszeniert er die erotische Spannung zwischen Marti und Jeff in den entsprechenden Szenen sehr zurückhaltend. Eine in Stalker-Filmen völlig untypische Romantik liegt in ihnen. Hier gewinnt das Horror-Kino der frühen 80er beinahe etwas von der Unschuld zurück, die es in den 30er und 40er Jahren hatte.

Aber es ist nicht nur die Möglichkeit, dass Marti und Jeff miteinander geschlafen haben, die DeSimones schillernde Slasher-Variante von den anderen Filmen seiner Art trennt. PARANOIA weicht in mehrerer Hinsicht von den typischen Konventionen des Genres ab. Die Kluft zwischen den Teenagern und den Erwachsenen ist hier sogar noch größer als in allen anderen Filmen. Seth, der sich im Prinzip nur für Sex und Alkohol interessiert, also das typische Opfer darstellt, gelingt die Flucht von dem Anwesen, auf dem die vier Jugendlichen im Rahmen eines Initiationsritus einer studentischen Verbindung gefangen sind. Er will die Polizei von den Morden, die sich schon ereignet haben, informieren und Hilfe holen. Doch niemand glaubt ihm, und man droht sogar, ihn zu verhaften. So kehrt Seth alleine mit einem entwendeten Gewehr zurück und tötet einen der zwei Mörder. Der zweite überrascht ihn dann und rächt seinen Bruder. Aber ohne das entschiedene Handeln von Seth hätte Marti keine Chance gegen die zwei Killer gehabt. Zum ersten Mal ist in einem Stalker-Film eine sogenannte ›unwerte‹ Figur zu bedeutenden, den Verlauf des Geschehens prägenden Handlungen fähig. Dass Seth trotzdem nicht überlebt, erhöht noch die Tragik der Geschichte, die selbst die großen Slasher-Filme der 90er Jahre, die sich intensiver mit Fragen nach Schuld und Sühne beschäftigen, in dieser Form nicht mehr erreichen – ihnen liegt allerdings auch ein etwas anderes Konzept von Tragik zugrunde.

Dieses Schwanken zwischen Konformität und Innovation,

das in mehr oder weniger starkem Maß jeden Stalker- und Slasher-Film in der Nachfolge von HALLOWEEN prägt, macht den Reiz dieses oft geschmähten und in vielen Fällen extrem unterschätzten Genres aus. Natürlich gilt dies auch für jedes andere Genre, nur haben hier die noch viel strikteren Regeln über Jahre hinweg den Erfolg nicht gemindert. Im Gegenteil, betrachtet man die Geschichte dieser Form des Kinos in der Zeit von den späten 70ern bis weit hinein in die 80er Jahre, scheint es bald so, als ob die festen Standards den Siegeszug der Stalker und Slasher erst möglich gemacht haben. Dies ist allerdings nicht mehr ganz so überraschend, wenn man bedenkt, dass sie von ihrem Publikum in einer Form rezipiert wurden, die einzigartig ist in der Filmgeschichte.
»HALLOWEEN war eine Offenbarung für mich [Kevin Williamson]. Der Film hat mich auf unglaubliche Art in Angst versetzt. Ich saß mit weißen Knöcheln zwischen Shelley [die Freundin des damals 13-jährigen Williamson] und ihrer Mutter. Ich kann mich noch gut erinnern, wie ich immer wieder nach Shelleys Mutter gegriffen habe, jedes Mal, wenn Michael Myers erschien. Da gab es Momente, in denen ich beinahe zu atmen vergaß, weil sie mich so gefangengenommen haben. Wenn Jamie Lee Curtis schrie, schrie ich. Wenn sie rannte, rannte ich. Es ist mir in lebhafter Erinnerung geblieben, wie ich mit den Füßen aufstampfte, als sie über die Straße rannte, um dem Zugriff von Michael Myers zu entkommen. Ich habe mir den Film wieder und wieder angesehen. [...] Ich habe mich einfach mitten unter die Zuschauer gesetzt und ihre Reaktionen beobachtet. Ich habe gesehen, wie Männer und Frauen zur Leinwand hin geschrieen haben, wie sie durch Rufen und Zureden versucht haben, die Figuren zu beeinflussen. Der Film hatte einen ganz deutlichen Einfluss auf die Menschen.«
Diese Erinnerungen von Williamson an HALLOWEEN-Vorführungen, mit denen er sein Vorwort zu der amerikanischen Buchausgabe des Drehbuchs von SCREAM beginnt, geben nicht nur einen guten Eindruck von dem ungeheuren Effekt wieder, den dieser Film Ende der 70er Jahre auf sein Publikum hatte, sie liefern auch den Schlüssel zum Verständnis des enormen Erfolgs eines Subgenres, über das noch heute

viele Filminteressierte die Nase rümpfen. Filme wie HALLO-WEEN und FREITAG, DER 13. lösten die strenge Grenze zwischen Publikum und Leinwand zwar nicht auf, rissen aber den Zuschauer aus seiner weitgehenden Passivität – und dies eben nicht nur bei besonderen Vorführungen, zu denen sich wie bei der ROCKY HORROR PICTURE SHOW (THE ROCKY HORROR PICTURE SHOW; USA 1974) eine Kultgemeinde traf, die den Kinobesuch in ein Happening verwandelte, sondern bei jeder Vorführung und in jedem Kino. Der Stalker-Film wurde durch John Carpenters Coup zum ersten und einzigen ›interaktiven‹ Genre. Die Zuschauer haben sich HALLOWEEN und seine Nachfolger nicht einfach nur angesehen, sie haben sie wirklich miterlebt. Aus der stillen, passiven Identifikation mit einer oder auch mal mehreren Figuren eines Films wurde ein lautstarkes, aktives Mitmachen. Dabei konnten die Sympathien sehr schnell wechseln. War das Publikum zunächst auf der Seite des Killers, den es zum Teil schon aus einem oder mehreren früheren Filmen kannte, wechselte es im Verlauf der Handlung zum *final girl* über.

Da aber der Schrecken von HALLOWEEN nicht unendlich wiederholbar war, haben sich die Mechanismen des Genres verändert, um eine mögliche Beteiligung des Publikums zu gewährleisten. So ist aus dem Stalker-Film, in dem es immer auch darum geht, dass der Mörder seine Opfer erst einmal eine Zeit lang beobachtet und so mit unseren eigenen voyeuristischen Impulsen spielt, der Slasher-Film geworden. In ihm spielt das Sehen nur noch eine untergeordnete Rolle. Alles konzentriert sich nun auf die Frage, wie der Mörder sein Opfer töten wird. Die Mordsequenzen werden zu einer Art Selbstzweck. Sie haben in erster Linie die Aufgabe, das Publikum durch ihren Einfallsreichtum zu überraschen.

Mit dieser Gewichtsverschiebung auf den Akt des erfinderischen Tötens verändert sich auch die Figur des Killers. Er löst keinen Schrecken mehr aus, ihm gelten vielmehr die Sympathien des Publikums, das nun durch Jubeln aktiv wird. Deshalb sind die Opfer in den späteren Teen-Horrorfilmen auch nur darauf angelegt, dass die Zuschauer sie tot sehen wollen, anders als noch in den Filmen aus den Jahren vor 1982. Aus der Angstlust des Stalker-Films wird die Zerstörungslust des Slasher. Ein Film, der beides perfekt zusammenbringt, ist Wes Cravens NIGHTMARE – MÖRDERISCHE TRÄUME. Zugleich hat er aber auch durch die Figur von Freddy Krueger den Kult um die Killer noch vorangetrieben. Endgültig befreien von den comichaften, umjubelten Mördern konnte sich das Genre dann erst in den 90ern. Kevin Williamson hat mit seinen Drehbüchern das Spiel mit der Interaktivität noch einmal neu definiert. Indem er auf das Genre selbst und seine Regeln verweist, hat er eine neue Verbindung zwischen dem Publikum und den Figuren des Films hergestellt. Der Horrorfan kann sich selbst auf der Leinwand wiedererkennen. Dies lässt ihn zum einen wieder Angst empfinden, was bei den großen Serien um Freddy, Michael oder Jason schon lange nicht mehr möglich war, und zum anderen fordert ihn die Nähe zu den Charakteren geradezu heraus, die Trennung von Leinwand und Saal zu vergessen.

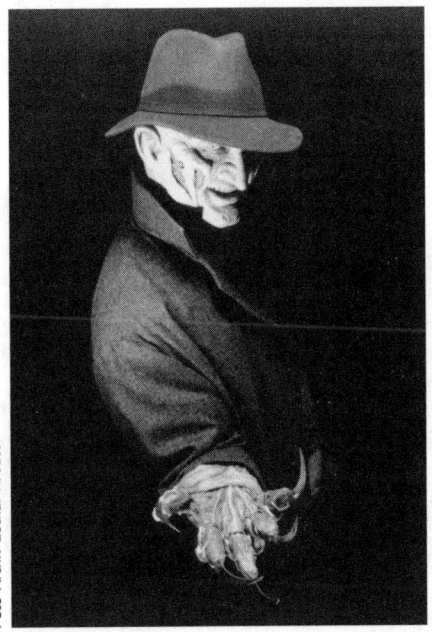

Aus der Angst des Stalker-Films wird die Zerstörungslust des Slashers. Ein Film, der beides perfekt zusammenbringt, ist Wes Cravens NIGHTMARE – MÖRDERISCHE TRÄUME. Zugleich hat er durch die Figur von Freddy Krueger den Kult um die Killer vorangetrieben.

Foto-Archiv Lothar R. Just

SCREAM – SCHREI

OT: SCREAM
US-KINOSTART: 20. Dezember 1996 im Verleih der Miramax
BRD-KINOSTART: 30. Oktober 1997 im Verleih der Kinowelt
LAUFZEIT: 111 Minuten

Regie: Wes Craven. Drehbuch: Kevin Williamson. Produzent: Cary Woods, Cathy Conrad. Executive Producers: Harvey Weinstein, Bob Weinstein, Marianne Maddalena. Co-Executive Producer: Stuart M. Besser. Co-Producer: Dixie J. Capp. Associate Producer: Nicholas Mastandrea. Musik: Marco Beltrami. Kamera: Mark Irwin. Schnitt: Patrick Lussier. Casting: Lisa Beach. Produktionsdesign: Bruce Alan Miller. Kostüme: Cynthia Bergstrom. Make-up (Aufsicht): Howard Berger, Robert Kurtzman, Greg Nicotero. Besetzung: David Arquette (Deputy Dwight ›Dewey‹ Riley), Neve Campbell (Sidney Prescott), Courteney Cox (Gale Weathers), Matthew Lillard (Stuart Macher), Rose McGowan (Tatum Riley), Skeet Ulrich (Billy Loomis), Jamie Kennedy (Randy Meeks), W. Earl Brown (Kenny, Kameramann), Joesph Whipp (Sheriff Burke), Kevin Patrick Walls (Steven Orth), Drew Barrymore (Casey Becker), Liev Schreiber (Cotton Weary), David Booth (Mister Becker), Carla Hartley (Mrs. Becker), Lawrence Hecht (Neil Prescott), Lois Saunders (Mrs. Tate), Lisa Beach und Tony Kilbert (Reporter), C. W. Morgan (Hank Loomis), Lee McCain (Mrs. Riley), Troy Bishop und Ryan Kennedy (Jungs, die sich einen makaberen Spaß erlauben), Leonora Scelfo (Cheerleader im Badezimmer), Nancy Ann Ridder (Mädchen im Badezimmer), Henry Winkler (Direktor Himbry), Linda Blair (TV-Reporterin).

In Deutschland sahen 1 616 879 Zuschauer den Film in den Kinos.
US-Einspielergebnis: 103 Millionen Dollar

Inhaltsangabe: Der Prolog

Das Telefon klingelt. Casey Becker geht an den Apparat. Sie ist allein zu Hause. Ein kurzes Gespräch entwickelt sich. Der Anrufer hat eine angenehme Stimme. Und er hat sich verwählt. Casey legt den Hörer zurück auf die Gabel. Kaum aber hat sie sich umgedreht, klingelt das Telefon erneut. Der Anrufer entschuldigt sich. Er möchte plaudern. Doch Casey legt auf. Zeit vergeht, Casey legt Popcorn auf den Herd. Sie lebt, wie eine Einstellung zeigt, einsam, vor den Toren der Stadt im Haus ihrer Eltern. Schummriges Licht erhellt das Haus. Sie erwartet ihren Freund. Das Telefon klingelt ein drittes Mal. Sie habe eine so nette Stimme, entschuldigt der Anrufer seine Aufdringlichkeit. Es entsteht ein Gespräch, Casey erklärt ihm, gleich einen Horrorfilm zu schauen. Ihren Lieblingsfilm möchte der mysteriöse Anrufer daraufhin erfahren. »HALLOWEEN, mit dem Kerl in der weißen Maske.« Der Lieblingsfilm des Anrufers ist NIGHTMARE – MÖRDERISCHE TRÄUME. »Haben Sie einen Freund?«, fragt der fremde Anrufer schließlich unverblümt. Casey findet dies sympathisch. Sie antwortet mit nein. Ihren Namen nennt sie dem Anrufer jedoch nicht.

»Warum wollen Sie das denn wissen?«
»Damit ich weiß, wem ich da zuschaue.«

Casey ist geschockt, legt auf. Das Telefon klingelt. Wenn sie noch einmal auflege, schlitze er sie auf! In Panik rennt Casey durch das Haus und verschließt die Türen.

»Was willst du?«, fragt sie den Anrufer.
»Ich will sehen, wie du von innen aussiehst.«

Es klingelt an der Tür.

»Wer ist da?«, schreit sie.

Das Telefon klingelt. »Frage nie: ›Wer ist da?‹«, belehrt sie der Anrufer. »Du siehst dir doch Horrorfilme an. Da kannst du genauso gut rauskommen, weil du ein Geräusch gehört hast.«

Casey droht. Ihr Freund werde kommen. Sie habe ihn angelogen, natürlich habe sie einen Freund. Der Anrufer bleibt cool. »Heißt er Steve?«, fragt er Casey und bittet sie, auf die

Casey (Drew Barrymore) ahnt noch nicht, dass dieses Telefonat ihr letztes sein soll.

Terrasse zu schauen. Dort sitzt Steve auf einen Stuhl gefesselt. Der Anrufer will ein Spiel spielen. Wenn sie die richtige Antwort gibt, darf Steve leben.
»Wie hieß der Mörder in HALLOWEEN?«
»Michael Myers.«
»Wer beging die Morde in FREITAG, DER 13.«
»Jason.«
Falsche Antwort. Im ersten Teil war es nämlich seine Mutter. Steves Bauch platzt auf. Er ist tot. Die letzte Frage: »Vor welcher Türe stehe ich?« Der Killer springt durch die Hintertür. Casey zieht sich zuerst in die Küche zurück, dann versucht sie das Haus zu verlassen. In der Ferne erblickt sie den Wagen ihrer Eltern. In diesem Moment erspäht sie der Killer. Doch Casey gelingt es, den Kapuzenträger zu Boden zu

Steve (Kevin Patrick Walls) wurde von den Killern gefangen.

schlagen. Sie will wegrennen, doch der Killer stürzt sich auf sie und rammt ihr sein Messer ins Herz. Ein letztes Mal erfährt er Gegenwehr. Im Todeskampf reißt sie ihrem Angreifer die Maske vom Gesicht. Dann ist sie tot. Ihre Eltern entdecken sie an einem Baume hängend.

Ende des Prologs

Ein Anfang, den man nicht vergisst. Wes Craven präsentiert dem Zuschauer ein Kammerspiel. Ein Mädchen, allein zu Hause. Ein Videoabend mit dem Freund steht bevor. Das Mädchen, ein Traum aller amerikanischen Schwiegerväter: Adrett nannte man eine Erscheinung wie sie einst in deut-

schen Landen. Ordentlich gekleidet, wirkt sie sympathisch, offen, nett. Craven lässt das Motiv für die Tat des Mörders vorerst im Dunkeln. Am Telefon erklärt er ihr, er möchte einmal sehen, wie sie von innen aussähe.
Der Zuschauer ahnt zu diesem Zeitpunkt noch nicht, dass dies tatsächlich das Motiv eines der Mörder ist. Doch dazu später mehr.
Es ist im Endeffekt die kammerspielartige Atmosphäre, die beeindruckt, die Fokussierung des Spielplatzes auf ein Haus, seine Enge und die von außen kommende Bedrohung. Eine Bedrohung, die sich charmant in Form eines netten Telefonates heranschleicht, um innerhalb weniger Zehntelsekunden in pure Angst umzuschlagen. Dies gelingt unter anderem durch den fast sanften Einsatz von Musik. Ein paar Klänge nur sind es, die in dem Moment, in dem sich der Killer als Psychopath offenbart, über den Film gelegt werden. Da die Musik in keiner Weise aufdringlich wirkt, geht am Zuschauer die kleine Anspielung an HALLOWEEN fast vorbei. Bei der Frage nach dem Bösewicht der HALLOWEEN-Filme erklingen im Soundtrack Anleihen an das berühmte Titelstück des John-Carpenter-Films. Der Film ist keine fünf Minuten alt – und schon beginnen die Referenzen an andere Filme. Da ist nicht nur HALLOWEEN. Kevin Williamson hat sich bei der Gestaltung der Szene im Drehbuch von der furiosen Eingangssequenz des Films DAS GRAUEN KOMMT UM ZEHN (WHEN A STRANGER CALLS, USA 1978) von Fred Walton inspirieren lassen. In dessen Eingangssequenz erhält eine Babysitterin von einem Unbekannten einen Anruf. Auch er ist charmant und es entwickelt sich ein Gespräch zwischen den beiden. Im Verlaufe des Gespräches aber entpuppt sich der Anrufer als offenbar geistesgestört und die Babysitterin legt auf. Nun geschieht in etwa das gleiche wie in den Dialogen zwischen Casey und ihrem fremden Anrufer, bis dieser ihr sagt: »Schauen Sie nach den Kindern.« Von Panik ergriffen rennt sie in das Kinderzimmer – und findet den fremden Anrufer blutüberströmt vor. In seinen Armen hält er die Kinder, auf die sie aufpassen sollte. Aufgeschlitzt.
Das Haus, in dem sich Casey Becker befindet, hat einige große Glasfronten (zum Beispiel zum Garten hin). Craven

selbst sagt dazu, das Glas solle Casey Beckers Sicherheit symbolisieren. Solange es hält, so lange ist sie sicher. Als es jedoch zersplittert, zerspringt ihre Welt.

Die Besetzung der Casey Becker mit Drew Barrymore hat sich im Endeffekt als genialer Schachzug erwiesen. Drew Barrymore hatte sich in den zwei Jahren vor SCREAM nach Jahren der Abstinenz und der B-Filme wieder als ernstzunehmende Jung-Darstellerin etablieren können. Dass sie, mit deren Namen schließlich auf dem Filmplakat groß geworben wurde, nach zwölfeinhalb Minuten aus dem Film ausscheidet, erweckt im Zuschauer Unbehagen. Ein Star wird nicht im Prolog getötet. Niemals. Indem mit dieser Regel gebrochen wird, erscheint in diesem Film von Anfang an alles möglich. Die Sicherheit, die einem erfahrenen Horrorfilmzuschauer normalerweise das Ende eines Films schon zu Beginn erahnen lässt – sie wird hier von Anfang an zerstört. SCREAM wirkt wie ein Wagen ohne Sicherheitsgurte, der mit 150 über die Autobahn brettert. Natürlich kann man auch ohne Gurte fahren. Das Gefühl der Verunsicherung aber lässt einen besonders wachsam bleiben. Bis zu dem Moment, in dem man ein Hindernis übersehen hat – um im nächsten Moment ungebremst durch die Windschutzscheibe zu fliegen.

Drew Barrymore bekam den Radiomoderator Roger Jackson, den Mann, der am Telefon tatsächlich spricht (ja, es ist nicht nur ein technischer Trick, für den Anrufer wurde tatsächlich eine eigene ›Stimme‹ engagiert) übrigens nie zu Gesicht. Dies wollte Craven nicht. Drew Barrymore und Roger Jackson sprachen vielmehr die gesamte Zeit nur über Telefon miteinander.

Interessant ist übrigens die Tatsache, dass sich in der Eingangssequenz, die innerhalb von fünf Tagen auf einem Weingut in Nordkalifornien entstanden ist, eigentlich ein weiß gekleideter Killer über Casey hermachen sollte. Das reizvolle Spiel mit dem Bösen, das in unschuldiges Weiß gehüllt ist, ging jedoch den Produzenten zu weit. Sie wollten es doch etwas unheimlicher, aber auch leichter nachvollziehbar. Also verschwand das weiße Gewand und wurde durch ein schwarzes ersetzt.

Dass SCREAM ein Kino der Zitate ist, verhehlt Craven nicht. Nicht nur die Referenzen an HALLOWEEN und DAS GRAUEN KOMMT UM 10 sind damit gemeint. So errät Casey nicht nur den Lieblingsfilm des Anrufers – NIGHTMARE ON ELM STREET von Wes Craven. Sie fügt im gleichen Satz hinzu, dass dies ein guter Film gewesen sei, im Gegensatz zu Teil 2. »Der war Mist!« Eigentlich wollte Craven diesen Satz nicht in der fertigen Fassung haben. Er entsprach zwar seiner Meinung, doch es erschien ihm zu selbstsüchtig. Erst als Williamson ihm erzählte, den zweiten Teil ebenfalls nicht ausstehen zu können, blieb er drin.

In der in Deutschland verbreiteten 16er Kinoversion fehlten in dieser Anfangssequenz übrigens zwei Einstellungen: Einmal der Tod Steves und das Herauspurzeln seiner Gedärme sowie Caseys Tod am Baum. In der ungekürzten Version zoomt sich die Kamera an ihren Körper heran, in der gekürzten Fassung endet die Szene damit, dass man sie in der Ferne baumeln sieht. In der Ur-Version des Films gab es außerdem recht drastisch zu sehen, wie Steves Gedärme herausquellen. Außerdem wird einmal mehr auf Casey eingestochen und die Kamerafahrt auf ihren am Baum hängenden Körper zu, im Film im Zeitraffer gezeigt, war ursprünglich in normaler Geschwindigkeit gedreht worden. Alle Szenen mussten jedoch herausgeschnitten werden, da der Film sonst keine Freigabe für Jugendliche bekommen hätte. In den USA der sichere Tod eines jeden Films, auch wenn Craven beteuert, niemals Filme für Jugendliche zu machen. Seine Zielgruppe beginne mit den jungen Erwachsenen. Die Grenzen dürften freilich fließend sein.

Ein kleiner Gag am Rande: Die Frage, wer der Mörder in FREITAG, DER 13. war, basiert auf einem kleinen Erlebnis, mit dem Williamson einmal ein Getränk gewonnen hat. In einer Bar durfte sich der ein Getränk aussuchen, der eine Filmfrage stellte, die niemand beantworten konnte. Williamson fragte – und alle antworteten mit Jason. Und somit lagen alle falsch.

Sidney Prescotts Geschichte beginnt

Billy erschreckt Sidney, die bereits ein Nachthemd trägt, als er durch ihr Fenster im ersten Stock ihres Hauses klettert. Sidney hat Angst, ihr Vater könnte Billy sehen. Ihr Vater, aufgeschreckt durch einen Schrei, blickt ins Zimmer. Billy hat sich versteckt. Der Vater verabschiedet sich von Sidney. Er fliegt am folgenden Tag zu einer Messe. Sidney atmet durch, Billy krabbelt aus seinem Versteck. Er habe, erzählt er ihr, gerade im Fernsehen DER EXORZIST (THE EXORZIST, USA 1973) gesehen und an sie denken müssen. Sie hätten alles, was gut war, aus dem Film rausgeschnitten. Und dies würde ihn an ihre Beziehung erinnern. Ein Liebesverhältnis mit Schnittauflage! Freigabe ab 16.

Sie beginnen sich zu küssen. Mehr aber will Sidney nicht. Doch kurz bevor er wieder geht, fragt sie ihn, ob er ihre Beziehung auch auf einer Zwölfer-Freigabe weiterführen

Für die Journalistin Gale Weathers (Courteney Cox) stellen die Morde von Woodsboro den Durchbruch als Sensationsreporterin dar.

möchte – und zeigt ihm ihre entblößten Brüste. Billy lacht. Am folgenden Tag an der Schule: Polizei bewacht das Gelände, Presseteams schwirren herum. Sidney sieht, dass die Star-Reporterin Gale Weathers einen Livebericht sendet. Tatum, ihre Freundin, teilt ihr mit, dass Casey und Steve ermordet wurden. Wie in einem Splatterfilm. Sidney kannte Casey nur flüchtig, dennoch ist sie entsetzt.
Die Polizei ruft alle Schüler zu Befragungen ins Zimmer des Direktors. Auch Sidney. Der Direktor bittet die Polizisten, auf Sidney Rücksicht zu nehmen.
Nach der Schule sitzen Tatum und ihr Freund Stuart, der Videofreak Randy, Billy und Sidney zusammen und diskutieren über den Mord. Stuart sagt, nur ein Mann könne so etwas tun. Tatums Einspruch, in einem Film wie BASIC INSTINCT (BASIC INSTINCT, USA 1992) sei der Täter eine Frau gewesen, lehnt Randy ab: Sharon Stone benutzte einen Eispickel, der Täter hier ging mit roher, männlicher Gewalt vor. War da nicht mal was zwischen Casey und Stuart? Schon, aber er wäre zur Tatzeit bei ihr gewesen, sagt Tatum. Stuart und Randy verwickeln sich in Geschmacklosigkeiten und fragen sich, ob Leber und Nieren wohl im Briefkasten gelandet sind. Sidney wird dieses Gespräch zuviel. Sie geht. Billy starrt Stuart an.

Fortsetzung folgt ...

Noch erfährt der Zuschauer nicht, was es mit Sidney auf sich hat. Immer wieder wird gesagt, man solle auf Sidney Rücksicht nehmen. Ihre Mutter wird einmal erwähnt. Doch was hat all das auf sich? Die Antwort auf die Frage bleibt der Film dem Zuschauer schuldig. So fokussiert Craven den Blick ganz auf Sidney. Sie ist die Hauptfigur. Gleichzeitig aber beginnt die Diskussion über den Mörder. Sidneys Freunde werden vorgestellt. Und irgendwie kann man sich des Verdachts nicht erwehren, dass der Mörder aus ihren Reihen stammt. Nach 20 Minuten hat Craven ein Ensemble etabliert, mögliche Mörder präsentiert – nur noch nicht einen Schritt unternommen, um dem Zuschauer auch nur annähernd etwas wie ein Motiv zu präsentieren.

In einem Punkt bricht SCREAM in den vorangegangenen Szenen übrigens mit einer Regel des Slasher/Teen-Horrorfilms: Der Eingangsmord dient in den meisten Filmen als eine Art Appetizer. Er hat zumeist nicht direkt mit der Handlung zu tun. In dem brillanten, leider gefloppten deutschen Film FLASHBACK – MÖRDERISCHE FERIEN (BRD 2000) wird beispielsweise gleich in der Eingangssequenz ein junges Liebespärchen in einem Zugabteil abgemetzelt, ohne dass in dem Film auf diese Geschehnisse noch einmal eingegangen wird. Dies ist typisch. Nicht so in SCREAM. Der Mord dient tatsächlich als Einstieg in die Geschichte. Mehr noch: Eine der Hauptfiguren, Stuart, war einmal mit dem weiblichen Opfer befreundet.

Der erste Angriff

Sidney ist allein zu Hause – in einem wunderschönen, weißen Vorstadthaus. Es sei, erzählt sie Tatum am Telefon, als habe jemand die Zeit zurückgedreht. Sie ist allein und schaut sich die Nachrichten an. Gale Weathers erzählt von einer Tragödie, die ein Jahr zurückliegt. Vor fast genau einem Jahr wurde Maureen Prescott, Sidneys Mutter, vergewaltigt und ermordet!
Der Abend bricht herein. Das Telefon klingelt. Es ist die Stimme des Killers. Sidney glaubt aber, es sei Randy. Daher spricht sie mit ihm. Auf die Frage, welchen Horrorfilm sie möge, antwortet sie, keinen, denn es sei immer dasselbe: Ein blondes Mädchen mit prallen Titten würde eine Treppe hinauf statt hinunter rennen und sich dann wundern, von einem Killer erwischt zu werden. Plötzlich werden Zweifel an der Identität des Mannes wach. Es ginge nicht darum, wer er sei, stöhnt er furchterregend ins Telefon, sondern um die Frage, wo er sich aufhalte. Er befindet sich auf ihrer Veranda. Als Sidney auflegen will, droht ihr der Killer noch, dass sie sterben würde wie ihre Mutter. Sidney verrammelt sich Haus, doch der Killer ist schon drin. Er gewinnt zeitweise die Oberhand, doch Sidney reißt sich los und rennt in ihr Zimmer, wo sie mit einem Trick die Türen verriegelt. Doch plötzlich ist der Killer mit der

Evard-Munch-Maske verschwunden. Und Billy kommt über das Dach ins Haus geklettert. Er nimmt sie in die Arme. Ein Handy fällt aus seiner Tasche. Die Wahlwiederholung zeigt ihre Nummer. Sidney rennt hinaus, dort steht Dewey, Tatums Bruder, ein Polizist. Er verhaftet Billy.
Die Suche nach Sidneys Vater läuft erfolglos. Während sie in Deweys Büro auf der Wache sitzt, sieht sie zufällig Billy, der seinen Blick von ihr abwendet. Er wird verhört. Und er beteuert seine Unschuld.
Dewey bringt Sidney und Tatum durch den Hinterausgang hinaus, wo sie jedoch von Gale Weathers entdeckt werden. Sie stürzt auf sie zu – und bekommt von Sidney einen Kinnhaken verpasst. Gale Weathers hat nämlich ein Buch über den Mord an ihrer Mutter geschrieben und dann behauptet, der verurteilte Mörder von Maureen Prescot – ihr Liebhaber Cotton Weary –, der aufgrund von Sidneys Aussagen hinter Gitter gebracht wurde, sei unschuldig.
In Tatums Haus angekommen, erhält Sidney einen Anruf. Es ist der Killer. Sie habe den Falschen angeschwärzt, erklärt er ihr. Und das schon zum zweiten Mal.

Fortsetzung folgt ...

Hat der Mord an Casey etwas zu tun mit dem Mord an Sidneys Mutter? Dies also ist Sidneys Geheimnis. Ihre Mutter wurde das Opfer eines Mordes. Craven erzeugt Spannung, indem er in Sidneys Haus quasi die gleiche Geschichte wie im Prolog ein zweites Mal durchspielt. Diesmal aber hält er sich an die Konventionen. Sidney ist die Hauptdarstellerin. Und daher gelingt es ihr, dem Mörder zu entkommen. Gleichzeitig erfährt der Zuschauer endgültig, dass der Mörder ein Wesen aus Fleisch und Blut ist, denn er schreit auf, als er von Sidney einen Tritt verpasst bekommt. Theoretisch hätte er auch ein höheres Wesen sein können, ein Untoter á la Jason aus den FREITAG, DER 13.-Filmen. Diese Möglichkeit aber ist nun ausgeschlossen.
Filmzitate gibt es in dieser Sequenz wenige. Tatum erwähnt lediglich, einen Film mit Tom Cruise aus der Videothek holen

zu wollen, in dem man seinen Penis sieht. Na ja. Dazu braucht man dann schon einen DVD-Player mit gestochen scharfen Einzelbildern und eine Menge Fantasie. Der Film ist JERRY MAGUIRE – SPIEL DES LEBENS (JERRY MAGUIRE, USA 1996).

Die Geschichte geht weiter

Billy, erzählt Dewey, ist raus. Die Handyrechnung beweist, er hat sie nicht angerufen.

Vor der Schule herrscht indessen der reinste Medienterror. In diesem Trubel geht Sidney nun ausgerechnet zu Gale Weathers. Sie will reden. Unter vier Augen. Gale rechtfertigt sich für das Buch. Es war die heißeste Story des Jahres. Und sie glaubt daran, dass Weary unschuldig ist. Er habe zugegeben, mit ihrer Mutter geschlafen zu haben. Aber er habe sie nicht vergewaltigt. Seine Jacke, die man später fand und an der Blut klebte, könnte er im Haus vergessen haben. Diese Jacke mag ein Indiz für seine Schuld sein. Sie ist aber kein Beweis. Sidney wird unsicher. Sie hat nach dem Mord einen Mann das Haus verlassen sehen. Doch war es wirklich Weary? Gale Weathers wittert eine Story. Sie glaubt, der Mörder von Maureen Prescott hat auch die Teenager umgebracht. Dabei denkt sie an Weary – und dass, wenn er unschuldig ist, ihr Buch ein Bestseller wird.

In der Schule rennt Sidney Billy in die Arme. Billy ist sauer, denn sie will ihn nicht anfassen. Sie sei schnell dabei, wenn es darum gehe, ihn als Psychopathen anzuschwärzen. Sie muss, beschwört er sie, über den Tod ihrer Mutter hinwegkommen, wie er darüber hinweggekommen ist, dass seine Mutter seinen Vater verließ. Das aber, sagt Sidney, sei nicht das gleiche. Seine Mutter ist gegangen, ihre wurde ermordet. Sidney verschwindet auf die Toilette, wo sie mit anhört, wie über sie hinter ihrem Rücken gesprochen wird. So nennen die Mädchen ihre Mutter eine Schlampe. Jeder in der Stadt wüßte das. Sidney bleibt allein zurück. Bis der Killer auftaucht und einmal mehr versucht, sie umzubringen.

Fortsetzung folgt ...

Craven blickt hinter die Kulissen der amerikanischen Kleinstadt. Dies ist, wie das Kapitel über seine Person noch zeigen wird, eines seiner Lieblingsthemen: die Kleinstadt und ihre Verlogenheit. Zeigt er beispielsweise Tatums und Deweys Familie als glücklich, erfährt der Zuschauer wiederum, dass Billys Mutter ihre Familie verlassen hat. Und Maureen Prescotts Ruf war alles andere als blütenweiß. Es ist gemein, wie die Mädchen über das Liebesleben von Sidneys Mutter reden, doch es offenbart auch Wahrheiten. Zum Beispiel jene, dass Sidney ihre Augen vor der Realität verschließt. Einer Realität, in der ihre Mutter ihren Vater betrogen hat. Sie schließt die Augen und ist somit bereit, einen Mann in die Gaskammer zu schicken, von dessen Schuld sie längst nicht mehr überzeugt ist. Er ist es, an dem sie ihre Wut über den Betrug ihrer Mutter an der Familie auslassen kann.

In diesem Handlungskomplex legt Kevin Williamson bereits den Grundstein der Geschichte zum dritten Teil von SCREAM. In diesem Teil werden Maureens Geschichte, ihr Liebesleben und ihre Betrügereien in den Mittelpunkt des Geschehens gestellt. Geschichten, die sich im Endeffekt vor den Ereignissen von SCREAM 1 zugetragen haben.

Eine nette Begebenheit am Rande: Sidney wird von einer Reporterin gefragt: »Was ist das für ein Gefühl, fast geschlachtet zu werden?« Dabei handelt es sich um Linda Blair, der Hauptdarstellerin von DER EXORZIST!

Der Tod eines Erwachsenen

Gale Weathers schmeißt sich an Dewey heran. Sie erfährt, dass er 25 Jahre alt ist, ein Jahr älter als ihre durchschnittlichen Fans. Doch Dewey gibt ihr zu bedenken, dass auch er ein Jahr lang 24 gewesen ist! Während sie ihn sanft ausfragt und ihre Reize spielen lässt, erschallt aus den Lautsprechern der nahe gelegenen Schule die Nachricht, dass der Unterricht bis auf weiteres ausfällt. Gale erfährt durch Dewey, dass bislang weder Sidneys Vater gefunden noch der Polizei eine Spur vorliegt.

Stuart lädt indessen Tatum und Sidney zu einer kleinen Feier ein. Es mache keinen Sinn, Trübsal zu blasen. Sidney sagt zu. Sie ahnt nicht, dass im gleichen Moment der Direktor ihrer Schule umgebracht wird!

Fortsetzung folgt ...

Die Morde spielen sich fast ausschließlich unter Jugendlichen ab. Craven und Williamson halten sich in diesem Punkt sehr eng an die Richtlinien des Teen-Horrorfilms, in dem Erwachsene selten größere Rollen spielen. Aber: Es ist eine Regel, die jederzeit, wenn es dramaturgisch sinnvoll ist, gebrochen werden kann. An dieser Stelle ist sie dramaturgisch erforderlich. Der Direktor hat wenige Szenen zuvor zwei Jugendlichen einen Verweis erteilt, die mit der Killermaske grölend durch den Flur rannten. Ein Spaß, über den der Direktor nicht lachen konnte. Für den Mörder hat sich der Direktor damit zum Todeskandidaten qualifiziert. Der Direktor ist in der Welt der Jugendlichen der letzte Erwachsene mit einer starken Autorität. Indem er zwei Jugendliche bestraft, die sich einen Scherz über die Morde erlauben, bestraft er auch die Mörder. Indem er die Schule schließt, grast er den Mördern ihre Weide ab. Hier finden sie ihre Opfer. Dafür muss der Direktor sterben.
Vielleicht aber stimmt auch die Version, dass er nur sterben musste, weil es sonst ein 30-minütiges Spannungsloch im Film gegeben hätte ...
Eine kleine Randbemerkung: Der Direktor hört ein Geräusch auf dem Gang und schaut nach dessen Ursprung. Dort wischt ein Mann in einem schwarzroten Pullover mit Hut den Flur. Seine Kleidung ist eine eindeutige Anspielung auf Freddy Krueger. Sein Name: Fred! Unter der Verkleidung steckt niemand anderes als Wes Craven.

School's Out For Summer

In Sidney wachsen die Zweifel an Cotton Wearys Schuld. So erfährt Sidney von Tatum, dass jeder in der Stadt die Gerüchte über ihre Mutter kennt. Und wenn es stimmt, was Gale Weathers vermutet – dann läuft der Mörder ihrer Mutter noch immer frei herum.
Randy arbeitet in einer Videothek. Es ist viel los. Jeder will Filme über Serienkiller ausleihen. Randy findet es gegenüber Stuart geschmacklos, dass Billy in der Videothek mit Mädchen in der Horrorecke flirtet. Schließlich ist er der Hauptverdächtige in einem Mordfall. Randy sagt, man sehe Billy an der Nasenspitze den Mordverdacht an. Die Polizei habe ihn nur laufen lassen, weil sie zu selten ins Kino gehe. Dabei sei alles wie in PROM NIGHT: Dort war schließlich auch der Hauptdarsteller der Böse. Was für ein Motiv Billy haben soll, will Stuart wissen. Randy überlegt nicht lange: Wahrscheinlich hat Sidney nicht mit ihm geschlafen. Und das mache ihn sauer. Sidneys Vater scheidet aus, glaubt Randy, da dieser in Wahrheit tot ist. Tatsächlich aber kommt ein jeder als Täter in Frage. Billy, dem Randys Ausführungen nicht verborgen geblieben sind, stellt ihn zur Rede: Schließlich könne auch er der Mörder sein. Sein Motiv? Randy bietet es selbst an: das Millennium. Dafür braucht man kein Motiv.
Die Geschäfte werden verrammelt, die Straßen sind menschenleer. Und das am Nachmittag. Dennoch gehen Sidney und Tatum in einen Supermarkt. Sidney offenbart Tatum, dass sie Billy bewundere, da er seine körperlichen Gelüste ein Jahr vollkommen beherrscht habe. Sie merkt nicht, dass sie vom Killer beobachtet wird. Dewey erfährt indessen von seinem Chef, dass die Anrufe ins Prescott-Haus über das Handy von Sidneys Vater liefen.
Der Abend bricht über die Stadt ein. Dewey bringt Tatum und Sidney zum Haus von Stuart, wo die Party bereits begonnen hat.

Fortsetzung folgt ...

»Sid, du redest, als wärst du in einem Wes Carpenter-Film.«
Im Gegensatz zu Randy entpuppt sich Tatum als wenig sicher im Umgang mit Horrorfilmen und ihren Hintergründen. Zumindest lässt dieser Satz, der im Gespräch mit Sidney fällt, den Verdacht aufkommen.
Randy erweist sich in diesem Zusammenhang als ein Horrorfilm-Genie. Er kennt die Mechanismen des Genres. Williamson und Craven erklären den Zuschauern in dieser Videothek-Szene de facto den gesamten Film, denn in vielen Belangen nimmt Randy zumindest einen Teil der Auflösung vorweg, indem er den kanadischen Film PROM NIGHT erwähnt. Dieser Film, dem inzwischen mehrere Fortsetzungen folgten, setzt CARRIE fort, indem er dessen Spielort, die High School am der Abend des Abschlussballs, mit den typischen Slasherelementen der Spätsiebziger, Frühachtziger zu kombinieren wusste. Der Gag des Films lag seinerzeit darin, dass tatsächlich eine der sympathischen, männlichen Hauptfiguren am Ende als Mörder überführt wird. Indem Craven und Williamson den Lösungsvorschlag, der durchaus sympathische Billy könne der Mörder sein, bereits nach rund 60 Minuten präsentieren, eröffnet sich ein komplexes Spiel der Möglichkeiten.
Der Film tippt noch in der gleichen Szene die Angst vor dem Millennium an und spielt mit einer zweiten Lösungsidee. Inzwischen befinden wir uns im Jahr 2000. Zum Jahreswechsel sind nicht überall die Lichter ausgegangen und die sieben Reiter der Apokalypse sind ebenfalls nicht auf ihren Rössern auf die Erde hinabgestiegen um der Menschheit den Beginn des Jüngsten Gerichts zu verkünden. 1996 aber befand sich die Panik vor dem Jahrtausendwechsel auf einem ersten, kleinen Höhepunkt. Und das, obwohl von Dingen wie dem Millennium-Bug noch überhaupt keine Rede war. Nur das Interesse an den Persönlichkeitsstrukturen von Serienkillern hatte einen ersten Siedepunkt erreicht. So starteten in den USA schließlich zwei TV-Serien, MILLENNIUM (MILLENNIUM, USA 1996–99) und PROFILER (PROFILER, USA 1996 bis heute), die vom Kampf des Guten gegen das Böse handeln, wobei das Böse in beiden Fällen zumeist in Form von Serienkillern daherkommt. Vor allem in einer Serie wie MILLEN-

NIUM hat sich der Serienkiller zu einem Boten des Weltendes erklärt, zum Handlanger eines göttlichen Planes, der die Menschheit in den Abgrund stürzen soll, um die reinigende Apokalypse herbeizuführen. Wenn Randy nun darüber philosophiert, wer der Mörder sein könnte, tippt er einerseits auf Billy. Andererseits könnte der Täter natürlich ein Serienkiller sein. Allerdings keiner, der die Ankunft der Apokalypse vorbereitet. Randy tippt vielmehr auf einen, der in der Panik vor dem Jahr 2000 aus Lust tötet. Einfach so, ohne ein schlüssiges Motiv. Dass der Mörder ein Mann ist, darauf deutet zu diesem Zeitpunkt bereits die Statur des Angreifers hin. Unter dem Umhang wirkt sie männlich, die Schuhe, die Art, wie die Jeans getragen werden – es ist ein Mann. Weitaus weniger ist dies übrigens im zweiten Teil der Fall.

In einem Bild zeigt Craven nun die drei Verdächtigen und präsentiert ihre möglichen Beweggründe: Stuart kannte Casey und hat von ihr offenbar einen Laufpass bekommen, Billy ist sexuell frustriert. Randy hingegen – ist ein Freak, der einfach zu viel Zeit im Videoladen verbringt und offenbar das Problem hat, Film und Realität auseinanderhalten zu können. Dies zumindest suggeriert Cravens Inszenierung dem Zuschauer.

Der deutschen Synchronisation ist in dieser Szene übrigens ein kleiner Fehler unterlaufen. Randy spricht zu Beginn mit Stuart über Massenmörder, im amerikanischen Original jedoch wird über Serial Killers, also Serienkiller, diskutiert. Der Unterschied: Der Serienkiller ermordet in der Regel einen Menschen, um sich dann zurückzuziehen. Für einen Tag, einen Monat, vielleicht aber auch für Jahre, bevor er wieder zuschlägt. Tatsächlich redet man in dem Moment von einem Serienkiller, wenn ein Mensch mehr als drei Morde begeht (dazu zählt zum Beispiel nicht der Bankräuber, der auf der Flucht drei Menschen erschießt). Ein Massenmörder kann zum Beispiel ein Soldat in einem totalitären Regime sein, der sich an ethnischen Säuberungen beteiligt. Er kann ein Offizier sein, der die Befehle gibt, ohne selbst Hand anzulegen. Massenmörder sind aber auch Amokläufer wie die beiden Schüler in Littleton, Colorado, die 1998 zwölf Schüler und einen Lehrer erschossen. SCREAM aber erzählt

die Geschichte von Serienkillern (dass zwei Serienkiller zueinander finden, ist zwar ungewöhnlich; aber auch das hat es schon gegeben).
Es gibt einige Schemata, die sich auf fast alle Serienkiller anwenden lassen. Einige der Wichtigsten finden sich in SCREAM wieder:
- Serienkiller sind in fast 99 Prozent der Fälle weiße Männer! In den USA ist bislang ein einziger Fall eines farbigen Serienkillers bekannt geworden!
- Serienkiller planen ihre Taten sorgfältig.
- Im Gegensatz zum amoklaufenden Massenmörder, dessen Verstand sich während seiner einmaligen Tat ausklinkt, sind sich Serienkiller durchaus ihrer Taten bewusst. Was ihnen fehlt, ist ein Unrechtsbewusstsein. Sie fühlen sich selbst als Opfer. So behaupten beispielsweise Frauenmörder, ihre Opfer hätten sie durch ihr Verhalten erst zu ihren Taten verleitet. Der Status als Opfer widerspricht jedoch in eklatanter Weise ihrer tatsächlichen Stellung in der Gesellschaft. So hat eine vom FBI durchgeführte Untersuchung gezeigt, dass vor allem solche Männer zu Serienkillern geworden sind, die in der Gesellschaft keine Feinde hatten.
- Serienkiller sind überdurchschnittlich intelligent.

Die genannten Erkenntnisse lassen sich allesamt auf Stuart und Billy anwenden. Lediglich in den folgenden beiden Punkten fasst das Schema nicht, im ersten Punkt würde es dagegen auf Randy zutreffen:
- Serienkiller sind gesellschaftliche Einzelgänger, sie sind oft schüchtern und Frauen gegenüber verklemmt. Von ihrer Umwelt werden sie oft als sonderbar betrachtet, auffällig ist jedoch, dass sie von ihren Nachbarn dennoch zumeist als harmlose, friedliche Zeitgenossen beschrieben werden.
- Serienkiller haben Probleme im Beruf, nur wenigen gelingt es, einer geregelten Tätigkeit nachzugehen, sie wechseln oft ihren Wohnsitz.

In Randys Videothek läuft während des Gespräches übrigens der Film FRANKENSTEIN (FRANKENSTEIN, USA 1931). Ein

Werk, das Craven sehr schätzt und in seinem Film DER TÖDLICHE FREUND (DEADLY FRIEND, USA 1986) zitiert (siehe hierzu auch den dazugehörigen Text in der Wes-Craven-Biografie). Craven meint, er habe damit ein Zeichen setzen wollen. Viele Kritiker würden auf Horrorfilme eindreschen, nur des Genres wegen. FRANKENSTEIN sei der Beweis dafür, dass Horrorfilme, die bei ihrer Veröffentlichung von der Kritik verdammt wurden, Jahrzehnte später als Meisterwerke der Filmgeschichte gefeiert werden können.

Ein Blick in die Zukunft wird übrigens in einer der vorangegangenen Szenen geworfen. In ein Gespräch mit Tatum und Sidney vertieft, fragt der junge Polizist Dewey, der sich in diesen Szenen zu einer Sympathiefigur entwickelt, da er einerseits einen nicht gerade hellen, dafür aber umso liebenswerteren Eindruck beim Zuschauer hinterlässt, wer Sidney wohl in einer Verfilmung der Geschehnisse von Woodsboro spielen könnte. Er hätte gerne die junge Meg Ryan. Doch Sidney schüttelt den Kopf: »Bei meinem Glück wird es Tori Spelling.« Wie wahr. Doch siehe hierzu den Prolog von SCREAM 2.

Partytime

Gale Weathers folgt dem Wagen von Dewey auf dem Weg zur Feier. Auf einsamer Fahrbahn glaubt sie, niemand habe sie und ihren Kameramann gesehen. Doch plötzlich steht Dewey vor ihr. Er möchte nur die Party ein bisschen im Auge behalten. Geschickt gelingt es Gale, sich ihm zu einem Spaziergang anzuschließen. Dewey sieht nicht, wie sie von ihrem Kameramann eine Mini-Funkkamera zugesteckt bekommt.

Die Party ist indessen im vollen Gange. Alkoholische Getränke (in den USA für Jugendliche ja eigentlich verboten) machen die Runde, Filme werden für den Horrorabend herausgesucht. Da erscheinen Dewey und Gale auf der Party. Das Auftauchen der berühmten Reporterin sorgt natürlich für Wirbel. Tatum ist von Gales Auftauchen, mit Blick auf Sidney, nicht glücklich und gibt dies Dewey mit einer Quasi-

Ausladung auch zu verstehen. Gale und Sidney blicken sich kurz an, reden aber nicht miteinander. Tatsächlich macht sich Sid Sorgen um ihren Vater. Sie weiß noch nichts von den Telefondaten. Tatum geht unterdessen in die Garage, um für Stuart ein Bier aus dem Kühlschrank zu holen. Da schließt sich die Tür. Und vor ihr steht der Maskenmann – von dem Tatum jedoch glaubt, er sei Stuart. Daher nimmt sie diesen ›Scherz‹ nicht sonderlich ernst.
»Spielen wir Psychokiller?«, fragt Tatum.
Der Maskenmann nickt.
»Darf ich dann das hilflose Opfer sein?«, fragt Tatum. Blond, großbusig, naiv.
»Oh, bitte, töte mich nicht, Gruselgesicht. Ich möchte auch im zweiten Teil auftreten.«
Erst als der Maskierte ein Messer zieht und ihr den Arm aufschlitzt, begreift sie, dass dies kein Spaß ist. Sie wirft mit Bierflaschen um sich, trifft den Maskenmann mehrfach. Am Ende aber versucht sie durch eine kleine Hundeluke im Garagentor zu entkommen. Doch sie bleibt darin hängen. Der Killer drückt auf einen Knopf, das Tor fährt hoch. Tatum wird in die Höhe gefahren, ihr Körper unter der Decke zerquetscht. Der Killer verlässt den Ort nicht, stattdessen schleicht er sich ins Haus hinein.
Doch dies sieht niemand. Es wird gefeiert – bis die ersten Jugendlichen nach Hause fahren. Sidney macht sich um Tatum Sorgen. Doch Stuart zerstreut diese. Plötzlich taucht Billy auf. Er muss mit Sidney reden. Um nicht Tatum in die Finger zu fallen, die Billy achtkantig hinauswerfen würde, schickt Stuart die beiden ins Schlafzimmer seiner Eltern, wo sie allein sein können.
Randy, ebenfalls noch im Haus, wundert sich über Billys Auftauchen.
In der Zwischenzeit gelingt es Gales Kameramann ein Signal der Mini-Funkkamera zu erhaschen, die sie direkt auf dem Fernseher im Wohnzimmer postiert hat. Ein paar Jugendliche sitzen um den Bildschirm herum. Allerdings, so der Kameramann zu Gale, hat er eine Verzögerung von etwa 30 Sekunden zwischen dem Aussenden des Signals und dessen Verarbeitung.

Der Killer schlägt wieder zu.

Alleine im Schlafzimmer, entschuldigen sich Billy und Sidney gegenseitig: Billy für seinen Egoismus, Sidney für ihre Angst. Angst davor, zu werden wie ihre Mutter. Das Leben, so Billy, sei ein einziger großer Film. Nur das Genre könne man nicht auswählen. Sidney lacht: Dann sollten sie nun in einem Porno mitspielen …

In HALLOWEEN stürzt sich derweil Mike Myers aus einem Schrank auf sein nächstes Opfer. HALLOWEEN ist der Film, den sich die Jugendlichen anschauen – und an dem sie einen Heidenspaß haben. Stuart ist sauer, weil er Jamie Lee Curtis' ›Titten‹ sehen will. Die aber, so Randy, gebe es erst 1983 in DIE GLÜCKSRITTER (TRADING PLACES, USA 1983) zu sehen. Da sie eben keine Titten zeigt, darf sie laut Randy in HALLOWEEN überleben. So sind die Regeln.

»Es gibt gewisse Regeln, die man beachten muss, um […] in einem Horrorfilm zu überleben (siehe hierzu das erste Kapitel dieses Buches). […] Jeden, der gegen die Gesetze verstößt, erwartet der Tod.«

Dewey hingegen ist derart von Gale Weathers fasziniert, dass er ihr anbietet, sie möge ihn zu einem Wagen, der angeblich am Ende der Straße in einem Graben liegt, begleiten. Zu Fuß. Als auf der Party bekannt wird, dass der Direktor tot ist, stürmen die meisten Jugendlichen hinaus. Schließlich soll sein Körper ausgeweidet sein. Und das wollen sie sich nicht entgehen lassen. In diesem Moment ist es Randy, der als einziger zurückbleibt und sich lieber der Fantasie eines Films hingibt.

Fortsetzung folgt ...

Eigentlich könnte an dieser Stelle dieses Buch geschlossen werden, denn kürzer, knapper und präziser als Randy (und damit Kevin Williamson) die Regeln eines Teen-Horrorfilms in der vorangegangenen Szene erklärt, kann man dies kaum tun. SCREAM – SCHREI hält sich sehr eng an diese Regeln – um sie allesamt jedoch zu beugen. Sex bedeutet den Tod. Diese Regel hält SCREAM ein. Nur ist es nicht das Mädchen, das für den Sex bestraft wird. Es wird am Ende der Junge sein, der Mörder, der von seinem vermeintlichen Opfer in die ewigen Jagdgründe gesandt wird. Nummer zwei: Tatum geht in die Garage, um Alkohol zu holen. Sie überlebt dies nicht. Allerdings erwischt es für gewöhnlich die Konsumenten, hier ist es die Botin. Nummer drei: Nach Randys Ausführungen verlässt Stuart das Wohnzimmer mit den Worten: »Ich komme gleich wieder.« Dies geschieht nicht wirklich, denn Stuart, der etwas verrückte, aber ansonsten sympathische Junge, wird als ganz anderer zurückkehren.
In der vorangegangenen Inhaltsangabe wurde übrigens bewusst auf Tatums Äußerlichkeit eingegangen. Traurig aber wahr: Die blonden, großbusigen Mädchen treten niemals im Sequel auf. Ihr Flehen, in der Fortsetzung dabei sein zu dürfen, war demnach umsonst. Dies gehört zu den Regeln des Teen-Horrorfilms. Und damit hatte sie niemals eine Chance. Da können Craven und Williamson noch so viele Regeln gebrochen oder gedehnt haben. An dieser Stelle ist dies nicht der Fall. Da spielt es auch keine Rolle, dass die Darstellerin Rose McGowan in Wirklichkeit dunkle Haare hat

und diese nur als Kontrast zu den brünetten Darstellerinnen Neve Campbell und Courteney Cox färben musste.

Zu Beginn der Party fragt Randy, welche Filme sie sich angucken sollten. Es sind dies TANZ DER TEUFEL (EVIL DEAD, USA 1982), die Geschichte über junge Erwachsene, die in einem abgelegenen Waldhaus auf Dämonen treffen, HELLRAISER (HELLRAISER, GB 1987), in dem eine amerikanische Familie in London auf Wesen aus einer Welt absoluter, sadistischer Genüsse trifft, MONSTER IM NACHTEXPRESS (TERROR TRAIN, USA/Kanada 1980) und der bereits mehrfach erwähnte PROM NIGHT.

Am Ende sehen sie doch wieder HALLOWEEN. Mit der Nennung von HALLOWEEN beginnt der Film, mit ihm endet er. Wie schon in der Eingangssequenz finden sich auch im beginnenden Showdown Elemente der Filmmusik wieder. Diesmal sind es jedoch mehr als nur ein paar Noten. Ganze Segmente werden aus dem Film, den die Jugendlichen schauen, in die Geschichte von SCREAM selbst übertragen. Eindeutigere Referenzen kann es kaum geben.

Showtime

Dewey offenbart Gale, dass er mit richtigem Namen Dwight heißt. ›Dewey‹ stammt noch aus Kindertagen. Da er immer noch so genannt wird, nimmt man ihn in der Stadt nicht ganz ernst. Gale wiederum deutet an, dass sie mit dem Ruf, die böse Hexe des Fernsehjournalismus zu sein, ebenfalls nicht sonderlich glücklich ist. Das mehr als überraschendes Eingeständnis einer Frau, die bis zu diesem Punkt ausschließlich als kühl und berechnend dargestellt wird. Als plötzlich Party-Kids vorbeirasen, stößt Dewey Gale in den Graben und stürzt hinterher. Dann küsst er sie. Eine peinliche Situation. Doch Gale fühlt sich geschmeichelt. Ihr ›Aufeinandertreffen‹ wird beendet, als Gale den Wagen entdeckt, den sich Dewey einmal ansehen sollte. Es ist Neil Prescotts Wagen. Er schnappt sich Gale. Sie müssen zum Haus und Neil Prescott aufhalten.

Im Schlafzimmer genau dieses Hauses zieht sich Sidney indessen wieder an. Billy sitzt auf dem Fußboden. Beiläufig fragt Sidney, wen er vom Gefängnis aus angerufen habe. Er sagt, seinen Vater; den aber habe der Sheriff unterrichtet, meint Sidney sich zu erinnern. Billy ist empört. Glaubt sie immer noch, er sei es gewesen. »Was muss ich denn noch tun, damit du endlich glaubst, dass ich kein Mörder bin?« In diesem Moment erscheint der Maskenmann im Schlafzimmer und metzelt Billy nieder.

Sidney rennt davon, durch die obere Etage, den Boden, aufs Dach, von wo aus sie in die Tiefe stürzt, aber auf einem weichen Untergrund landet. Hier entdeckt sie Tatums Leiche. Sie rennt wieder davon. Dies rettet Randy das Leben, der apathisch auf der Couch sitzt und HALLOWEEN schaut. Der Killer steht hinter ihm, den Dolch im Anschlag. Doch er muss sich um Sidney kümmern. Sie entkommt in den Reporter-Van, wo sie auf dem Monitor sieht, dass der Killer hinter Randy steht. Aber da sind die 30 Sekunden Verzögerung. Der Killer ist schon im Van, er ermordet vor Sidneys Augen den Kameramann und verletzt auch sie. Doch einmal mehr gelingt ihr die Flucht. Dewey und Gale erreichen indessen das Haus. Der junge Polizist schleicht mit gezogener Waffe ins Haus, Gale versucht vom Wagen aus Hilfe zu holen. Und schlägt Randy, der sich inzwischen auch im Freien befindet und den sie für den Mörder hält, nieder. Sie rast davon, doch plötzlich steht Sidney auf der Straße. Gale weicht aus und landet im Straßengraben. Sidney ist verzweifelt und rennt zurück zum Haus, an dessen Pforte sie mit ansehen muss, wie Dewey niedergestochen wird. Sidney entkommt erneut und es gelingt ihr sogar an Deweys Waffe zu gelangen. Da erscheinen Randy und Stuart und beschuldigen sich gegenseitig, die Mörder zu sein. Sidney verbarrikadiert sich im Treppenhaus, als Billy die Treppe hinunterfällt. Er lebt. Sid hilft ihm auf, er nimmt ihre Waffe, öffnet die Tür und schießt Randy nieder. Als dann auch noch Stuart erscheint und Sidney einen Sprachmodulator vorhält, mit dessen Hilfe seine Stimme erwachsener klingt, wird ihr klar: Es gibt nicht einen Mörder, es gibt zwei: Billy und Stuart ...

Billy erklärt Sidney, wie einfach es für sie war, Cotton Weary den Mord an der Mutter anzuhängen. Daher wird auch er aus dieser Geschichte unbeschadet herauskommen. Billy erklärt Sid außerdem, dass es für seine und Stuarts Taten kein Motiv gäbe. Hatte Norman Bates eines? Warum hat Hannibal Lecter Leute aufgefressen? Nein, es gibt kein Motiv, außer dem, »... dass deine Nuttenmutter meinen Vater gevögelt hat.« Deshalb hat seine Mutter also seinen Vater verlassen. Das Motiv überrascht sogar Stuart. Wie dem auch sei. Statt Sidney umzubringen, zeigen die beiden ihr erst einmal ihren gefesselten Vater, dem sie den Mord anhängen wollen. Sie haben sein Handy manipuliert, sie stecken ihm den Modulator zu. Es wird heißen, er habe in diesem Haus ein Blutbad angerichtet und sich dann selbst erschossen. Alle werden tot sein, nur Billy und Stuart werden schwerverletzt überleben. Dafür rammen sie sich gegenseitig ein Messer in den Bauch (nicht tief, seitlich). Wobei Billy mehrfach zusticht! Sidney wirft den beiden vor, zu viele Filme gesehen zu haben. Dieser Vorwurf macht Billy wütend. »Schiebe es nicht auf die Filme. Niemand wird durch sie wahnsinnig. Aber Wahnsinnige werden durch sie kreativer.«

Das Problem ist Gale Weathers, die überlebt und die Waffe an sich genommen hat und plötzlich im Haus auftaucht. Doch Billy überwältigt sie. Sie hätte die Waffe entsichern sollen. Weil Billy auf Gale konzentriert ist, gelingt es Sid, mit ihrem Vater zu entkommen. Und diesmal klingelt das Telefon für die Mörder. Das Spiel heißt jetzt: »Ratet mal, wer euch Saukerle gerade bei der Polizei verpfiffen hat.«

Während Billy durchdreht und die Wohnung zu Kleinholz verarbeitet, beginnt Stuart, der durch die Stiche viel schwerer verletzt ist als Billy, zu weinen. Dieses Massaker werden ihm seine Eltern bestimmt nicht verzeihen. Da gelingt es Sid, Billy zu überwältigen und die Spitze eines Regenschirmes in seinen Oberkörper zu rammen. Zugleich kämpft sie den angeschlagenen Stuart nieder und stößt das Fernsehgerät vom Tisch, das den am Boden liegenden erschlägt.

Zu Sidneys Überraschung hat auch Randy überlebt. Er sei

Jungfrau, gesteht er ihr. Daher konnte ihm nichts passieren. In diesem Moment stürzt sich Billy auf Sid, doch er wird von der stark benommenen, aber ebenfalls noch lebenden Gale Weathers niedergeschossen.
»Seid [trotzdem] vorsichtig. Das ist der Augenblick, in dem sich der vermeintlich tote Killer noch einmal aufbäumt«, warnt Randy Sid, als sie zusammen Billy betrachten. Es geschieht, was Randy prophezeit hat. Doch kaltblütig schießt Sidney Billy in den Kopf.

Epilog folgt …

In der Realität sind Serienkiller oft Muttersöhnchen. Dabei wird ihre Beziehung durch zwei Extreme gekennzeichnet: Absolute Liebe oder absoluter Hass. Der über 50-fache Mörder Henry Lee Lucas beispielsweise hat seine Mutter derart gehasst, dass sie sein erstes Opfer wurde. Der deutsche Fritz Haarmann, für über 20 Morde verurteilt, hingegen liebte seine Mutter abgöttisch. Williamson orientiert sich an wirklichen Fällen. Billy liebt abgöttisch seine Mutter, für die er diese Morde begeht, Stuart verehrt über alle Maßen seine Eltern.

Ansonsten ist der Showdown, an dem über zwei Wochen gearbeitet wurde, ein kleines Meisterstück des Spannungskinos. Wer den Film zum ersten Mal sieht, geht schließlich von einem Mörder aus. Die Spannung wird nun dadurch ins Unermessliche gesteigert, dass Sidney plötzlich Randy und Stuart gegenübersteht. Die Logik sagt ihr nun, dass der eine ein Mörder ist, der andere ein Opfer. Aber wer ist wer? In ihrer Panik schließt sie sich ins Haus ein – wohlwissend, das Opfer seinem Killer zu überlassen.

In dem Moment, in dem Billy wieder auftaucht und Sidney ihm die Waffe gibt, ist klar, wer der Mörder ist. Oder besser gesagt: die Mörder. Ein Mörder muss sich draußen aufgehalten haben, denn Sidney wurde von ihm verfolgt.

Hinzu kommt nun, dass der Killer derart oft auf Billy eingestochen hat, und zwar im oberen Brustbereich, dass dieser eigentlich nicht mehr leben kann. Billy ist einer des Mörder-

Duos. Der Anschlag war eine Täuschung. So bleibt nur noch Stuart als Mörder Nummer zwei, denn er hat Billy und Sidney zum Rendezvous im Schlafzimmer verholfen; der finale Akt, der mit dem Angriff auf Billy zum Höhepunkt geführt wird, kann im Endeffekt nur in Räumlichkeiten durchgeführt werden, die dem Mörder bekannt sind. Und dies ist das Haus von Stuarts Eltern!

Die Auflösung ist dennoch ein Hammer. Zwei Mörder, zwei, wie sie selbst sagen, Wahnsinnige, die sich einen Spaß daraus machen, Menschen zu ermorden. Zwei durchtriebene Wahnsinnige mit einem Plan. Dabei entpuppt sich Billy als der weitaus gefährlichere Killer (wenn man an dieser Stelle überhaupt noch zwischen gefährlich und weniger gefährlich unterscheiden kann). Während Stuart einfach nur verrückt und dabei sogar ein bisschen feige ist (seine größte Angst ist es schließlich, dass seine Eltern erfahren könnten, was geschehen ist), ist Billy ein Wahnsinniger mit einem Motiv. Da seine Mutter davongelaufen ist, müssen jene bestraft werden, die die Verursacher seines Schmerzes sind. Dabei geht er derart raffiniert vor, dass es ihm sogar gelingt, einen anderen Psychopathen für seine Ziele in Beschlag zu nehmen. Er benutzt Stuart. Das wird vor allem in dem Moment deutlich, in dem sie, um ihre Tarnung aufzubauen und sich als Opfer darzustellen, aufeinander einstechen. Wo Stuart einmal das Messer gegen Billy erhebt, sticht dieser mehrfach auf Stuart ein. Es wird klar, dass er seinen Komplizen loswerden will, um schließlich ganz alleine einmal mehr als Opfer dazustehen. Er fühlt sich als Opfer der Prescotts: Maureen hat seinen Vater verführt, weshalb seine Mutter davonrannte. So ist Billy ein klassischer Serienkiller, der sich selbst als Opfer betrachtet, ohne Mitleid für die, die er tötet. Ein Egoist. Im Vergleich zu ihm ist Stuart ein Nichts. Er ist ›nur‹ ein Wahnsinniger, der gerne Menschen tötet.

Morgengrauen

Der schwer verletzte Dewey wird in einen Krankenwagen geschoben. Gale führt eine Liveberichterstattung, »es war wie in einem Horrorfilm und begann mit einem Schrei …«
In einem kurzen Flash erscheint im Dunkel die Maske des Killers.

Ende von Teil 1.

Am Rande notiert:

- Die äußerlichen Ähnlichkeiten zwischen Skeet Ulrich und Johnny Depp, der in Cravens erstem NIGHTMARE-Film seine erste große Rolle gespielt hat, sind unverkennbar. In mehreren Interviews hat Craven jedoch bestritten, ihn vor allem aufgrund der Ähnlichkeit engagiert zu haben.
- Einen echten Verweis auf Cravens ersten NIGHTMARE-Film gibt es dennoch. Der Darsteller des Sheriffs, Joseph Whipp, spielte bereits im ersten NIGHTMARE-Film einen Polizisten. Laut Wes Craven ist er in diesem Film in derselben Rolle zu sehen. Nach den Geschehnissen in der Elm Street war er jedoch so mit den Nerven runter, dass er sich einen Job in einer netten kalifornischen Kleinstadt gesucht hat …
- Wenn wir schon einmal bei der Elm Street sind: Ist eigentlich jemandem aufgefallen, dass Sidney in der 34 Elm Street lebt?
- Für die Rolle des Stuart war eigentlich Freddie Prinze Jr. vorgesehen. Man entschied sich dann jedoch für Matthew Lillard und Freddie Prinze spielte stattdessen kurze Zeit später die männliche Hauptrolle in ICH WEISS WAS DU LETZTEN SOMMER GETAN HAST.
- Wes Craven hätte um ein Haar nicht auf dem Regiestuhl gesessen. Robert Rodriguez war nämlich kurze Zeit als Regisseur im Gespräch. Für ihn sprach sein Status als In-Regisseur. Craven galt für einen Stoff dieser Art auf den

ersten Blick als zu alt. Seine langjährigen Erfahrungen aber und die Tatsache, dass er zu den Regisseuren gehört, die am häufigsten in SCREAM zitiert werden, haben dann doch für ihn gesprochen (siehe hierzu auch das Biografie-Kapitel über Kevin Williamson).

- Die Innenaufnahmen der Schule mussten in einem Studio gedreht werden, da die Schulaufsichtbehörde Aufnahmen im Inneren einer echten Schule verboten hatte. Der Grund: Die Dialoge des Films seien zu anstößig. Einer der für diese Entscheidungen Verantwortlichen wurde kurze Zeit später verhaftet, weil er seine Ehefrau zusammengeschlagen hatte …
- Nach dem Ende der Showdown-Dreharbeiten, die immer wieder verlängert werden mussten, da Craven dauernd neue Einfälle hatte, die er unbedingt realisieren wollte, wurden am Set, mit Hinweis darauf, dass es sich um die 118. Szene gehandelt hatte, an die Crewmitglieder T-Shirts mit der Aufschrift »I survived scene 118« verschenkt.
- Die Tatsache, dass Dewey am Ende in einen Krankenwagen geschoben wird, verdankt der den Testvorführungen. Obwohl Dewey ein extrem liebenswerter Charakter ist, sollte er sterben. So wurde auch eine Szene gedreht, in der sein Leichnam abtransportiert wurde. Diese Szene aber fiel beim Test-Publikum durch.

SCREAM – DIE BIOGRAFIEN

Einleitung

Am Anfang stand das Wort. Ein arbeitsloser, gescheiterter Schauspieler namens Kevin Williamson hatte die Idee für ein Drehbuch und schrieb es in gerade einmal drei Tagen! Noch bevor er es überhaupt verkaufen konnte, hatte er bereits die Synopsis für einen zweiten und schließlich sogar für einen dritten Teil geschrieben.

Dem Wort folgte das Bild. Wes Craven, seit fast 30 Jahren eine Größe des Horrorfilms, erhielt den Auftrag, Williamsons Drehbuch zu verfilmen. Mit Filmen wie NIGHTMARE – MÖRDERISCHE TRÄUME hatte er wie kaum ein anderer Regisseur den Teenager-Horrorfilm mitgestaltet. Mit seinen Erfahrungen und seinem Wissen um die Materie war er der richtige Mann.

Dem Bild folgt das Spiel. Im Mittelpunkt aller SCREAM-Filme steht die Figur der Sidney Prescott, ein Mädchen aus der Nachbarschaft, die sich gleich dreimal verschiedenen Killern stellen muss, die ihr aus unterschiedlichen Gründen nach dem Leben trachten. Zuerst sollte Drew Barrymore diese Rolle übernehmen, doch dann erhielt die bis dato fast ausschließlich aus Fernsehproduktionen bekannte Neve Campbell den Zuschlag für den Part der Sidney Prescott.

Wenn Williamson das Gehirn der Serie ist und Craven das Herz, das ein reibungsloses Funktionieren der Produktion gewährleistet hat, ist Neve Campbell die Seele, die im Mittelpunkt allen Geschehens steht.

In dem folgenden Kapitel werden diese drei Personen ausführlich vorgestellt. Dass es dabei zu leichten Missverhältnissen in der Ausführlichkeit kommen kann, sei entschuldigt, denn man darf nicht übersehen, dass Wes Craven seinen ersten Film gedreht hat, als Neve Campbell noch gar nicht geboren war. Kevin Williamson schließlich begann seine Karriere als Drehbuchautor erst 1996!

Weitere wichtige Darsteller der Film-Trilogie werden im Anschluss an diese drei Lang-Kapitel in kurzen Artikeln vorgestellt: zuerst die Schauspieler, die in allen drei Teilen mitgewirkt haben und dann die Gaststars der Teile eins, zwei und drei, wobei wir uns weitestgehend auf die ›Young Stars‹ beschränkt haben.

WES CRAVEN

Ein verkannter Wegbereiter

Wesley Earl Craven hat in drei Jahrzehnten, in denen er im Filmgeschäft tätig ist, wie kaum ein anderer Regisseur das Genre des Slasher-, Stalker- oder Teen-Horrorfilms, wie immer man das Genre letztendlich nennen möchte, mitgeprägt. Obwohl er in den 70er, in den 80er und in den 90er Jahren jeweils einen wegweisenden Genrefilm inszeniert und in zwei Fällen auch geschrieben hat, ist Craven nie über den Status eines guten Handwerkers hinausgekommen. Von der etablierten Kritik zumeist ignoriert, hat ihm selbst das Genrepublikum nie eine kultische Verehrung zuteil werden lassen, wie sie beispielsweise Regisseure wie Clive Barker, John Carpenter oder sogar ein Lucio Fulcio genießen. Dabei hat Craven, bereits fünf Jahre bevor John Carpenter mit HALLOWEEN das Genre des Teen-Horrorfilms populär gemacht hat, mit DAS LETZTE HAUS LINKS (LAST HOUSE ON THE LEFT, USA 1972) Teenager in den Mittelpunkt eines Horrorfilms gestellt und seine erste Version des Teenager-Horrorfilms erschaffen. Das war 23 Jahre vor SCREAM. Wie auch SCREAM ist DAS LETZTE HAUS LINKS streng genommen eigentlich kein Horrorfilm. Der Film entbehrt jeglicher Form der Fantastik (im Gegensatz beispielsweise zu Carpenters HALLOWEEN, der in der Figur des Michael Myers eine Figur aus dem Reich der Dunkelheit auf die Zuschauer loslässt). Dennoch wird DAS LETZTE HAUS LINKS stets dem Horrorgenre zugerechnet, da Cravens Visualisierung der Gewalt

1972 weit über das hinausging, was der Zuschauer bis dahin zu sehen bekommen hatte. Und selbst heute, im Jahr 2000, ist DAS LETZTE HAUS LINKS ein Film, der nur schwer zu ertragen ist, weil er nichts von seiner bedrückenden, gewalttätigen Atmosphäre verloren hat.

Wes Craven war 32 Jahre alt, als er DAS LETZTE HAUS LINKS inszeniert hat. Es war sein erster Spielfilm als Regisseur und sollte für vier Jahre sein einziger bleiben. Craven stammt aus Cleveland, Ohio, wo er am 2. August 1939 als Sohn eines strenggläubigen Baptisten-Ehepaares geboren wurde. Der tiefe, fast schon fundamentalistische Glauben der Eltern hinderte diese jedoch nicht daran, sich scheiden zu lassen, als Wes Craven gerade einmal sechs Jahre alt war. Seine Mutter heiratete einige Jahre später ein zweites Mal. Und obwohl sein Verhältnis zu seiner Mutter und seinem Stiefvater stets ein gutes gewesen ist, hat die Trennung seiner Eltern eigentlich bis zum heutigen Tage tiefe Narben in Cravens Seelenleben hinterlassen. Die kleinbürgerliche amerikanische Durchschnittsfamilie, aus der auch er stammt, spielt in den meisten seiner Filme eine wichtige Rolle, wie dieser Text noch zeigen wird. Die Familie, von der amerikanischen Gesellschaft als Heiligtum verehrt, wird von Craven regelmäßig in Frage gestellt. Vor allem in den 80er Jahren, im Zeitalter Reagans und einem neuen amerikanischen Selbstbewusstsein, in der die Familie mehr denn je als Rückhalt der US-Gesellschaft propagiert und in einen heiligen Schrein gestellt wurde, wagte Craven in gleich zwei Filmen, in NIGHTMARE – MÖRDERISCHE TRÄUME und nur zwei Jahre später in DER TÖDLICHE FREUND, dieses Idyll in Frage zu stellen und entwarf Weltbilder, die keinesfalls dem Wunschbild des kleinbürgerlichen, patriotischen und freundlichen Amerikas entsprachen.

So stellt sein Debüt-Film im Reigen seiner Genrefilme eine Ausnahme dar. In DAS LETZTE HAUS LINKS zeigt Craven eine sehr wohl glückliche Familie. Sie ist nicht perfekt, doch sie ist intakt, denn in ihr herrschen Liebe, Toleranz und Respekt. Droht in Cravens späteren Genrefilmen eine Gefahr von innen (aus dem eigenen Bekanntenkreis), so kommt die Bedrohung der Familie in seinem Debüt von außen. Die

Der nette Herr von nebenan im Outfit des Studienrates: Wes Craven, der Meister des Teenager-Horrorfilms.

Christian Lukas

Mörder kommen nicht aus der Nachbarschaft (wie Freddie Krueger in NIGHTMARE – MÖRDERISCHE TRÄUME), noch stammen sie aus dem Freundeskreis (wie in SCREAM). Krug Stillo (David Hess) ist vielmehr ein gesuchter Mörder. Aus dem Gefängnis ausgebrochen, hat er in New York bei seinen Freunden Sadie (Jeramie Rain), Fred (Fred J. Lincoln) und seinem geistig etwas zurückgebliebenen Bruder Junior (Marc Sheffler) Unterschlupf gefunden. Zusammen planen sie die Flucht nach Kanada. Zufällig wird Junior am Abend vor der Flucht auf der Straße von zwei Mädchen aus New Jersey angesprochen: von der Arzttochter Mary Collingwood (Sandra Cassel) und ihrer Freundin Phyllis Stone (Lucy Grantham). Die beiden 17-Jährigen wollen das Leben in der Stadt genießen – wozu auch gehört, etwas Dope auszuprobieren. Sie fragen Junior, ob er etwas Stoff besitzt. Er führt sie in die Wohnung seines Bruders und der Albtraum beginnt. Die Verbrecher – außer Junior – vergewaltigen Phyllis und nehmen die Mädchen mit auf den Weg nach Kanada. Unterwegs haben sie jedoch eine Panne – wie es der Zufall will nur wenige hundert Meter vom Haus von Marys Eltern entfernt. Um die Zeit totzuschlagen, bis Krug hoffentlich einen Ersatz für den defekten Wagen gefunden hat, ziehen sich die anderen in den Wald zurück, wo sie sich erneut über Phyllis hermachen. Bei alledem gelingt es Phyllis, bei Verstand zu bleiben und in gewisser Weise, indem sie sich willig erweist, die eher kindliche Mary zu beschützen. Als Phyllis jedoch davonrennt und schließlich bestialisch ermordet wird, machen sich die Mörder auch über Mary her. Sie sucht ihre Flucht im Freitod, der ihr aber von Krug durch einen Kopfschuss noch verwehrt wird.

Auf der Suche nach einem Unterschlupf klingeln die vier nun ausgerechnet an der Tür von Marys Eltern. Diese geben den freundlich auftretenden Fremden bereitwillig eine Schlafmöglichkeit und laden sie auch noch zum Essen ein. Bis sie aufgrund eines Zufalls (Junior trägt eine Kette, die sie Mary nur einen Tag zuvor geschenkt hatten) erfahren, dass die netten jungen Leute, die an ihrer Tür geschellt haben, Mörder sind: die Killer ihrer eigenen Tochter. Anstatt die vier der Polizei zu überstellen, üben die Eltern nun blutige Rache und töten Krug und seine Leute.

DAS LETZTE HAUS LINKS ist ein unangenehmer, gewalttätiger Film, den bedrückende Atmosphäre durchzieht. Diesen Film schaut man sich nur einmal an. Er besitzt weder den klassischen Horrorfilm-Ton von NIGHTMARE – MÖRDERISCHE TRÄUME, noch die postmoderne Subebene von SCREAM. Dennoch nimmt Craven in seinem Debütfilm mehrere Motive späterer Werke vorweg. Er lässt beispielsweise einen Radiomoderatoren sagen, dass Stillo als Jugendlicher von seinem Vater verprügelt und missbraucht wurde. Er entschuldigt Krugs bestialische Taten damit keinesfalls. Er versucht jedoch, wenn auch nur am Rande, eine Erklärung dafür zu liefern, wie sich ein an sich intelligenter Mensch wie Krug im Laufe seines Lebens zu einer Bestie hat entwickeln können. Das Motiv der Familie als Hort des Unglücks findet sich später in NIGHTMARE – MÖRDERISCHE TRÄUME (die Mutter der Heldin ist eine Alkoholikerin, die die Schuld für ihre Sucht teilweise bei ihrer Tochter sucht), DER TÖDLICHE FREUND (ein Mädchen wird von ihrem Vater ständig verprügelt und schließlich umgebracht) und auch SCREAM (die Mutter Sydney Prescotts als Ehebrecherin) wieder.

Auch das Tatmotiv der Rache ist ein Thema, das sich immer wieder durch das Œuvre Cravens zieht: der Kindermörder,

der für seine Taten von seinen Nachbarn gelyncht wurde und nun in den Träumen ihrer Kinder indirekt Rache übt (NIGHTMARE – MÖRDERISCHE TRÄUME), das Mädchen, das vom Vater getötet wurde, mit Hilfe eines Computerchips aber ins Leben zurückkehrt und ihren Erzeuger ermordet (DER TÖDLICHE FREUND) oder das mörderische Genie, das hingerichtet wird, doch als Energiewesen über Fernsehleitungen in die guten Stuben derer gelangt, die ihn auf den Stuhl brachten (SHOCKER [SHOCKER, USA 1989]). Und natürlich findet sich dieses Motiv in allen drei SCREAM-Filme: Da ist der Junge, der aus Rache für die verletzten Gefühle seiner Mutter tötet, da ist die Mutter, die ihren Sohn rächt und schließlich der Sohn, der von seiner Mutter verstoßen wurde.

Alle Filme umfasst jedoch ein übergreifendes Thema: Die Zerstörung der familiären Ordnung.

Laut Craven gibt es für diese stets wiederkehrenden Motive in seinen Filmen eigentlich keinen Grund. Bei NIGHTMARE – MÖRDERISCHE TRÄUME wurde er beispielsweise von einem Zeitungsartikel der *Los Angeles Times* aus dem Jahre 1981 inspiriert, in dem davon berichtet wurde, dass unabhängig voneinander mehrere Personen von ähnlichen schrecklichen Albträumen heimgesucht wurden, von denen einige dann sogar während des Schlafes starben.

Was an dieser Geschichte Fantasie ist, an welchen Stellen möglicherweise Fakten und Vermutungen vermischt wurden, interessierte Craven nicht. Ihn faszinierte vielmehr die Idee eines Traum-Mörders, der in den Albträumen erscheint und seine Opfer in ihnen tötet. Der Rest der Geschichte schrieb sich dann von alleine. Woher aber stammt Cravens Faszination für die Abgründe der Seele, für das Dunkle und Morbide?

Vom Uni-Professor zum Taxi-Fahrer

Als Kind war es Wes Craven aufgrund des Glaubens seiner Eltern verboten, ins Kino zu gehen. Im Gegensatz zu Regisseuren wie Kevin Williamson, Quentin Tarantino oder Robert

Rodriguez, die seit früher Jugend Filme im Kino, Fernsehen oder auf Video angeschaut haben, bestand Cravens Kindheit aus einer ganzen Reihe von Verboten. Auch Fernsehen war im Hause Craven weitestgehend unerwünscht und selbst als Teenager durfte er nur selten das Kino besuchen. Und dann waren ihm nur seichte Unterhaltungsfilme ohne Sex und Gewalt erlaubt. So hat Craven erst im Erwachsenenalter die legendären Horrorfilme gesehen, was vielleicht erklärt, warum er weitaus weniger Respekt vor vielen großen Klassikern des Genres besitzt als mancher Kollegen. Im Interview, das wir mit ihm geführt haben und das diesem Text anhängt, sagt Craven dazu: »Was ich nicht mag, sind billige Schockeffekte. In vielen Klassikern wird die Spannung dadurch erzeugt, dass Leute vollkommen dumme Dinge tun: Wenn ich mich bedroht fühle und glaube, hinter einer Tür steht ein wahnsinniger Mörder, dann werde ich diese Tür nicht öffnen um zu sehen, ob er nun dahinter steht oder nicht, sondern ich werde so schnell ich kann davonrennen.« Dies mag erklären, warum er in DAS LETZTE HAUS LINKS auf jeden klassischen Schockeffekt verzichtete und die blanke Gewalt als Moment des Schreckens inszenierte.

Trotz der Einschränkungen, die er in seiner Kindheit aufgrund seines Glaubens erlebte, hat Craven in seinen Filmen das Thema Religion zumeist ausgespart oder es mit Respekt behandelt – wie in TÖDLICHER SEGEN (DEADLY BLESSING, USA 1981) oder DIE SCHLANGE IM REGENBOGEN (THE SERPENT AND THE RAINBOW, USA 1988), einer Geschichte um Voodoo, in der sich Craven sehr viel Zeit dafür nimmt, den für uns so fremden Glauben der Haitianer zu porträtieren. Er reduziert Voodoo nicht ausschließlich auf den Begriff Zombie, was umso verwunderlicher ist, da die Geschichte eigentlich von der Suche nach dem Geheimnis der Zombies handelt!

Einzig die gescheiterte Ehe seiner Eltern ist ein Erlebnis, das in seinen Filmen immer wieder auftaucht (sieht man vielleicht einmal darüber hinweg, dass Wes Craven Freddie Krueger nach einem Zeitungsjungen benannte, der ihn als Kind des öfteren verprügelt hat – doch dies ist nur eine Anekdote, mit der Craven gerne Journalisten unterhält, die aber auf sein Werk keinen größeren Einfluss gehabt haben dürfte). Ansonsten war der heranwachsende Wes Craven ein ungemein belesener junger Mann, der die Klassiker der Weltliteratur ebenso verschlungen hat wie die Werke des amerikanischen Dramas. Er machte seine Leidenschaft zum Beruf und studierte schließlich Literatur am Wheaton College in Illinois, wo er außerdem im Nebenfach Psychologie belegte. Dieses Nebenstudium machte einen großen Eindruck auf ihn, kam er doch aus einer Welt, in der schwarz und weiß sauber voneinander getrennt waren – das Gute war Gott, das Böse der Teufel. Erst im Rahmen des Psychologie-Studiums wurde ihm wirklich bewusst, dass die Welt vor allem aus Grautönen besteht. Nach dem College besuchte er schließlich die John-Hopkins-Universität in Baltimore, an der er seinen Magister der Geisteswissenschaften machte. Vom freien Leben an der Universität begeistert, widmete sich Craven während des Studiums mehr und mehr eigenen Geschichten. Er schrieb Gedichte und Kurzgeschichten, er begann Comics zu zeichnen (auch Comics waren ihm als Kind verboten worden) und er spielte Gitarre. Wie die meisten seiner Kommilitonen versuchte sich Craven an bewusstseinserweiternden Drogen (es waren schließlich die *swinging sixtes*), er ließ jedoch sehr schnell wieder von ihnen ab, da er von ihnen vielleicht Kopfschmerzen bekam, die Welt mit ihrer Hilfe aber um keinen Deut besser verstand.

1964 heiratete Craven seine Collegeliebe Bonnie Broecker, mit der er zwei Kinder bekommen sollte: Jessica und Jonathan, der inzwischen selbst als Schauspieler und Regisseur arbeitet. In der Stadt Potsdam im Staate New York, an einer Hochschule namens Clarkson College, nahm er schließlich einen Dozentenjob an und lehrte Philosophie und klassische Philologie. Nach amerikanischem Verständnis war er somit ein Professor. So gesehen war sein Leben bis zu diesem Zeitpunkt wenig aufregend verlaufen. Doch in seinem Inneren war Craven frustriert. Will man verstehen, warum er mit DAS LETZTE HAUS LINKS einen Film inszeniert hat, der radikaler und konsequenter eine Geschichte von Mord und Rache erzählen sollte als alles andere, was das amerikanische Kino bis dato erlebt hatte, muss man sich nun in den Mann hineinversetzen, der Craven in den späten 60er Jahren war: ein Lehrer an einem College, mit einer Frau, Kindern und einer Menge Hypotheken zum Abbezahlen. In gewisser Weise war Craven ein Musterbeispiel für den weißen, mittelständischen Durchschnittsamerikaner. In seiner Jugend waren ihm viele Dinge, die er inzwischen sehr schätzte – wie das Kino – aufgrund seines Glaubens vorenthalten worden. Jetzt, als Erwachsener, war sein Leben ›vorbei‹. Er hatte Verantwortung für Frau und Kinder zu tragen. Er musste promovieren, um auf der Hochschule eine bessere Stellung zu bekommen. Die Stundenpläne und das Curriculum des College bestimmten seinen Lebensrhythmus. Da er erst 29 Jahre alt war und unter den Studenten als begeisterungsfähig, offen und sehr liberal galt, war es für ihn kein Problem, einige seiner Schüler zu überreden, ihm beim Dreh eines Films zu helfen. THE SEARCHERS (USA 1968) hieß der 45-minütige Film, der sich stilistisch an der TV-Serie UNMÖGLICHER AUFTRAG (MISSION: IMPOSSIBLE, USA 1965–72) orientierte und faktisch ohne Budget in den Räumlichkeiten des Colleges entstand. Ursprünglich hatte Craven das Projekt als eine Art medienpraktische, studentische Übung jenseits der üblichen Lehrpläne ins Leben gerufen. Doch als er den fertigen Film sah, der in Potsdam zum Geheimtipp avancierte, erkannte er, dass er sein Lehrerleben hasste. Statt sich um den Unterricht zu kümmern, moderierte er in einer lokalen Radiostation lieber eine Nachtshow oder besuchte in den Semesterferien eine Filmschule in Manhattan, um Filmschnitt zu erlernen (und nebenbei einen jungen, angehenden Schnittmeister namens Martin Scorsese kennenzulernen …). Ein guter Freund von ihm wurde der junge Musiker Harry Chapin, der später am Broadway Karriere machen sollte, zu dieser Zeit aber noch als Cutter für Industriefilme arbeitete. In New York lernte er eine ganz andere als die kleinbürgerliche Welt kennen, in der er aufgewachsen war und in der er studiert hatte. Viele der jungen Männer und Frauen, mit denen er es zu tun bekam, hatten durchaus bürgerliche Berufe erlernt. Sie alle aber waren nach New York gekommen, um Filme zu machen. Filme jenseits von Hollywood. Billig, dreckig vielleicht. Aber ihre eigenen Filme.

Am Ende seiner Semesterferien kehrte Craven nicht an seine Hochschule zurück. Er gab seine sichere Existenz auf, um Filme zu drehen. Mit Hilfe seiner Freunde bekam er tatsächlich ein paar Schnitt-Jobs bei Sex-Produktionen, leben konnte er davon nicht. Stattdessen musste er Taxi fahren. Dennoch reichte das Geld selten aus. Zuerst ging er pleite, dann verließ ihn seine Frau. Craven hatte alles auf eine Karte gesetzt. Und verloren. Bis er Sean S. Cunningham kennenlernte.

LAST HOUSE ON THE LEFT

Cunningham kam ebenfalls aus bürgerlichen Verhältnissen. Er war zwei Jahre jünger als Craven, und auch er hatte seine ersten Schritte beim Film als Cutter gemacht, aber schnell festgestellt, dass dieser Job keine gesicherte Zukunft garantieren konnte. Also hatte er sich sehr früh als Produzent von Underground-Filmen versucht und damit ein paar mittelprächtige Erfolge erzielt. Craven schnitt für ihn einen Sex-Film mit dem Titel TOGETHER (USA 1971). Als Cunningham sich mit seinem Kameramann überwarf, übernahm Craven auch die Kamera, die Co-Regie und andere Jobs. Zum Dank erhielt Craven von Cunningham einen Credit als Associate Producer.
Cunningham war ein Filmfanatiker, der seine Jugend vor allem im Kino und vor dem Fernseher verbracht hatte. Damit war er das Gegenteil von Craven. Und so ergänzten sich die beiden vorzüglich.
TOGETHER, ein Sex-Drama, machte sich an den Kassen der Schmuddelkinos ganz gut, vor allem, da die Hauptdarstellerin Marilyn Briggs just als der Film in die Kinos kam, den Künstlernamen Marilyn Chambers angenommen hatte und zur US-Pornodarstellerin Nummer eins avanciert war! Das Filmstudio Hallmark, heute ein seriöses Produktionsstudio, damals jedoch auf B-Filme für Schmuddelkinos und Autokinos abonniert, war vom Erfolg des Films überrascht und fragte Cunningham, ob er einen weiteren Film machen wollte. Dafür erhielt er ein Budget von 90 000 Dollar. Die Vorga-

ben waren einfach: Sex und Gewalt. Um alles andere sollte sich Cunningham kümmern. Cunningham hatte zu diesem Zeitpunkt noch andere Projekte laufen und fragte Craven, ob er den Film schreiben, schneiden und inszenieren wollte. Craven übernahm den Job und schrieb an einem einzigen Wochenende das Skript zu DAS LETZTE HAUS LINKS. Craven hatte einige Jahre zuvor Ingmar Bergmans Film DIE JUNGFRAUENQUELLE (JUNGFRUKÄLLAN, Schweden 1959) gesehen, einen Film, der heute, wie eigentlich alles von Bergman, von der etablierten Filmkritik als Meisterwerk betrachtet wird. Die Geschichte: Ein Mädchen wird von Wegelagerern überfallen und getötet, woraufhin der Vater Rache nimmt. Craven mochte den Film, fand jedoch die Momente, in denen Bergman darüber philosophiert, ob es einen Gott gibt und ob dieser Rache gut heißen kann (am Ende entspringt am Ort des Mordes eine reine Quelle, die nur von Gott geschaffen worden sein kann …), einfach nur lächerlich. Er adaptierte Bergmans Idee und baute darauf seinen Film auf. Craven, selbst ein studierter Philosoph, interessierte sich nicht für esoterische Fragen wie die Existenz Gottes (die steht für ihn als gläubigen Christen sowieso außer Zweifel). Auch wollte er keine philosophische Auseinandersetzung mit Schuld und Sühne. Der Akt der Gewalt war für ihn viel interessanter, die Frage, wie weit Menschen gehen können, wenn sie einmal in einen Kreislauf der Gewalt eingebrochen sind. Gibt es in einem solchen Kreislauf noch Grenzen oder werden alle Barrieren der Moral und Ethik niedergerissen.

Cunningham ließ Craven gewähren. Als der Film fertig war, war er sogar Cunningham, der 1981 als Regisseur von FREITAG, DER 13. (FRIDAY, THE 13TH, USA 1981) selbst im Slasher-Film / Teen-Horror als Regisseur einen Klassiker erschaffen sollte, zu weit gegangen. Cunningham hatte als Jugendlicher alles im Kino und im Fernsehen gesehen, was es zu sehen gab. Große Hollywoodfilme, miese B-Produktionen, alles. Und er hatte gelernt, wie weit man gehen konnte. Nun hatten vor allem junge Filmemacher aus New York in den letzten Jahren immer mehr Tabus gesprengt und Dinge in ihren Filmen gezeigt, die Hollywood niemals hätte durchgehen

In Deutschland erschien LAST HOUSE ON THE LEFT 1997 in einer überarbeiteten Fassung auf Video. Inzwischen ist der Film jedoch restlos vergriffen und wird so schnell nicht wieder aufgelegt

lassen. Doch irgendwo hatten sie alle eine Schere im Kopf. Nicht so Craven. Für ihn war Filmemachen, obwohl er inzwischen über 30 Jahre alt war, Neuland, das er für sich entdeckte – ohne Grenzen und Konventionen zu beachten. Darüber hinaus war DAS LETZTE HAUS LINKS Cravens Lebens-Triumph. Er hatte alles gewagt, alles verloren – aber am Ende trotzdem seinen Traum vom eigenen Film verwirklicht. All den Frust der letzten Jahre, all seine Niederlagen – das verarbeitete er in diesem einen Film.

Nun hatte es schon vor 1973 Splatterfilme mit viel Gewalt und Gedärmen gegeben. Diese Filme aber, wie die eines Herschell Gordon Lewis, waren im Endeffekt Pornos, in denen statt auf den nächsten Geschlechtsakt auf die nächste Gewaltszene hingearbeitet wurde. Billig in ihrer Ausführung, ohne echte Schauspieler gedreht, mit simplen Handlungen. DAS LETZTE HAUS LINKS war da anders. Der Film war handwerklich sauber inszeniert, profitierte von einer in sich schlüssigen Geschichte und hatte mit David Hess einen jungen Darsteller, der seine Rolle souverän spielte und in seinen besten Momenten den Film fast alleine auf den Schultern trug. Die gesamte, ausschließlich auf Gewalt aufgebaute, aber in sich schlüssige Dramaturgie, sorgte schließlich dafür, dass genau das geschah, was Cunningham befürchtet hatte: Der Film bekam arge Probleme mit der Zensur. Zwar hatte Craven davon überzeugt werden können, die Szene zu entschärfen, in der Phyllis ermordet wird (in der ursprünglichen Version werden ihr die Gedärme aus dem Leib gerissen, davon sind nur einige wenige Einstellungen übrig geblieben). Doch es war nicht die sichtbare Gewalt, mit der Craven die Zensoren (und die Kritik) auf die Barrikaden getrieben hatte. Es war die Gewalt, die sich im Kopf abspielte, das Zeigen einer Gesellschaft, in der selbst die Gerechten nur noch existieren können, wenn sie abartigste Gewalttaten verüben.

Mehrere Male musste der Film zensurbedingt umgeschnitten werden, in einigen Kinos setzten sogar die Vorführer die Schere an. Hallmark entschärfte den Film ebenfalls, sodass es heute wahrscheinlich keine einzige, tatsächlich noch vollständige Kopie des Films gibt. Dass der Film nicht nur in den Schmuddelkinos lief, sondern sogar in einigen etablierten Filmspielhäusern zu sehen war, hat er wahrscheinlich dem populärsten amerikanischen Filmkritiker Roger Ebert zu verdanken. Wurde der Film von der Kritik überhaupt wahrgenommen, dann als Schund oder Dreck. Ebert hingegen gab dem Film nicht nur die Höchstwertung seiner viel beachteten Kolumne in der *Chicago Sun-Times*, er lobte vor allem seine bedrückende, Angst machende Atmosphäre.

Über DAS LETZTE HAUS LINKS wurde viel gesprochen, diskutiert, zensiert – und am Ende hatte er sensationelle 18 Millionen Dollar eingespielt. In Großbritannien, Neuseeland und Australien wurde er nach der Aufführung verboten, in vielen Ländern wurde er um 15 bis 20 Minuten gekürzt, um nicht mit einem Aufführungsverbot belegt zu werden.

Der Fluch des Horrorfilms

Was ist ein Horrorfilm? Eigentlich ein Film, der seine Spannung und seinen Grusel aus einer Geschichte holt, die der Fantastik entstammt. So betrachtet ist DAS LETZTE HAUS LINKS kein Horrorfilm, sondern eigentlich ein Thriller. Viele Thriller jedoch, die vor allem aufgrund ihres Gewaltpotenzials die Grenzen des traditionellen Kriminalfilms sprengen, werden, auch wenn es keine fantastischen Aspekte in ihrer Geschichte gibt, dem Horrorfilm zugeordnet. So auch Cravens Erstling.

Fortan hatte Craven den Ruf weg, ein Horrorfilmregisseur zu sein. Und dies bedeutete in den 70er Jahren, von Ausnahmen einmal abgesehen, im B-Film tätig zu sein. Craven wollte eigentlich gar nicht im Horrormetier arbeiten. Er wollte Komödien machen, vielleicht ein Drama inszenieren. Dabei hatte er auch keine Ressentiments gegen Hollywood wie andere New Yorker Filmemacher, die auf jeden Fall ihre Unabhängigkeit behalten und kein Teil eines gigantisches Filmbetriebes werden wollten. Alles, wonach Craven suchte, war eine seriöse Produktion. Das Genre war ihm egal. Doch als Horrorfilm-Regisseur abgestempelt, hatte Craven keine Chance. Also drehte er für den Horror-Anthologiefilm TALES THAT WILL TEAR YOU APART (USA 1976) ein Segment. Doch während der Dreharbeiten ging dem Produzenten das Geld aus und der Film wurde nie fertiggestellt, obwohl Teile von ihm später in diversen dubiosen B-Filmen, vorwiegend aus Italien, auftauchten (nicht aber die von Craven gedrehte Episode). Obwohl sein Debütfilm im Verhältnis Kosten/Einspielergebnis ein gigantischer Erfolg gewesen war, saß Craven schon bald auf dem Trockenen und arbeitete sogar wieder als Cutter, um seine Miete zahlen zu können (das Gros des Geldes hatten Hallmark und Cunningham verdient). Dabei wurde er nicht müde, sich als Regisseur für Dutzende von TV-Produktionen in New York und sogar in Hollywood zu bewerben. Ohne Erfolg. So sollte es insgesamt 26 Jahre dauern, bis sich Craven im Jahre 1999 mit MUSIC OF THE HEART (MUSIC OF THE HEART, USA 1999) den Traum erfüllen konnte, außerhalb des Horror- und Fantasygenres einen Film zu inszenieren (von einer kleinen TV-Arbeit für Disney 1986 einmal abgesehen). Frustriert nahm er schließlich das Angebot seines Freundes Peter Locke, einem B-Filmproduzenten, an, für ihn einen Slasher- oder Horrorfilm zu inszenieren. Wollte er am Ende nicht wieder Taxi fahren, blieb ihm kaum eine andere Wahl, als das Angebot anzunehmen. Craven schrieb ein Drehbuch, erhielt 230 000 Dollar und drehte HÜGEL DER BLUTIGEN AUGEN (THE HILLS HAVE EYES, USA 1977) in Victoriaville, nahe Los Angeles.

Strukturell ist der Film seinem Erstling recht ähnlich: Eine Familie gerät nach einer Panne in die Hand einer in der Wüste lebenden Kannibalenfamilie, deren Gene während der Atomtests in den 50er Jahren etwas gelitten haben. Backwood-Filme über Menschen aus einer großen Stadt, die irgendwo im Westen der USA auf Hinterwäldler treffen, die nichts Besseres zu tun haben, als die ›Eindringlinge‹ zu dezimieren, boomten in dieser Zeit (zum Beispiel Tobe Hoopers BLUTGERICHT IN TEXAS). Allzu viel konnte Craven mit einem solchen Film zu dieser Zeit gar nicht falsch machen. Und so wurde der Film ein bodenständiger Erfolg. In der deutschen Version wurden aus den Kannibalen übrigens durchgedrehte Außerirdische! Aber das nur am Rande.

Obwohl HÜGEL DER BLUTIGEN AUGEN inzwischen Kultstatus besitzt und Craven einige Jahre später sogar eine Fortsetzung inszenierte, gibt es von ihm sehr wenige Stellungnahmen zu diesem Film. Es lässt sich der Verdacht nicht von der Hand weisen, dass Craven mit einem populären Thema und seinem in Horrorkreisen guten Namen einfach einen Film drehen wollte, der an den Kinokassen Erfolg hat. Craven ist nie ein klassischer Underground-Filmemacher gewesen, auch wenn sein Debütfilm dies vermuten lässt. Er mag die Schule der Underground-Filmemacher durchlaufen haben, nach der schmerzlichen Trennung von seiner Frau und seinen Kindern, suchte Craven eine gewisse finanzielle und gesellschaftliche Sicherheit. Mochte er mit seiner Arbeit am College und dem tagtäglichen Trott unzufrieden gewesen sein, seine Familie hatte er geliebt.

Cravens Streben nach künstlerischer Freiheit und Innovation auf der einen Seite und sein Wunsch nach einer respektablen sicheren Tätigkeit in einem durchaus restriktiven System wie dem Hollywoods auf der anderen Seite stehen in einem Widerspruch. Ein Widerspruch, der Craven die Arbeit nicht immer leicht gemacht hat. So musste er 1984 das Ende von NIGHTMARE – MÖRDERISCHE TRÄUME umgestalten. Doch dazu später mehr.

Dieser Konflikt hat Craven auch unter den Genrefans einige Freunde gekostet. Werden seine ersten beiden Filme heute als Kultfilme von großer Radikalität gehandelt, die sich als Angriffe auf eingefahrene Sehgewohnheiten verstehen, haben es ihm viele Genrefans übel genommen, dass er verhältnismäßig schnell den Weg ins Hollywood-Geschäft angetreten hat, um als Auftragsregisseur zu arbeiten. Im Rahmen solcher Diskussionen wird Craven oft mit John Carpenter verglichen, der immer wieder den Weg aus dem Hollywood-Getriebe hinaus gesucht hat, um weiterhin seine eigenen Filme jenseits der normierten Hollywood-Konfektionsware (mit der er immer wieder kläglich gescheitert ist, wie mit FLUCHT AUS L.A. [ESPACE FROM L.A., USA 1996]) zu inszenieren. Einen solchen Weg hat Craven nicht gesucht. Craven hat sich vielmehr darum bemüht, in Hollywood in Ruhe arbeiten zu können. Als freier Künstler, aber abgesichert durch das Studiosystem.

Hinzu kam, wie Craven heute zugibt, dass er der Streitereien mit der MPAA, der Filmfreigabestelle, überdrüssig war. Zwei Filme hatte er gedreht. Und zweimal hatte er mit dieser Organisation im Clinch gelegen. Auch HÜGEL DER BLUTIGEN AUGEN musste mehrfach umgeschnitten werden, um einen halbwegs akzeptablen Kinostart zu bekommen. Als der amerikanische Fernsehsender NBC schließlich auf Craven zutrat und ihm die Regie einer TV-Produktion anbot, schlug Craven ein. EINE TÖDLICHE BEDROHUNG (SUMMER OF FEAR, USA 1978) hieß der auf einem Roman von Lois Duncan basierende Film, dessen Drehbuch Craven ungemein interessant fand. In gewisser Weise erkannte er in dem Skript einen Gegenentwurf zu seinem Film DAS LETZTE HAUS LINKS. War die Bedrohung der Familie in jenem Film von außen gekommen, kam sie hier von innen. Dabei kam die Bedrohung nicht in Form eines Gewaltverbrechers daher, sondern eines Mädchens namens Julia (Lee Purcell). Ihre Familie wird durch einen Autounfall ausgelöscht. Daraufhin nimmt ihr Onkel sie in seiner Familie auf. Schnell findet sie in ihrer Cousine Rachel (Linda Blair) eine Freundin. Doch sehr bald wird das neue Idyll brüchig. Missgunst zieht in die Familie ein, Julia und Rachel separieren sich mehr und mehr vom Rest der Familie, wobei Julia die Rolle einer Untergebenen einnimmt. Wie sich schließlich herausstellt, steht Julia mit finsteren Mächten im Bunde, mit Dämonen, die sich in menschlichen Körpern einnisten.

Craven hatte die strickte Anweisung erhalten, auf Gewaltszenen zu verzichten. Die Produzenten erhofften sich zwar von seinem Namen eine gewisse Zugwirkung, nur erinnerten sie Craven ständig daran, dass er diesmal fürs Fernsehen tätig war und keinen Underground-Horrorfilm drehte. Craven war von der Angst der Produzenten amüsiert. Seiner Ansicht nach funktionierte die Geschichte sowieso nur auf einer intellektuellen Ebene, unnötige Gewalt hätte die verstörende Wirkung nur zerstört. Dabei hätte Craven die Geschichte ohne Dämonen noch interessanter gefunden: Die Vernichtung einer Familie durch Intrigen und Boshaftigkeiten, ausgelöst durch das nette Mädchen von nebenan. Eine scheinbar grundlose Zerstörung, geboren aus dem tiefen Hass auf all die Menschen, die glücklich waren, die nicht ihre Familie bei einem Unfall verloren hatten. Dies aber ging den Produzenten offenbar zu weit. Und Craven hielt sich mit Vorschlägen dieser Art zurück. Hinzu kam die Tatsache, dass die gesamte Werbekampagne auf Linda Blair aufgebaut wurde, die 1973, gerade einmal zwölfjährig, mit der Hauptrolle eines vom Teufel besessenen Mädchens in DER EXORZIST (THE EXORCIST, USA 1973) zum Star avanciert war, deren Popularität sich jedoch im Sinkflug befand. Um für einen TV-Horrorthriller, in dem es ›ganz zufällig‹ ebenfalls um Besessenheit ging, zu werben, reichte ihr Name jedoch noch aus.

Craven tat also, was man von ihm verlangte. Er lieferte eine saubere Arbeit ab, die ihn für weitere Aufträge empfahl und die dennoch seine Handschrift nicht verkennen ließ. Julias Zerstörungsfeldzug hinterlässt in ihrer Familie tiefe Wunden. Und Craven bleibt die Antwort, ob diese Wunden jemals verheilen werden, am Ende schuldig. Für einen TV-Film seinerzeit ein Wagnis, das von den Produzenten jedoch nicht weiter beklagt wurde.

Craven, der nicht müde wurde, nach anderen Projekten Ausschau zu halten, fand schließlich in Italien Finanziers für sein Drehbuch MARIMBA, einer Geschichte über kolumbianische Drogenschmuggler. Craven gefiel die offene Art der italienischen Produzenten, die vor der Darstellung drastischer Gewalt weit weniger Angst hatten als ihre amerikanischen Kollegen. In Italien war Craven seit seinem Debüt ein mit Interesse beobachteter Regisseur. Der *Giallo*, der italienische Thriller, war in den 70er und frühen 80er Jahren für seine oft überzogene Darstellung von Gewalt berühmt und noch mehr berüchtigt, Regisseure wie Dario Argento, Lucio Fulcio oder Ruggero Deodato besaßen (und besitzen in Fan-Kreisen) Kult-Status. Kein Wunder, dass DAS LETZTE HAUS LINKS in Italien recht wenige Probleme mit der Freigabe bekommen hatte. Italienische Produzenten hatten gar einige Filme produziert, die sich stilistisch und inhaltlich an Cravens Films orientiert hatten.

Eigentlich schwebten Craven ganz andere Projekte vor. Seit Jahren schon trug er die Idee mit sich herum, einen Horrorfilm für Kinder zu drehen – und zwar eine vollkommen werkgetreue Verfilmung von *Hänsel und Gretel*! Märchen gehörten in seiner Kindheit zu den wenigen literarischen Werken, die er uneingeschränkt lesen durfte. Sie hatten einen großen Eindruck auf ihn hinterlassen, und selbst als Erwachsener war seine Faszination fürs klassische Märchen nicht verschwunden. Da die meisten Verfilmungen der Grimm'schen Märchen diese kaum adäquat wiedergaben und sich davor scheuten, die düstere, oft gewaltvolle Atmosphäre ihrer Geschichten zu visualisieren – obwohl gerade diese Stimmung Kinder oft fasziniert! – wäre Craven sicher der richtige Regisseur für ein Projekt dieser Art gewesen. Interessieren konnte er dafür jedoch niemanden und so wurde es niemals realisiert. Seine Vorliebe für dieses Märchen findet sich dennoch des öfteren in seinem Werk wieder. Doch dazu mehr im Laufe dieses Textes.

Weit davon entfernt, postmoderne Horrorfilme zu inszenieren, suchte Craven die Möglichkeit, sein Schaffensspektrum zu erweitern. Und sein Actionthriller MARIMBA schien dafür ein gutes Terrain zu liefern. Mit Dirk Benedict hatte er einen soliden B-Schauspieler für die Hauptrolle gefunden, der dank der TV-Serie KAMPFSTERN GALACTICA (BATTLESTAR GALACTICA, USA 1978) eine gewisse Popularität erlangt hatte, aber keine allzu hohen Gagenforderungen stellen konnte, weil er kein Star war. Craven reiste nach Kolumbien, um die Dreharbeiten vorzubereiten. Doch seine italienischen Produzenten hatten sich hoffnungslos verkalkuliert. Fest zugesagte Gelder kamen nie in Kolumbien an, schließlich wurde die gesamte Produktion eingestellt, ohne dass ein Meter Zelluloid verfilmt worden wäre.

Die Italiener bemühten sich um Schadensbegrenzung und boten ihm ein Ersatzprojekt an. Craven sollte einen Film über den Massenselbstmord der Anhänger des fanatischen Sektenführers Jim Jones vom 29. November 1978 in Guyana drehen, dem 913 Menschen zum Opfer gefallen waren. Doch Craven war skeptisch. Die Geschichte erschien ihm zu sensationslüstern, obwohl er sich durchaus für die Hintergründe interessierte, die Menschen dazu bringen können, in einem Kollektiv den Freitod zu suchen (beziehungsweise dazu, in ihrem Fanatismus jene zu ermorden, die sich ihrem

›freiwilligen‹ Selbstmord widersetzen!). Seinen Produzenten ging es jedoch weniger um diese psychologische Ebene als vielmehr um die Darstellung der Grausamkeiten selbst. Da es zwischen Craven und seinen italienischen Produzenten nie zu einem Streit gekommen war und diese sich redlich bemühten, die MARIMBA-Pleite vergessen zu machen, ließ sich Craven überreden, zumindest über das Projekt ernsthaft nachzudenken. Als dann jedoch eine weitaus höher budgetierte US-Verfilmung angekündigt wurde, in der Powers Boothe die Hauptrolle spielen sollte, war auch dieses Projekt gestorben und Craven gab sein italienisches Gastspiel auf, bevor es überhaupt zu einem greifbaren Ergebnis gekommen war.

Zurück in den USA erhielt Craven zu seiner eigenen Überraschung das Angebot, einen kleinen Major-Film zu drehen: TÖDLICHER SEGEN (DEADLY BLESSING, USA 1981). Als Geldbeschaffer fungierten die aufstrebenden Jung-Produzenten Jon Peters und Peter Guber, den internationalen Verkauf übernahm Polygram. Zwar handelte es sich bei TÖDLICHER SEGEN auch nur um eine B-Produktion, Polygram aber garantierte dem Film ein solides finanzielles Fundament sowie einen seriösen Verleih und machte ihn so zu einem echten Hollywood-Studiofilm.

Das Drehbuch gefiel Craven sehr gut, dennoch änderte er einige Aspekte der Geschichte, da ihm vieles zu spekulativ erschien. Dies war, wie sich später herausstellen sollte, ein böser Fehler, denn Craven sollte am Ende seiner ersten Studio-Produktion schmerzhaft feststellen, dass Regisseure in einem Studiosystem Angestellte sind, deren Werk nach Belieben von den Produzenten bearbeitet werden kann. In seinen ersten beiden Filmen hatte er praktisch tun können, was er wollte, sein dritter Film war eine reine Auftragsarbeit, deren Grenzen vom Fernsehen gesetzt wurden und an die sich Craven gehalten hatte. Bei TÖDLICHER SEGEN sah dies nun anders aus. Peters und Guber waren von Anfang an nicht glücklich darüber, dass Craven massive Eingriffe am Drehbuch vornahm (was soweit ging, dass er schließlich als dritter Autor neben Glenn Benest und Matthew Barr genannt werden musste). Und natürlich hätten sie von einem Mann wie Craven ein bisschen mehr Sex und Gewalt erwartet. Statt dessen aber lieferte ihnen Craven einen ungemein dicht inszenierten Film, der in seiner oft unangenehmen Atmosphäre an DAS LETZTE HAUS LINKS erinnert, ohne jedoch allzu viel grafische Gewalt zu zeigen. Tatsächlich strich Craven viele der ursprünglich geplanten Actionszenen aus dem Skript heraus.

Kein Segen von den Produzenten

TÖDLICHER SEGEN erzählt die Geschichte einer kleinen, religiösen Sekte in Texas. Diese haben einen den Amish ähnlichen Lebensstil gewählt: Jenseits moderner Zivilisation und Technik leben sie nach den Geboten Gottes als Farmer. Um ihre Idylle zu schützen, sind sie sehr streng gegenüber jenen, die ihre Lebensregeln brechen. Dabei hat ihr Anführer Isaiah Schmidt (Ernest Borgnine) jedoch längst die Grenze zum religiösen Fanatismus überschritten. Eines Tages erscheinen zwei Mädchen vom College in ihrem Städtchen, Vicky (Susan Buckner) und Lana (Sharon Stone[!]), die sich mit einer jungen Witwe der Gemeinschaft (Maren Jensen) anfreunden. Kaum sind die beiden in der Stadt aufgetaucht, geschehen eine Reihe eigenartiger, offenbar nach einem Ritual verübter Morde.

Craven lässt den Zuschauer nun zappeln. Geht ein Mörder um? Ist Isaiah der Mörder? Oder steckt hinter den Morden in Wahrheit ein Dämon? *Das Lexikon des internationalen Films* nennt TÖDLICHER SEGEN ›überkompliziert‹, und in gewisser Weise trifft dies auf den Film auch zu. Doch eben diese Komplexität erlaubt es Craven, mit den Erwartungen der Zuschauer zu spielen. Schnell nämlich glaubt man wirklich zu wissen, wer hinter den Morden steht: Isaiah und ein Dämon. Wobei Isaiah selbst der Dämon sein könnte, der sich nur eine perfekte Tarnung als religiöser Eiferer zugelegt hat.

Doch nichts davon trifft zu. Hinter den Morden steht Faith (Lisa Hartman), eine junge Frau, die in Wahrheit ein Zwitter ist und in gewisser Weise nur ihre Andersartigkeit verbergen will. Ihren Rachefeldzug gegen die Welt, in der sie lebt, überlebt am Ende nur Martha. Und so wollte Craven den Film enden lassen.

Doch damit hatte er die Rechnung ohne die Produzenten gemacht. Seine rationale Lösung, dass de facto nur ein verwirrter Mensch hinter den Morden stehen sollte, missfiel seinen Geldgebern. Diese hatten Craven nicht engagiert, damit er ihnen einen Thriller drehte. Sie wollten Horror. Craven, der mit seinem Film sehr zufrieden war, wurde nun sein Vertrag unter die Nase gehalten, der ihn dazu verpflichtete, Nachdrehs vorzunehmen. Zum ersten Mal in seiner bisherigen Regisseurslaufbahn geriet er mit seinen Produzenten in einen ernsten Streit. Craven wollte die Zuschauer überraschen, wollte ihnen ein Ende präsentieren, das so wirklich niemand erwartet hatte. Dies aber widersprach dem Denken Gubers und Peters. Sie wollten nicht einsehen, dass Craven einen Horrorfilm inszeniert hatte, in dem sich am Ende alles rational erklären ließ!

Also musste Craven nicht nur einige Szenen umschneiden, hier und da musste er auch kleinere Szenen mit übersinnlichem Inhalt nachdrehen. Schließlich musste er das gesamte Ende neu filmen. In dieser Version des Films wird Martha, die einzige Überlebende, von einem furchterregenden Dämon in die Hölle hinabgerissen.

Craven hasste das Ende. Und so konnte er mit Genugtuung feststellen, dass in einigen Ländern wie Großbritannien überraschenderweise seine Ur-Version zur Aufführung kam und diese um keinen Deut schlechter in den Kinos oder auf Video lief als die Fassung mit dem ›verbesserten‹ Showdown. Craven hätte sich theoretisch der Verantwortung entziehen und seinen Assistenten das Ende drehen lassen können. Sein Vertrag hätte ihm diese Möglichkeit, wenn auch unter Schwierigkeiten, durchaus zugestanden. Doch Craven war es wichtig, dass zumindest seine Hauptintention, nämlich die im Grunde positive Darstellung der Sekte, zu retten. Wäre es nach Guber und Peters gegangen, hätte sich die Gemeinde am Ende als Teufelssekte entpuppt. Craven war es wichtig zu zeigen, dass die Sekte im Endeffekt eine bedauernswerte Gemeinschaft darstellt, die sich im Fanatismus verliert, da sie vor der Welt, die außerhalb ihres vermeintlichen Idylls existiert, eigentlich Angst hat. Angst, auch ihren Glauben in der Welt zu verlieren. Die so entstandene *community* ist eine Gesellschaft der Repressionen, die schließlich einen Menschen, der aufgrund seiner Andersartigkeit glaubt, verstoßen zu werden, zum Mörder werden lässt.

Der Film spielte einen (leider nicht genau bezifferten) Gewinn ein. Craven hatte mit seinen Filmen, sofern sie denn fertiggestellt worden waren, stets einen Gewinn eingefahren. Mit seinen letzten beiden Filmen hatte er außerdem bewiesen, im Studiosystem Hollywoods bestehen zu können, einem System, in dem Streitereien zwischen Regisseuren und Produzenten zum tagtäglichen Geschäft gehören. So erhielt er für seinen nächsten Film ein Budget von drei Millionen Dollar, dem höchsten Budget, mit dem er bis dato gearbeitet hatte. Das Überraschendste an diesem neuen Projekt war jedoch die Tatsache, dass es sich nicht um einen reinen Horrorfilm handelte. Und als reichte dies nicht aus, erhielt Craven darüber hinaus den Zuschlag für das Drehbuch. DAS DING AUS DEM SUMPF (SWAMP THING, USA 1982) hieß der Film, der auf einem DC Comic von Bernie Wrightson und Lein Wein basierte.

Im Mittelpunkt des Comics steht die Figur eines grässlich anzuschauenden Sumpfmonsters. Dieses Monster war einst ein idealistischer Arzt namens Alec Holland (in den Szenen vor der Verwandlung dargestellt von Ray Wise, später, als Monster, von dem Stuntman Dick Durock), der das Opfer eines Anschlages wurde. Holland arbeitete an einem Mittel, mit dem das Pflanzenwachstum beschleunigt werden sollte, um den Hunger in der Welt zu besiegen. Da aber selbst am Hunger noch verdient wird, hatte er Feinde. Wie den Milliardär Arcane (Louis Jordan), der ihn umbringen wollte. Bei dem Anschlag infizierte sich Holland mit seinem Pflanzenwachstumsmittel, was dazu führte, dass er überlebte, jedoch mutierte. Hinter dem scheußlichen Äußeren aber schlägt ein sanftmütiges Herz.

Craven war von dem Comic begeistert. Das sanftmütige Monster war ein Charakter, wie es ihn in noch keinem seiner

Filme gegeben hatte. Die Widersprüchlichkeit in Äußerlichkeit und Innerlichkeit darzustellen, war für Craven eine Herausforderung. Mit der United Artists hatte Craven außerdem erstmals mit einem wirklich global agierenden Verleiher zu tun. Zwar war United Artists zwei Jahre zuvor aufgrund des HEAVEN'S GATE-Debakels (HEAVEN'S GATE, USA 1980) pleite gegangen, doch ein mächtiger Verleiher wie UA wurde nicht einfach aufgelöst. Es fand sich mit Metro-Goldwyn-Mayer vielmehr ein zweites, noch größeres Studio, das United Artists übernahm und dafür sorgte, dass die Ressourcen der UA nicht einfach verloren gingen. Im Vergleich zu UA war PolyGram auf dem Filmsektor damals ein eher bescheidenes Unternehmen.

Craven vollzog in seinem Skript gegenüber dem Comic eine entscheidende Änderung. Eine der Figuren, Cable, im Comic ein Mann, wurde in seinem Film zu einer Frau. Adrienne Barbeau spielte sie. Craven hatte sie nicht zufällig ausgesucht. Zum einen war sie die Ehefrau seines Konkurrenten John Carpenter, dessen Filme Craven sehr schätzte. Zum anderen hatte sie in ihren Rollen in THE FOG – NEBEL DES GRAUENS (THE FOG, USA 1979) und DIE KLAPPERSCHLANGE (ESCAPE FROM NEW YORK, USA 1981) bewiesen, dass sie seinerzeit zu den wenigen Schauspielerinnen Hollywoods gehörte, die überzeugend Action spielen konnte. Frauen in Actionfilmen der frühen 80er Jahre waren entweder dusselige Schönchen, die vom starken Helden beschützt wurden, oder sie glichen Charlies Engel: Top-Models mit Knarre und Puderdöschen, entsprungen den Comic-Fantasien ihrer männlichen Erfinder. In diese Formen passte Adrienne Barbeau nicht hinein. Craven empfand es als äußerst interessant, in seinem Film die klassischen Rollen zu vertauschen. Das (männliche) Monster wurde zum sensiblen Wesen, lebend im Einklang mit der Natur, friedliebend. Die Frau aber zeigte Craven als Kriegerin (nicht aber als Amazone).

Barbeaus Alice Cable ist eine Regierungsbeamtin, die die Sümpfe von Louisiana besucht, um die Arbeit von Dr. Holland zu überprüfen. Just während ihres Besuches greifen gedungene Mörder das kleine Camp an, töten sämtliche Mitarbeiter und verletzen Holland schwer. In dieser Actionszene bekommt der Zuschauer nun etwas zu sehen, was für das Jahr 1982 fast schon als revolutionär zu bezeichnen ist. Alice Cable wird von einem Mann mit einem M16-Gewehr angegriffen. Dieser unterschätzt seine Gegnerin (sie ist ja nur eine Frau) und muss zu seiner eigenen Überraschung erleben, wie diese ihm die Waffe entreißt und ihn seinen Opfern hinterherschickt. In der gleichen Sequenz erspäht sie einen zweiten Angreifer. Blitzschnell, ohne erkennbare Anspannung, eiskalt berechnend, verhilft sie diesem zu seinem Direktflug in die Hölle. Dies alles geschieht visuell in der Perfektion eines frühen 80er-Jahre-Actionfilms, nur dass die Person hinter der MG eine Frau ist.

Die Frau, das starke Geschlecht

Es ist ein typisches Merkmal von Cravens Filmen, starke Frauen in den Mittelpunkt seiner Geschichten zu stellen. Da ist die Figur der Phyllis in DAS LETZTE HAUS LINKS. Sie wird erniedrigt, zusammengeschlagen, vergewaltigt. Dennoch bleibt sie stark. So stark, dass sie ihre weitaus schwächere Freundin Mary bis zu ihrem Tod davor schützt, selbst vergewaltigt zu werden.
Nach Marys Tod und der Entdeckung ihrer Leiche durch ihre Eltern zeigt Craven die Mutter als eine starke Persönlichkeit, die den Schmerz erträgt, während der Vater, blind vor Wut, seinen Schmerz nur glaubt ertragen zu können, wenn er die Mörder seines Kindes bestraft, was seine Frau nur unterstützt, um nicht auch ihn noch zu verlieren.
Die Frau, das starke Geschlecht. Ob die Figur der Alice Cable in DAS DING AUS DEM SUMPF, Heather Langenkamps Nancy Thompson in den NIGHTMARE-Filmen, Neve Campbell als Sidney Prescott in SCREAM oder auch eine Angela Bassett in VAMPIRE IN BROOKLYN (VAMPIRES IN BROOKLYN, USA 1995): Die einprägsamsten Helden der Craven-Filme sind in der Regel Frauen.
In den religiösen Zirkeln, in denen Craven aufgewachsen ist, galten Frauen als Mütter. Sie waren Mittelpunkt und Rückhalt der Familie. Trotz dieser Verehrung der Mutter verweigerte

die Kirche der Frau die Gleichstellung gegenüber dem Mann. Cravens Filme sind ein Gegenpol zu diesem Denken. »Ich habe Männer und Frauen seit jeher als gleichberechtigt betrachtet und mich nie um die Konventionen des Films, starke Männer, schwache Frauen, gekümmert.« Dass er nicht unfehlbar ist, lehrte ihn nun ausgerechnet DAS DING AUS DEM SUMPF, ein Film, in dem er besonderen Wert auf die Besetzung der Frauenrolle gelegt hatte! Wie bei all seinen Filmen besuchten ihn von Zeit zu Zeit seine Kinder am Drehort, als sich folgende Geschichte zutrug: »Meine Tochter war damals gerade einmal zehn Jahre alt. Sie saß am Set, als wir eine Szene drehten, in der unsere Hauptdarstellerin Adrienne Barbeau rannte, stolperte und zu Boden fiel.« So stand es im Drehbuch. »Daraufhin sagte meine Tochter: ›Dad, immer wenn ich einen Film sehe, in der eine Frau gejagt wird, fällt sie garantiert auf die Nase. Das ist doch doof.‹« Tja, da stand ich nun, ein erfahrener Regisseur und erhielt von einem zehnjährigen Mädchen Nachhilfeunterricht in Sachen Vermeidung von Klischees. Das hat mich nachdenklich gemacht und daher habe ich in den Filmen, die ich seither gedreht habe, vielleicht noch ein wenig mehr auf die Vermeidung von Klischees geachtet, als andere Regisseure dies tun.

Ein katastrophaler Flop

Die Geschichte von DAS DING AUS DEM SUMPF ist recht einfach erzählt: Bei dem Versuch, den Forscher Alec Holland zu töten, wird dessen Körper zum größten Teil verbrannt. Als er jedoch in Kontakt mit dem von ihm entwickelten Pflanzenwuchsmittel gerät, regeneriert sich sein Körper und mutiert zu einem Wesen halb Mensch, halb Pflanze. Vom eigenen Schicksal entsetzt, hält ihn allein der Gedanke an Rache am Leben, denn bei dem Anschlag auf sein Leben starben nicht nur seine Mitarbeiter, sondern auch seine Schwester (im Comic seine Ehefrau). Als Monster entwickelt Holland übermenschliche Kräfte. Dem Bösewicht Arcane, in all seinen Handlungen nur davon getrieben, Macht anzuhäufen, gelingt es schließlich durch Erpressung, Holland zu besiegen. Dabei verliert Holland einen Arm. Er scheint besiegt. Arcane ist davon überzeugt, wenn er sich selbst mit Hollands Serum infiziert, dessen Stärke zu erlangen. Da geschieht etwas Sonderbares: Während Hollands Arm, als sein Körper von der Sonne getroffen wird, plötzlich nachwächst, verwandelt sich Arcane in ein furchteinflößendes Monster mit einem Schweinsgesicht. Holland gelingt es schließlich, sich zu befreien und Arcane in einem Zweikampf zu töten. Alice, die inzwischen erkannt hat, wer sich hinter der Maske des Monsters verbirgt, gesteht ihm, sich in ihn verliebt zu haben und bittet ihn, bei ihr zu bleiben. Doch Holland kehrt in die Sümpfe zurück. Er ist nun ein Teil der Natur geworden.

Von Märchen fasziniert, traute sich Craven ein Ende zu kreieren, das nur mehr als märchenhaft zu bezeichnen ist. Während Holland glaubt, ein Mittel entwickelt zu haben, das eine Pflanze einfach nur schneller wachsen lässt, entpuppt sich das Gebräu für den Menschen als ein Zaubertrank, der den Gerechten ihre größten Wünsche erfüllt. Vom Bösen getrunken, kehrt es jedoch dessen wahres Ich nach außen. Das Schwein in Arcane wird sichtbar, und dies im wahrsten Sinne des Wortes. Holland hingegen, der stets die Pflanzen liebte, wird ein starker Baum (dessen Äste [Arme] sogar nachwachsen können).

Ob der Film wegen seines märchenhaften Endes in den Kinos floppte? Es ist schwer zu sagen. Offensichtlich ist, dass Craven die Dreharbeiten über den Kopf wuchsen. Der Film ist handwerklich sehr uneinheitlich gemacht. Die Actionszenen wirken oft hölzern und lassen kaum einen Vergleich mit jenen Szenen zu, in denen sich Craven seinen Hauptfiguren widmet. So ist die Geschichte vom Monster und Alice natürlich auch die Geschichte von der Schönen und dem Biest. Nur dass Craven den Liebenden ein Happy End verwehrt. Das Monster erfährt keine Erlösung, der Zaubertrank erfüllt offenbar nur einen Wunsch. Und den hat das Monster verbraucht. So sind die Szenen zwischen Alice und Holland von sanfter Poesie, inszeniert mit viel Liebe zu seinen Hauptfiguren.

Das Monster, das Falten wirft. Die Schöne (Adrienne Barbeau) und das Biest (Dick Durock) in der Wes-Craven-Version des Märchenklassikers.

Film-Archiv Lothar R. Just

Dennoch scheitert der Film, als Gesamtwerk betrachtet, da die dramaturgisch vollkommen gerechtfertigten Actionszenen in ihrer hölzernen Inszenierung fehlschlagen und den Spaß am Film ganz einfach verderben (davon abgesehen wirft das Monster-Kostüm hin und wieder Falten ...).

So ereilte Craven ein für ihn vollkommen ungewohntes Schicksal: Er musste mit ansehen, wie sein Film an den Kinokassen gnadenlos scheiterte. Statt des erhofften internationalen Verkaufs, verzichtete UA auf eine internationale Vermarktung des Films und bot ihn Videoverleihern zum Kauf an – wobei sich in Deutschland nicht einmal ein solcher Verleiher fand, weshalb der Film seine Premiere im Land der Teutonen am 26. Juli 1986 im Abendprogramm der ARD erlebte. Der Termin mitten im Sommer, einer Zeit, in der so gut wie nie TV-Premieren ausgestrahlt werden, ist ein Beleg dafür, wie wenig Beachtung dem Film zuteil wurde. Dabei ist er aufgrund seiner Märchenhaftigkeit (und einer für Craven sehr sanften Regie, die dem Film eine Jugendfreigabe bescherte), bei all seinen inszenatorischen Schwächen auf der film-handwerklichen Ebene, im Gesamtwerk Cravens der vielleicht missachtetste Film, der doch eine größere Beachtung verdient gehabt hätte.

Zwei Fehlentscheidungen

Während der Vorproduktion von DAS DING AUS DEM SUMPF schaute sich Craven in Louisiana potenzielle Drehorte an. Mehrfach flog er daher von Los Angeles in den Süden der Vereinigten Staaten. Auf einem dieser Flüge lernte er eine Flugbegleiterin namens Millicent Meyer kennen, die, wie sich herausstellte, nebenher als Model arbeitete und auch schon vor der Filmkamera gestanden hatte. Craven war von der über 15 Jahre jüngeren Frau äußerst angetan und gab ihr zuerst seine Karte, dann eine kleine Rolle in DAS DING AUS DEM SUMPF und schließlich sein Ja-Wort. Millicent änderte ihren Namen zuerst in Mimi Craven-Meyer, dann ließ sie ihren Mädchennamen vollkommen weg.
Dies war Fehlentscheidung Nummer 1.
Bereits kurz nach dem Ende der Dreharbeiten zu DAS DING AUS DEM SUMPF hatte Craven das Drehbuch zu NIGHTMARE – MÖRDERISCHE TRÄUME geschrieben. Die Idee hatte er, wie bereits an vorangegangener Stelle erwähnt, im Jahre 1981 gehabt, als er einen Artikel in der *Los Angeles Times* gelesen hatte. Er hatte über diesen Artikel lange und ausführlich mit seinem früheren Regie-Assistenten Steve Miner diskutiert, der just in dieser Zeit sein Regie-Debüt mit FREITAG DER 13. – JASON KEHRT ZURÜCK gegeben hatte und sich selbst auf der Suche nach einem neuen Skript befand. Miner, der seinen Durchbruch vier Jahre später als Regisseur der genialen Horrorkomödie HOUSE (HOUSE, USA 1985) feiern sollte, fand die Idee, dass ein Killer durch die Träume von Menschen schleicht und diese in ihren Träumen tötet, sehr gut, glaubte aber nicht daran, dass Craven ein Skript dieser Art verkaufen könnte.
Von diesem Urteil ließ sich Craven jedoch nicht beirren. Und nach DAS DING AUS DEM SUMPF hatte Craven die Zeit und die Muße, all seine Ideen, die sich im Laufe der letzten

beiden Jahre angehäuft hatten, in einem Drehbuch zu verarbeiten. Das heißt, eigentlich waren es zwölf Drehbücher! Craven ging von Produzent zu Produzent und erzählte einem jeden, der es hören wollte, freimütig über sein Projekt. Es gelang ihm, eine ganze Reihe von Produzenten für seine Idee zu begeistern. Da er kompromissbereit auf Änderungswünsche reagierte, wurde ihm keine Tür vor der Nase zugeschlagen. Man sprach vielmehr über seine Idee und so entstanden im Laufe der Zeit eben zwölf verschiedene Drehbuch-Versionen. Da er sich sicher war, dass NIGHTMARE sein nächster Film sein würde, verwandte er seine gesamte Energie auf dieses Projekt und arbeitete nebenher nur als Skript-Doktor, der auf Anfrage hin Drehbücher fremder Autoren revidierte.

Was ihn irritierte, war die Art und Weise, wie die Produzenten mit ihm umgingen. Er kannte Hollywood inzwischen und wusste, dass ein Produzent einem Autoren offen auf den Kopf zusagt, ob ihm ein Skript gefällt (was heißt, hiermit lässt sich Geld verdienen), oder nicht. Dies geschah allerdings nur selten. Statt dessen wurde er hingehalten. Warum?

Die Antwort bekam er eines Tages aus einem Branchenblatt: Eine Produktionsfirma namens Bella kündigte darin die Dreharbeiten zu einem Film namens DREAMSCAPE (DREAMSCAPE, USA 1983) an. Der von Joseph Ruben inszenierte Film hatte immerhin Dennis Quaid vorzuweisen, der sich seinerzeit noch am Beginn seiner Karriere befand und recht heiß als zukünftiger Star gehandelt wurde. Die Handlung? Der amerikanische Präsident (Eddie Albert), gebeutelt von Albträumen, in denen er sich dabei beobachtet, wie er den Dritten Weltkrieg auslöst, entschließt sich, mit der Sowjetunion Abrüstungsgespräche einzugehen und, wenn es sein muss, einseitig mit der Abrüstung zu beginnen. Dies passt einigen Verschwörern jedoch gar nicht, weshalb diese eine geheime Forschungsstation bemühen, um mit deren Hilfe einen Killer in die Träume des Präsidenten zu schleusen, der diesen im Schlaf ermorden soll.

Zu den Autoren des Films gehörte der junge Chuck Russell. Dieser war über Umwege auch in eines der Gespräche verwickelt gewesen, das Craven über NIGHTMARE – MÖRDE-

RISCHE TRÄUME geführt hatte. Sollte sich ein Studio seiner Idee bemächtigt haben?
Craven hat dies nie beweisen können. Der Verdacht aber liegt nahe. Auch das Verhalten der Produzenten deutet darauf hin. Offenbar wussten einige recht früh über DREAMSCAPE Bescheid und warteten ab, ob das Projekt an den Start ging oder nicht. Wenn nicht, hatten sie Cravens Skript als Ersatzprojekt in der Hinterhand.
Da sein Projekt erst einmal gestorben war, nahm er frustriert ein Angebot Peter Lockes an, für ihn eine Fortsetzung von HÜGEL DER BLUTIGEN AUGEN zu drehen: IM TODESTAL DER WÖLFE a.k.a. DAS TODESTAL DER WÖLFE (THE HILLS HAVE EYES 2, USA 1983/84).
Dies war Fehlentscheidung Nummer 2.
Craven schrieb das Skript, bekam eine Millionen Dollar für die Dreharbeiten zur Verfügung gestellt und begann mit der Inszenierung im Umland von Los Angeles. Eigentlich passt der Film ins Gesamtwerk Cravens, denn im Mittelpunkt stehen einmal mehr Teenager, die in der Wüste der bereits aus dem ersten Teil bekannten Sippschaft von Kannibalen in die Hände fallen. Und einmal mehr steht ein Mädchen im Mittelpunkt des Geschehens, Cass (Tamara Stafford), die blind ist, jedoch die Gabe besitzt, in die Zukunft schauen zu können.
Das *Lexikon des internationalen Films* urteilt. »Gewaltspektakel der primitivsten Art.« Und damit hat es Recht. Schon in DAS DING AUS DEM SUMPF hatte Craven gezeigt, dass Actionszenen unter Einsatz von Pyrotechnik zu inszenieren, nicht zu seinen Stärken zählt. Und so fehlt auch den Actionszenen in diesem Film die Dynamik. Die Schauspieler wirken, als suchten sie ständig den Teleprompter, um ihre Texte abzulesen. Von Atmosphäre keine Spur! Craven war sich der Mängel des Films offenbar bereits während des Drehs bewusst und versuchte nun durch den spekulativen Einsatz von grafischer Gewalt, die er sonst nur verwandt hatte, wenn es dramaturgisch oder atmosphärisch notwendig war, über diese Schwächen hinwegzutäuschen, was ihm jedoch nicht gelang. Boshaft ausgedrückt: Der Film sieht aus, als wäre ein zweitklassiger Regisseur der Serie DAS A-TEAM

(THE A-TEAM, USA 1983–87) dem Splatterrausch verfallen. Die gleichen Kulissen, die gleiche, einfallslose Kameraarbeit, nur garniert mit jeder Menge Blut (von dem in der deutschen Version nach diversen Schnitten so wenig übrig blieb, dass der Film sogar eine 16er Freigabe erhielt).

Craven war sich dem katastrophalen Ergebnis seiner Arbeit bewusst. Dieser Film, so gibt er heute zu, hätte niemals gedreht werden sollen. Warum ist er dennoch entstanden? Craven suchte einen Job und er war Locke freundschaftlich verbunden. Dieser wiederum hatte seit einiger Zeit eine Pechsträhne. Dazu gehörte unter anderem der Auftrag für eine TV-Serie, von der aber nur ein Pilotfilm entstand (AUTOMAN – DER SUPERDETEKTIV [AUTOMAN, USA 1983]). Für beide schien die Fortsetzung ihres gemeinsamen Kult-Films daher eine sichere Bank zu werden. Doch schon die gesamte Planung des Films entwickelte sich zu einem Desaster. Die Gelder kamen zu spät, das Dreh-Team war zusammengewürfelt und hatte kaum Zeit, sich adäquat auf die Dreharbeiten vorzubereiten, das Drehbuch, das auf dem Papier ganz witzig aussah, entpuppte sich als unverfilmbar, weshalb ausgerechnet Craven, der zwischen den Filmen als Skript-Doktor arbeitete, nun Hand an sein eigenes Drehbuch legen musste. Szenen wurden daraufhin geschmissen, neue über Nacht notdürftig vorbereitet. Noch bevor die letzte Klappe gefallen war, wussten alle Beteiligten, dass sie einen Flop produziert hatten. Der Film verschwand daher direkt nach der Fertigstellung im Archiv des Produzenten.

Dennoch hatte er für Craven großen Schaden angerichtet, denn eine *Promo-Reel* des Films, mit der noch Geldgeber aufgetan werden sollten, kursierte in Hollywood und war dabei auch solchen Produzenten in die Hände gefallen, die an NIGHTMARE – MÖRDERISCHE TRÄUME durchaus Interesse gezeigt hatten. Nach diesen Ausschnitten zweifelten sie an den inszenatorischen Künsten Cravens. NIGHTMARE – MÖRDERISCHE TRÄUME wäre wohl endgültig gestorben, hätte es nicht New Line Cinema gegeben, wo man nach dem Desaster von DAS TODESTAL DER WÖLFE jedoch um Bedenkzeit bat.

Als Craven vom US-Sender ABC das Skript zu EXIT – AUSGANG INS NICHTS (INVITATION TO HELL, USA 1984) zugeschickt bekam, nahm er das Angebot an, trotz einiger Zweifel, die er am Drehbuch hegte. Dafür aber stand die Produktion auf gesicherten, finanziellen Beinen, er bekam eine Spezialeffekte-Crew, deren Mitglieder bereits an hochbudgetierten Kinofilmen mitgearbeitet hatten, selbst am Drehbuch durfte Craven noch einmal Hand anlegen. Und mit Robert Urich (VEGAS [VEGA$, USA 1978–81) bekam Craven einen der großen Stars des amerikanischen Fernsehens als Hauptdarsteller, die Hauptdarstellerin Susan Lucci ist bis heute in den USA ein berühmter Soap-Star.

Im Mittelpunkt steht Urich, der einen Ingenieur spielt, der merkt, dass er in seinem Job (er entwickelt unter anderem Raumanzüge, die extremste Temperaturen überstehen können) nur weiterkommt, wenn er sich einem exklusiven Country Club anschließt. Seine Familie fühlt sich in dem neuen, eleganten Lebensraum wohl, dennoch verändern sich seine Frau und seine Kinder zusehends zu ihrem Nachteil. Überhaupt werden die Menschen dort immer merkwürdiger. Zu seinem Entsetzen muss Urich schließlich feststellen, dass sich der Country Club de facto am Tor zur Hölle befindet. Und die Leiterin des Clubs, Jessica (Susan Lucci) ist niemand anderes als der Satan persönlich. Mit Hilfe seines Raumanzuges begibt er sich schließlich in die Tiefen der Hölle, um auf diesem Weg seine Familie aus den Krallen des Teufels zu befreien.

Craven selbst bewertet EXIT nicht allzu hoch. Es war ein Job, den er gemacht hat. Von der rein handwerklichen Seite her betrachtet aber rehabilitierte der Film Craven. Vor allem die sich stetig steigernde Spannung macht den Film auch heute noch äußerst ansehnlich. Im Reigen durchschnittlicher TV-Produktionen der Zeit ist EXIT ein Film, der schon hervorsticht, denn er ist nicht nur schnell und dynamisch inszeniert. Er besitzt vor allem einen wunderbar unterschwelligen Sarkasmus. Im Reagan-Zeitalter, in der die *suburb* als Hort der amerikanischen Kultur glorifiziert wurde, einen TV-Film zu machen, in dem gleich hinter der Vorstadt, im Country-Club, die Hölle beginnt, dazu gehörte durchaus Mut.

Der Film erfüllte die Erwartungen des Senders voll und ganz, international erhielt er in einigen Ländern sogar einen Kinostart, in Deutschland erlebte der Film seine Erstveröffentlichung nach dem Erfolg von NIGHTMARE – MÖRDERISCHE TRÄUME auf Video.

NIGHTMARE – MÖRDERISCHE TRÄUME

Träume haben seit jeher für Craven etwas Mystisches gehabt. Eigenen Aussagen zufolge hat er die Handlung von HÜGEL DER BLUTIGEN AUGEN eines nachts geträumt.
Als er die Geschichte von NIGHTMARE – MÖRDERISCHE TRÄUME erstmals zu Papier gebracht hatte, war dies nur die Geschichte eines Mörders, der in die Träume seiner Opfer steigt. Es gab für sein Tun kein Motiv, keine Intention. Der nächste Schritt bestand für Craven nun darin, die Figur des Mörders zu formen. Ihm schwebte eine furchteinflößende Gestalt vor, die aber, wie er bald feststellen sollte, nicht funktionierte. Nachdem er das Grundgerüst – diesmal bereits mit Freddy Krueger – fertiggestellt hatte, erkannte er, dass die Atmosphäre des Films zu bedrohlich wirkte. Bedrohlich sollte der Film zwar sein, doch das Mainstream-Publikum würde er mit einem solch morbiden Film kaum fassen können. Craven wollte jedoch so viele Kinogänger wie möglich erreichen, und nicht nur die Horrorfans. Doch wie? Mit Humor?
Diese Idee schien verwegen, denn weder HALLOWEEN noch FREITAG, DER 13. waren Filme, über die man lachen konnte. NIGHTMARE – MÖRDERISCHE TRÄUME sollte nun alles andere als eine Komödie werden. Doch ein wenig trockener, sarkastischer Humor? Craven gefiel diese Idee. Im noch jungen Genre des Teen-Horrorfilms hatte es bislang fast ausschließlich humorfreie Zonen gegeben. Natürlich war er sich darüber im Klaren, dass eine Person wie Freddy nur über schwarzen Humor verfügen konnte.
Wes Craven hat nie damit gerechnet, dass die Figur des Freddy Krueger eines Tages der Held der NIGHTMARE-Filme werden würde. Krueger war in seinem Skript ein abscheuli-

Das britische Plakat zu dem Film, der Craven berühmt machen sollte: NIGHTMARE – MÖRDERISCHE TRÄUME.

ches Wesen. Ohne Frage: Er war die Hauptfigur seines Films. Doch er war eine negative Figur, ein Monster. Zu Lebzeiten ebenso wie nach seinem Tod, ein Anti-Messias, der Gewalt sät und sich an den Leiden seiner Opfer ergötzt. Es ist nicht verwunderlich, dass Craven zu den meisten Filmen, die seinem Original im Laufe der Jahre folgen sollten, ein gespaltenes Verhältnis hat. Zwar hat es ihn stets überrascht, dass jeder Autor und Regisseur einen neuen Aspekt in der Geschichte entdeckt hat und jeder Film der Serie als autonomes Werk bestehen kann, bei allen qualitativen Unterschieden zwischen den einzelnen Teilen. Doch glücklich war er nur mit wenigen Filmen. Dazu kommt, dass er durch die NIGHTMARE-Filme kein reicher Mann werden sollte. Die Rechte nämlich hatte er größtenteils abgetreten. So verdienten das Studio und die Produzenten an den Filmen reichlich Geld. Craven hingegen ging weitestgehend leer aus. Warum? Als sich New Line Cinema für das Skript ernsthaft zu interessieren begann, hatte NIGHTMARE – MÖRDERISCHE TRÄUME Craven bereits finanziell ruiniert. Er hatte nicht nur all seine Ersparnisse aufgebraucht, selbst sein Haus hatte er verkauft. Ursprünglich hatte er den Film selbst produzieren wollen und war, nachdem einige Finanziers nach seiner ›Rehabilitation‹ mit EXIT grünes Licht signalisiert hatten, in die Vorproduktion mit eigenen, finanziellen Mitteln gegangen. Als sich dann jedoch andeutete, dass der Film DREAMSCAPE mit seiner ähnlichen Thematik ein Flop werden würde, hatten die potenziellen Finanziers ihre Zusagen zurückgezogen. Craven war also in Vorleistungen getreten, ohne einen Cent dafür zurückzubekommen.

Es wurde vor allem kritisiert, dass der Film in keine Kategorie passte. Für einen normalen Slasher-Film erschien das Drehbuch zu intelligent. Für einen Film für die Massen war er zu hart. Für einen klassischen Monsterfilm war er zu sehr auf modern gestylt. Und dann war da noch die Geschichte mit der *suburb*. Die Studios, inklusive New Line, waren von dem Bild, das Craven entwarf, nicht gerade angetan. Es waren die (jungen) Leute aus den Vorstädten, die sich diesen Film anschauen sollten. Die Art und Weise, wie Craven mit ihnen umging, gefiel den Studios, inklusive New Line, nicht. Krueger war von Craven bewusst nicht als typischer Außenseiter konzipiert worden. Selbst unter seiner verbrannten Haut konnte ein jeder sehen, dass Freddy Krueger ein normaler, weißer Durchschnittsamerikaner war. Er war der nette Nachbar von nebenan. Zugegeben, er war ein Kindermörder, doch, so wird in dem Film deutlich, konnte er seinem üblen Handwerk jahrelang nachgehen, weil er so unauffällig und normal lebte, dass niemand sich vorstellen konnte, dass sich hinter der Maske des Biedermannes ein Monster verbarg. Dieses Monster wurde nun von einem Gericht aufgrund eines Formfehlers freigelassen! Und dann von den Menschen in seiner Nachbarschaft, anständigen, steuerzahlenden, weißen Mittelstandsamerikanern, gelyncht und verbrannt.

Dabei sollte dies nur die Vorgeschichte sein. Die Gesellschaft, die Craven in seinem Film zeigt, ist krank. Da ist Nancy (Heather Langenkamp), das Mädchen von nebenan, beliebt, geachtet. Doch der Schein trügt. Ihre Mutter ist Alkoholikerin. Und ist die Mutter krank, so die Gleichung, ist die Tochter ebenfalls nicht ganz bei Verstand. Dies erlebt der Zuschauer in dem Moment gegen Ende des Films, in dem sie ihren Freund Glen (Johnny Depp) retten will, der eingeschlafen ist und in seinen Träumen von Freddy malträtiert wird. Nancy, daheim eingeschlossen, ruft Glen an. Doch ans Telefon geht sein Vater,

Der hässlichste Serienstar der Filmgeschichte: Freddy Krueger!

Film-Archiv Lothar R. Just

der sich verbittet, weiterhin von Nancy belästigt zu werden. Der Vater hält Nancy für verrückt, schließlich hänge ihre Mutter an der Flasche. Nancys Welt der Vorstadt mit den reinen, weißen Häusern und den gepflegten Vorgärten ist kein Hort der Glückseligen. Es ist ein Ort der üblen Nachrede, der Verachtung gegenüber den Menschen, die nicht in die heile Welt des Durchschnitts passen. Und Nancy, als die Tochter einer Alkoholikerin, sie passt nicht in diese Welt.

So erlaubt Craven dem Zuschauer einen Blick hinter die Kulissen der weißen Prachtbauten. Er zeigt Nancys Mutter, die von einem Alkoholproblem geplagt wird. Er zeigt Nancys Freundin Tina (Amanda Wyss), deren Mutter sich mit einem Liebhaber in Las Vegas vergnügt. Es sind Kleinigkeiten, auf die Craven verweist, keine großen, sozialkritischen Sinnbilder. Dennoch gelingt es Craven auf diese Weise, dem Zuschauer einen Spiegel vorzuhalten und dem Film eine eigenartige Balance zwischen Realität und Traum zu verpassen.

Die Schülerin Tina wird von Träumen heimgesucht, in denen sie von einem Mann verfolgt wird, der einen Handschuh mit aufgesetzten Messern trägt. Er steht stets im Schatten, dennoch erkennt sie, dass er ein fürchterlich entstelltes Gesicht hat. Sie erzählt ihrer Freundin Nancy von den Träumen, die sich zu erinnern glaubt, etwas ganz ähnliches erlebt zu haben. Tina bekommt Angst. Da ihre Mutter das Haus verlassen hat, um sich mit ihrem Freund in Las Vegas zu vergnügen, bittet sie Nancy und deren Freund Glen, die folgende Nacht bei ihr zu verbringen. Mit dabei ist auch ihr Freund Rod (Nick Corri), der die Chance eines von Erwachsenen befreiten Hauses nutzt, um sich mit Tina ins Schlafzimmer zurückzuziehen. Sie vollführen den Akt und schlafen ein. In ihrem Traum begegnet Tina daraufhin erneut dem entstellten Mann. Dieses Mal jagt er ihr keine Angst ein – diesmal tötet er sie ganz einfach. Was sich in ihrem Traum abspielt, geschieht in diesem Moment auch in der Realität. Rod kann ihr nicht helfen, ebenso wenig gelingt es Glen und Nancy in das verriegelte Schlafzimmer zu gelangen. Tina ist tot und in seiner Panik rennt Rod davon.

Nancy ist die einzige, die glaubt, dass Rod unschuldig ist.

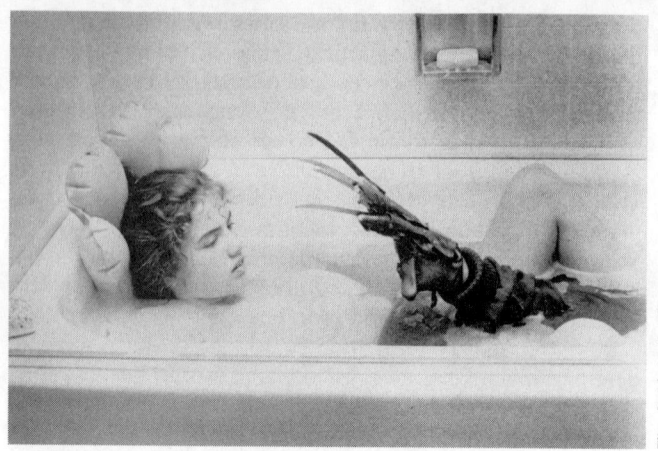

Man sollte nicht mit vollem Bauch baden gehen – und unbedingt vorher nachschauen, ob sich nicht ein untoter Serienkiller unter dem Badeschaum versteckt! Darüber hätte sich Nancy (Heather Langenkamp) vorher Gedanken machen sollen!

Sehr zum Missfallen des Polizeichefs – ihrem Vater (John Saxon). Doch Nancy glaubt an Rods Unschuld. Sie hat die gleichen Träume. So auch am folgenden Tag in der Schule. Sie hat Angst, daheim wahnsinnig zu werden. Also geht sie zum Unterricht – und schläft ein, da sie die ganze Nacht über keinen Schlaf bekommen hat. In ihrem Traum begegnet ihr der verbrannte Mann, der sie umzubringen versucht. Schreiend erwacht Nancy und stellt fest, dass ihr Arm verletzt ist. Ein ähnlicher Zwischenfall ereignet sich am selben Tag in der Badewanne, als sie, einnickt und von dem Traumkiller in die Tiefe gerissen wird, ihm jedoch entkommen kann.

Inzwischen wurde Rod verhaftet. Kurze Zeit später ist er tot. Er hat sich in seiner Zelle erhängt. Nancy glaubt mehr und mehr, dass der Mann in ihren Träumen real ist und auch für Rods Tod verantwortlich zeichnet. In diesem Glauben wird sie von ihrer Mutter bestärkt, die sich immer sonderbarer verhält, bis sie ihrer Tochter gesteht, den Mann in deren

Träumen zu kennen. Sein Name ist Freddy Krueger. Er war ein 20-facher Kindermörder, der in ihrer Gemeinde vor vielen Jahren gewütet hat. Aufgrund eines Verfahrensfehlers musste er schließlich auf freien Fuß gesetzt werden. Daraufhin haben ihn die aufgebrachten Eltern entführt und verbrannt. Sie erzählt ihrer Tochter die Wahrheit, da dieser eine Nacht zuvor etwas Eigenartiges widerfahren ist: Sie war in einem Schlaflabor. Während eines Albtraums kämpfte sie mit dem Mann. Als sie aufwachte, hatte sie seinen Hut aus der Traumwelt in die Realität mitgenommen. Einen Hut, in dem sein Name stand.

Die Mutter leugnet ihre eigene Schuld an dem Geschehen, indem sie ihre eigene Tochter schließlich für verrückt erklärt und sich mit ihr im Haus, das sie mit Gitterstäben vor den Fenstern und einem neuen Türschloss zu einer Festung ausgebaut hat, verbarrikadiert. So versucht sie die Kontrolle über Nancy zu behalten. Krueger, macht sie ihr klar, sei tot.

Auf sich alleine gestellt, erkennt Nancy, dass sie Krueger besiegen kann. Im Traum ist er der Herrscher, doch in der Realität ist er ein Niemand. Sie bittet Glen, am Abend heimlich über das Dach zu ihr zu kommen. Als er nicht erscheint, ruft sie seine Eltern an. Sie weiß, dass er eingeschlafen ist. Doch sein Vater, der Nancy für verrückt hält, legt den Hörer auf. Kurze Zeit später wird sein Sohn bestialisch von Krueger abgeschlachtet.

Nancy bleibt keine andere Wahl, als alleine in die Welt Kruegers hinabzutauchen. Sie fordert ihn heraus. So gelingt es ihr tatsächlich, Krueger in die Realität zu entführen. Sie hat das Haus an mehreren Stellen mit Fallen präpariert. Im Kampf auf Leben und Tod gelingt es ihr schließlich, Krueger in Flammen zu setzen. Sie schlägt die Fenster des Hauses ein (sie wurde von ihrer schlafenden Mutter eingeschlossen), ihr Vater, der Glens Tod – auf der anderen Straßenseite! – untersucht, kommt ihr zu Hilfe. Doch es ist zu spät. Freddy lebt noch und bedroht aus Rache Nancys Mutter. Instinktiv erkennt Nancys Vater, dass nur Nancy selbst Freddy besiegen kann. Er wendet sich von ihr ab und verlässt den Raum. Freddy erscheint, doch dieses Mal hat Nancy keine Angst vor ihm. Dies ist ihr Traum, erklärt sie ihm. Und wenn dies ihr

Traum ist, dann war es ihre Energie, aus der er seine Kraft erhalten hat. Also wird sie ihm nun einfach ihre Kraft entziehen. In Panik stürzt sich Freddy auf Nancy, doch er verpufft, ganz so, als hätte es ihn nie gegeben. Nancy tritt aus dem Schlafzimmer hinaus – ins Freie. Es ist ein neuer Tag. Sie hat Krueger besiegt und somit ihre Freunde gerettet. Sie verabschiedet sich von ihrer Mutter und steigt zu ihren Freunden in den Wagen. Plötzlich senkt sich das Verdeck, die Schlösser rasten ein, der Wagen rast, ohne ihr Zutun, davon. Ihre Mutter bemerkt von diesem Drama nichts. Sie winkt den Jugendlichen zu. Durch das Haustürfenster schießt eine Messerhand, packt die Mutter und zieht diese ins Dunkel.

Cravens Ärger

Da Craven finanziell vor Drehbeginn am Abgrund stand, blieb ihm kaum eine andere Wahl, als der Produktionsfirma New Line das Gros der Rechte zu überlassen. Dies bedeutete für ihn auch, dass der Endschnitt bei den Produzenten um Robert Shaye lag. Und diese waren von dem Film-Ende, das Craven kreiert hatte, gar nicht einverstanden. Tatsächlich endete sein Film märchenhaft. Nancy besiegt Freddy in ihren Träumen. Ihr wird bewusst, dass Freddy sie ausgesucht hat, um seinen Rachefeldzug zu vollführen. Er ist in ihre Träume eingedrungen und nutzt ihre Energie, um sein Werk zu begehen. Ihm diese Energie zu nehmen, heißt Freddy zu besiegen und in einer Realität zu erwachen, in der Freddy keine Macht mehr besitzt. So tritt Nancy aus ihrem Traum in die Freiheit. Doch ist die Welt, in die sie kommt, tatsächlich die Realität?

Märchenhaft oder metaphysisch, so könnte man Cravens Ende beschreiben. Craven hat sich bei der Konzeption seines Originalendes eindeutig an dem Film TANZ DER TOTEN SEELEN (CARNIVAL OF SOULS, USA 1962) orientiert, einem Film, der sich, wie Cravens Werk, nur schwerlich in eine Kategorie pressen lässt. Dabei sind die Parallelen beider Filme nicht zu übersehen: Mary (Candace Hilligoss) wird nach einem Unfall bei einem Autorennen von einem

Eine Welt steht Kopf. Craven gibt seiner zweiten Hauptdarstellerin Amanda Wyss Regieanweisungen. Außerhalb des Sets aber wurde Craven selbst zum Befehlsempfänger degradiert.

Dämon verfolgt. Die gesamte Handlung des äußerst fantasievoll in Szene gesetzten Schwarzweißfilms läuft nun auf ein Finale hinaus, in dem Mary feststellen muss, dass all die Geschehnisse der Tage seit dem Unfall allein in ihrer Fantasie stattgefunden haben und nichts anderes waren als ihr

Todestraum. Mary ist tot! Eine ähnliche Prämisse verfolgte 1999 auch M. Night Shyamalans Blockbuster-Erfolg THE SIXTH SENSE (THE SIXTH SENSE, USA 1999). Und es ist sicher kein Zufall, dass Craven 14 Jahre nach seinem Erfolg mit NIGHTMARE – MÖRDERISCHE TRÄUME das Remake von TANZ DER TOTEN SEELEN, unter dem Titel WES CRAVEN'S CARNIVAL OF SOULS (WES CRAVEN'S CARNIVAL OF SOULS, USA 1998) produziert hat!

Das vielschichtige, interpretationsbedürftige Ende von Cravens Originalversion, das die Frage offen lässt, ob Nancy Freddy wirklich besiegt hat und weiterlebt – oder ob sie ihn vielleicht besiegt hat, indem sie ihm nicht in seine Hölle folgt, sondern ins Paradies tritt, musste schließlich dem Finale weichen, das bis heute Bestand hat und den Produzenten die Möglichkeit ließ, eine Fortsetzung zu produzieren. Craven ist kein Freund der üblichen Schock-Enden, die stets eine Fortsetzung erwarten lassen. Die Geschichte von Freddy Krueger – dem Captain Hook des Horrorfilms, wie er von dem amerikanischen Journalisten Jonathan Bernstein in seinem Buch »Pretty in Pink«, der einzigen ausführlichen Abhandlung über die Teenager-Filme der 80er Jahre in Anspielung auf das Märchen von Peter Pan genannt wird – war für ihn mit dem Ende des Films erzählt. Die Produzenten drängten ihn jedoch zu einem neuen Finale. Im Audiokommentar der amerikanischen DVD-Veröffentlichung des Films nennt Craven das jetzige Ende einen Kompromiss im Vergleich zu dem, was die Produzenten eigentlich vorhatten. Wie deren erdachtes Ende schließlich aussehen sollte, lässt Craven jedoch offen. Angeblich sollte Freddy am Ende das Auto der Jugendlichen fahren, was Craven jedoch vehement ablehnte. Dass diese Version durchaus zutreffen mag, zeigt die Eingangssequenz der Fortsetzung NIGHTMARE 2 – DIE RACHE (A NIGHTMARE ON ELM STREET II: FREDDY'S REVENGE, USA 1985), in dem Freddy einen Bus in einen Abgrund steuert.

Mit Robert Englund hatte Craven einen Hauptdarsteller gefunden, mit dem er sich auch privat gut verstand. Vor allem aber entpuppte sich Englund als ein recht unkomplizierter Schauspieler, der die Geschichte genau in der Form spielte, wie Craven sie definiert hatte. Craven hielt Englund seinerzeit für einen sehr begabten Akteur, der die Fähigkeit besaß, sich in jede Rolle einzuarbeiten und dabei seine eigene, liebenswerte Persönlichkeit vollkommen aus seinen Charakteren auszugrenzen. Leider hat Craven seine Karriere in gewisser Weise gekillt. Als Freddy wurde Englund zwar zur Kultfigur, Rollen außerhalb des Horror- oder B-Film-Genres blieben seit seinem Durchbruch, der sich spätestens mit dem zweiten Film einstellte, aus. So bekam Englund außerhalb der Serie eigentlich nur einmal die Möglichkeit, eine wirklich vielschichtige, interessante Persönlichkeit in einer Hauptrolle (eines Horrorfilms) darzustellen, und zwar in Dwight H. Littles leider unterschätzter Version von DAS PHANTOM DER OPER (PHANTOM OF THE OPERA, USA 1989). Da hatte Johnny Depp in der Rolle des Glen schon etwas mehr Erfolg. Er ist heute bekanntlich ein Weltstar. Von den anderen Darstellern gelang niemand der Durchbruch, abgesehen von John Saxon, der schon vor der Produktion ein vielbeschäftigter B-Darsteller gewesen ist und auch nachher noch in einer Reihe von kleinen Filmen mitgewirkt hat.

Wieviel Geld die Produzenten mit Cravens Film, der daraus entstandenen Serie und dem Merchandising verdient haben und noch immer verdienen, ist nicht bekannt. So gab es einmal eine Meldung Anfang der 90er Jahre, 10 Millionen Dollar hätte ihnen das Merchandising eingebracht. Eine Behauptung, über die Kenner der Materie nur müde lächeln können. Bei Produktionskosten zwischen drei und vier Millionen Dollar, dürfte allein Cravens Film, inklusive Video- und Fernsehverkäufe, über das zwanzigfache seiner Kosten eingespielt haben, wenn nicht mehr.

Bei all diesen Überlegungen kommt der Film als Kunstwerk zu kurz. Craven gelingt es in seinem Film, verschiedene Dinge zusammenzuführen. Da wäre einmal seine sehr klassische Inszenierung, in der er sehr viel Wert auf die richtige Ausleuchtung legt. Lange Schatten, schummrige Gärten: Es sind althergebrachte Stilmittel, mit denen Craven Spannung erzeugt. Dazu gehören allerdings auch einige wunderbare Schockmomente: Nancy steht vor einem Spiegel. Sie befindet sich auf der Flucht vor Freddy. Sie starrt in den Spiegel hinein und beschwört sich selbst, aus diesem Traum aufzuwachen. Der Blickkontakt zwischen ihr und ihrem Spiegelbild wird immer intensiver. Doch statt zu erwachen, explodiert der Spiegel und Freddy stürzt sich auf das Mädchen. Solche Schock-Szenen nutzt Craven an verschiedenen Stellen des Films. Er lässt Dinge geschehen, die man erahnt, von denen man jedoch nicht glaubt, dass sie wirklich geschehen werden.

Einmal mehr erlebt der Zuschauer die Geschehnisse aus der Perspektive von Jugendlichen. Craven malträtiert seine Hauptfiguren. Wie in anderen Teen-Horrorfilmen auch, bedeutet Sex, vereinfacht ausgedrückt, den Tod (siehe hierzu auch das erste Kapitel dieses Buches). Doch Enthaltsamkeit sichert längst kein Überleben. So stirbt auch Nancys Freund Glen durch die Krallenhand Kruegers. Wird er bestraft, da er Nancys Warnungen über Krueger nicht ernst genommen hat?

Craven zeigt die Jugend keinesfalls als eine Zeit der Glückseligkeit. Da ist Nancy, ein Scheidungskind, das bei seiner Mutter lebt, die krampfhaft versucht, ihr Alkoholproblem vor ihrer Tochter zu verheimlichen.

Da ist Tina, ebenfalls ein Kind aus einer gescheiterten Ehe. Ihre Mutter verbringt ihre Zeit lieber mit einem Liebhaber in Las Vegas als daheim. Tinas Leben ist ihr egal. Sie liebt ihre Tochter, sicher, aber sie zeigt an ihr als Persönlichkeit kein Interesse.

Da ist Rod, über den der Zuschauer nur erfährt, dass er ein junger Rebell ist. Man erfährt nicht, warum er gegen die Gesellschaft rebelliert, warum er zur Gewalt neigt. Dabei ist seine Liebe zu Tina ehrlich und rein. Dies interessiert Craven jedoch nicht. Auch Rod wird ein Opfer wie Glen, der gerettet werden könnte, würde der Vater Nancys Telefonanruf weiterleiten. Mag Rods Welt auf den ersten Blick noch intakt erscheinen, so ist auch sein Leben nicht frei von Repressionen. Sein Vater kontrolliert sein Leben. Und ist mitverantwortlich für seinen Tod.

Im Endeffekt ist NIGHTMARE – MÖRDERISCHE TRÄUME ein bitterer Film, der die Grenzen zwischen Recht und Unrecht verschwimmen lässt. Ohne Frage: Freddy ist ein

Monster. Er war es als Mensch, er ist es als Untoter. Doch in Cravens Welt kann ein jeder zum Schuldigen werden:
Da sind die Behörden, die einen Kindermörder wie Krueger laufen ließen, weil auf einem Durchsuchungsbefehl eine Unterschrift falsch gesetzt war.
Da sind die Eltern als Gemeinschaft, die das Recht in ihre eigenen Hände nahmen und nun einen Lynchmord begingen.
Da sind Eltern als Individuen, die das Leben ihrer Kinder zu sehr bestimmen und somit einem Monster wie Freddy ein leichtes Spiel machen.
So sehr Craven seine Jugendlichen auch leiden lässt – sie sind es, denen seine Sympathien gehören. Sowohl die vor seiner Kamera wie die im Publikum. »In der Gesellschaft, in der ich meine Jugend verbracht habe – aber dies ist in der heutigen Zeit nicht anders – durften Jugendliche nach Außen keine Ängste zeigen. Im Kino oder vor dem Videorecorder aber darf man sich genau diesen Ängsten stellen und sich erschrecken lassen«, so Craven im Interview.
Dass der Film beim jugendlichen Publikum hervorragend ankam und bis heute nichts von seiner ursprünglichen Kraft verloren hat, verdankt er der Tatsache, dass er seine jugendlichen Hauptfiguren ernst nimmt. Wie zwölf Jahre später in SCREAM, oder nur zwei Jahre später in DER TÖDLICHE FREUND, betrachtet er als in die Jahre gekommener Regisseur die Jugend nicht aus einem verklärten Blickwinkel. Er idealisiert sie nicht. Auch unternimmt er nicht den Versuch, die Jugendlichen zu besseren Menschen im Sinne einer gesellschaftlichen Anpassung machen zu wollen. Er lässt sie ihren Weg gehen.
Damit bewies Craven ein Gespür für das, was Jugendliche in den Kinos sehen wollten. Noch bevor die Welle der 80er Jahre Jugenddramen und Teen-Komödien mit Filmen wie PRETTY IN PINK (PRETTY IN PINK, USA 1985), BREAKFAST CLUB – DER FRÜHSTÜCKSCLUB (BREAKFAST CLUB, USA 1984) oder IST SIE NICHT WUNDERVOLL (SOME KIND OF WONDERFUL, USA 1986) losgetreten wurde, finden sich in Cravens erstem NIGHTMARE-Film viele Versatzstücke dieses Genres, indem er die Geschichte aus der Perspektive der

Jugendlichen erzählt. Wahrscheinlich war dies genau die Nuance, die seinen Film zum Erfolg gemacht hat. Die Blütezeit des Slasher-Films mit Teenager-Beteiligung war eigentlich 1984 schon wieder abgeflaut, Filme wie die FRIDAY, THE 13Th-Reihe kamen zwar noch ins Kino, waren aber hauptsächlich für den gerade erst entstandenen Videomarkt konzipiert. Indem Craven den sozial-dramatischen Aspekt der Geschichte betonte, erschuf er einen Hit. Und einen Film, der bis heute nichts von seiner Kraft verloren hat.

Craven im Fernsehen

Nach dem Ende der Dreharbeiten zu NIGHTMARE – MÖRDERISCHE TRÄUME, war Craven auf New Line nicht sonderlich gut zu sprechen. Gleiches galt für New Line in Bezug auf Craven. Trotz des Erfolges, den der Film erzielen sollte, galt das Verhältnis der beiden als angespannt. Kein Wunder, dass Craven nicht einmal gefragt wurde, ob er Interesse hätte, NIGHTMARE 2 – DIE RACHE zu inszenieren oder wenigstens zu schreiben.

Craven stürzte sich stattdessen in neue Aufgaben. Zuerst inszenierte er den Horrorfilm CHILLER – KALT WIE EIS (CHILLER, USA 1985), dessen Geschichte Craven interessierte: Ein junger Mann, aufgrund einer tödlichen Krankheit eingefroren, wird versehentlich erweckt, bevor seine Krankheit geheilt werden kann. Das Problem besteht darin, dass er keine Seele mehr hat und ›kalt wie Eis‹ ist.

Der für CBS inszenierte Film verlangte von Craven nicht viel mehr ab, als Regie-Anweisungen zu geben. Außerdem gab ihm der Film die Gelegenheit, sich mit dem Thema Frankenstein auseinanderzusetzen. Ärzte fordern darin Gott heraus, indem sie über Leben und Tod entscheiden, und ein junger Mann, gespielt von Michael Beck, wird in gewisser Weise gegen seinen Willen in ein Monster verwandelt.

Herzblut hat Craven in die Geschichte jedoch wenig investiert. Dies steckte er vielmehr in die ebenfalls von CBS produzierte Serie TWILIGHT ZONE – UNWAHRSCHEINLICHE GESCHICHTEN (TWILIGHT ZONE, USA 1985–88), dem

Erben der klassischen Horror-Serie TWILIGHT ZONE (USA 1959–65). Craven hatte die Serie erst im Erwachsenenalter entdeckt. Für ihn war sie eine der besten Arbeiten, die das amerikanische Fernsehen bis dato hervorgebracht hatte. Erfunden, produziert und größtenteils geschrieben wurde die Serie von einem jungen Mann namens Rod Serling, der schnell zu einem der bedeutendsten TV-Machern der USA avancierte. TWILIGHT ZONE war eine TV-Reihe, in der fantastische Geschichten erzählt wurden, die mal komödiantisch daherkamen, mal spannend – manchmal aber auch als blanker Horror, wobei Serling, der 1975 gerade einmal 50-jährig verstarb, den sanften, manchmal nachdenklichen Grusel bevorzugte. TWILIGHT ZONE war vor allem die erste amerikanische Serie, die sich traute, hin und wieder mal das Böse gewinnen zu lassen. Bis zu ihrem Start war das US-TV in Sachen Moral unerbittlich: Am Ende musste das Gute siegen. Egal wie. Serling durchbrach dieses Schema, was ihm oft Ärger einbrachte. Als ehemaliger Profiboxer konnte er jedoch Schläge einstecken. Und der Erfolg der Serie gab ihm Freiräume, die er entsprechend nutzte. Da in Deutschland die Episoden der Ur-Serie unter verschiedenen Serientiteln wie GESCHICHTEN, DIE NICHT ZU ERKLÄREN SIND (Titel des Bayerischen Fernsehens 1971/72) nur im Spätprogramm öffentlich-rechtlicher oder lokaler Sender wie TV München zu sehen waren, ist sie hierzulande fast unbekannt.
Für die Neuauflage der TWILIGHT ZONE waren neben Craven auch bekannte Genre-Regisseure wie Joe Dante engagiert worden, selbst Stephen King ließ sein Interesse an der Serie verlauten und stellte schließlich eine Kurzgeschichte zur Verfügung. Insgesamt sieben Episoden sollte Craven für die neue Serie machen, wobei er den absoluten Höhepunkt seiner Arbeiten gleich mit seinem Debüt, EIN BISSCHEN RUHE UND FRIEDEN (A LITTLE PEACE AND QUIET), abliefern sollte. Wieder einmal ist es die *suburb*, in der Cravens Geschichte spielt. Es geht um eine gestresste Ehefrau und Mutter, die ein Medaillon im Garten entdeckt, das ihr, wenn sie es trägt, die Fähigkeit verleiht, die Zeit anzuhalten. Das Medaillon schenkt ihr Zeit! Craven stellt sich nun als ein Zyniker dar, denn was bringt der Frau ihre Zeit? Gar nichts.

Ein Atomangriff der Sowjetunion zerstört ihr neu gefundenes Glück. Zwar gelingt es ihr am Ende einmal mehr, die Zeit anzuhalten – doch die Rakete steht bereits über ihrer Stadt. Die Bedrohung kommt einmal mehr von außen, diesmal gleich in Form einer Rakete. Die Vorstadtfamilie ist ein Ort der Hektik und an sich harmlose Hausfrauen entpuppen sich als wilde Bestien, wenn ihnen vor der Nase jemand die letzte Kelloggs-Packung aus dem Regal stibitzt.

Craven erzählt eine Geschichte, die anzuschauen großen Spaß macht und spüren lässt, wie sehr er sich im Fernsehen wohl fühlte. Er wusste genau, wie weit er gehen konnte. Eine Serie wie TWILIGHT ZONE machte aus ihm noch längst keinen TV-Regisseur, einer Rückkehr ins Kino stand nichts im Wege. Eine Reihe wie SIMON UND SIMON (SIMON & SIMON, USA 1981–86) hätte ihm diesen Weg dagegen verbaut. Phillip deGuere, Produzent beider TV-Serien, hätte Craven auch gerne in das Team von SIMON UND SIMON aufgenommen. Doch Craven lehnte dankend ab. Zur gleichen Zeit erhielt er von Disney das Angebot, einen TV-Film zu drehen, aus dem unter Umständen eine TV-Serie hätten werden können. Craven war überrascht, denn Disney gehörte nicht unbedingt zu den Studios, bei denen ein Mann wie er auf der Wunschliste ganz oben stand. Vielleicht aber ärgerte man sich dort auch einfach nur, dass ihnen NIGHTMARE – MÖRDERISCHE TRÄUME durch die Lappen gegangen war. Tatsächlich hatte Craven Disney das Skript angeboten, war dort aber auf wenig Verständnis für seine Idee gestoßen.

Das Ergebnis aus dieser Zusammenarbeit sollte ein harmloser kleiner Einstunden-Fernsehfilm mit dem Titel DIE SUPERDETEKTIVE (CASEBUSTER, USA 1986) werden, der die Geschichte von zwei Kindern und einem Großvater erzählt, die zusammen eine Geldfälscherbande auffliegen lassen. Mit diesem harmlosen Filmchen bewies Craven, dass er auch familienfreundlichen Witz inszenieren konnte – und gleichzeitig lenkte er von IM TODESTAL DER WÖLFE ab, der im Kielwasser vom NIGHTMARE-Erfolg in die Kinos gekommen war und viele Zuschauer am Können Cravens hatte zweifeln lassen (welcher durchschnittliche Kino- oder Videothekengänger wusste schon, dass dieser Film vor NIGHTMARE – MÖRDERISCHE TRÄUME gedreht worden war?).

Craven, äußerst arbeitsam, hatte, inspiriert vom Skript zu CHILLER – KALT WIE EIS ein eigenes Frankenstein-Drehbuch geschrieben und B-Film-Mogul Roger Corman angeboten, wohlwissend, dass dieser sich auf der Suche nach einem Drehbuch für eine Verfilmung befand, die er selbst inszenieren wollte. Craven war als Regisseur ausgelastet und hatte keine Probleme damit, ein Drehbuch für einen anderen Regisseur zu schreiben. Doch am Ende ließ Corman Cravens Skript fallen und verfilmte einige Jahre später ein eigenes Drehbuch nach einem Roman von Brian W. Aldiss unter dem Titel ROGER CORMAN'S FRANKENSTEIN (FRANKENSTEIN UNBOUND, USA 1990). Wahrscheinlich der einzige echte Flop, den Corman im Laufe seiner über 40-jährigen Produzenten- und Regiekarriere zu verantworten hat!

Craven ärgerte Cormans relativ schnelle Absage nicht und wandte sich dem Frankenstein-Motiv in DER TÖDLICHE FREUND (DEADLY FRIEND, USA 1986) zu, seinem ersten Kinofilm seit NIGHTMARE – MÖRDERISCHE TRÄUME.

Tödliche Freunde und Shocker im Regenbogen

DER TÖDLICHE FREUND ist vielleicht Cravens am meisten unterschätzter Film. 1986 war das Jahr, in dem der Teenager-Film seinen absoluten Höhepunkt erreicht hatte. Im Reigen der Dramen und Komödien kam Craven nun mit einem Horrorfilm daher, der zwar im gleichen Umfeld wie jene Filme spielte, die an den Kinokassen die Herzen der Hollywoodproduzenten höher schlagen ließen, nämlich der amerikanischen Vorstadt. Doch Cravens Films ist weitaus konsequenter als die meisten anderen Filmen ihrer Zeit. Sein Dr. Frankenstein heißt Paul Conway (Matthew Laborteaux) und ist ein 14-jähriges Computergenie mit einem eigenen, von ihm entwickelten Roboter. Mit seiner Mutter (Anne Twomey) zieht er in eine *suburb*, wo er sich schnell mit Tom (Michael Sharrett) anfreundet – sowie mit der überaus hübschen Samantha (Kristy Swanson). Paul und Samantha sind beide Outsider. Paul ist es aufgrund seiner Genialität, Samanthas Außenseitertum dagegen ist weitaus schwieriger zu erklären. Sie ist die Tochter eines alleinerziehenden Vaters, der in der Vorstadt einen überaus guten Ruf besitzt, obwohl eigentlich ein jeder weiß, dass er seine Tochter regelmäßig verprügelt. Doch diese Gewalt wird totgeschwiegen. Sie ist nicht existent, denn es kann nicht sein, was nicht sein darf! Und so ist auch Samantha nicht wirklich existent in dieser Welt des schönen Scheins.

Eines Tages wird BeeBee, Pauls Roboter, von der boshaften alten Elvira (Anne Ramsey) ›erschossen‹. Nur den Hauptchip kann Paul retten. Diesen Chip setzt er schließlich Samantha ein, nachdem diese von ihrem Vater in einem Streit eine Treppe hinuntergestoßen worden ist und ihren Verletzungen erlegen ist. Wirklich retten kann er Samantha damit jedoch nicht, denn etwas in Samantha ist tot: ihre Menschlichkeit. Ihre einzigen Erinnerungen sind die der Gewalt: der Tod BeeBees, ihr eigener. So zieht sie eines Nachts los, um Elvira zu ermorden (indem sie ihr einen Basketball mit einer solchen Kraft an den Kopf wirft, dass dieser explodiert – der Kopf freilich, was das deutsche Publikum nicht zu sehen bekam) und um Rache am Vater zu nehmen, der sich auf freiem Fuß befindet, da Samanthas Tod offiziell ja nur ein Unfall war.

Zwar wird Samantha schließlich von Paul besiegt, doch als sie im Krankenhaus liegt, schält sich aus ihrer Haut ein Roboter, der nun auch Rache an seinem Erschaffer übt.

Das Ende des Films hat Craven selbst nicht gefallen! Der Film sollte in seiner Version mit Samanthas Tod enden. Doch, man kann sich bereits vorstellen, was passierte: Den Produzenten sagte es nicht zu und Craven musste nachdrehen. Im Gegensatz zum Ende von NIGHTMARE – MÖRDERISCHE TRÄUME, das er selbst noch als einen Kompromiss betrachtet, hat sich Craven hier bereits nach der Fertigstellung von dem Ende distanziert. Mehr noch: Offen hat er den Produzenten vorgeworfen, den Film nicht verstanden zu haben.

Wenn Frankenstein im Film »ein übermütiger Forscher [ist], dem aufgrund seines jungen Alters die Weisheit älterer Kol-

Das deutsche Plakat zu Cravens vielleicht ungewöhnlichstem Horrorfilm: DIE SCHLANGE IM REGENBOGEN.

legen fehlt, der noch nicht die Grenze zwischen Gott und Mensch kennt«, wie der Autor Rolf Giesen in seinem Standardwerk »Der fantastische Film« mutmaßt, dann trifft dies auch auf Paul zu. Ohne wenn und aber: DER TÖDLICHE FREUND ist Cravens Frankenstein. Das Handeln Frankensteins lässt sich in sieben Akte einteilen: 1. Idee, 2. Verwirklichung, 3. Erlangung von Göttlichkeit, 4. Zufriedenheit, Ruhe, 5. Selbstmitleid, 6. Einsicht, 7. Konsequenzen. Sechs dieser Punkte finden sich in seinem Film wieder. Am Anfang steht Pauls Idee, mit Hilfe eines Chips die tote Samantha ins Leben zurückzuholen. Er sieht das Gehirn als einen komplexen

Computer an, der nur den richtigen Impuls benötigt, um wieder anzuspringen. Einen Impuls, den er ihm verleihen kann.
2. Verwirklichung: Paul setzt seinen Plan in die Tat um.
3. Erlangung von Göttlichkeit. Diesen Punkt lässt Craven aus. Paul hat Gott mit seiner Tat nie bewusst herausgefordert. Er ist nur ein verliebter Junge, der sich vom Schmerz übermannen lässt und sich der Konsequenzen nicht bewusst ist.
4. Zufriedenheit, Ruhe: Samantha lebt. Und Paul ist glücklich.
5. Selbstmitleid: Samantha läuft Amok. Paul weiß nicht, was er tun soll und fühlt sich elendig.
6. Einsicht: Paul erkennt, dass er nie hätte tun dürfen, was er getan hat.
7. Konsequenzen: Paul vernichtet sein Geschöpf.

Dieses Ende aber gefiel den Produzenten nicht, und so durfte Craven einmal mehr ein Ende drehen, das er nicht wollte – und das den positiven Gesamteindruck des Films tatsächlich ruiniert. Craven bemüht sich in der Geschichte um Nachvollziehbarkeit. Im Rahmen der von ihm erschaffenen Welt erzählt er seine Geschichte so plausibel wie möglich. Wie sich Samantha am Ende jedoch in einen Roboter verwandeln kann, der aus Metall besteht, ist einfach nicht zu erklären.

Darüber hinaus bekam der Film Probleme mit der Freigabe und musste mehrere Male umgeschnitten werden. Obwohl der Film schließlich recht erfolgreich in den amerikanischen Kinos lief, distanzierte sich Craven von dem Film als Gesamtwerk.

Noch während er am Endschnitt von DER TÖDLICHE FREUND saß, erhielt er von New Line das Angebot, den dritten NIGHTMARE-Film, NIGHTMARE III – FREDDY KRUEGER LEBT (A NIGHTMARE ON ELM STREET III – DREAM WARRIOR, USA 1987) zu inszenieren. Da er bereits in die Vorbereitungen zu einem anderen Film involviert war, lehnte er das Angebot ab, behielt sich jedoch vor, das Skript zu schreiben. Robert Shaye, der Produzent, war von Cravens Idee, diesmal mehrere Jugendliche in den Kampf gegen Freddy zu schicken, angetan. Er erteilte Craven schließlich den Auftrag, ein vollständiges Drehbuch abzuliefern, was dieser schließlich mit dem Autor Bruce Wagner zusammen schrieb.

In seiner Geschichte ignorierte er weitestgehend den zweiten Teil und erschuf eine in sich geschlossene Welt – in einer Nervenheilanstalt. Hier finden sich die Jugendlichen aus der Elm Street wieder, die in den letzten Jahren von Freddy malträtiert worden sind. Wahrscheinlich hätte man die Jugendlichen bei all ihren Wahnvorstellungen in eine Gummizelle abgeschoben, gäbe es da nicht eine junge Ärztin, die ihnen Glauben schenken würde: Nancy Thompson (Heather Langenkamp), die einzige Überlebende des ersten Teils.

Offenbar fiel den Produzenten gar nicht auf, dass Nancy zusammen mit ihre Freunden am Ende des ersten Teils von Freddy entführt wird und ihr Schicksal ungeklärt bleibt. Craven schloss vielmehr an sein eigenes Ende an und interpretierte es dahingehend, dass sie Freddy besiegt hat, indem sie ihm ihre Kraft entzog. Obwohl sich eine Reihe von typischen Craven-Ingredienzien in dem Film wiederfinden und Craven radikaler als je zuvor den Konflikt der Erwachsenenwelt mit den Jugendlichen darstellt – die Jugendlichen werden in eine Anstalt abgeschoben! – gibt Craven in Interviews heute an, eigentlich nur das Drehbuch geschrieben zu haben. Außerdem fühlte sich Craven offenbar nicht gerade wohl in seiner Haut, als er erfuhr, dass Chuck Russel die Regie übernehmen sollte, der Autor, dem er den Vorwurf machte, seine Idee für NIGHTMARE – MÖRDERISCHE TRÄUME für sein eigenes DREAMSCAPE-Skript geklaut zu haben. Russel seinerseits holte den Drehbuchautor Frank Darabont an Bord, damit dieser das Drehbuch von Craven in einigen Punkten umschrieb. Darabont ist heute als Regisseur von Filmen wie THE GREEN MILE (THE GREEN MILE, USA 1999) ein Begriff.

Craven setzte lediglich einige Punkte fest, die er nicht verändert haben wollte. Dazu gehörte der Opfertod von Nancy. Dies hatte unter anderem damit zu tun, dass New Line Cinema nicht wusste, ob es einen vierten Teil geben würde, was Craven die Möglichkeit gab, den dritten Teil als letzten einer Trilogie zu betrachten. 13 Jahre vor SCREAM 3 setzte

In DIE SCHLANGE IM REGENBOGEN vermischt Craven den Voodoo-Kult mit tatsächlichen politischen Geschehnissen, die sich im Jahre 1985 auf Haiti zugetragen haben. In dieser Szene bereitet der böse Priester Gaston (Badja Djola) die unschuldige Marielle (Cathy Tyson) auf ihre Hinrichtung vor, um ein Exempel seiner Macht zu statuieren.

Film-Archiv Lothar R. Just

sich Craven daher zum ersten Mal ausgiebig mit den Regeln einer Trilogie auseinander. Und dazu gehört, wie dem Zuschauer im dritten SCREAM-Teil schließlich ausführlich erklärt wird, dass vor allem Hauptfiguren wie Nancy stets Gefahr laufen, das Ende nicht mehr zu erleben. Und der Opfertod schien Craven ein akzeptabler Ausstieg zu sein.

Bei Kosten von drei Millionen Dollar spielte der Film 45 Millionen wieder ein. Mit einem vierten Teil war also zu rechnen. Craven erklärte New Line Cinema dennoch, dass das Kapitel NIGHTMARE für ihn mit dem dritten Teil vorerst erledigt sei, weshalb er sich dem Projekt DIE SCHLANGE IM REGENBOGEN zuwandte. DIE SCHLANGE IM REGENBOGEN stand unter keinem guten Produktionsstern. Die Dreharbeiten auf Haiti mussten nach handfesten Auseinandersetzungen mit den Statisten, die mehr Geld verlangten und dafür das Set kurz und klein schlugen, in die Dominikanische Republik verlegt werden.

Das größte Problem aber war die Wahl des Hauptdarstellers. Craven wollte Kevin Bacon, der 1987 noch ein Darsteller in Teenie-Filmen war. Craven hatte jedoch längst das ungeheuere schauspielerische Potenzial Bacons erkannt. Doch Bacon wollte ebenso wenig wie Kyle MacLachlan. Als das Casting-Büro schließlich Bill Pullman vorschlug, war Craven irritiert. Er kannte Pullman nur aus Komödien wie SPACE BALLS (SPACE BALLS, USA 1986), dennoch ließ er sich auf das Abenteuer ein – und war am Ende mehr als zufrieden. Pullman ist in diesem Film in der Rolle des Wade Davis zu sehen, eines Mannes, den es tatsächlich gibt. Davis schrieb nicht nur in den USA Schlagzeilen, als es ihm gelungen war, das Geheimnis der Zombies zu entschlüsseln. Im Jahre 1982 traf der amerikanische Ethnobotaniker einen sogenannten Bokor, einen Voodoo-Zauberer, der ihm Zombiepulver verkaufte. In diesem Pulver fand Davis Spuren von Tetrodoxin, einem vom Kugelfisch abgesonderten Gift, sowie Bufotenin, einer Substanz, die einer Krötenart namens Bufo Marinus entnommen wird. Werden diese beiden Gifte in der richtigen Dosierung zusammengebracht, entsteht ein Pulver, das bei Menschen, denen es injiziert wird, einen todesähnlichen Dämmerschlaf hervorruft. Der betroffene Mensch verliert den Verstand und ist nur noch fähig, einfache Befehle auszuführen. In der Regel zerstört diese Substanz im Laufe der Zeit das Gehirn.

DIE SCHLANGE IM REGENBOGEN ist eine teilweise biografische, teilweise fantastische Geschichte über Davis, für deren Realisation Craven elf Millionen Dollar zur Verfügung gestellt wurden. Im Mittelpunkt steht also Davis, der das Geheimnis des Pulvers ergründen will und dabei in die Wirren des Aufstandes gegen den Diktator Duvallier gerät (der in Wahrheit erst drei Jahre nach Davis Entdeckung stattgefunden hat). Davis erlebt Voodoo, Liebe, wirre Albträume, Hass. Dabei wird die Geschichte der haitianischen Diktatur stets mit dem Gebrauch des Voodoo-Zaubers in Zusammenhang gebracht, ganz so, als habe sich die Diktatur nur

halten können, da sie das Wissen des Voodoo für ihre Zwecke missbrauchte.
Der Film lief in den amerikanischen Kinos nur mittelprächtig an und spielte nicht ganz 20 Millionen Dollar ein. In Japan aber entwickelte sich der Film überraschend zu einem der größten Hits des Jahres und auch in Staaten wie Großbritannien und Frankreich ›knallte‹ der Film in den Kinos. Dort war man für die Mixtur aus Politthriller, Tatsachenbericht und Fantasy-Horror offenbar eher empfänglich als in den USA.
Dem Teen-Horror widmete sich Craven schließlich ein vorerst letztes Mal, bevor SCREAM 1996 in die Kinos kommen sollte, mit SHOCKER. SHOCKER ist Cravens möglicherweise radikalster Studio-Film, denn er macht vor niemandem Halt. Ob kleine Mädchen, Ärztinnen, Polizisten: Craven malträtiert jeden! Vor allem seine Hauptfigur Jonathan Parker (Peter Berg), die während des Films von einem Serienkiller-Phantom namens Horace Pinker (Mitch Pileggi, bekannt als Direktor Skinner aus AKTE X [THE X-FILES], USA/Kanada 1993–2000), gejagt, angeschossen oder fast in den Abgrund gestürzt wird.
Cravens Radikalität ist aus einer persönlichen Veränderung heraus zu erklären, die in diesem Kapitel Fehlentscheidung Nummer 1 genannt wurde: Der Ehe mit Mimi Craven, die gescheitert war. Während er sich nach außen zumeist als Mann von Welt gab, der sagte, dass ihr Altersunterschied und ihre häufigen Trennungen aufgrund von Dreharbeiten am Scheitern ihrer Ehe schuld waren, entbrannte hinter den Kulissen ein Scheidungskrieg, der arg Cravens Nerven strapazierte. In einem Interview, das Tobe Hooper und er gemeinsam der deutschen Zeitschrift *Cinema* gaben, antwortete er auf die Frage, ob es einen Menschen gäbe, den er umbringen könnte: »Den Anwalt meiner Ex-Frau!«
Die Geschichte von SHOCKER erinnert in vielen Belangen an NIGHTMARE – MÖRDERISCHE TRÄUME, denn auch in diesem Film kehrt ein Mörder aus dem Reich der Toten zurück und nimmt Rache. Dies aber gilt nur für eine Hälfte des Films. Die andere Hälfte ist Cravens erste detaillierte Auseinandersetzung mit dem Horrorfilm als Kunstform und dem Horror in den Medien. So erlebt der Zuschauer, wie

Horace Pinker sich bei seinem Tod auf dem elektrischen Stuhl, auf dem er gelandet ist, weil er Jonathan Parkers Freundin und Mutter ermordet hat, in eine Art Energiewesen verwandelt. Er überträgt seinen Geist auf andere Menschen. Er fährt in die Ärztin, die seinen Tod erklären soll, in ein kleines Mädchen, einen Polizisten, einen Jogger, einen Bauarbeiter, kurzum in jede Person, die ihn näher an Jonathan, sein finales Opfer, heranführt. Beim Kampf auf einem Sendemasten jedoch wird sein neuer Wirtskörper, Jonathans Vater, von einem Sendestrahl erfasst, woraufhin sich Pinker als Energiewesen in den Fernsehgeräten wiederfindet, aus denen er in die Realität hinaustreten kann, um sein Werk, die Ermordung Jonathans, der, wie sich herausstellt, sein leiblicher Sohn ist, zu vollenden. Mit Hilfe seiner Freunde, die die Stromversorgung zur Stadt kappen, und mit Unterstützung seiner toten Freundin, die ihm aus dem Jenseits mit Rat und Tat zur Seite steht (Jonathans Freundin ist quasi ein Engel, der beim Sieg über den Dämon Pinker hilft), gelingt es Jonathan schließlich, das Killerphantom zu vernichten. Allerdings erst nach einer irrwitzigen Verfolgungsjagd, die Jonathan und Pinker in ein TV-Gerät und dann durch die verschiedensten Fernsehprogramme führt.

Die zweite Hälfte des Films handelt von der Medienselbstreflexion. Craven schickt seine Protagonisten ins Innere eines Fernsehgeräts, schickt sie durch die verschiedensten Sender, auf denen zumeist Gewaltfilme laufen. Und geraten die beiden einmal in eine kirchliche Sendung, wird diese ausgerechnet von dem amerikanischen Drogenpapst Timothy Leary moderiert!

Für Craven ist der Film überaus actionbetont inszeniert. Action, sonst seine große Schwachstelle, funktioniert in diesem Film ebenso wie der Soundtrack (Hardrock), die Schauspieler, der Spannungsaufbau. Während die Produzenten Craven diesmal weitestgehend freie Hand ließen, auch in der Gestaltung des Schlusses, war es einmal mehr die Zensur, die sich hier auf Craven einschoss. Sieben Schnittfassungen mussten vorgelegt werden, bevor der Film eine Freigabe auch für ein jugendliches Publikum erhielt. Aufgrund seiner persönlichen Situation gefrustet, suchte Craven in der Zen-

sur einen Blitzableiter für seine Schwierigkeiten und ließ sich auf heftige Kämpfe ein, was seinen bei dieser Organisation per se schlechten Ruf nicht gerade in ein freundlicheres Licht stellte.
Der Film wurde ein ansehnlicher Erfolg in den USA.
Trotz seiner erfolgreichen Kinofilme ging Craven wieder mal zurück zum Fernsehen.

TV-Intermezzo

Während der Dreharbeiten zu SHOCKER begann auch die Produktion von THE PEOPLE NEXT DOOR (USA 1989), einer TV-Serie um einen Mann und eine Frau, die nicht zusammenkommen können. Craven fungierte als Executive Producer und bereute sehr schnell, der Serie außer seinem Namen keine Unterstützung gegeben zu haben. Die Serie floppte ebenso wie drei Jahre später NIGHTMARE CAFÉ, (USA 1992), eine Anthologieserie, in deren Mittelpunkt ein Pub unter der Leitung von Freddy-Darsteller Robert Englund steht, in dem Menschen die Möglichkeit erhalten, sich ihren düstersten Albträumen zu stellen. Obwohl Craven schließlich selbst eine Episode inszenierte, mit der der Sender CBS recht groß für diese Serie warb, verschwand sie nach einer Staffel leise in den Archiven. Und auch sein wahrscheinlich anspruchsvollster Versuch scheiterte: WES CRAVENS NIGHT VISION (NIGHT VISION, USA 1990). Dabei muss man Craven im letztgenannten Fall zugute halten, seiner Zeit einfach voraus gewesen zu sein, denn er hat hier die Grundidee der Serien MILLENNIUM und PROFILER bereits vorweggenommen: WES CRAVENS NIGHT VISION ist die Geschichte einer Polizeipsychologin, die immer wieder in tranceähnliche Zustände verfällt und so die Fähigkeit besitzt, sich in die Psyche von Mördern hineinzuversetzen. Mitch Pileggi durfte in der Rolle ihres Vorgesetzten schon einmal für seine spätere AKTE X-Rolle üben.
Obwohl der TV-Film recht erfolgreich war, konnte sich der Sender NBC (der heute PROFILER produziert) nicht dazu aufraffen, eine Serie aus ihm entstehen zu lassen.

Zweimal sollte sich Craven in den nächsten Jahren noch erfolglos ins TV-Geschäft verirren: LAUREL CANYON (USA 1993), eine Art Horror-Soap, die in Los Angeles spielte, kam über den Pilotfilm nicht hinaus, HOLLYWEIRD (USA 1998), eine Art AKTE X unter durchgeknallten Journalisten, ging ebenfalls sang- und klanglos unter. Lediglich der von Craven produzierte TV-Spielfilm DON'T LOOK DOWN (USA 1998) über eine junge Frau, die ihre Schwester verliert und eines Tages glaubt, diese sei aus dem Reich der Toten zurückgekehrt (was sich aber nur als perfider Versuch ihres Mannes entpuppt, sie in den Wahnsinn zu treiben), wurde ein ansehnlicher Hit.

Neue Albträume für die Leute unter den Stufen

Das HAUS DER VERGESSENEN (PEOPLE UNDER THE STAIRS, USA 1991) ist Cravens Film mit den meisten märchenhaften Elementen. »Hänsel und Gretel«, »Frau Holle«, »Aschenputtel« sind nur drei Märchen, die sich in dem Film wiederfinden. Dabei benutzt Craven die unglaubliche Brutalität der Grimmschen Märchen und macht sie visuell: Wo die Hexe nur plant, die Kinder aufzufressen, entpuppt sich der Mann (Everett McGill – er hat wie die Frau, gespielt von Wendy Robie, in der Produktionsbibel keinen Namen) als richtiger Kannibale, der hin und wieder schon einmal Eindringlinge in seine Welt verspeist.
Statt in einer weißen *suburb* beginnt der Film in einem schwarzen Ghetto. Dieses Ghetto soll bald verschwinden, wenn es nach dem Willen der weißen Hausbesitzer geht, dem Mann und der Frau ohne Namen. Dies will der 13-jährige, hochintelligente Fool (Brandon Quintin Adams) verhindern. Im Gegensatz zu den meisten Kindern des Ghettos hat er noch nie eine Straftat begangen, doch dieses Mal lässt er sich überreden, mit auf Beutetour zu gehen. Es handelt sich immerhin um das Haus ihrer Ausbeuter. Diese beiden aber entpuppen sich als Psychopathen der ganz verrückten Art. Sie sind nicht nur Mann und Frau, sie sind auch Bruder und Schwester. Sie sind in gewisser Weise Hänsel und Gretel nach

Wes Craven Ende der 80er Jahre.

Privat-Archiv Lothar R. Just

dem Mord an der Hexe, die ins Hexenhaus zurückgekehrt sind und sich an den Reichtümern der Hexe verlustieren. Sie sind Kannibalen, was die Eindringlinge an der eigenen Haut zu spüren bekommen, sie halten Dutzende von entmannten Jungen, denen sie vorsichtshalber noch die Zungen abgeschnitten haben, in ihrem Haus gefangen – und sie besitzen einen Goldschatz, denn statt all ihre Mieteinnahmen auf die Bank zu bringen, haben sie diese in Gold angelegt. Zu allem Überfluss gibt es auch noch Alice (A. J. Langer), ihre (leibliche?), wunderschöne Tochter, die ausschließlich in ihrem Zimmer leben darf, die aber die Welt draußen kennenlernen will und heimlich Freundschaften zu den in den Lüftungsschächten lebenden Jungen unterhält, die wiederum ständig ihr Leben riskieren, um Alice (im Albtraum-Wunderland) vor ihren brutalen Eltern zu beschützen.

Einen Angriff der Eltern auf die Einbrecher überlebt nur Fool, der schließlich sogar aus dem Haus entkommt, aber zurückkehrt, um zuerst Alice und die Jungs zu retten und dann das verfluchte Haus in die Luft zu jagen. Bei der Explosion regnet es Gold auf die Gerechten (die Bewohner des Ghettos) nieder – Frau Holle lässt grüßen.

Wirklich beeindruckend sind die Gesichter der Jungen unter den Stufen, tote Gesichter, in denen die blitzenden, nach Leben gierenden Augen vollkommen deplaziert wirken. Ansonsten ist der Film besser als sein Ruf, denn er funktioniert immer noch als ein nettes Sozialmärchen, in dem die Bösen am Ende für all ihre Taten fürchterlich bestraft werden und die Guten mit vom Himmel regnendem Gold für all die an ihnen begangenen Verbrechen entschädigt werden. Denkt man sich seine Naivität weg, bleibt immerhin ein spannender Tripp hinter die finstern Mauern einer furchterregenden Burg und das wahrscheinlich widerlichste Geschwisterpaar, das es in einem Hollywood-Film jemals zu sehen gegeben hat. Auch wenn Craven diesen Film als eines seiner liebsten Werke bezeichnet, sollte man ihm vielleicht nicht zu viel Aufmerksamkeit schenken.

Aufmerksamkeit schenkte Craven jedoch seinem Kind NIGHTMARE. Der sechste Teil hatte zwar die Serie zum Abschluss geführt, und auch an den Kinokassen hatte der Film funktioniert. Dies ändert jedoch nichts an der Tatsache, dass dieser sechste Teil, FREDDY'S FINALE – NIGHTMARE ON ELM STREET 6 (FREDDY'S DEAD: THE FINALE NIGHTMARE, USA 1991) eher etwas enttäuschend ausfiel, denn die Art und Weise, wie Freddy am Ende sang- und klanglos untergeht, war doch etwas dürftig. Durch die Ankündigung, die Serie mit diesem Film zu beenden, hatten sich die Produzenten in eine Sackgasse bugsiert: Wie sollten sie einen siebten Teil machen, ohne dass sich das Publikum veralbert vorkam?

Die Idee lieferte Craven, der den sechste Teil nicht mochte und Shaye die Idee eines siebten Films unter dem Titel FREDDY'S NEW NIGHTMARE (WES CRAVENS NEW NIGHTMARE, USA 1994) anbot. New Line gefiel die Idee, doch bis zu ihrer Realisation sollte Zeit vergehen. 1994 erst sollte der Film in die Kinos kommen, pünktlich zum zehnjährigen Jubiläum des ersten Teils. Dies ließ allen Beteiligten genügend Zeit, die Planung des neuen Films in Ruhe anzugehen. Craven hatte sich etwas Besonderes ausgedacht, eine postmoderne Geschichte, weit von dem entfernt, was NIGHTMARE in den letzten Jahren geworden war, nämlich eine Parodie auf sich selbst. Craven konnte nicht einfach eine Fortsetzung drehen. Daher entschied er sich für einen Film, der außerhalb der Serie bestehen konnte, dabei jedoch ganz eindeutig ein Teil dieser Serie war und sich weitaus mehr zu

Ein obszöner Anruf der Freddy Kruegerschen Art.

Film-Archiv
Lothar R. Just

ihr bekennen sollte als manch eine der Vorgängerepisoden. Doch wie sollte dies vonstatten gehen? Craven holte sich Inspiration bei den Leuten, die Freddy am besten kannten, bei seinem Hauptdarsteller Robert Englund, bei John Saxon und Heather Langenkamp, die alle in Cravens erstem Teil mit von der Partie waren und nicht unwesentlich am Kult um Freddy beteiligt waren.

So stehen im siebten Teil jene drei Personen einmal mehr im Mittelpunkt des Geschehens. Allerdings – sie spielen sich selbst. Craven fasziniert das Spiel mit der Wirklichkeit, die Film-im-Film-Thematik.

Heather Langenkamp erhält eines Tages die Anfrage, ob sie bereit wäre, in einem siebten Teil der NIGHTMARE-Saga mitzuspielen. Sie ist diesem Angebot gegenüber nicht abgeneigt, ebenso wenig wie John Saxon und Robert Englund. Die Anfragen kommen schließlich von niemand anderem als Wes Craven (ja, Craven, der seither in einigen B-Filmen, meist aus Freundschaft zu den Regisseuren, kleine Rollen gespielt hat, stellt sich in diesem Film ebenfalls selbst dar). Kaum beginnen erste, konkrete Planungen, werden einige Darsteller von Albträumen geplagt. Robert Englund erwischt sich dabei, dass er am helllichten Tage düstere Gemälde über das Leben in der

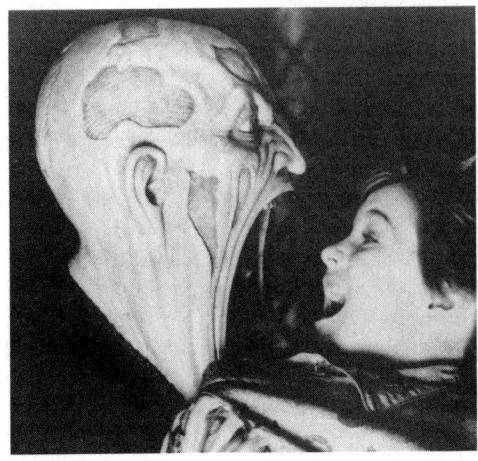

Freddy Krueger hat Dylan (Miki Hughes) einfach zum Fressen gerne ...

Foto-Archiv
Lothar R. Just

Hölle zeichnet, ohne dies zu wollen, Heather Langenkamp erlebt in einem ihrer Träume, wie ihr Mann Chase (David Newsom) von Krallenhänden verletzt wird. Als sie erwacht, hat ihr Mann tatsächlich eine klaffende Wunde an einem Finger. Als dann ihr kleiner Sohn Dylan (Miko Hughes) beginnt, mit der Stimme Freddy Kruegers zu sprechen, entwickelt sich in ihr ein fürchterlicher Verdacht: Freddy Krueger lebt. Er ist Realität geworden. Gefangen in einer Welt aus Traum und Fantasie versucht er, über ihren Sohn Dylan in die Wirklichkeit zu gelangen. Er ermordet ihren Ehemann, er verändert die Realität, bis nur noch Heather weiß, dass sie nur eine Schauspielerin ist (im Gegensatz zu John Saxon, der glaubt, er sei ihr Vater – wie im Film eben). Er benutzt schließlich Dylans Obsession für »Hänsel und Gretel« (womit sich Craven zum vorerst letzten Mal diesem Märchen widmet), um ihn auf diese Weise in eine von ihm erschaffene (Alb-)Traumwelt zu entführen, in der er Heather zum finalen Kampf herausfordert, bevor er über Dylan vollends in die reale Welt gelangen will. Doch Heather überwindet Krueger, denn dieser unterschätzt die Macht des Happy Ends im Märchen. Und so landet Krueger dort, wo auch die Hexe einst nach einem Schubser von Gretel gelandet ist: im Ofen!

Der Film erfüllte seine Erwartungen an den Kinokassen nicht. 18 Millionen Dollar spielte er an den US-Kassen ein, weniger, als jeder andere seiner Vorgänger. Damit erzielte er zwar noch immer einen Gewinn, denn die Produktionskosten hatten bei unter zehn Millionen Dollar gelegen, doch die Enttäuschung war groß.

Aber warum ist der Film in den USA gefloppt? Weil die Zeit noch nicht reif für einen Film dieser Art war? Mit seiner selbstreflexiven Art und seiner komplexen Struktur, in der zwischen verschiedenen Realitätsebenen hin- und hergesprungen wird, war das Teen-Publikum in den USA ganz einfach überfordert. Slasher-Filme sahen 1994 wie folgt aus: Auf der einen Seite stand ein maskierter Bösewicht, auf der anderen Seite waren die unbedarften Jugendlichen, zumeist gespielt von drittklassigen Schauspielern, allein dazu da, abgemetzelt zu werden. Die NIGHTMARE-Saga war in diesem Genre immer eine Ausnahme, da jeder Regisseur einen anderen Erzählansatz gesucht und so jeden Film zu einem Unikat gemacht hat, unabhängig von der tatsächlichen Qualität der Einzel-Filme. Aber eine Serie wie FREITAG, DER 13. funktionierte exakt nach dem oben genannten Muster und war erfolgreich. Cravens selbstreflexive und selbstironische Geschichte, in der die Schauspieler nicht nur Rollen spielten, sondern teilweise sich selbst darstellten – obwohl ihre Film-Ichs im Grunde auch wieder nur Figuren einer Fantasie-Welt sind – überforderte das Ziel-Publikum. Statt Blut und Gewalt präsentierte Craven also eine intellektuelle Auseinandersetzung mit Traum und Wirklichkeit sowie den Funktionsweisen des Horrorfilms. Das gleiche Publikum, das zwei Jahre später SCREAM genau für all diese Zutaten feiern sollte, strafte diesen Film ab. Diese Tatsache gehört einfach zu den unerklärbaren Mysterien Hollywoods.

Bevor sich sein Leben drastisch ändern und er zur Elite der 100-Millionen-Dollar-Regisseure aufsteigen sollte, durfte Craven noch einmal erfahren, was es bedeutet, einen echten Flop zu inszenieren. Er selbst kann sich nicht wirklich erklären, wie er das Angebot Eddie Murphys, die Regie seines nächsten Films zu übernehmen, jemals hat annehmen können. VAMPIRE IN BROOKLYN aus dem Jahre 1995 war ein Studiofilm der Paramount Pictures. Vielleicht war es der Wunsch, einmal einen richtig großen Studiofilm mit einem echten Star zu machen, der Craven zu diesem Schritt bewog. Murphys Karriere befand sich zu diesem Zeitpunkt zwar in einer Krise, das Projekt aber klang nicht schlecht, da es Murphy die Möglichkeit gab, sich von einer anderen Seite zu präsentieren und Craven ein Genre-Regisseur war, der das Horror-Publikum locken konnte (trotz des eher enttäuschenden letzten NIGHTMARE-Films).

Dass der Film eine Katastrophe wurde, ist sowohl Murphy wie auch Craven anzulasten. Sie hätten wohl niemals eine gemeinsame Allianz eingehen dürfen, zu unterschiedlich waren ihre Intentionen.

Craven sah in VAMPIRE IN BROOKLYN die Geschichte eines einsamem Mannes, eines Vampirs, der aus der Fremde in eine Welt kommt, in der er ein Feind ist, ein Mörder. Der Vampir aber glaubt sich in eine Welt ohne Anstand, Moral und Liebe versetzt. Seine Suche gilt der einzigen Frau, die stark genug ist, seiner Liebe standzuhalten (Angela Bassett). Die Story der beiden Liebenden ist einmal mehr die der Schönen und des Biestes. Nur hat sie kein Happy End. Denn wo sich das Biest in einen Prinzen verwandelt, bleibt Murphys Maximillian ein Dämon der Nacht, der erst Erlösung im Tod finden kann, den ihm die geliebte Frau beschert.

Für Murphy war VAMPIRE IN BROOKLYN die Möglichkeit, einen für ihn ungewöhnlichen, schwarzen Humor auszuprobieren, der weit über den eher vulgären, aber substanziell harmlosen Humor hinausging, mit dem er berühmt geworden ist. Auch sah er in dem Film die Möglichkeit, eine typisch weiße, europäische Vampir-Geschichte in einer ungewöhnlichen Umgebung anzusiedeln: dem vorwiegend von Farbigen bewohnten Teil Brooklyns mit ihrer Kultur, ihrer Musik, ihrem Humor.

Murphy ließ keinen Zweifel daran aufkommen, dass VAMPIRE IN BROOKLYN, den sein Bruder Charlie ganz auf seine Person zugeschnitten hatte, sein Film war und nicht das Werk Cravens.

Der Film kostete 20 Millionen Dollar und spielte in den USA

nur 19 Millionen ein. Für einen Craven-Film war das Ergebnis zu sehr Eddie Murphy, für Eddie Murphy jedoch zu sehr Wes Craven. Trauriger Höhepunkt der Dreharbeiten war schließlich der Tod der Stuntfrau Sonja Davis, die sich bei einem Sturz in die Tiefe derart schwere Schädelverletzungen zuzog, dass sie wenige Tage später verstarb.
In Deutschland hat der Film den zweifelhaften Ruf, der einzige Eddie-Murphy-Film zu sein, der seine Premiere direkt auf Video erlebt hat.
Als kurze Zeit später auch noch WES CRAVEN'S MINDRIPPER (WES CRAVEN'S MINDRIPPER, USA 1995) auf Video erschien, glaubten viele, Craven sei nach dem Murphy-Flop schnurstracks in die Abgründe des B-Horrors abgerutscht. Die Geschichte über eine Gruppe junger Leute, die in der Wüste einen Supersoldaten finden, der Rache an seinen Schöpfern plant, war ein typischer Slasher der unterirdischen Art. Billig in Bulgarien gedreht, mit B-Schauspielern besetzt, an niederste Instinkte appellierend. Der Blick aufs Videocover entschuldigt Cravens Mitarbeit jedoch. Geschrieben und produziert hat den Film nämlich Jonathan Craven, Wes Cravens Sohn. Wes Craven hat für diesen Film eigentlich nur seinen Namen hergegeben, um seinem Sohn unter die Arme zu greifen.

SCREAM

SCARY MOVIE, das war der Name, den SCREAM zuerst tragen sollte. Genau das sollte der Film werden: Gruselig, unheimlich, *scary*. Doch er war mehr. Und dies hatte Craven nach dem Lesen des Drehbuches sehr schnell erkannt. Dass Craven in das Projekt involviert worden war, war ein Glücksfall. Miramax, das vielleicht kleinste Major-Studio Hollywoods, wollte SCREAM und hatte mit Drew Barrymore einen interessanten Jung-Star für die Hauptrolle engagieren können, doch es fehlte der richtige Regisseur. Da Cravens Filme mehrfach in dem Drehbuch genannt wurden und der Einfluss von NIGHTMARE – MÖRDERISCHE TRÄUME auf den Autor Kevin Williamson nicht zu verleugnen war, fragte das Studio schließlich ganz einfach das Original, Craven, ob er Interesse an dem Projekt habe.

Craven schlug ein, als er erfuhr, dass eine Reihe von Jungschauspielern in das Projekt involviert war – und als ihm Miramax vollkommen überraschend einen Deal über drei Filme anbot. Dazu gehörte zum einen ein mögliches Sequel, aber, und das ließ Craven aufhorchen, ein weiterer Film ohne Grenrebegrenzung!

Craven traf Williamson zu diversen Buchbesprechungen und war von dessen Enthusiasmus begeistert. Williamson entpuppte sich als das genaue Gegenstück zu Craven. War Craven als junger Filmemacher aufgrund seines fehlenden Hintergrundwissens übers Kino teilweise naiv ans Filmemachen herangetreten, so war Williamson ein Filmfreak, der sich fast alles, was er über die Funktionsweise von Filmen kannte, selbst beigebracht hatte. Die Perfektion, mit der er die Struktur eines Horrorfilms erklären konnte, begeisterte Craven. Mehr aber noch war er davon begeistert, dass er diese Fähigkeit in ein äußerst spannendes Skript hatte umsetzen können. Vor allem die Art und Weise, wie Williamson mit den Medien spielte, beeindruckte Craven. »Sage niemals: ›Ich komme gleich wieder.‹ Denn du kommst nicht wieder«, lautet einer der bekanntesten Sprüche des Films, gesprochen von Jamie Kennedy in der Rolle des Randy Meeks. Craven liebte dieses Spiel mit den Klischees, denn Williamson hatte ein Skript geschrieben, in dem die Versatzstücke ständig bestätigt oder widerlegt wurden, solange, bis sich der Zuschauer in der Handlung verlieren sollte, da das einzige, worauf man sich hier verlassen konnte, die Tatsache war, sich auf nichts zu verlassen. Vor allem aber das Ende, der Bruch der Konventionen, gefiel Craven hervorragend. Zwei Mörder statt einem! Eine an sich simple Idee. Nur warum hatte sie eigentlich noch niemand in einem Teen-Horrorfilm in die Realität umgesetzt?

Im Mittelpunkt von Cravens Interesse stand jedoch der Faktor Angst. Wie gehen Menschen mit ihrer Angst um? Wie ein roter Faden zieht sich dieser Aspekt durch das Werk Cravens. Ob DAS LETZTE HAUS LINKS oder NIGHTMARE – MÖRDERISCHE TRÄUME: Angst ist ein stets wiederkehrender Faktor. Und mit ihr die Bedrohung der Gruppe von außen. In diesem Punkt aber unterschied sich SCREAM von anderen Filmen. Die Bedrohung der Gruppe kommt von innen. Die Mörder kommen aus dem eigenen Freundeskreis. War die Clique früher ein Hort der Freundschaft, ist sie jetzt keine homogene Einheit mehr (zum Inhalt siehe das Kapitel über SCREAM 1).

Auch gefiel Craven die Art, wie Williamson die Jugendlichen darstellt. Zu Beginn, da die Morde außerhalb ihrer Gruppe stattfinden, sind sie von den Verbrechen fasziniert. Fast wie in einem Film oder einer Reportage fühlen sie sich. Dieses Gefühl schwindet mehr und mehr, als der Mörder immer näher an ihre Gruppe herantritt. Erst jetzt wird zumindest einigen Jugendlichen klar, dass dies kein Spiel ist. Gefangen in einer von Medien gestalteten Realität, in der selbst Nachrichten ihren Unterhaltungswert erfüllen müssen, fehlt ihnen die Fähigkeit zwischen Fiktion und Realität zu unterscheiden.

Von Aspekten wie diesen ließ sich Craven faszinieren. Da Drew Barrymore aus dem Projekt aus vertraglichen Gründen aussteigen musste, blieb ihr nur ein Kurz-Auftritt zu Beginn des Films. Ihre Rolle wurde mit Neve Campbell besetzt. Craven bekam fast jeden Jungschauspieler, der 1996 auf dem Sprung zum Star war: von Matthew Lillard über Skeet Ulrich bis zu Rose McGowan. Was ihn fast schon verlegen machte, war die Tatsache, von den jungen Schauspielern teilweise wie eine Art Ikone betrachtet zu werden. Doch warum auch nicht? Schließlich waren es seine Filme, die sie sich als Jugendliche auf Video angeschaut hatten – und nicht die Filme europäischer Kunstfilmer wie Wim Wenders!

Über die Dreharbeiten gibt es so gut wie nichts zu berichten. Mit 14 Millionen Dollar war die Produktion finanziell hervorragend ausgestattet, bedenkt man, dass kaum größere Spezialeffekte im Skript vorgesehen waren. Gedreht wurde in Sonoma Country in Nordkalifornien, das Örtchen Healdsburg hielt als Kulisse für das fiktive Woodsboro her. Es gab keine nennenswerten Verzögerungen.

Am 20. Dezember 1996 startete SCREAM in den amerikanischen Kinos. Noch im selben Jahr hatte er seine Produktionskosten fast wieder eingespielt. Im Gegensatz zu anderen Horrorfilmen, die sich durchschnittlich vier Wochen in den Kinos behaupten können, lief SCREAM 26 Wochen. In den USA spielte der Film in dieser Zeit 103 Millionen ein, in Japan, Australien und Europa kamen noch einmal 75 Millionen dazu. Dabei sind Video- und TV-Rechte noch gar nicht berücksichtigt.

Der Erfolg kam für Craven derart überraschend, dass er mit den Arbeiten an seinem ersten Roman »The Fountain Society«, einer Verschwörungs-SciFi-Geschichte (die er ursprünglich einmal als Drehbuch verarbeiten wollte), zeitweise aussetzte, um mit Miramax das weitere Vorgehen zu besprechen. Miramax, selbst von diesem Erfolg überrascht, gab umgehend grünes Licht für Teil 2. 24 Millionen Dollar ließ sich Miramax, eine in ihren Entscheidungen unabhängige Disney-Tochter, den zweiten Teil kosten, 28 Millionen die Werbekampagne. Bis die Dreharbeiten beginnen konnten, produ-

Mit der Eingangssequenz von SCREAM, in der Casey Becker (Drew Barrymore) von einem perversen Anrufer in den Wahnsinn getrieben wird, hat Wes Craven ein kleines Stück Filmgeschichte geschrieben.

zierte Craven für Miramax den Horrorfilm WES CRAVEN'S WISHMASTER (WES CRAVEN'S WISHMASTER, USA 1997), in dem auch sein alter Freund Robert Englund mitwirkte.
SCREAM hatte sich zu einem Markenzeichen entwickelt und Craven wurde über Nacht vom Horrorfilm- zum In-Regisseur. Jeder Jungstar wollte im zweiten Teil dabei sein. So wurde für Sarah Michelle Gellar aus BUFFY – IM BANN DER DÄMONEN extra eine kleine Rolle geschrieben, mit dabei war auch Jerry O'Connell aus SLIDERS – DAS TOR IN EINE FREMDE DIMENSION (SLIDERS, USA 1995–2000), einem in den USA äußerst beliebten Teeniestar, der in der Rolle von Sidney Prescotts Freund Derek zu sehen sein sollte. Ein besonderer Gag war die Besetzung von BEVERLY HILLS 90210-Aktrice Tori Spelling. Sie spielt sich selbst und ist die Hauptdarstellerin von ›Stab‹, der Verfilmung der Geschehnisse von Woodsboro! Abgesehen von Craven und Williamson, die beide in Cameo-Auftritten zu sehen sind, ist auch Joshua Jackson in einer ganz kleinen Rolle als Filmstudent dabei. Jackson wurde von Williamson im Vorfeld von SCREAM 2 entdeckt und schließlich für die Rolle des Pacey in Williamsons Erfolgs-Fernsehserie DAWSON'S CREEK (DAWSON'S CREEK, USA 1998) engagiert. Die farbigen Jung-Stars Omar Epps und Jada Pinkett holte Craven für die Eingangssequenz des Films, in der beide vom Mörder in einem Kino, in dem »Stab« zu sehen ist, ermordet werden!
Die Dreharbeiten selbst fanden in Atlanta, Georgia, statt und verliefen zunächst relativ unspektakulär. Lediglich um das Drehbuch gab es einigen Wirbel. SCREAM war unter anderem deshalb zum Hit-Film avanciert, weil die Zwei-Mörder-Auflösung das Publikum aus den Sesseln gehauen hatte. Daher wurden Teile der Handlung von Teil 2 geheim gehalten und nur einige wenige Mitarbeiter der Produktion erhielten das vollständige Skript. Das Finale sollte eine große Überraschung werden. Wurde es aber leider nicht, denn noch während der Film gedreht wurde, konnte es im Internet nachgelesen werden.
Das Studio war außer sich vor Wut und Kevin Williamson musste das gesamte Ende umschreiben.
Am 10. Dezember 1997 startete der Film in den US-Kinos,

spielte allein in der ersten Woche 39,2 Millionen Dollar ein und endete schließlich bei 106,8 Millionen. Nur in den USA! Und auch in Deutschland avancierte der Film zum Hit. Die Presse, die den ersten Teil noch mit gemischten Gefühlen betrachtet hatte im Glauben, er würde in Deutschland nicht funktionieren, überschlug sich vor Begeisterung. Das Ruhrgebietsmagazin *Marabo* schrieb: »SCREAM 2 ist intelligent, medienkritisch, hervorragend gespielt, Zitatenkino, satirisch – und so unglaublich spannend, dass von einem Kinobesuch ohne herzberuhigende Mittel abgeraten werden sollte!« Und sogar der nicht gerade für enthusiastische Kritiken bekannte *Spiegel* ließ vermerken, Teil 2 sei »... mindestens so erstaunlich wie das Original, sogar noch rasanter, blutiger und lustiger«, während die Hamburger Morgenpost wohl die prägnanteste Bewertung zu bieten hatte: »Note 1.«

MUSIC OF THE HEART

Craven nutzte den Erfolg seines zweiten Teiles, um Miramax darauf hinzuweisen, dass sein Vertrag einen weiteren Film vorsah, der an kein Genre gebunden war. Miramax wollte von Craven natürlich SCREAM 3, doch der zierte sich. Er sah sich in der Schuld von Miramax und ließ keinen Zweifel daran, den Film später noch zu inszenieren. Doch SCREAM 3 war nicht unbedingt Teil seines Vertrages. Da war der Film ohne Genrebindung. Der Moment, in dem Craven den Gebrüdern Weinstein, den Vorsitzenden von Miramax, das Drehbuch zu seinem neuen Projekt vorlegte, wäre sicher ein Foto wert gewesen. FIFTY VIOLINS hieß das Projekt, an dem er bereits seit geraumer Zeit gearbeitet hatte und aus dem im Laufe der Produktion MUSIC OF THE HEART (MUSIC OF THE HEART, USA 1999) werden sollte. Dies war das Projekt, auf das Craven all die Jahre gewartet hatte: ein Film fürs Herz, kein Horrorfilm, kein Slasher, sondern eine kleine, liebenswerte Geschichte über eine engagierte Geigenlehrerin, die in einem Elendsviertel von East Harlem mit ihrem Musik-Unterricht vielen Kindern aus einem ärmlichen, oft kriminellen Umfeld eine Zukunftsperspektive verschafft hat. Die Lehrerin wurde in den USA bekannt, als sie sich gegen eine Streichung ihrer Fördergelder wehrte und die New Yorker Öffentlichkeit für ihre Unternehmungen einnahm.

Craven war auf diese wahre Geschichte durch einen Dokumentarfilm aufmerksam geworden und hatte festgestellt, dass Miramax längst ein Drehbuch zu dieser Geschichte vorlag. Als dann auch noch Madonna für die Hauptrolle zusagte, bekam Craven tatsächlich das Geld für den Film.

Während der Dreharbeiten kam es zwischen Madonna und Craven jedoch zu derart heftigen Auseinandersetzungen (Craven ist dafür bekannt, gerne Diskussionen zu führen, sich als Verantwortlicher aber das Recht der letzten Entscheidung vorzubehalten), dass er Madonna, trotz der Androhung von Klagen seitens ihrer Manager, feuerte!

Quasi über Nacht gelang es ihm Meryl Streep für die Hauptrolle zu engagieren. Die Verzögerung der Dreharbeiten wirkte sich natürlich auf SCREAM 3 aus, dessen Vorproduktion eigentlich längst hätte anlaufen sollen, jedoch nach hinten verschoben werden musste. Auch gab es zunächst Probleme mit Neve Campbell, die eigentlich nicht nach Woodsboro zurückkehren wollte und schließlich mit einer Gage von fünf Millionen Dollar ›überredet‹ werden musste.

MUSIC OF THE HEART wurde kein großer Hit, aber ein Film, den Craven als einen persönlichen Höhepunkt seines Werkes betrachtet. Bei der Oscarverleihung 2000 wurde der Film für die beste Musik und Meryl Streep als beste Darstellerin nominiert. Wer hätte gedacht, dass einem Wes-Craven-Film eines Tages solche Ehrungen widerfahren würden?

Wer nun glaubt, über SCREAM 3 eine ausführliche Geschichte zu lesen zu bekommen, da sich dieses Buch mit SCREAM auseinandersetzt, ihre Macher vorstellt und erklärt, was der Teen-Horrorfilm ist, dem Craven mit Filmen wie NIGHTMARE – MÖRDERISCHE TRÄUME und SCREAM ein Monument gesetzt hat, wird leider enttäuscht werden, denn zu SCREAM 3 gibt es aus Sicht von Craven so gut wie nichts zu erzählen. Vergleicht man den dritten Teil auf einer rein handwerklichen Ebene mit seinen Vorgängern, fällt einem auf, dass er weitaus konventioneller, vielleicht sogar einfallsloser inszeniert ist. Vor allem Teil eins besticht in den Innenszenen, die von Craven kammerspielartig inszeniert werden und aufgrund ihrer Enge zu atemloser Spannung führen. Solch inszenatorisches Feingefühl geht dem dritten Teil fast vollkommen ab. Craven liefert kaum mehr als solides Handwerk. Warum? Dies hat viele Gründe. Zum einen der volle Terminkalender von Neve Campbell, auf den der Drehplan ausgerichtet wurde und schließlich dazu führte, dass das Drehbuch von vornherein umgeändert werden musste (erlebt der Zuschauer Neve Campbell im fertigen Film als eine junge Frau, die auf dem Land lebt, für eine Telefonseelsorge arbeitet und den Umgang mit anderen Menschen meidet, war sie im Ursprungsskript eine Mitarbeiterin des Teams von »Stab 3«, dem Film, bei dessen Dreharbeiten der Killer die Morde des ersten Teils auf blutige Weise nachspielt). Craven war gezwungen, seine Dreharbeiten ohne die vertraglich noch anderweitig engagierte Hauptdarstellerin zu beginnen und ihre Szenen im Verlauf der Inszenierungsarbeit nachzudrehen. Dies führte schließlich dazu, dass Courteney Cox die einzige Darstellerin des Films war, der das gesamte Drehbuch des Films gegeben wurde. Auf diese Art und Weise sollte verhindert werden, dass einmal mehr das Ende des Films im Internet nachgelesen werden konnte, noch bevor der Film überhaupt fertiggestellt war (darüber hinaus war das Drehbuch in roten Buchstaben auf rotbräunlichem Papier gedruckt, um ein Kopieren oder einscannen fast unmöglich zu machen).

Schaut man sich den Film an, spürt man, dass Craven die Inszenierung weitaus ruhiger angegangen ist als bei den Vorgängern. Statt auf einem Ensemble aufzubauen wie in den ersten beiden Teilen, fokussiert er seinen Blick ausschließlich auf seine drei Hauptfiguren Sidney Prescott, Gale Weathers (Courteney Cox) und Dewey Riley (David Arquette) und führt mit der Jennifer Jolie (Parker Posey) zwar eine vierte, relativ große Hauptfigur ein, deren Charakterisierung er jedoch aus einem eher ungewöhnlichen Blickwinkel angeht: Jennifer Jolie ist eine Schauspielerin, die in einem Film namens »Stab 3« als Weathers spielt und deren Charaktereigenschaften in sich aufgenommen hat, weshalb es ihr (absichtlich) an eigenen Chaktereigenschaften fehlt. Ansonsten nimmt sich Craven auf der Ebene der Figuren in diesem Film sehr zurück, was unter anderem damit zu erklären sein dürfte, dass sich Craven in diesem Film auf einem für ihn eher ungewohnten Terrain bewegt: der Großstadt. Dies führt unter anderem dazu, dass er fast vollständig auf Shots in der Großstadt selbst verzichtet und die Geschichte innerhalb eines Filmstudios ansiedelt, in dem er zumindest eine der Kleinstadt ähnlichen Atmosphäre aufbauen kann.

Im enttäuschenden Kinofrühjahr 2000, als in den USA kaum ein Film überzeugen konnte, spielte SCREAM 3 rund 86 Millionen Dollar ein, weniger als seine Vorgänger, jedoch weit mehr als die meisten anderen Filmen in diesem Zeitraum.

Wie es mit Cravens Karriere weitergehen wird, darüber schweigt er sich aus. Zwar hat er verlauten lassen, keine Horrorfilme mehr drehen zu wollen, andererseits hat er die Filmrechte an seinem SciFi-Roman bereits verkauft und selbst Interesse an der Regie bekundet. Und dann hat er inzwischen bei einem Interview in London verlauten lassen, dass er bei einem guten Drehbuch in drei oder vier Jahren vielleicht bereit wäre, SCREAM 4 zu drehen! Man wird sich also überraschen lassen dürfen.

Interview

In Hamburg trafen wir Wes Craven zum Gespräch und sprachen mit ihm über sein Kino, über Gewalt und alte Filme.

FRAGE: Haben Sie jemals mit einem solchen Erfolg von SCREAM und seiner Fortsetzung gerechnet?
CRAVEN: Ganz klar nein! Ich bin seit fast 30 Jahren im Filmgeschäft tätig und bin in dieser Zeit zum Realisten geworden. Ich habe mich in den letzten Jahren zwar immer wieder gefragt, was es wohl für ein Gefühl sein müsste, einen Film mit einem Einspielergebnis von über 100 Millionen Dollar zu machen. Aber ich habe nie damit gerechnet, eines Tages selbst einen solchen Film zu inszenieren. Meine Produzentin und ich hatten, kurz bevor SCREAM anlief, ein Gespräch,

in dem wir übereinkamen, dass ein Einspielergebnis von rund 40 Millionen Dollar machbar und als Erfolg zu werten sei. Dass wir die 100-Millionen-Dollargrenze überschreiten würden, haben wir selbst in den euphorischen Momenten nicht geglaubt. Nach dem Erfolg des ersten Teils haben wir uns dann natürlich auch gute Chancen für Teil zwei ausgerechnet.

FRAGE: Die Produktion der Fortsetzung wäre fast geplatzt, da Teile des ursprünglichen Drehbuchs noch vor Drehbeginn im Internet auftauchten …

CRAVEN: Dies ist eines der großen Mysterien Hollywoods. Es gibt ganz einfach keine Geheimnisse mehr. Nehmen wir meinen Roman. Dem Verlag lag nur ein unvollständiges Manuskript vor, da habe ich schon Anrufe von Produzenten bekommen, die über den Inhalt exakt Bescheid wussten und mit mir detailliert über bestimmte Szenen und deren filmische Umsetzung sprechen wollten. Glauben Sie mir, ich habe keine Ahnung, wie diese Leute an mein Manuskript gekommen sind. Aber sie hatten es. Und so ist es auch im Falle von SCREAM 2 gelaufen, als die vierzig ersten Seiten plötzlich im Internet nachzulesen standen, lange bevor der Film in Produktion ging.

FRAGE: Was bedeutete das für die Produktion?

CRAVEN: Kevin Williamson, der Autor, hat SCREAM Gott sei Dank von Anfang an als Trilogie kreiert und hatte genügend Ideen vorliegen, die ein Umschreiben des Drehbuchs relativ einfach machten. Aber noch zwei Tage vor Drehbeginn wussten wir immer noch nicht, wer der Mörder sein sollte, weil Kevin sich weigerte, dies bekanntzugeben, um die Auflösung nicht schon am nächsten Tag wieder im Internet nachlesen zu können.

FRAGE: Sie scheinen es zu lieben, die Figuren ihrer Filme den schrecklichsten Situationen auszusetzen. Was war die schrecklichste Situation, die Sie in Ihrem Leben erleben mussten?

CRAVEN: Als ich Student war, erkrankte ich an einem schweren Fieber, das sich nicht mehr senken ließ. Es war ein Kampf auf Leben und Tod und eines Tages sagten die Ärzte meinen Eltern, dass ich die kommende Nacht nicht überleben würde. Schrecklicher noch, als den Tod vor Augen zu haben, war die Tatsache, meine Familie weinend um mein Bett stehen zu sehen.

FRAGE: Warum strahlen Horrorfilme ausgerechnet auf ein jugendliches Publikum eine solche Faszination aus?

CRAVEN: Die Jugend ist eine Zeit der persönlichen Herausforderungen, in denen man sich Fragen stellt wie: Wie gehe ich mit meiner Sexualität um, wie kann ich meine Stärken einsetzen, was sind meine Schwächen, was wird aus meinem Leben, kann ich der Gesellschaft trauen? Es ist eine bizarre Zeit, voller Hoffnungen – aber auch voller Ängste, die irgendwo kompensiert werden müssen. Horrorfilme reflektieren diese Eigenartigkeit in einem ungewöhnlichen und direkten Weg, denn in einem Horrorfilm geht es vor allem darum, Ängste zu erzeugen. Für die Jugendlichen wird der Horrorfilm zum Katalysator ihrer eigenen Ängste.

FRAGE: Es gibt aber Leute, Pädagogen, Soziologen, Elternverbände, die dies ganz anders sehen?

CRAVEN: Ich mag keine stilisierte, saubere Gewalt wie im Fernsehen, die dem Zuschauer vorgaukelt, mit Gewalt ließen sich Konflikte lösen. Das ist absurd. In einem guten Action- oder Horrorfilm hat der Held der Geschichte am Ende immer etwas von sich verloren. Er oder sie ist kein glorreicher Held. Es hat sich immer etwas grundlegendes im Leben verändert, was nicht mehr rückgängig gemacht werden kann. Meist haben die Figuren ihre Unschuld verloren. Und dies ist etwas wirklich Tragisches. Was ich an der Diskussion zum Thema Gewalt im Film nicht mag, das sind Konzepte, in denen Filmen partout die Schuld an der Verrohung innerhalb der Gesellschaft gegeben wird. Es sind so viele Faktoren, die eine Rolle spielen, da sind Film und Fernsehen nur zwei von vielen Mosaiksteinen. Nehmen wir folgendes Beispiel: 20 Millionen Jugendliche haben SCREAM gesehen. Der Wahrscheinlichkeit nach müsste ein Prozent von ihnen durch den Film so negativ beeinflusst werden, dass sie nach der Filmvorführung heim gehen und den Film in ihren Familien mit blutigem Ernst nachspielen. Das ist aber nicht passiert. Es müssen ganz andere Sachen geschehen, um einen

Menschen zur Gewalt zu verleiten.

Frage: Sie sind seit drei Dekaden im Horrorgenre tätig. Inwieweit haben sich die Momente des Schreckens in diesen fast 30 Jahren in ihren Filmen verändert?

Craven: Wir lebten früher in einer Welt, in der man uns suggerierte, das Böse käme von außen und die Gruppe, in der wir lebten, sei intakt. Dies spiegelte sich auch in meinen Filmen wider. Die Gruppe wurde von außen bedroht. Ob in DAS LETZTE HAUS LINKS oder NIGHTMARE – MÖRDERISCHE TRÄUME, ich habe zwar immer Gruppen porträtiert, die ihre Fehler hatten, deren größte Bedrohung aber von außen kam. Dieses Denken hat sich gewandelt. Heute kommt das Böse von innen. Nimmt man den Mördern von SCREAM 1 die Masken ab, befinden sich darunter Freunde. Angst ist heute ein viel universellerer Begriff als früher. Es gibt keine 100%-ige Sicherheit mehr. Und dies spiegelt sich in den Filmen wider.

Frage: Sie sollen gesagt haben, sie fänden die meisten großen Klassiker des Horrorfilms fade und langweilig.

Craven: Da wurde ich leider nur unvollständig zitiert. Was ich nicht mag, sind billige Schockeffekte. In vielen Klassikern wird die Spannung dadurch erzeugt, dass Leute vollkommen dumme Dinge tun: Wenn ich mich bedroht fühle und glaube, hinter einer Tür steht ein wahnsinniger Mörder, dann werde ich diese Tür nicht öffnen, um zu sehen, ob er nun dahinter steht oder nicht, sondern ich werde so schnell ich kann davonrennen. Leider findet man Szenen wie diese in vielen Filmen – auch in Klassikern. Ich mag es eben, wenn überraschende Dinge geschehen, wenn man mal lachen kann oder ein Film mehr als nur eine Horrorgeschichte zu erzählen hat.

Frage: So wie Sie in SCREAM 2 ordentlich Medienschelte austeilen?

Craven: Ja. In SCREAM 2 erleben wir Momente der ersten Geschichte aus der Sicht einer Sensationsreporterin, die all diese Dinge ja selbst erlebt hat. Trotzdem hat sie in dem Buch, das sie über die Geschehnisse geschrieben hat, viele Dinge verändert und viele Personen anders beschrieben, als sie in Wirklichkeit gewesen sind. Zur Rede gestellt antwortet sie, sie habe dies nur gemacht, damit die Geschichte dramatischer wirke. So kreieren die Massenmedien eine vollkommen neue Realität, die mit der Wahrheit, den wahren Geschehnissen, kaum mehr etwas zu tun hat.

FRAGE: Was hat Sie bewogen, vor SCREAM 3 den Spielfilm MUSIC OF THE HEART zu realisieren?

CRAVEN: Das Drehbuch basiert auf dem Dokumentarfilm FIDDLEFEST, der für den Oscar nominiert war und der aufzeigt, dass die ungewöhnlichsten Geschichten unserer Zeit oft vor der eigenen Haustür stattfinden: Außerdem habe ich über 30 Horrorfilme gedreht oder produziert. Da hoffe ich, dass es mir auf meine alten Tage erlaubt sein wird, einmal ein Projekt zu verwirklichen, das mir einfach nur am Herzen liegt und bei dem ich mir über kommerzielle Gesichtspunkte, Vermarktung und andere Dinge einmal überhaupt keine Gedanken zu machen brauche.

KEVIN WILLIAMSON

HALLOWEEN, 1978

Horrorfilm und Anspruch? Oft scheinen diese beiden Begriffe unvereinbar. Und doch hat es schon immer Horrorfilme für den Verstand gegeben. Ob es sich dabei um die Klassiker der 30er Jahre handelt oder Filme wie zum Beispiel DER EXORZIST. Oder HALLOWEEN, ein Film, der jede Tücke, jeden Spannungsmoment, den der Gruselfilm zu bieten hat, in sich verarbeitet und das Publikum damals, 1978, im Jahr seiner Erstveröffentlichung, zu Tode erschreckte. HALLOWEEN ist ein zentraler Film für das Horrorfilm-Fanpublikum. Es ist der Film, der die Regeln des Teen-Slashers definiert hat. Es ist der Film, der Kevin Williamson bis zum heutigen Tag nachhaltig beeinflusst hat.

Geboren wurde Williamson am 14. März 1965 in New Bern, North Carolina als Sohn eines Fischers. Seine Eltern zogen einige Jahre später nach Aranas, Texas, wo Kevin Williamson eine unbeschwerte Kindheit verbrachte. Seine Mutter hatte dort ein Hotel gekauft und die Eltern lebten nicht schlecht von den Einnahmen aus dem alten Hotel und von der Fischerei. Im Gegensatz zu Wes Craven, der erst als Erwachsener seine Freude am Film entdeckte und als ehemaliger Literaturdozent einen recht elitären, literarischen Anspruch ans Filmemachen stellte, ist Kevin Williamson bereits von Kindesbeinen an ein Fan von Kino und Fernsehen. Da seine Eltern stets viel arbeiteten, und sich ihr Hotel ein wenig außerhalb der Stadt befand, hatte er als Kind genügend Zeit, auch heimlich anzuschauen, was das Fernsehen zu bieten hatte. Ohne Zweifel: Er war ein TV-Junkie.

Dabei strahlten schon auf den gerade heranwachsenden Kevin Williamson Horrorfilme eine magische Wirkung aus. Es waren die großen Klassiker der 30er Jahre und die Invasionsfilme der 50er Jahre, mit denen er im Fernsehen aufwuchs. Vor allem die Filme der 50er Jahre hatten es ihm angetan. Besonders Jack Arnolds Filme wie etwa DER SCHRECKEN DES AMAZONAS (THE CREATURE FROM THE BLACK LAGOON, USA 1953) gefielen ihm. 1976, als er gerade einmal elf Jahre alt war, nahmen ihn seine Eltern mit in einen Film, der alle Rekorde brach. Erzählt wurde die Geschichte eines riesigen Hais, der die Gewässer eines Badeortes unsicher macht. Der Film hieß DER WEISSE HAI (JAWS, USA 1976), sein Regisseur war ein weitgehend unbekannter Mann von gerade einmal 28 Jahren namens Steven Spielberg. Für viele Filmfreaks seines Alters stellte einige Jahre später UNHEIMLICHE BEGEGNUNG DER DRITTEN ART (CLOSE ENCOUNTERS OF THE THRID KIND, USA 1978) die Spielberg-Offenbarung dar. Für Williamson jedoch eröffnete DER WEISSE HAI eine neue Dimension. Für einen Elfjährigen war der Film ein Ereignis. Vor allem seine Spezialeffekte, seinerzeit das Beste, was Hollywood zu bieten hatte, ließen Williamson im Kino vor Staunen erzittern. Doch der Elfjährige erkannte in dem Film mehr. Er hatte bereits viele Erfahrungen mit dem Fernsehen sammeln können. Und im Gegensatz zu anderen Kindern war er mehr als nur ein Konsument. Er besaß vielmehr die Fähigkeit, vollkommen in einen Film einzutauchen und ihn aus der Sicht der Mitwirkenden zu betrachten. Genau so schnell aber konnte er sich auch wieder aus diesen fantastischen Welten hinaus in die Realität bewegen und genau analysieren, was er dort gesehen hatte. Bereits als Kind begann er, bestimmte Filmmuster zu entwerfen und eigene Geschichten zu schreiben, die sich jedoch stets in den Mustern der vorgegebenen Spannungsraster bewegten. DER WEISSE HAI war, das stand für den Jungen aus Texas fest, von einem Regisseur gemacht worden, der wie er seine Kindheit offenbar vor dem Fernseher und im Kino verbrachte hatte. Es war ein Kino der Zitate. Spielberg hatte in dem Sinne nichts Neues erschaffen. In DER WEISSE HAI fanden sich en masse Anleihen an die Monsterfilme der 50er Jahre. In einigen Punkten aber hatte er die Genreregeln verändert. Da war zum Beispiel die Zweiteilung des Films in einen Teil, der an Land spielt und einen Teil, der ausschließlich an Bord eines kleines Schiffes stattfindet. Das hatte es in dieser Form noch nicht gegeben..

»Ich wurde ein Spielberg-Fanatiker«, gibt Williamson in einem selbstgeschriebenen Aufsatz über seine Person offen zu. In seinem Zimmer hingen fortan Poster zu allen Spielberg-Filmen (wie 21 Jahre später im Zimmer von Dawson Leery, der Hauptfigur von Williamsons TV-Serie DAWSON'S CREEK). Spielbergs Film erreichte aber noch viel mehr bei Williamson. Hatte er sich bislang Filme vor allem aus Langeweile angeguckt oder weil er keine Lust hatte, ein Buch zu lesen, so wurde er nach der Erfahrung mit DER WEISSE HAI zu einem richtigen Cineasten, der Filme über alles liebt. Für ihn stand nun fest, dass er eines Tages selbst Filme machen würde. Dabei standen Horrorfilme ganz weit oben auf seiner Liste.

Die erste Liebe seines Lebens außerhalb der Leinwand war ein rothaariges Mädchen namens Shelley. Sie wohnte im nächsten Haus und die beiden kannten sich, seit Kevin nach Texas gekommen war (auch zu dieser Liebesgeschichte sollte sich rund 20 Jahre später eine Parallele in der Serie DAWSON'S CREEK finden). Als sie im Oktober 1978 13 Jahre alt wurde, luden ihre Eltern sie und einige ihrer Freunde ins Kino ein. Da Kevin den Ruf besaß, ein großer Filmfreund zu sein, erlaubten sie es ihm, den Film auszusuchen. Aus ihrer

Sicht entpuppte sich dies als ein Fehler, da sie selbst alles andere als Horrorfans waren und glaubten, Horrorfilme würden auf die Psyche von Kindern keinen allzu gesunden Einfluss ausüben. Da sie den Kindern jedoch versprochen hatten, sich den Film anzuschauen, den Kevin aussuchen würde, konnten sie nur schwer absagen, als dieser auf das Plakat des neuen John-Carpenter-Films HALLOWEEN deutete. Kevin war auf den an sich kleinen Film aufmerksam geworden, weil er einige hervorragende Kritiken bekommen hatte. Unter anderem hieß es darin, es sei der gruseligste Film seit PSYCHO (PSYCHO, USA 1960), einem Film, der Kevin wirklich Angst gemacht hatte.

Der Geburtstag war Kevins Chance, HALLOWEEN sehen zu können. Im Gegensatz zu Deutschland, wo die FSK exakt regelt, ab welchem Alter welche Filme gesehen werden dürfen, gibt es in den USA eine Ausnahme: Sogenannte R-rated-Filme. R-Rated sind Filme mit Sex, Gewalt oder derben Sprüchen. Aber: In Begleitung von Erwachsenen dürfen sich

Jamie Lee Curtis, die ungekrönte Scream-Queen der späten 70er und frühen 80er Jahre, in HALLOWEEN, dem Film, der Kevin Williamson bis zum heutigen Tage stark beeinflusst hat.

Jugendliche diese Filme anschauen. Ein solcher Film war HALLOWEEN. Williamson: »Dieser Film hat mein Leben verändert.«
Kino, erklärt er heute, war für ihn bereits 1978 zu einer Obsession geworden. HALLOWEEN aber gelang es, diese Besessenheit noch einmal zu erhöhen: »Der Film ängstigte mich weit über das hinaus, was ich zuvor jemals beim Anschauen eines Films erlebt hatte« Es war ihm direkt peinlich, doch jedes Mal, wenn Michael Myers auf der Leinwand zu sehen war, griff er nach der Hand von – Shelleys Mutter. Er wurde kreidebleich, er zuckte jedes Mal zusammen, wenn Michael Myers sich ein neues Opfer suchte, er vergaß regelrecht zu atmen.
Was für ein Film!
Nach dem Kinobesuch konnte er sich vor Begeisterung kaum zusammenreißen. Er wollte den Film gleich noch einmal sehen. Doch er fand jetzt keinen Erwachsenen, der sich den Film mit ihm angesehen hätte. Wie er selbst sagt, hat er daraufhin das einzige Mal in seinem Leben das Gesetz brechen müssen. Doch es ging um Dinge, die für den 13-jährigen Jungen höher standen als das Gesetz. Und das waren John Carpenter und sein Film. Mochte er auch ein Spielberg-Fanatiker gewesen sein: Dieser Film war für ihn besser als alles, was Spielberg jemals inszeniert hatte. So ging er, so oft dies möglich war, ins Kino. Er kaufte sich eine Karte für irgendeinen Film, den er sich offiziell anschauen durfte, um sich dann, sobald es dunkel wurde, aus dem Saal in das Kino nebenan zu schleichen, wo HALLOWEEN gezeigt wurde. Wie oft er dieses Spielchen gemacht hat, weiß er heute nicht mehr. Aber es können durchaus 20 Mal gewesen sein. Am Ende sprach er die Dialoge mit, kannte jede Einstellung, hatte die Funktion eines jeden Schockeffektes entschlüsselt und wusste, dass dies genau die Art von Kino war, mit der er eines Tages das Publikum begeistern wollte. Doch bis dahin war es ein weiter Weg.

Lehrjahre

Über die Jahre seiner High-School-Zeit gibt es wenig zu berichten. Kevin Williamson erzählt ungern über diese Jahre. Obwohl er den Ruf hatte, ein Spinner zu sein, dessen Welt ausschließlich im Kino existierte, so respektierte man ihn doch. Im Gegensatz zu anderen Freaks seiner Art war er ein guter Sportler, was ihm Ansehen auch bei denen einbrachte, die Jungs wie ihn, die nicht wegen der Knutscherei ins Autokino fuhren, sondern sich tatsächlich den Film anschauen wollten, normalerweise mit Missachtung straften. Dennoch besaß er außerhalb seines Freundeskreises den Ruf, ein Sonderling zu sein. Seine schulischen Leistungen selbst schwankten. In einigen Fächern wie in Englisch war er mal sehr gut, mal sehr schlecht. Eines Tages schrieb er einen Aufsatz, in den er sein ganzes Herzblut gesteckt hatte. Als er den Aufsatz zurückbekam, sagte ihm der Lehrer, dies sei eine der mit Abstand schlechtesten Arbeiten, die er jemals habe korrigieren müssen. Es war eine Horrorgeschichte. Statt es bei dieser Beurteilung zu belassen, ging dieser Lehrer jedoch noch einen Schritt weiter. Er hatte erfahren, dass Kevin Williamson in seiner Freizeit Drehbücher schrieb und mit Freunden zusammen versuchte, kleine Filme zu drehen. Der Rat des Lehrers: Kevin sollte seine Freizeit nicht mit Dingen wie diesen verschwenden, denn dieser Aufsatz zeige, dass er absolut kein Talent zum Schreiben besitzen würde.
Es ist müßig zu erwähnen, dass seine Figur Dawson Leery in DAWSON'S CREEK Jahre später gleiches von einer Lehrerin zu hören bekam!
Für Kevin Williamson war dies eines der frustrierendsten Erlebnisse seiner Jugend, vor allem, weil die Lehrer an seiner Schule einen gewissen Respekt genossen und er als Kleinstadtjunge daran gewöhnt war, auf Autoritäten zu hören.
Dennoch ließ ihn diese Geschichte nicht los. Und zum ersten Mal in seinem Leben begann er, Autoritäten ernsthaft zu hinterfragen. All seine Freunde – ja sogar die Jungs, die ihn nicht mochten – hatten ihm bestätigt, dass er etwas konnte. Freunde mögen dazu neigen, Dinge oft zu beschö-

nigen, um einander nicht zu verletzen. Welchen Grund aber mochten jene haben, die ihn für einen Sonderling hielten und sich dennoch positiv zu seinen Ideen und Drehbüchern äußerten? Dies alles konnte nicht alleine damit zu erklären sein, dass ihnen die Erfahrung fehlte, Gutes von Schlechtem unterscheiden zu können. Sie kamen aus den unterschiedlichsten Familien, hatten in ihrem Leben die unterschiedlichsten Dinge erlebt und verfügten somit über die unterschiedlichsten Erfahrungshorizonte.

Konnte es sein, dass sich der Lehrer irrte?

Es dauerte lange Zeit, Monate, bis Kevin Williamson klar wurde, dass ihn sein Lehrer ganz einfach nicht mochte. Es war für den Jungen aus der Kleinstadt, in der die Menschen ehrlich miteinander umgingen, undenkbar, dass ein erwachsener Mann einen Jugendlichen, der ihm nie etwas getan hatte, um seine Zukunft bringen wollte. Doch genau dies war geschehen. Der Lehrer hatte ganz genau das Potenzial von Kevin Williamsons Geschichte erkannt, und dem Jungen eben darum erklärt, dass seine Geschichte leider vollkommen daneben gegangen war. Langsam wurde Kevin Williamson klar, dass es die Eifersucht war, die aus diesem Lehrer sprach. Vielleicht war er selbst an hochgesteckten Zielen gescheitert? Vielleicht war er unglücklich darüber, in einer kleinen Stadt als High-School-Lehrer gelandet zu sein. Vielleicht hatte er sich selbst vergeblich als Autor versucht? Eine Antwort auf all diese Fragen hat Kevin Williamson niemals erhalten. Doch nach Monaten der Frustration erlangte er sein Selbstvertrauen zurück. Er hatte keinen Zweifel mehr daran, dass das, was er geschrieben hatte, gut war. Und er entwickelte eine Wut auf seinen Lehrer. Was der getan hatte, das war verwerflich. Der Lehrer hatte seine Frustration, sein eigenes Versagen, auf einen Schüler übertragen. Von diesem Moment an betrachtete Williamson die Welt der Erwachsenen, der er schon bald selbst angehören sollte, mit anderen, kritischen Augen.

Diese Episode aus Williamsons Leben ist wichtig, denn sie erklärt, warum er sich in seinen Filmen fast ausschließlich mit dem Erwachsenwerden beschäftigt. Dabei idealisiert er die Jugendzeit nicht. Stets bemüht er sich um eine halbwegs

realistische Darstellung des amerikanischen Kleinstadtlebens. Und genau damit ist es ihm gelungen, die Massen in die Kinos zu locken.
Nicht nur die Geschichte mit seinem Lehrer hat sein Verhältnis zur Erwachsenenwelt verändert. Da war noch etwas, das er nicht erklären konnte. Etwas, das ihn anders machte als seine Freunde. Etwas, das man in der texanischen Kleinstadt als verwerflich ansah. Kevin Williamson war homosexuell. Er wurde sich dessen bereits als Teenager bewusst. Doch er verdrängte es. Er wollte nicht schwul sein. Er wollte sein wie die anderen. Außerdem hatte er einen sehr guten Draht zu Mädchen. Er war bei ihnen beliebt, da er ein guter Zuhörer war. In seiner Jugend hat Kevin Williamson also erlebt, wie es einem Menschen ergeht, der nicht zu seinen Neigungen stehen darf, weil er in einer Gesellschaft lebt, in der nicht sein kann, was nicht sein darf. Seine tatsächlichen Neigungen verdrängte er derart, dass nicht einmal seine Freunde wussten, dass er homosexuell war. Erst 1999 hat sich Kevin Williamson endgültig geoutet. Er musste 34 Jahren alt werden, um offen zu sagen: »Ich bin schwul.«
Davon war er Anfang der 80er Jahre jedoch noch weit entfernt. So ist es kein Wunder, dass er sich am wohlsten an dem Ort fühlte, an dem ihn niemand nach seinen Neigungen, Meinungen oder sonstigen Dingen fragte: im Kino. Da verwundert es nicht, dass er sich schließlich entschloss, aus seiner Obsession einen Beruf zu machen. Er wurde Schauspieler.

Der Schauspieler in Kurzform

Kevin Williamson spielte im Texas Theater und betätigte sich auch als Dramaturg. Er studierte am East Carolina College Theater und Film und hoffte darauf, eines Tages von seiner Kunst leben zu können. Da er zu den talentiertesten Schauspieleleven des Colleges gehörte, bestärkten ihn seine Dozenten in dem Wunsch, nach New York zu gehen, wo das amerikanische Theater seine Heimat hat. Zwar war Kevin Williamson ein Filmfanatiker, aber er dachte sich, New York

wäre der richtige Ort, um das Handwerk des Schauspielers zu erlernen.
Dieser Entschluss endete in einem Fiasko. Er ging von einem Vorsprech-Termin zum anderen und landete doch stets wieder auf der Straße. Er bekam einige Mini-Rollen in Theaterstücken, die nach kurzer Zeit wieder abgesetzt wurden. Er inszenierte an Mini-Bühnen kleine Stücke. Und fiel auch damit auf die Nase. Schließlich arbeitete er als Regie-Assistent bei Produktionen von Musik-Videos. Dort bestand ein großer Teil seiner Arbeit darin, als Fußabtreter der Regisseure zu dienen, wenn diese wieder einmal Wut auf talentlose Musiker hatten. Auch wenn es kein guter Job war, er verdiente damit immerhin zeitweise seine Miete. Alles in allem könnte man seine Zeit in New York als ein Debakel bezeichnen. Meist war er pleite, Jobs waren Mangelware. Seinen einzigen, halbwegs ernsthaften Schauspielerjob bekam er schließlich in der Seifenoper ANOTHER WORLD (USA seit 1964), in der er in der Rolle des gutaussehenden Dougie zu sehen war. Mit seinem Proletarier-Charme (ein etwas derbes, durchaus männliches Gesicht, eine recht sehnige Figur), war er für einige Episoden und ein Liebesabenteuer gut – aber ebenso schnell, wie er in der Serie erschien, verschwand er auch wieder vom Bildschirm. In dem Film DIRTY MONEY (USA 1994) war er schließlich in einer namenlosen Rolle zu sehen. Im Nachspann wird er als ›betrunkener Amerikaner‹ geführt.
1994 war dann ein Jahr der Entscheidung. Kevin Williamson, der inzwischen in Los Angeles lebte und gerade ein Studium des Drehbuchschreibens an der UCLA abgeschlossen hatte, wurde endgültig klar, dass er als Schauspieler ein Flop war. Aus Frust schrieb er im März des Jahres das Drehbuch zu TÖTET MRS. TINGLE a.k.a. RETTET MRS. TINGLE (TEACHING MRS. TINGLE a.k.a. KILLING MRS. TINGLE, USA 1999). Es basierte auf seinen Erfahrungen an der High-School und stellte eine boshafte Lehrerin in den Mittelpunkt der Geschichte, die sich aufgrund ihrer unbarmherzigen Strenge und Boshaftigkeit einen Dreck um die Zukunft ihrer Schüler kümmert.
Williamson gab das Skript einem Freund zum Lesen. Der

TÖTET MRS. TINGLE sollte Kevin Williamsons Regiedebüt werden. Geschrieben hat er den Film jedoch bereits vor SCREAM!

kam zwar nicht aus dem Metier, hatte aber seinerseits einen Freund, der als Literatur-Agent tätig war und ihm noch einen Gefallen schuldete. Der Gefallen bestand nun darin, Williamsons Drehbuch zu lesen. Er tat dies und sendete es daraufhin wiederum einem Drehbuch-Lektor zu – und bevor Williamson überhaupt verstand, was geschehen war, war das Buch verkauft.

Williamson, in geschäftlichen Angelegenheiten noch etwas blauäugig, dachte nun, er hätte es geschafft. Das Drehbuch war verkauft, es war nur noch eine Frage der Zeit, bis die erste Klappe fiel. Doch damit lag er vollkommen falsch. Das Drehbuch hatte zwar einen Käufer gefunden, verfilmen wollte er aber niemand. Das Geld, das er für das Drehbuch bekommen hatte, war schnell aufgebraucht. Weiteres Geld gab es nur im Falle einer Verfilmung. An eine solche war

jedoch so bald nicht zu denken. Ohne Geld und arbeitslos – bekam er ernsthafte Probleme. Sein Freund Gil, dem er bereits den Verkauf des Drehbuches verdankte, half ihm finanziell zwar aus der Misere, doch Williamson war es peinlich, bei ihm mit mehreren tausend Dollar in der Kreide zu stehen. Er war an einem Punkt angekommen, an dem er alles getan hätte, nur um seine Schulden zurückzuzahlen.
Sein Freund gab sich jedoch mit kleineren Gefälligkeiten zufrieden, wozu unter anderem gehörte, dass er auf dessen Haus aufpasste und nach dem Rechten schaute, wenn dieser sich auf Geschäftsreise befand. Eines Abends saß Williamson wieder mal in dessen Haus, als er den Lärm eines klappernden Fensters hörte.

SCREAM

Williamson, der sich gerade eine Dokumentation über einen Mord an Teenagern angeschaut hatte, erschrak. Er ging zum Fenster in der Küche und sah, dass dieses offen stand. Dies konnte nicht sein. Er hatte es geschlossen! Mit einem langen Fleischermesser bewaffnet, schlich er durch das Haus auf der Suche nach einem Eindringling. Nun hat Kevin Williamson niemals behauptet, zu den mutigsten Männern auf Erden zu gehören. Obwohl er niemanden fand, steckte ihm ein gewaltiger Schrecken in den Gliedern. Um sich von dem Vorfall zu erholen, rief er einen Freund an. Sie kamen über diese Morde in Gainsville ins Reden, worüber er zuvor eine Dokumentation gesehen hatte. David, der Freund, der sich am anderen Ende der Leitung befand, fand es lustig, dass sich Williamson derart über eine Kleinigkeit wie ein Fenster, das nicht richtig geschlossen war, aufregen konnte. Irgendwann kamen sie natürlich auch auf Filme zu sprechen, ständig fielen Sprüche wie: »Freddy steht hinter dir« oder: »Vielleicht sucht sich Michael Myers ja gerade ein neues Opfer.« Irgendwann waren sie schließlich an einem Punkt angelangt, an dem alle Filme ineinander übergingen. Da machte es in Williamsons Gehirn »klick«!
In seinem Kopf befand sich schon SCARY MOVIE, so der

Ursprungstitel von SCREAM. Er sah die Geschichte eindeutig vor seinen Augen. Er erzählte Freunden von ihr und marterte dabei sein Gehirn, wie er aus dieser Idee ein Drehbuch schreiben konnte. Doch was er auch tat, sobald er die Geschichte zu Papier bringen wollte, versagte er. Also griff er zu einem radikalen Mittel. Er fuhr nach Palm Springs, wo er sich bei strahlendem Sonnenschein ein Wochenende lang in einem Motel einquartierte, sich von Cola und Pizza ernährte und drei Tage lang nichts anderes tat, als mit seinen Fingern die Tasten seines Computers zu malträtieren. Dann war das Drehbuch fertig.

Williamson streitet heute gar nicht ab, dass er in der Zeit zwischen Verkauf und Verfilmung noch einiges in seinem Drehbuch verändert hat. Das Drehbuch aber, so wie er es verkauft hat, war exakt das, welches er in Palm Springs geschrieben hatte. Dies stellte das Fundament dar. Und er war nicht bereit, die Grundidee anzutasten.

Nun gibt es in Hollywood Spielregeln. Dazu gehört, dass kein Autor einfach einem Produzenten ein Drehbuch schicken kann. Die Chancen, dass dieser es wirklich liest, stehen etwa bei 1 : 14 Millionen (also der Wahrscheinlichkeit, im Lotto zu gewinnen). Ohne Agent läuft gar nichts. Williamson gab das Script also seinem Agenten, befürchtete aber, dass dieser es nur halbherzig betreuen würde. Williamson war nur einer von vielen Klienten. Und obendrein alles andere als ein erfolgreicher. Zu seiner Überraschung war sein Agent von dem Buch äußerst angetan und vereinbarte einen Termin bei New Line Cinema, dem Studio, das einst NIGHTMARE – MÖRDERISCHE TRÄUME produziert hatte. Wenn es ein Studio gab, das an einem Skript dieser Art Interesse zeigen würde, dann New Line.

Dieser Schuss ging jedoch in den Ofen. New Line erklärte lapidar, dass sich kein seriöses Studio zur Zeit mit Horrorfilmen auseinandersetzen würde. Trotz der Stärken des Skriptes handelte es sich schließlich nur um einen weiteren Slasherfilm, mit dem sie sich vielleicht einmal an einen Videoproduzenten wenden sollten.

Williamson war enttäuscht. Da geschah das Wunder. Eine Bekannte von ihm, die Kontakte zu einigen Produktionsbüros hatte, bekam das Drehbuch zu lesen. Aufgrund ihrer Tätigkeit kannte sie ein paar Leute und umging einfach den üblichen Weg über den Agenten, indem sie ein paar Kollegen anrief, die ihr noch einen Gefallen schuldeten (was in den USA offenbar ein beliebtes Mittel ist, um eine Karriere anzukurbeln). So landete das Drehbuch auf den Schreibtischen einiger Lektoren – und es dauerte nur wenige Tage, bis ein ›Krieg‹ um sein Drehbuch begann. Als sich zwei Studios tatsächlich begannen für sein Drehbuch zu interessieren, lancierte die Bekannte das Gerücht, ein Vertragsabschluss stünde kurz bevor, wobei sie noch hinzufügte, dass das Buch ein echter Hit sei. Unglaublich, aber wahr: An einem Tag erhielt Williamson Angebote von Oliver Stone, der Filmproduktion Morgan Creek, Paramount sowie Miramax. Am Ende dieses Tages kam es zwischen ihm und Bob Weinstein, dem Chef von Miramax, zum Vertragsabschluss. Williamson war von all dem Geld, das ihm plötzlich geboten wurde, geblendet. Er brauchte nur eine Unterschrift zu leisten – und all seine finanziellen Probleme waren vom Tisch. Die Angebote bewegten sich allesamt in sechsstelliger Höhe. Dennoch nahm Williamson das finanziell vielleicht schlechteste Angebot an. Er hatte sich mit seiner Anwältin Patti Felker besprochen. Und diese hatte ihn auf einen Sachverhalt aufmerksam gemacht, der im ersten Moment an ihm vorbeigegangen war. Die Verhandlungen mit den Studios und Produktionsfirmen waren allesamt über angestellte Redakteure gelaufen, Leute, die dafür bezahlt werden, gute Drehbücher ausfindig zu machen. Auch Oliver Stone hatte sich nicht persönlich bei ihm gemeldet. Nur Bob Weinstein war eine Ausnahme. Er war und ist der Chef des Miramax-Studios, einer autonomen Tochter des Disney-Konzerns. In seiner Eigenschaft als Präsident des Unternehmens hatte er kurz zuvor eine Filmfirma namens Dimension Films gegründet, mit der er – für Hollywoods Verhältnisse – günstige Filme produzieren wollte, die im etablierten Studiosystem zur Zeit keine Chance hatten. Dazu gehörten 1995 Horrorfilme. Hinzu kam die Tatsache, dass Weinstein das Buch persönlich mochte. Weinstein ist ein knallharter Geschäftsmann. Er ist jedoch auch dafür bekannt, ein Filmfanatiker zu sein.

Wenn, so die Anwältin, dieser Mann sagt, er liebe ein Drehbuch, dann ist das für ihn keine Floskel. Wollte Williamson also verhindern, dass SCRAY MOVIE, wie zuvor schon TOTET MRS. TINGLE, in den verstaubten Drehbuch-Archiven eines Filmstudios vergammelte, dann gab es nur ein Angebot, dem er zustimmen konnte: dem von Weinstein.

Williamson glaubte, er befände sich auf einer Wolke, als er, der Autor, eingeladen wurde, um über Feinheiten am Skript zu reden. Tatsächlich hatte er befürchtet, dass das Skript nach dem Kauf vollständig in den Besitz des Studios übergehen würde und dieses mit ihm machen würde, was es wollte. Dies war aber nicht der Fall. Weinstein hatte erkannt, dass die Geschichte im Endeffekt nur ein Autor richtig erzählen konnte – nämlich der Mann, der sie geschrieben hatte. Die Planungen gingen recht fix über die Bühne. Und mit seinen Beziehungen konnte Weinstein schon bald Drew Barrymore für das Projekt begeistern. Da es eine Geschichte über Teenager war, wollte das Studio ursprünglich einen jungen Regisseur und schlug Robert Rodriguez vor, der von dem Projekt tatsächlich angetan war. Williamson und Rodriguez verstanden sich zwar gut (und so arbeiteten sie zwei Jahre später zusammen an dem Film FACULTY [THE FACULTY, USA 1998]), doch allen Beteiligten wurde schnell klar, dass er nicht der richtige Mann war. So fiel die Wahl auf Craven, der aufgrund seines Alters alles andere als die Idealbesetzung zu sein schien. Doch er war der Regisseur von NIGHTMARE – MÖRDERISCHE TRÄUME. Wer konnte da schon eine bessere Visitenkarte auf den Tisch legen?

Bei seinem ersten Treffen mit Craven kam sich Williamson wie ein Fan vor, der in einem Preisausschreiben ein Treffen mit seinem Star gewonnen hat. Auch wenn Craven zu Beginn gar kein großes Interesse an dem Drehbuch hatte (siehe dazu das Biografie-Kapitel über Wes Craven), merkte Williamson, dass Craven die Intentionen des Buches erkannte. Craven gehörte schließlich nicht nur zu den Leuten, die die Regeln der Slasher-Filme auswendig kannten. Mit DAS LETZTE HAUS LINKS und NIGHTMARE – MÖRDERISCHE TRÄUME hatte er dieses Regelwerk auch selbst mitgestaltet. Williamson war von der Ruhe, mit der Craven an die Geschichte heranging, fasziniert. Craven kannte das Skript sehr schnell auswendig und bat um einige kleine Änderungen in der Dramaturgie. Dabei fühlte sich Williamson wie ein Schüler, dem der Lehrer erklärte, wie man in einer Struktur Fehler vermeiden kann. Williamson lernte sehr schnell, dass ein großer Unterschied darin bestand, über Filme in der Theorie zu sprechen oder sie selbst zu schreiben. Mit der Erfahrung, die Craven in das Skript einbringen konnte, gelang es Williamson einige Hänger zu beseitigen und einige Dinge weniger verspielt zu betrachten. Harvey Weinstein, der Bruder des Miramax-Bosses und selbst Mitglied des Vorstandes, brachte irgendwann den Titel SCREAM ins Spiel. SCARY MOVIE klang ihm zu sehr nach einer Komödie. Keine Frage: Das Drehbuch war witzig. Es war aber auch eine Slasher-Story. Harvey Weinstein hatte Angst vor falschen Assoziationen, was sich negativ auf den Film auswirken konnte. Seine Erfahrung hatte allerdings gezeigt, dass ein Film mit einem eher ernsten Titel, der sich im Nachhinein auch als witzig entpuppte, eine gute Mund-zu-Mund-Propaganda erwarten durfte. Williamson hatte keine Einwände (selbst wenn – die Produzenten hätten mit seinem Skript tun können, was sie wollten).

Als schließlich die Vorproduktion abgeschlossen war und Craven tatsächlich begann, den Film zu drehen, war Williamsons Job erledigt. Er konnte es kaum fassen. Sein Skript wurde von Wes Craven verfilmt.

Er kaufte sich ein Haus, heuerte und feuerte neue Agenten (mit denen er bis heute auf Kriegsfuß steht), und begann sich nach neuen Jobs umzusehen. Als sich herumsprach, was für einen Film Miramax von Wes Craven drehen ließ, wurden einige Studios hellhörig. Für den unwahrscheinlichen Fall, dass dieser Film tatsächlich ein Erfolg werden sollte, bestand die Chance, auf einen Zug aufzuspringen und schnell ein paar Dollar zu verdienen. Mit einem 100-Millionen-Dollar-Hit hat jedoch nicht einmal der optimistische Marktanalytiker zu diesem Zeitpunkt rechnen können. So erhielt Williamson von Columbia Pictures den Auftrag, ein Drehbuch nach einer Geschichte von Lois Duncan zu schreiben. Interessanterweise handelte es sich dabei um eine vollkommen ernsthafte Slasher-Story ohne humoristische Elemente.

Mit dem Sensationserfolg von SCREAM entwickelte sich Kevin Williamson über Nacht zu einem der heißesten Autoren Hollywoods. Daher kann man davon ausgehen, dass bei der Columbia das Engagement Williamsons gefeiert wurde. SCREAM hatte nicht nur ein paar Dollar eingespielt. Der Film entwickelte sich zu dem Sensationshit des Jahres 1996. Und sie, die Columbia, hatte den verantwortlichen Autor.

Den Originaltitel des Columbia-Films, I KNOW WHAT YOU DID LAST SUMMER, entlieh Williamson dem Film I SAW WHAT YOU DID (deutsch: ES GESCHAH UM 8 UHR 30, USA 1964). Das war es dann auch schon mit Filmzitaten. Wo er in SCREAM so ziemlich jeden Horrorfilm, den er persönlich liebte, mit einer Hommage bedacht hat, handelt es sich bei ICH WEISS WAS DU LETZTEN SOMMER GETAN HAST

Der Zeitschrift Femme Fatales mag ICH WEISS NOCH IMMER WAS DU LETZTEN SOMMER GETAN HAST eine Titelgeschichte wert gewesen sein. Doch über Geschmack lässt sich bekanntlich (nicht) streiten ...

(I KNOW WHAT YOU DID LAST SUMMER; USA 1997) um eine ernsthafte Geschichte über den Verlust der Unschuld und der Jugend.

Im Mittelpunkt der Geschichte stehen vier Jugendliche: Julie James (Jennifer Love Hewitt), Helen Shivers (Sarah Michelle Gellar), Barry Cox (Ryan Phillippe) und Ray Bronson (Freddie Prinze Jr.). Die Story beginnt am 4. Juli, dem amerikanischen Nationalfeiertag. Für die vier bedeutet der Tag auch einen neuen Anfang. Die Schulzeit ist für sie beendet, ein neues Leben beginnt. Es ist der letzte Abend, den sie als Freunde zusammen verbringen. Jeder hat Träume. Julie will studieren, Helen will nach New York und ein Model werden. An diesem Abend gibt sich Julie schließlich Ray hin, den sie liebt. Doch die Träume der vier jungen Leute zerplatzen, als sie an diesem Abend auf dem Heimweg einen Unfall verursachen, bei dem ein Mann zu Tode kommt. Niemand hat den Unfall gesehen. In Panik lassen sie die Leiche verschwinden. Doch als sie den Mann im Meer versenken wollen, erwacht er plötzlich. Barry verpasst ihm einen Schlag. Und wird zum Mörder.

Ein Jahr später. Ihre Freundschaft hat die Geschehnisse des 4. Juli nicht überstanden. Julie studiert in einer fremden Stadt. Da erhält sie einen Brief mit der kurzen Mitteilung: »Ich weiß, was du letzten Sommer getan hast!« Glaubt sie zuerst an einen makabren Scherz ihrer ehemaligen Freunde, vermutet sie nach ihrer Rückkehr in die Heimat, dass es damals einen Zeugen gegeben hat. Einen Zeugen, der alle, die in diese Geschichte in irgendeiner Form verwickelt sind, ermordet.

Der schottische Regisseur Jim Gillespie hat einen ungemein rasanten Spielfilm inszeniert, ohne die Hintergrundgeschichte aus den Augen zu verlieren, das Ende der Träume. Als Julie nach Hause zurückkehrt, stellt sie fest, dass Helen keine Model-Karriere angegangen ist, sondern in einer Boutique arbeitet, wo sie sich von ihrer Schwester, die stets auf ihre Schönheit eifersüchtig war, ärgern lassen muss. Barry lebt vom Geld seiner Eltern, ziellos, ohne Träume. Lediglich Ray, der als Fischer arbeitet, scheint die Geschehnisse des 4. Julis in irgendeiner Form verkraftet zu haben. Daher gilt er lange Zeit als Hauptverdächtiger.

Dabei kommt der Mörder von außen. Es ist der vermeintlich tote Mann, der Barrys Angriff überlebt hat. Ohne es zu wissen, haben die vier in der Nacht vom 4. Juli ihrerseits einen Mörder überfahren. Einen Mann, der den Unfalltod seines Sohnes gerächt hat, indem er den Unfall-Verursacher ermordete. So bleibt am Ende eine Geschichte, in der alle ihre Unschuld verloren haben und in der es doch keine Schuldigen gibt.

Zu Williamsons Ehrenrettung sei erwähnt, dass er nichts zu tun hat mit der grottenschlechten Fortsetzung ICH WEISS NOCH IMMER WAS DU LETZTEN SOMMER GETAN HAST (I STILL KNOW WHAT YOU DID LAST SUMMER, USA 1999), in der die Überlebenden des ersten Teils, Julie und Ray, ein zweites Mal gegen den Killer, der einen Enterhaken trägt, antreten müssen.

DAWSON'S CREEK

Vor einigen Jahren ging in den USA der Sender WB Network auf Sendung. Der Sender aus dem Hause Warner Bros. wurde anfangs viel belächelt. Er besaß kein eigenes Sendernetz und war (und ist) daher auf die Zusammenarbeit mit lokalen Stationen angewiesen. Der Sender manövrierte sich schnell in tiefrote Zahlen. Schlechte Konzepte, Billigserien: So ließen sich keine Zuschauer gewinnen. Doch dann geschah ein Wunder. Ein neuer Programmchef kam – und alles wurde gut. Dieser Programmchef gab unter anderem BUFFY – IM BANN DER DÄMONEN (BUFFY – THE VAMPIRE SLAYER, USA seit 1997) grünes Licht, einer Serie, der es de facto im Alleingang gelang, vor allem junge Zuschauer auf den Sender aufmerksam zu machen. Jene Zuschauer also, die bislang dem Sender FOX die Treue gehalten hatten (siehe hierzu auch die Biografie über Neve Campbell und PARTY OF FIVE). Als Williamson bei WB nun mit seinem Konzept zu DAWSON'S CREEK anklingelte, traf er auf offene Ohren. Der Mann, der mit SCREAM und ICH WEISS WAS DU LETZTEN SOMMER GETAN HAST für zwei Megahits verantwortlich zeichnete, wollte eine Serie machen? Immer hereinspaziert!

Williamson war bei seinen beiden Filmen darauf bedacht, dass sie spannungstechnisch auf höchstem Niveau angesiedelt waren. Er legte aber auch Wert auf gute, unterschwellige Geschichten. Vor allem den Aspekt des Erwachsenwerdens hat er in beiden Filmen sehr betont, einer Zeit voller Widersprüchlichkeiten, voller Unsicherheiten, deren zwei Hauptfragen lauten: Wer bin ich in dieser Gesellschaft? Wo stehe ich in ihr?

In SCREAM ging es ihm vor allem um das Spiel mit den Genrekonventionen, daher konnte er diesen Aspekt nur am Rande ansprechen, wollte er die Geschichte nicht überlasten. In ICH WEISS ... sah dies schon etwas anders aus. Nun aber hatte er sich entschlossen, eine ganze Fernsehserie über dieses Thema zu machen: DAWSON'S CREEK.

Die Grundgeschichte der Serie ist eigentlich schnell erzählt. Im Mittelpunkt steht Dawson Leery (James Van Der Beek). Er träumt davon, eines Tages der neue Spielberg zu werden. Sein Zimmer gleicht einem Spielberg-Museum (kommt das jemanden bekannt vor?). Er lebt bei seinen Eltern etwas außerhalb der Stadt. Seine beste Freundin ist Joey Potter (Katie Holmes). Sie hat es in der kleinbürgerlichen Gemeinde schwer. Ihre Mutter ist an Krebs gestorben, ihr Vater sitzt wegen eines Drogenvergehens im Gefängnis. So wird sie von ihrer älteren Schwester Bessie (Nina Repeta) erzogen, die ein kleines Café führt. Doch auch die hat es nicht leicht, denn sie ist mit einem Farbigen verheiratet und hat mit ihm ein Kind. Eigentlich liebt Dawson Joey, aber sie ist auch sein bester Kumpel, was immer wieder zu Gefühlsverirrungen führt. Vor allem, als Jen (Michelle Williams) in sein Leben tritt. Das Mädchen aus New York lebt bei ihrer Großmutter. Über ihre Vergangenheit ist wenig bekannt, nur soviel, dass sie auf die schiefe Bahn geraten ist und von ihren Eltern deshalb aufs Land geschickt wurde. Und dann gibt es noch Pacey (Joshua Jackson), der jüngere Sohn des Sheriffs. Ein Versager, wie sein Vater ihn nennt. Im Laufe der Zeit tritt außerdem noch Jack (Kerr Smith) in die Serie ein. Er wird der Freund von Joey, was Dawson natürlich nicht passt. Bis sich Jack offen zu seiner Homosexualität bekennt.

Katie Holmes, Williamsons Lieblings-Jungschauspielerin. Mit DAWSON'S CREEK wurde sie zum Star, auch die Hauptrolle von TÖTET MRS. TINGEL besetzte er mit ihr.

Kinowelt/Miramax

Was will man über die Serie sagen? Vielleicht sei den Autoren hier einmal ein persönliches Statement erlaubt: Megageil!
Mit DAWSON'S CREEK hat Kevin Williamson die Geschichte seines Lebens auf den Bildschirm gebracht. Ohne sich an Konventionen zu halten (er erzählt keine in sich abgeschlossenen Geschichten, sondern betrachtet die beiden Staffeln, die er produziert hat, als einen großen Roman), brachte er den Zuschauern zwei Jahre lang eine Geschichte über das Erwachsenwerden nahe, die von Träumen, Hoffnungen und Niederschlägen handelt, von verletzten Gefühlen und glücklichen Momenten. Während Williamson als Produzent der Serie fungierte, überzeugte DAWSON'S CREEK mit einigen der besten Dialoge, die es jemals im Fernsehen gegeben hat. Es ist fast schon müßig darauf hinzuweisen, dass Dawson niemand anderes ist als Kevin Williamson. Und natürlich ist auch Jack ein Teil seiner Persönlichkeit: Er offenbart die andere Seite seines Ichs, den Jungen, der sich seiner Homosexualität bewusst wird. Im

Gegensatz zu Williamson findet freilich Jack schon früh den Mut, offen zu seinem Schwulsein zu stehen.

Es gibt keine wirklichen Bösewichte in der Serie, keine Intriganten. Es gibt vielleicht boshafte oder zynische Charaktere, aber jede der Figur hat sympathische und unsympathische Seiten. Es sind Figuren des echten Lebens. Natürlich sind sie idealisiert. So ist Pacey der heimliche Held. Er ist ein Außenseiter, weil er ein Außenseiter sein will. Dies gibt ihm die Möglichkeit, vieles klarer und rationaler zu betrachten, als andere dies tun können.

Sein beeindruckendster Auftritt: Jack soll während einer Schulstunde ein Gedicht vorlesen, das er geschrieben hat. Doch es ist zu persönlich. Der sensible Junge beginnt zu weinen, als ihn der Lehrer vor der Klasse diffamiert. Da steht Pacey auf und liest das Gedicht vor. Dafür erhält er einen Verweis. Doch Pacey bleibt aufrecht. Er beschuldigt den Lehrer, ein vergrätzter, alter Mann zu sein, dessen einzige Freude noch darin besteht, jungen Menschen Schmerz zuzufügen und ihre Hoffnungen und Träume zu zerstören. Er sei ein Mann, der seine Macht missbrauche und der sich für das, was er ist, schämen solle. Als Höhepunkt spuckt ihm Pacey ins Gesicht. Ob dies eine Abrechnung Williamsons mit seinem alten Lehrer gewesen ist, der ihm einst erklärt hat, ein talentloser Schreiber zu sein?

Die Geschichte seines alten Lehrers findet sich ein zweites Mal in der Serie wieder: Dawson hat einen Film gedreht, der bei seiner Kunstlehrerin (Mädchen Amick) jedoch nicht gerade auf Gegenliebe stößt. Technisch lobt sie den Film, doch inhaltlich sei er eine Enttäuschung. Dawson gibt daraufhin das Filmemachen auf – bis Pacey der Dame entgegentritt und ihr die Frage stellt, warum sie, wenn sie doch alles besser wüßte als ihre Schüler, keine Filme in Hollywood drehe, sondern an einer Provinz-High-School an der amerikanischen Ostküste als Lehrerin arbeite?

DAWSON'S CREEK ist ein interessanter Balance-Akt gelungen. Während der Williamson'schen Verantwortlichkeit gelang es der Serie, auf der einen Seite das jugendliche Publikum für die Serie zu interessieren und seine Hauptdarsteller allesamt zu Teenie-Stars mit der Perspektive zum erwachsenen Star aufzubauen, auf der anderen Seite sprach er auch ein älteres Publikum an, das sich an seine Jugendzeit erinnerte. Denn DAWSON'S CREEK sprach ein Sprache, die überall auf der westlichen Hemisphäre verstanden werden konnte.

DAWSON'S CREEK aber hatte auch von Anfang an einen schweren Kampf zu führen: gegen die amerikanischen Rechten und die strenggläubigen Christen. Wie konnte es Williamson wagen, über Dinge wie Sex zu sprechen? Da hat Pacey erst Sex mit einer Lehrerin (!) und ein Jahr später mit seiner Freundin Andie (Meredith Monroe). Sex unter Jugendlichen? Schande über Warner Bros. Doch nicht nur das. Da gab es doch in der Serie ein Mädchen, Jen, das offen bekannte, nicht an Gott zu glauben. Der Zorn stieg ins Unermessliche. Auf den Scheiterhaufen mit dem Jugendverführer Williamson. Die Führung der amerikanischen Baptisten empfahl seinen Mitgliedern, die Serie zu boykottieren, andere Kirchen wetterten gegen diese Reihe, die den Verfall der Werte propagiere. Als dann mit Jack auch noch eine homosexuelle Figur in die Serie einstieg, knallten die Rechten endgültig durch. Dies war die Serie, die die USA in den Abgrund stürzen würde. Nicht der Kommunismus hatte dies geschafft, nicht Fidel Castro, nein, ausgerechnet ein Texaner wie Williamson offenbarte sich als Bote des Untergangs.

Ist dies übertrieben? Mitnichten. Obwohl die Serie nicht nur in den USA zu einem Hit avancierte, sondern im weltweiten Verkauf nicht weniger erfolgreich einschlug, hatte Williamson, spätestens mit Beginn der zweiten Staffel, keinen leichten Stand mehr bei WB. WB hatte Angst davor, Werbekunden zu verlieren, die sich von dem Geschrei der Fundamentalisten beeindrucken ließen (schließlich gab es Stimmen, Produkte der Firmen zu boykottieren, die während der Serie warben). Jede Episode entwickelte sich zu einem Kampf zwischen den Produzenten (zu denen unter anderen der Horror-Regisseur Steve Miner gehörte) und dem Sender. Obwohl DAWSON'S CREEK eine Serie ist, die sich absolut gegen jede Form von Gewalt wendet und klar dafür eintritt, dass Konflikte stets mit Worten und nicht mit Schusswaffen ausgetragen werden, geriet die Serie endgültig ins Schussfeld der Rechten nach den Amokläufen von Schülern, zum Beispiel in Littleton. Wie das? Weil die Serie Jugendliche aufwiegle! Zum Vergleich: In Deutschland und Frankreich wird die Serie von Pädagogenverbänden dafür gelobt, dass sie Jugendlichen eine eigene Meinung zugesteht und sie auffordert, Meinungen und Entscheidungen von Erwachsenen kritisch zu hinterfragen. Offenbar ist dies in den USA nur dann gestattet, wenn die Jugendlichen am Ende dieses Prozesses zu den gleichen Ansichten kommen wie die Erwachsenen.

1999 hatte Williamson die Nase voll und er verließ, nachdem er sich öffentlich geoutet hatte, die Serie, um sich in sein zweites TV-Abenteuer, WASTELAND (USA 1999), zu stürzen, einen Flop, der nach wenigen Episoden eingestellt wurde.

Der Deal mit Miramax/Dimension

Nach dem Sensationserfolg von SCREAM wurde Williamson ins Büro von Bob Weinstein gebeten. Nachdem er für die Columbia ICH WEISS WAS DU LETZTEN SOMMER GETAN HAST geschrieben hatte, bot ihm Miramax, um ihn nicht zu verlieren, einen Deal über mehrere Jahre an, der diverse Drehbücher, aber auch Regiearbeiten und Produktionstätigkeiten umfassen sollte. Um wieviel Geld es dabei ging, ist nicht bekannt. Es muss jedoch eine beachtliche Summe gewesen sein, denn 1997 wurde Williamson, gerade einmal ein Jahr nach dem Start seiner Karriere, vom Branchenblatt *Entertainment Weekly* zu einem der zwölf wichtigsten Entertainer hinter der Kamera gewählt.

Als erstes Projekt ging aus diesem Deal SCREAM 2 hervor, dessen Drehbuch einmal mehr Williamson verfasste. Er erhielt außerdem den Posten eines Executive Producers. Bereits nachdem er das Drehbuch zum ersten Teil fertiggestellt hatte, war ihm die Idee einer Trilogie gekommen, in der er verschiedene Aspekte des Horrorfilmwesens darstellen wollte. SCREAM 2 war nun der Mittelteil, jene Episode, die ganz einfach versuchte, vom Erfolg des ersten Teils zu profitieren. Williamson wäre nicht Williamson, hätte er das

Drehbuch nicht mit allerlei Anspielungen auf das Thema Sequel gespickt.

Als zu Drehbeginn 40 Seiten des Skripts im Internet auftauchten und der Mörder verraten wurde, herrschte Hektik am Set. Williamson zog sich daraufhin einige Tage zurück und schrieb ein vollkommen neues Ende. Dafür musste er jedoch das gesamte Drehbuch umschreiben, denn ohne gewisse Veränderungen im vorderen Teil hätte das neue Ende überhaupt keinen Sinn ergeben. Das vollständige Drehbuch erhielt neben Wes Craven lediglich David Arquette zu lesen, da Williamson vor allem dessen Rolle hatte vollkommen umschreiben müssen. Auch auf die bohrendsten Fragen der Teammitglieder blieb er äußerst auskunftsscheu. Wer wissen wollte, wie der Film ausging, musste ihn sich im Kino anschauen.

Noch während er an der Neufassung des Drehbuches arbei-

20 Jahre, nachdem Williamson durch HALLOWEEN zum Horrorfan wurde, durfte er am siebten Teil der Serie selber Hand anlegen!

tete, reifte in ihm der Entschluss, das Drehbuch zum dritten Teil in fremde Hände zu geben. Die Chance, einen Film selbst inszenieren zu dürfen, wollte er nicht an sich vorbeiziehen lassen. Miramax regelte für ihn die Rechtefrage bezüglich seines Drehbuches zu TÖTET MRS. TINGLE, er selbst zog sich nach dem Ende der Dreharbeiten zu SCREAM 2 zurück und überarbeitete ein Drehbuch, das ihm sehr am Herzen lag: HALLOWEEN 7. Aus diesem Arbeitstitel entstand schließlich HALLOWEEN: H20 (HALLOWEEN: H20 – TWENTY YEARS LATER, USA 1998).

Für Kevin Williamson erfüllte sich ein persönlicher Traum. Mit HALLOWEEN hatte einst alles angefangen. 20 Jahre später würde er selbst ein Teil dieser Geschichte werden. Offiziell fungierte Williamson als Executive Producer. Und heute noch spielt er seinen Einfluss auf das Drehbuch herunter. Tatsächlich aber war er es, der schließlich zu dem Entschluss kam, die Teile drei bis sechs einfach zu ignorieren. So setzt HALLOWEEN H20 tatsächlich direkt am zweiten Teil an. 20 Jahre nach den blutigen Geschehnissen begibt sich Michael Myers auf die Suche nach seiner Schwester Laurie Strode, die sich unter dem Namen Keri Tate (Jamie Lee Curtis) inzwischen ein neues Leben aufgebaut hat.

Für Williamson war es eine Ehre, mit Jamie Lee Curtis zusammenarbeiten zu dürfen, die er seit dem ersten Teil verehrte. Der Film selbst wurde von Steve Miner inszeniert, einem alten Freund von Wes Craven, der in den 90er Jahren vor allem Komödien inszeniert hat und sich recht wohl dabei fühlte, wieder einen Horrorfilm machen zu dürfen. Miner und Williamson freundeten sich an und so gelang es Williamson, Miner, wie an vorangegangener Stelle bereits erwähnt, für einen Produzentenposten bei seiner Serie DAWSON'S CREEK zu gewinnen.

FACULTY (THE FACULTY, USA 1998), bei dem Robert Rodriguez Regie führte, folgte direkt im Anschluss an HALLOWEEN: H20. Mit Rodriguez hatte Williamson einen Seelenverwandten gefunden. Beide waren etwa gleich alt, beide waren mit exakt den gleichen Serien und Filmen aufgewachsen. Zusammen konnten sie stundenlang über Filme diskutieren, beide hatten von dem Film, den sie machen woll-

Einer der beeindruckendsten Momente des Teen-Horrorfilms der 90er Jahre: Laurie Strode (Jamie Lee Curtis) blickt in das Gesicht ihres Bruders Michael Myers.

ten, das gleiche Bild. FACULTY sollte ihre Version der Body-Snatchers-Filme werden. Diese Filme basieren allesamt auf der Kurzgeschichte »Invasion of the Bodysnatchers« von Jack Finney: Eine außerirdische Pflanzenart gelangt auf die Erde. Sie streckt ihre Fühler nach Menschen aus, saugt diese aus, nimmt deren Gestalt an und erschafft so eine Gesellschaft der Gleichgeschalteten. Die erste Verfilmung des Stoffes war DIE DÄMONISCHEN (INVASION OF THE BODYSNATCHERS, USA 1956), der aufgrund seiner vielfältigen Interpretationsmöglichkeiten Berühmtheit erlangte. So ist es möglich, ihn als einen 50er Jahre Invasionsfilm zu betrachten, in dem vor dem Einfall des Kommunismus gewarnt wird, er kann aber auch umgekehrt als Warnung vor den Auswüchsen faschistoider Ideen vor dem Hintergrund des McCarthyismus und der Kommunistenhatz verstanden werden. Unbestreitbar ist jedoch die Tatsache, dass der Film von Don Siegel Kultcharakter besitzt. Eine zweite Verfilmung wurde unter dem Titel DIE KÖRPERFRESSER KOMMEN (INVASION OF THE BODYSNATCHERS, USA 1977) mit Donald Sutherland in der Hauptrolle realisiert. Die Handlung entspricht in etwa der des ersten Teils, wobei das Thema Entmenschlichung der Gesell-

FACULTY, Kevin Williamsons und Robert Rodriguez' zeitgemäße Aufarbeitung der ›Body Snatchers‹-Thematik.

schaft in 70er Jahre-Manier in den Mittelpunkt gestellt wurde. Im Gegensatz zur ersten Verfilmung, verzichtete die zweite auf ein Happy End. BODY SNATCHERS (BODY SNATCHERS, USA 1993), die dritte Version, spielt schließlich auf einer Militärbasis, auf der die Gleichschaltung der Individuen aufgrund des Systems von Befehl und Gehorsam zu Beginn überhaupt niemanden auffällt.

Eine offizielle Neuverfilmung ist FACULTY nicht geworden. Doch BODY SNATCHERS wird in dem Film mehrfach als Vorbild genannt. Wie in Williamsons anderen Filmen sind es auch hier Teenager, die im Mittelpunkt des Geschehens stehen. Und es sind diesmal ausschließlich die Außenseiter, die Williamson interessieren: Da wären die Jungs: Casey (Elijah Wood), der aufgrund seines kindlichen Aussehens von den anderen Jugendlichen nicht ernst genommen wird, der ju-

gendliche Rebell Zeke (Josh Hartnett, der bereits den Sohn von Jamie Lee Curtis in HALLOWEEN: H20 gespielt hat), sowie Stan (Shawn Hatosy), der Football-Star der Schule, der kurz vor Schulende seine Sportkarriere hinwirft, da er feststellt, nie etwas Vernünftiges gelernt zu haben. Und da wären die Mädchen: Stokely (Clea DuVall), ein Girl, das sich als Lesbe ausgibt, weil sie es genießt, als Außenseiterin zu gelten, und Delilah (Jordana Brewster), die überengagierte Chefredakteurin der Schülerzeitung – und heimlicher Schwarm von Casey. Aufgrund einer Reihe von Zufällen werden genau diese Schüler eines Tages zum Nachsitzen bestellt. Dabei schwant einigen von ihnen schon längst, dass an der Schule eigenartige Dinge vor sich gehen. Selbst die Möglichkeit, dass die Körper der Lehrer von Außerirdischen besetzt worden sind, schließen sie nicht mehr aus. Womit sie, wie sie zu ihrem Entsetzen feststellen müssen, absolut richtig liegen. Dass Lehrer Außerirdische sind, haben sich gewiss schon viele vorgestellt. In FACULTY sind sie es wirklich.
Wie sich herausstellt, haben sie bereits alle anderen Schüler

Robert Rodriguez, Regisseur von FACULTY, mit seiner Lieblingsschauspielerin Salma Hayek, die in dem Film in einer kleinen, aber einprägsamen Rolle als Schulkrankenschwester zu sehen ist.

der High-School gleichgeschaltet. Williamson beweist nun, dass er ein Freund der Outsider ist. Er zeigt ein Schulsystem, in dem ein brutales Kastenwesen herrscht. Da gibt es die Sportler und die Cheerleader, die Mitglieder der Debattierclubs, die Kinder aus reichen Familie und so weiter. Am Ende der Leiter stehen jene, die weder reich, schön noch sportlich sind. Die schulischen Leistungen zählen dabei kaum. Williamson und Rodriguez zeigen die Grausamkeit dieses Systems, die viele Jugendliche verletzt. Genau dieses System haben sich die Außerirdischen zunutze gemacht, um die Jugendlichen gleichzuschalten. Jedes System besitzt einen Mechanismus. Und diesen Mechanismus haben sie infiltriert. Das Problem sind die Außenseiter, die diesem System aufgrund ihrer Andersartigkeit, nicht angehören.

Wie sich am Ende herausstellt, haben die Außerirdischen eine Königin, die sich die menschliche Form der naiven, aber liebenswerten Marybeth Hutchinson (Laura Harris) zugelegt hat, und versucht, die Gruppe der Außenseiter von innen heraus aufzusprengen. Doch eines hat sie unterschätzt: deren freien Geister. Da sie keinem System angehören, können sie frei denken. Und so gelingt es am Ende ausgerechnet dem jungenhaften Casey, die Königin zu vernichten, den Fluch von der Schule zu nehmen und das Herz seiner Delilah zu erobern.

Der Film ist solide inszeniert, recht spannend – doch er lässt in seiner auf Aktion und Reaktion beruhenden Inszenierung ein bisschen die Vielschichtigkeit der SCREAM-Filme und von ICH WEISS WAS DU LETZTEN SOMMER GETAN HAST vermissen.

Diese Vielschichtigkeit beabsichtige Williamson in sein Regie-Debüt, TÖTET MRS. TINGLE, einfließen zu lassen. Der Film basiert im Endeffekt auf seinem eigenen Schul-Erlebnis, als ihm sein Lehrer gesagt hatte, er hätte kein Talent. Frustrierte Lehrer, hatte er selbst feststellen müssen, können einem Jugendlichen mit Fehlentscheidungen oder Boshaftigkeiten, die gesamte Zukunft verbauen.

Es war einmal ... – so könnte die Geschichte der 18-jährigen Leigh Ann Watson (Katie Holmes aus DAWSON'S CREEK) beginnen. Es war einmal ein Mädchen aus der Provinz, das nur

den einen Traum hatte, nämlich hinauszugehen in die große Welt. Doch der Weg dorthin führt nur über Mrs. Tingle (Helen Mirren), ihrer Geschichtslehrerin, die alles daran setzt, Leigh Ann diesen Traum zu nehmen. Sie ist gleichsam die böse Hexe, in deren Haus sich das Mädchen mit ihren Freunden wagen muss, um die Welt zu erobern – oder alles zu verlieren.
TÖTET MRS. TINGLE, das ist die Forderung eines Märchens. Der Sieg des Guten bedeutete in ihnen immer den Tod des Bösen. Hänsel und Gretel stoßen die alte Hexe in den Ofen, in dem sie selbst enden sollten. Nur ist es heute nicht mehr so einfach. Das Böse ist nicht fast blind, es durchschaut vielmehr alles. Aber die, die ausziehen, um erwachsen zu werden, haben sich genauso verändert. Leigh Ann, diese moderne Gretel, gerät nicht einfach in die Fänge der Hexe, sie nimmt Mrs. Tingle als Geisel. Geplant war die Geiselnahme nicht, doch als sie sich nicht mehr abwenden lässt, ziehen die Jugendlichen sie durch.
Die klassischen Mechanismen des Märchens: Kevin Williamson bringt sie in seinem Regiedebüt auf den Stand der Zeit. Der naive Glaube an die Übermacht des Guten hat ausgedient. Die Begegnung mit dem Bösen bedeutet immer einen Verlust von Jugend und Unschuld. Die eigentliche, komplizierter gewordene Forderung dieses Märchens kann demnach nur lauten: Lernt vom Bösen, besiegt es mit seinen Waffen, aber bewahrt unbedingt einen Rest Unschuld, sonst werdet ihr, liebe Zuschauer, an Mrs. Tingles Stelle treten!
Der Film wurde in den USA kein großer Hit und konnte sich an den Kinokassen nur schwerlich behaupten. In Deutschland hingegen wurde der Film sogar zum Thema der TAGESTHEMEN, denn dies war der Film, der einen Jugendlichen in Sachsen angeblich dazu verleitet hat, vor seiner Klasse seine Lehrerin zu erstechen. Dass der Film zu diesem Zeitpunkt noch gar nicht in Deutschland angelaufen war, wurde vorsichtshalber ignoriert! Der deutsche Verleih Kinowelt änderte den Titel daher kurzfristig in RETTET MRS. TINGLE, dennoch konnte er nicht verhindern, dass Lehrerverbände ein Verbot aller Filme forderten, in denen Lehrer ermordet werden. Nach dieser Forderung werden die Verantwortlichen im Hause Kinowelt aufgeatmet haben, denn

ihr Film war dann von dieser Forderung gar nicht betroffen. Tatsächlich wird Misses Tingle nicht ermordet. Sie wird vielmehr mit den gleichen Boshaftigkeiten, mit denen sie ihre Schüler malträtiert hat, konfrontiert und – mehr oder minder – in den Wahnsinn getrieben.
Trotz des Medienrummels wurde dem Film aber auch in Deutschland kein großer Erfolg beschieden. Zu psychologisch kam der Film wahrscheinlich daher und fand deshalb bei seinem eigentlichen Zielpublikum nur wenig Interesse.
Einige Wochen später lief der Film übrigens auch in Österreich an, wo man die Diskussion, die in Deutschland entbrannt war, mit Befremden zur Kenntnis nahm. Dort wurde der Film vom Kultusminister sogar gelobt, da TÖTET MRS. TINGLE den Mut besäße, ein Thema von Schulgewalt anzusprechen, das für gewöhnlich vollkommen totgeschwiegen wird: die Gewalt von Lehrern gegen Schüler, die sich weitaus komplizierter darstellen lässt als die Gewalt von Schülern untereinander oder sogar gegenüber Lehrern.

SCREAM 3

Dass es einen dritten Teil geben würde, war Williamson klar. Schließlich hatte er die Serie von Anfang an als Trilogie konzipiert. Doch jetzt, da der dritte Teil vor der Tür stand, merkte Williamson, dass er sich vollkommen verkalkuliert hatte. Er steckte noch mitten in den Dreharbeiten zu TÖTET MRS. TINGLE, arbeitete an WASTELAND, hatte DAWSONS' CREEK noch längst nicht aufgegeben, bereitete seinen neuen Film HER LEADING MAN (USA 2000) vor und steckte in einigen weiteren Projekten. Wollte er sich nicht vollkommen verrennen, musste er eines seiner Projekte abgeben. Und das war SCREAM 3. Williamson schrieb ein Achtseiten-Skript, das dem neuen Autor, Ehren Kruger, als Vorlage zur Gestaltung des dritten Teiles dienen sollte. Williamson selbst zog sich auf den Posten eines Produzenten zurück, im Endeffekt aber tat er kaum mehr, als seinen Namen für das Projekt herzugeben.

NEVE CAMPBELL

Einleitung

Neve Campbell hat nicht die unnahbare, jedoch faszinierende Aura einer Sarah Michelle Gellar (BUFFY – IM BANN DER DÄMONEN), auch besitzt sie nicht den scheinbar unschuldigen, aber doch verführerischen Charme einer Jennifer Love Hewitt (ICH WEISS WAS DU LETZTEN SOMMER GETAN HAST). Und doch: Etwas Unerklärliches geht von Neve Adrienne Campbell aus. Der Charme der Durchschnittlichkeit? Es ist schwer zu erklären, warum ausgerechnet Neve Campbell seit ihrem Erfolg mit SCREAM zu einer der begehrtesten jungen Schauspielerinnen Hollywoods auf-

Wenn Neve Campbell in SCREAM zum Hörer greift, meldet sich auf der anderen Seite selten eine nette Stimme.

gestiegen ist. Gebraucht man ein Vokabular, das Worte wie ›durchschnittlich‹, ›normal‹ oder ›alltäglich‹ umfasst, läuft man sehr schnell Gefahr, eine Person herabzusetzen und abzuwerten. In unserer heutigen Gesellschaft sind diese Begriffe fast schon negativ belegt. Es herrscht die Angst vor der Durchschnittlichkeit. Neve Campbell hat diese Angst nicht. Mit der Figur der Sidney Prescott hat die am 3. Oktober 1973 in Guelph (Ontario/Kanada) geborene Aktrice in den SCREAM-Filmen vielmehr einen neuen Typus des All-American-Girls erschaffen. Sidney ist keine Schönheitskönigin oder geborene Cheerleaderin. Dennoch ist sie attraktiv. Und sie ist sich dieser Attraktivität bewusst, ohne je unnahbar zu sein. Sie ist eine Freundin, das Mädchen von nebenan, ein Kumpel. Sie ist selbstbewusst und intelligent. Dabei wirkt ihr Charme stets natürlich, im Umkehrschluss entwickelt sie aus ihrer Natürlichkeit ihren Charme.

Eine Kindheit in Kanada

Neve Campbells Großeltern mütterlicherseits kamen aus den Niederlanden, ihre Großeltern väterlicherseits aus Schottland. So sind ihr Vater und ihre Mutter Marnie, geborene Neve (womit die Herkunft von Neve Campbells Vornamen erklärt wäre – wobei ›neve‹ aus dem spanischen stammt und ›Schnee‹ bedeutet), Kanadier der ersten Generation. Von ihren schottischen Großeltern, so erzählte Neve Campbell einmal der kanadischen Zeitschrift *Patriot Ledger*, habe sie ihre Bodenständigkeit geerbt. Von ihren niederländischen Großeltern stammt ihre künstlerische Ader, waren diese doch Schauspieler gewesen.
Ihre Eltern Gerry und Marnie lernten sich während des Studiums an der Universität von Windsor kennen, wo sie eine Theaterklasse besuchten. Als sie zufällig beide in einem Stück mitspielten, flogen die Funken und 1970 läuteten die Hochzeitsglocken. Am 12. Mai 1972 wurde Neves Bruder Christian geboren, am 3. Oktober 1973 folgte Neve.
1976 sollte sich das Leben von Neve, die bis dahin in einem behüteten, liebevollem Elternhaus gelebt hatte, schlagartig

ändern: Ihre Eltern ließen sich scheiden. Da ihre Mutter freiberuflich arbeitete (sie arbeitete unter anderem an einem Theater, bei einem Psychologen und sogar als Yoga-Lehrerin) und voll ausgelastet war, ihr Vater Gerry als Theaterlehrer an einer High School aber mehr Zeit für die Kinder hatte, nahm er sie bei sich auf. Das Sorgerecht haben sich die Eltern jedoch geteilt. Einfach war diese Situation für die Kinder nicht.

Neve Campbell entdeckt das Ballett

Bereits in dem frühen Alter von gerade einmal fünf Jahren wurde 1978 der Grundstein für Neves Schauspielerkarriere gelegt. In seiner freien Zeit widmete sich Vater Gerry Amateur-Theatergruppen und so begab es sich, dass sich Neve eines Tages in einer kleinen Rolle in »Aladdin And His Magic Lamp« wiederfand. Als ihr Vater bemerkte, dass sich Neve und ihr Bruder Christian von ganz alleine für das Schauspielern interessierten, begann er die beiden zu unterrichten. Er war, wie sich Neve Campbell heute erinnert, ein strenger Lehrer. Im Gegensatz zu ihrer Mutter, die Improvisationen bevorzugte, war ihr Vater, obwohl er selbst alle Facetten des Theaters studiert hat, eher ein Technokrat. Ein Lehrer eben.
Neve Campbell legt darauf Wert, festzustellen, dass ihr Vater nicht zu den Eltern gehörte, die aus ihren Kindern mit aller Macht Stars machen wollen. Er schleppte sie nicht von Casting zu Casting. Im Gegenteil. Er selbst hatte eine unbeschwerte Kindheit verlebt. Und trotz der Scheidung wollte er, dass seine Kinder eine ebenso schöne Kindheit genießen sollten. Als Neve ihren Vater 1979 in eine Aufführung von »Der Nussknacker« begleitete, wusste sie sogleich, dass sie eine Ballerina werden wollte. Es ist der Traum vieler Mädchen. Und Gerry erfüllte ihr den Wunsch, indem er sie in einer Ballettschule anmeldete. Dafür forderte er von ihr aber auch Einsatz. Wenn ihre Lehrerin sagte, sie solle daheim Übungen machen, wachte der Herr Papa darüber, dass die Tochter diesen Übungen nachkam.
Durch die Tätigkeiten der Eltern konnten sich die Kinder

kaum dem Theater entziehen. Immer wieder traten sie in Stücken auf, die ihr Vater mit Amateurgruppen inszenierte. Von den erwachsenen Schauspielern, auch wenn sie größtenteils nur Feierabend-Schauspieler waren, als gleichwertige Mitglieder eines Ensembles akzeptiert zu werden, bedeutete der stillen, zurückhaltenden Neve sehr viel. In der Schule nämlich war sie eine Außenseiterin. Sie war der Typ von unscheinbarem Mädchen, das irgendwo in einer Ecke sitzt und an das sich in späteren Jahren niemand mehr erinnern kann. Mehr noch: Bei Festivitäten wie dem Valentinstag, an dem an amerikanischen Schulen (und Toronto ist in vielen Belangen mehr eine US-amerikanische Großstadt als eine kanadische) die Kinder denen Valentinskarten schenken, für die sie heimlich schwärmen, war Neve das Mädchen, das vom Lehrer eine Karte aus Mitleid bekam, damit sie wenigstens nicht mit leeren Händen nach Hause gehen musste.

Dies änderte sich auch nicht, als sie die Chance erhielt, an der National Ballet School einen Sommerkursus zu besuchen. Jedes Jahr werden an der Schule in Toronto 150 Kinder im Ballet unterrichtet. Es sind die Besten Kanadas, aber auch viele amerikanische Kinder werden zu dieser Einrichtung geschickt. Obwohl es sich noch um Kinder handelt, sind die Auswahlkriterien streng. Und die meisten Kinder scheitern an der Aufnahmeprüfung. Nicht so Neve Campbell. Was eigentlich ein Freudentag für sie hätte werden können, verwandelte sich jedoch in eine Niederlage. Ihre einzige echte Freundin war ebenfalls zum Vortanzen eingeladen worden – und gescheitert. Aus Eifersucht zerbrach ihre Freundschaft.

Aus dem Sommerkurs wurde schließlich eine vollständige Tanz-Ausbildung. Zwischen 1982 und 1987 wurde Neve neben der Schule zur Tänzerin gedrillt. Da die Ausbildung in jedem Fall kostenpflichtig war, mussten ihre Eltern die Kosten tragen. Dies fiel ihnen nicht leicht, denn obwohl ihre Mutter selbstständig war und der Vater ein Lehrer – viel verdienten sie nicht. Dennoch finanzierten sie ihrer Tochter die nicht gerade billige Ausbildung. In der Tanz-Klasse sprach sich sehr bald herum, dass Neve aus einfachen Verhältnissen kam. Dies machte sie in einer Klasse, deren Kinder fast ausnahmslos aus betuchten Familien stammten, zu einer

Außenseiterin. Aber an diese Situation hatte sich das stets in sich gekehrte Mädchen längst gewohnt. Und je älter sie wurde, desto besser wusste sie mit dieser Situation umzugehen. Sie verschaffte sich – eine Zeitlang zumindest – in ihrer Tanz-Klasse Respekt, indem sie härter an sich arbeitete als die anderen. Sie war die Primaballerina ihres Kurses, drei bis sechs Stunden trainierte sie täglich.

Der Nervenzusammenbruch

Neves große Stunde kam, als ihre Ballett-Schule »Der Nussknacker« aufführte und sie die Hauptrolle tanzte. Obwohl eigentlich nur eine Ballett-Aufführung geplant war, setzte ihre Lehrerin Mavis Staines eine zweite Produktion, »Sleeping Beauty« durch, in der Neve erneut die Hauptrolle spielen sollte.
Je häufiger sie im Mittelpunkt des Interesses stand, umso mehr verspürte sie den Neid ihrer Mitschüler. Der Respekt, den sie sich erarbeitet hatte, verflog, als es offensichtlich wurde, dass sie das Zeug zu einer Profitänzerin hatte. Ihr Talent wurde ihr geneidet. Sie wurde gemieden, hinter ihrem Rücken wurden Gerüchte über sie in die Welt gesetzt. Mobbing würde man das heute nennen. Die Grazie, mit der auf der Bühne getanzt wurde, wich hinter den Kulissen einem brutalen Verdrängungswettbewerb. 14 Jahre – dies war das ideale Alter, um sich für eine Profilaufbahn zu qualifizieren. Und Neve Campbell wurde für die Mädchen, die zwar die Skrupellosigkeit, nicht aber das Talent besaßen, um sich in den Vordergrund zu tanzen, mehr und mehr zu einer echten Bedrohung. Es sei kein Wunder, stellte Neve Campbell in einem Interview mit der amerikanischen Fernsehzeitschrift *TV Guide* fest, dass neben den Lehrern auch Psychologen zu den Bediensteten der Ballett-Schule gehören. Ständig den Attacken ihrer Kurskamerad(inn)en ausgesetzt, fand sie sich immer öfter im Zimmer des Psychologen wieder. Hinzu kamen gesundheitliche Probleme. Die strenge Ausbildung an der Ballett-Schule auf der einen Seite, Neves Ehrgeiz auf der anderen hatten dazu geführt, dass das gerade einmal

14-jährige Mädchen Arthritis in ihren Fingern bekam. Außerdem bekam sie arge Hüftprobleme. Die gesundheitlichen Probleme im Zusammenhang mit dem Mobbing ihrer Mitschüler sorgten schließlich dafür, dass Neve einen Nervenzusammenbruch erlitt. Sie weinte tagelang und ging nicht mehr zur Schule.

Ihre Eltern machten einen Schnitt. Sie wollten für Neve einen vollkommenen Neuanfang. Sie meldeten sie an einer neuen Schule an. Hier war Neve ganz einfach die Neue. Sie war keine Außenseiterin mehr und fand zum ersten Mal in ihrem Leben echte Freunde. Doch wirklich glücklich war sie nicht. Sie hatte immer eine Primaballerina werden wollen. Zu wissen, dass ihr Traum zerplatzt war wie eine Seifenblase, nagte an ihrem Selbstbewusstsein. Daran änderte die Tatsache, dass sie auf ihrer neuen Schule Freunde gefunden hatte, recht wenig. Ihr fehlte ein Ziel, auf das sie hinarbeiten konnte. Sie hatte sich immer nur aufs Tanzen konzentriert. Jetzt, da sie das Ballett vollständig hinter sich gelassen hatte, wusste sie nicht, wohin sie ihr Weg führte.

Hinzu kamen familiäre Probleme, die an ihr nagten. Ihre Eltern hatten sich das Sorgerecht für die Kinder geteilt, was im Laufe der Jahre dazu führte, dass Neve mal bei ihrem Vater, mal bei ihrer Mutter lebte. Neve fühlte sich zwischen ihrem Vater und ihrer Mutter stets hin- und hergerissen. Dazu kam die Tatsache, dass ihr Vater in der Zwischenzeit ein zweites Mal geheiratet und noch zwei Söhne gezeugt hatte. Aber auch diese Ehe zerbrach im Laufe der Zeit.

Ihr großer Rückhalt damals war ihr Bruder Christian. Christian nahm in seiner Freizeit Schauspielunterricht an der Claude Watson School for Arts in Toronto, die eine ganze Reihe von etablierten kanadischen Schauspielern besucht hatten. Da sich Neve nach ihrem Zusammenbruch sehr an ihn klammerte, nahm er sie des öfteren mit zu Proben. Hier fühlte sich das inzwischen 15-jährige Mädchen sichtlich wohl. Der Umgangston der Schüler untereinander war weit weniger rau als der an der Ballettschule. Was Neve am meisten imponierte war die Tatsache, mit echten angehenden Schauspielern und Regisseuren zu tun zu haben. Im Gegensatz zur Ballettschule, in der ein sehr hierarchisches System herrschte, in der höhere Klassen den Kontakt zu den Jüngeren vermieden, probten und arbeiteten an der Schauspielschule angehende Profis mit Leuten wie Christian, die noch zur Schule gingen und lediglich in ihrer Freizeit ein wenig Schauspielunterricht nahmen.

Das Märchen vom »Phantom der Oper«

Neve Campbell schrieb sich für einen Schauspielkurs ein. Mit dem Tanzen, glaubte sie, ein für allemal aufgehört zu haben. Doch erstens kommt es anders und zweitens als man denkt. Über die Schauspielschule erfuhr Neve, dass der Broadway-Produzent Hal Prince in Toronto Andrew Lloyd Webbers »Das Phantom der Oper« produzieren wollte. Die Hauptrollen waren natürlich schon besetzt, doch in den Neben- und Statistenrollen gab es noch jede Menge freier Plätze. Warum sie sich ausgerechnet für eine Rolle als Degas Girl (so werden die weiblichen Tänzerinnen in dieser Produktion genannt) bewarb, weiß sie heute auch nicht mehr. Vielleicht war es ein Gefühl der Rache gegenüber ihren früheren Klassenkameradinnen. Tatsächlich rechnete sie sich keinerlei Chancen aus. Die Tänzerinnen, die sich bewarben, waren allesamt ausgebildete, erwachsene Frauen, die auf verschiedenen, etablierten Bühnen getanzt hatten. Neve Campbell hatte indessen seit Monaten kaum mehr geprobt. Doch manchmal geschehen Wunder. Und eines dieser Wunder widerfuhr im Jahre 1988 einer 15-jährigen Kanadierin. Mit jeder Ausscheidung wurde die Zahl der Bewerberinnen geringer, bis nur noch jene übrig blieben, die tatsächlich in dem Stück tanzen sollten. Eine von ihnen war Neve Campbell.

Mit 15 Jahren war sie die jüngste Tänzerin (die Zweitjüngste war 24!). Die Arbeit war hart, hinter und auch auf der Bühne wurde mit harten Bandagen gekämpft. Mobbing, wie sie es auf der Ballettschule erlebt hatte, gab es hier jedoch nicht. Darauf achteten die Choreographen und Produzenten penibel. Die Leute sollten tanzen und singen und sich nicht gegenseitig das Leben zur Hölle machen. Dafür wurden sie nicht bezahlt. Und die Bezahlung war üppig. Wieviel Neve Campbell für ihr Engagement bekam, darüber schweigt sie. Aber: Die Tänzerinnen der Produktion gehörten zu den bestbezahlten Kanadas. Als jüngstes Ensemblemitglied genoss sie das Privileg von den älteren Mitwirkenden, deren Tochter sie hätte sein können, mit Samthandschuhen angefasst zu werden. Kam es zu Streitereien, hielten immer wieder Kollegen die Hände schützend über sie. In einem Interview mit der amerikanischen Zeitschrift *Mademoiselle* bezeichnete Neve Campbell ihre Zeit als Tänzerin im Ensemble von »Das Phantom der Oper« als die vielleicht glücklichste Zeit ihres Lebens. Die einzigen, die ihr einen Strich durch die Rechnung hätten machen können, wären die Lehrer an ihrer High School gewesen. Die aber stellten sie für die Proben frei.

Mit dem Geld, das sie verdiente, nahm sie sich schließlich eine eigene Wohnung und bezog sie zusammen mit ihrem Bruder und Vertrauten Christian.

Neve Campbell hatte sich inzwischen zu einer jungen, gutaussehenden Frau entwickelt, die mit dem Mädchen, das einst aufgrund seines Aussehens gehänselt wurde, nichts mehr zu tun hatte. Das Entlein war ein Schwan geworden. Sie begann sich mit jungen Männern zu treffen, doch ging sie keine feste Bindung ein. Im Mittelpunkt stand ihre Arbeit am Theater. Es verging ein ganzes Jahr ohne besondere Vorkommnisse. Dies änderte sich, als Neve Campbell, gerade 17 Jahre alt, im Herbst 1990 den Schauspieler und Songschreiber Jeff Colt kennenlernte.

Schauspieler und Songschreiber. Tatsächlich hatte der 25-jährige Colt eine ordentliche Schauspielerausbildung absolviert, doch vom Erlös seiner Gelegenheits-Engagements wäre er verhungert. Neve Campbell lernte ihren zukünftigen Ehemann daher auch nicht auf der Bühne kennen, sondern in einer Bar, in der der charmante, großgewachsene, braunhaarige junge Mann als Barkeeper arbeitete. Es war Liebe auf den ersten Blick, wenige Wochen später zog Jeff Colt in ihre Wohnung ein. Über ihre Beziehung wird noch einiges zu sagen sein. Doch dazu später mehr.

Die Königin der Werbung

Mit dem Start der »Phantom«-Produktion in Toronto, ergab sich für eine ganze Reihe von Tänzerinnen und Tänzern die Gelegenheit, neben ihrem Engagement am Theater auch kleine Model-Jobs anzunehmen. Agenturen sind stets auf der Suche nach neuen, frischen Gesichtern für die unterschiedlichsten Kampagnen. Auch Neve Campbell erhielt schließlich eine Einladung zu einem Foto-Shooting. Sie war überrascht, denn sie hatte nie daran gedacht, ein Fotomodell zu werden. Aufgrund ihrer Tanzausbildung, erklärte man ihr, sei sie in gewisser Weise jedoch das Posieren gewöhnt. Schließlich müsse sie auch auf der Bühne auf Kommando eine bestimmte Haltung einnehmen oder Gefühle zeigen. Für den Job eines Fotomodells alles unverzichtbare Eigenschaften.

Obwohl sie innerhalb weniger Wochen für eine ganze Reihe verschiedener Aufträge gebucht wurde und in dieser kurzen Zeit mehr verdient hatte als in ihrem ganzen Leben zuvor, fühlte sie sich beim Posieren vor der Foto-Kamera unwohl. Es war erst wenige Jahre her, dass sie von ihren Klassenkameraden als hässliche Bohnenstange gehänselt worden war. Nun hatte sich das Blatt gewendet. Neve Campbell war ein Blickfang geworden. So gab es ein Foto, das sie in einem Badeanzug zeigt. Es war im Rahmen einer Sony-Kampagne im ganzen Land zu sehen – auf riesigen Schautafeln an stark belebten Kreuzungen, quasi überall, wo in Kanada mehr als drei Menschen an einem Tag zusammenkamen.

Auf Äußerlichkeiten reduziert zu werden, wurmte aber die junge Frau. Auf das Geld wollte sie zwar nicht verzichten, andererseits vernachlässigte sie auch ihr Tanz-Training. Und Tanzen bedeutete ihr mehr, als vor einer Kamera zu lächeln. Es schien ihr vor allem der vernünftigere Job zu sein. Schönheit ist vergänglich. Und sie wusste, es würde nur eine Frage der Zeit sein, bis die Agenturen ihres Gesichtes überdrüssig sein würden. Also gab sie ihren Model-Job schweren Herzens auf.

Nur hatte sie die Rechnung ohne die Agentur gemacht, für die sie jobbte. Diese wollte Neve nicht verlieren. Mit ihrer natürlichen Ausstrahlung war sie innerhalb kürzester Zeit ein Liebling der kanadischen Werbung geworden. Mit Neve Campbell ließ sich alles verkaufen – Stereoanlagen, Unterwäsche, Tampons. Sie war das Mädchen von nebenan, keine unnahbare Schönheit. Ihr Aussehen, ihre Ausstrahlung wirkten echt. Für die Fotografen war sie ein Glücksfall. Was tun, wenn der Star partout nicht mehr will? Die Agentur bot ihr die Mitwirkung an Werbeclips an.

Vor einer Film-Kamera zu schauspielern, und sei es nur in einem Werbespot: das gefiel der gerade erst volljährig gewordenen jungen Frau. Es dauerte nicht lange und sie hatte ihre erste Sprechrolle. In die Geschichte ging der Satz, den sie zu sprechen hatte, allerdings nicht ein: »Hey, schau mal, was ich habe, Mom: Handschuhe.« Na ja, auch andere Schauspieler haben einmal klein angefangen.

Tatsächlich handelte es sich bei ihrem ersten Job um einen Auftrag für das Eaton Center, einem Einkaufszentrum in Toronto mit einem eigenen Werbe-Fernsehkanal. Nach diesem Spot geschah das, was Neve Campbell eigentlich hatte vermeiden wollen: Sie vernachlässigte das Tanzen. Es schien fast so, als hätten die Werbeclip-Regisseure nur auf sie gewartet. Wurde das nette Mädchen von nebenan gesucht, stand Neve Campbells Name ganz oben auf der Wunschliste der Regisseure. Innerhalb von Wochen hatte sie Toronto hinter sich gelassen und arbeitete im ganzen Land. Ein vorläufiger Höhepunkt war für sie schließlich ein Werbespot von Coca-Cola, in dem sie neben ihrem Landsmann Bryan Adams zu sehen war. Die Entscheidung fiel ihr schwer, doch nach über 800 Aufführungen gab sie ihr Engagement bei der »Phantom«-Produktion auf und widmete sich ganz ihrem Werbejob. Finanziell betrachtet war der auf jeden Fall einträglicher. Doch für wie lange? Wann würden die Regisseure ihrer Natürlichkeit überdrüssig sein? Die Werbeclips konnten daher nur einen Übergang darstellen. Für Neve Campbell stand fest: Sie wollte eine Schauspielerin werden.

CATWALK

Obwohl es in Toronto für Schauspieler sehr viel Arbeit gibt – viele US-amerikanische Fernsehserien und Spielfilme entstehen hier, weil die Produktionskosten um rund die Hälfte niedriger sind als in den USA – wurde Neve Campbells Agentur nicht gerade mit Casting-Einladung überschüttet. Das Schicksal meinte es dennoch gut mit ihr. Für die TV-Serie CATWALK – EINE BAND WILL NACH OBEN (CATWALK, CDN 1992–94) wurde eine junge Frau um die 20 gesucht, die nicht nur schauspielern, sondern auch singen und tanzen konnte. Es war eine Rolle, die ihr auf den Leib geschrieben zu sein schien. Dem amerikanischen Magazin *FHM* erzählte sie dann auch, dass sie die Rolle der Daisy von Anfang an liebte: Es war die Rolle einer jungen Frau, die bei allen Problemen, denen sie im Laufe ihres Lebens begegnet war, das Träumen niemals aufgegeben hatte.

Vielleicht sollte man an dieser Stelle nun die Einschränkung machen, dass es sich hierbei um die Figur handelte, die Neve von den ersten Drehbüchern her kannte. Doch alles der Reihe nach.

CATWALK erzählt die Geschichte von sechs jungen Musikern um die 20, die von ihrem großen Durchbruch träumen. Zur Band ›Catwalk‹ gehören Johnny (Keram Malicki-Sanchez), Sänger, Gitarrist und Songschreiber in Personalunion, Atlas (Christopher Lee Clements), der auf der Straße aufgewachsen ist und die negativen Seiten des Lebens kennt, Mary (Kelli Taylor), das Herz der Band, Jesse (Paul Popowitch), der aus einer reichen Familie stammt, mit dieser aber gebrochen hat, Sierra (Lisa Buttler), ein verwöhntes, biestiges Mädchen mit einer wunderbaren Stimme, die von der großen Karriere träumt, und schließlich Daisy.

Den Start der Serie hatte der kanadische Sender YTV für Oktober 1992 anvisiert und durchgezogen – aber nach gerade einmal drei Episoden kam es zum schwerwiegenden Streit zwischen dem Sender und den Produzenten der Serie. YTV wollte eine Serie im Stil von BEVERLY HILLS, 90210 (BEVERLY HILLS, 90210, USA 1990–2000), leichte Geschichten über das Erwachsenwerden. Die Produzenten jedoch hatten anderes im Sinn. Sie wollten realistische Episoden aus dem Leben junger Leute erzählen. Ihre Figuren sollten nicht nur edel, tapfer und gut oder hinterhältig, boshaft und gemein sein. Widersprüchlichkeit war angesagt. Auch gaben sie sich sehr viel Mühe bei der Darstellung des Musikgeschäftes und seiner Mechanismen, in denen Kunst und Kultur nur dann etwas zählen, wenn sie in Geld umgesetzt werden können. In gewisser Weise war das, was sie geplant hatten, ein Vorläufer anspruchsvoller Jugend-Serien wie DAWSON'S CREEK. Die Produzenten wurden schließlich gefeuert und die Geschichten über Nacht einem breiten Publikumsgeschmack angepasst: Das Ergebnis war eine zwar gut fotografierte, doch auch sehr klischeebeladene, relativ einfach gestrickte Jugendserie mit einem überdurchschnittlichen Soundtrack.

Neve Campbell betrachtet ihre Mitwirkung heute als eine Art Training für den Ernstfall. In der Staffel, in der sie mitgewirkt hat, so erzählte sie der amerikanischen Zeitschrift *Entertainment Weekly*, habe sie sehr viel über das Wesen des Filmemachens gelernt. CATWALK, das war ihre Ausbildung zur TV- und Spielfilmschauspielerin. Tatsächlich hatte sie sich von der Rolle der Daisy emotional bereits nach wenigen Episoden entfernt. Engagiert hatte man sie für die Rolle einer jungen Frau, die das Träumen nicht verlernt hat. Die Figur, die im Laufe der Zeit daraus wurde, war aber ein dummes, naives Gör, das jedem dahergelaufenen Kerl verfiel. »Es war frustrierend!«

CATWALK war in Kanada kein allzu großer Erfolg, dennoch orderte der Sender eine zweite Staffel, für die Neve Campbell vertraglich verpflichtet gewesen wäre – hätte man sie, wie eine Reihe anderer Darsteller, nicht gefeuert. Tatsächlich war MTV als Co-Produzent eingesprungen und verlangte Änderungen im Aussehen der Serie (die Episoden der zweiten Staffel erinnern in ihrer Machart eher an überlange Videoclips mit Wackelkamera als an eine TV-Serie). Der mangelnde Erfolg wurde überdies den Darstellern angekreidet, weshalb bei den meisten auf eine Einhaltung der Verträge verzichtet wurde. Um sich alle Optionen offen zu halten, starben die Ensemble-Mitglieder, die ausschieden, nun nicht den Serientod, sondern verließen Toronto aus den unterschiedlichsten Gründen. Neve Campbells Daisy wurde beispielsweise nach Los Angeles geschickt, wo sie ihrer Karriere einen Ruck geben wollte. So war nach 24 Episoden Neve Campbell nicht weiter an CATWALK gebunden. Die zweite Staffel der Serie wurde trotz der Vermarktung über MTV und neuen Darstellern ebenfalls kein Hit. Nach zwei Staffeln war endgültig Schluss. Dass Neve Campbell in ihrer Heimat heute zu den populärsten Schauspielerinnen gehört, hat sie sicherlich zu großen Teilen auch CATWALK zu verdanken. Die Serie wird regelmäßig von lokalen TV-Stationen in Kanada wiederholt, was CATWALK eine kleine, aber treue Anhängerschaft und den Darstellern eine ebenso treue Fangemeinde beschert hat.

Über mangelnde Arbeit brauchte sich Neve Campbell trotz ihres Rausschmisses nicht zu beklagen, denn in der Folgezeit spielte sie in Einzelepisoden verschiedener TV-Serien mit, die in Toronto produziert wurden. Sie hatte Auftritte in der seinerzeit ungemein erfolgreichen Comedy-Show KIDS IN THE HALL (USA 1989–94) sowie in KUNG FU – IM ZEICHEN DES DRACHEN (KUNG FU: THE LEGENDS CONTINUES, USA 1992–97), GRUSEL, GRAUEN, GÄNSEHAUT (ARE YOU AFRAID OF THE DARK?, USA/Kanada 1992–95) und ULTRAMAN – MEIN GEHEIMES ICH (MY SECRET IDENTITY, USA/Kanada 1988–93).

Dass sie nicht arbeitslos wurde, hatte sie vor allem der Tatsache zu verdanken, dass es viele US-amerikanische Produktionen nach Kanada zieht, da es dort steuerliche Vergünstigungen gibt. Die kanadischen Behörden fordern für ihr Entgegenkommen schon einige Gegenleistungen. Zum Beispiel verlangen sie, dass das Gros der Mitwirkenden vor und hinter der Kamera aus Kanadiern besteht (was erklärt, warum in einer Serie wie AKTE X quasi alle Nebenrollen mit kanadischen Schauspielern besetzt sind!).

Ein Großteil der in Kanada von US-Produzenten finanzierten Filme sind B-Movies, gedreht für den Video- oder den Fernsehmarkt. Im Rahmen einer solchen Produktion erhielt Neve Campbell schließlich auch ihre erste Spielfilm-Rolle. THE DARK (THE DARK, Kanada 1993) hieß der Horrorfilm, in des-

sen Mittelpunkt eine prähistorische Ratte (!) steht, die in einem Tunnelgewirr unter einem Friedhof lebt. Einmal an die Oberfläche gelangt, dezimiert sie die Zahl der Bewohner eines kleinen Städtchens drastisch. Die junge Polizistin Jesse (Neve Campbell) bekämpft die Ratte mit Hilfe eines Wissenschaftlers (Scott Wickware). Das »Lexikon des internationalen Films« urteilt: »Die unfreiwillige Komik in den dilettantisch abgedrehten Szenen und den sinnlosen Dialogen nehmen der Horrorgeschichte jegliche Spannung.«
Unrecht hat es nicht.

Dieser *Direct-to-Video*-Produktion folgte die Independent-Komödie PAINT CANS (Kanada 1993), in dem Neve Campbell an der Seite ihres Landsmannes Bruce Greenwood (NOWHERE MAN [NOWHERE MAN, USA/Kanada 1996]) zu sehen war. Greenwood ist in diesem Film ein überambitionierter, unabhängiger Filmemacher mit dem reizenden Namen Vittorio Musso, der mit viel Geschick und wenig Skrupel Fördergelder für seinen neuesten Film erschleicht. Neve Campbell spielt die junge Schauspielerin Tristesse, die unbedingt in seinem Film eine Rolle haben möchte. Der Film, eine Persiflage auf staatliche Filmfördersysteme aller Art, lief in Kanada und den USA auf einigen Festivals und erhielt schließlich einen kleinen Kinostart in seinem Herstellungsland, ohne dabei größeres Aufsehen zu erregen.

Direkt nach den Dreharbeiten erhielt sie eine Rolle in der Produktion BAREE: SON OF KAZAAN. Nun wurde für diese Verfilmung ein französischer Regisseur, Arnaud Sélignac, engagiert, der vor allem auf dem Sektor des Jugendfilms einige im frankophonen Raum recht erfolgreiche Filme gemacht hat. Auch die Hauptrolle des Films wurde mit einem Franzosen, Jacques Weber, besetzt, die zweite Hauptrolle hingegen ging mit Jeff Fahey an einen vor allem aus B-Spielfilmen bekannten amerikanischen Schauspieler.

BAREE: SON OF KAZAAN, angesiedelt im späten 19. Jahrhundert, erzählt die Geschichte der jungen Nepeese (Neve Campbell), einer Halbindianerin. Der einzige echte Freund des Mädchens ist ein Wolfshund namens Baree. Ort der Handlung ist der unbarmherzige Norden Kanadas, wo sich vor allem Glücksritter auf der Suche nach Reichtum und

Wohlstand herumtreiben. Obwohl Nepeese eine Außenseiterin ist, führt sie doch ein glückliches Leben. Bis zu dem Tag, an dem ihr Vater von einem Händler ermordet wird, der Nepeese zur Frau haben will. Im Kampf um ihre Freiheit lernt sie den jungen Abenteurer Paul (Jeff Fahey) kennen – und lieben.

Um die Geschichte kurz zu machen: Regisseur Sélignac kam mit den amerikanisierten Produktionsverhältnissen nur schwer zurecht, der gesamte Film entwickelte sich zu einem unglücklichen Zwitter aus internationaler Videoproduktion und franko-kanadischem ›Schwermutfilm‹. Obwohl sich die Produzenten sogar einen Kinostart erhofft hatten, waren sie am Ende froh, dass der Film unter einem neuen Titel, NORTHERN PASSAGE (Kanada/Frankreich 1993), an das amerikanische Fernsehen verkauft werden konnte. In Deutschland war er nicht zu sehen.

Ungefährlich waren die Dreharbeiten für Neve Campbell übrigens nicht. Bei den Dreharbeiten in der Wildnis wurde sie von einem (eigentlich dressierten) Bären angegriffen und am Bein verletzt. Nur das schnelle Eingreifen eines Stuntman, der das Interesse des Bären auf sich lenkte, verhinderte Schlimmeres.

Kaum waren die Dreharbeiten im französischsprachigen Teil Kanadas abgeschlossen, standen zwei Rollen in US-Produktionen an, die in Toronto und Vancouver entstanden und in denen Neve Campbell vor allem dazu diente, die kanadische Quote zu erfüllen. Der erste Film war die CBS-Produktion JANEK: THE FORGET-ME-NOT MURDERS (USA 1993), in dem TV-Veteran Richard Crenna in der Rolle eines New Yorker Polizisten zu sehen ist, der einen Serienkiller jagt, dessen achtes Opfer seine Patentochter (Neve Campbell) ist.

Neve Campbells Auftritte in dem Film sind kurz und wenig einprägsam, im Gegensatz zu denen in dem NBC-Film I KNOW MY SON IS ALIVE a.k.a. WEB OF DECEIT (USA 1993). In diesem Film ist Neve Campbell in der Rolle eines naiven Kindermädchens im Hause eines gut betuchten Ehepaares (Corbin Bernsen und Amanda Pays) zu sehen, die vom Hausherren in ein Komplott verstrickt wird. Die Ehefrau soll in den Wahnsinn getrieben werden. Da Bernsen und

Pays auch im realen Leben ein Ehepaar sind, gelingt es den beiden vorzüglich, eine richtige Spannung zwischeneinander aufzubauen, wie sie in Fernsehfilmen dieser Art selten ist. Von diesem Suspense konnte auch Neve Campbell profitieren.

Doch wohin würde sie diese Leistung bringen? Lief sie nicht Gefahr, eine Quoten-Kanadierin in US-amerikanischen Fernsehfilmen zu werden? Eine ganze Reihe von kanadischen Schauspielern leben recht gut davon, in US-Produktionen Nebenrollen zu spielen. Die Hauptrollen aber bleiben in der Regel US-Amerikanern vorbehalten. Neve erkannte, dass der kanadische Markt bei all seinen Möglichkeiten und seiner Vielfältigkeit eben doch beschränkt ist. Wenn sie also noch einen Schritt weiter die Karriereleiter hinauf wollte, musste sie den gleichen Weg gehen, den vor ihr bereits Landsleute wie Michael J. Fox, Dan Aykroyd oder Jim Carrey gegangen waren: Sie musste Kanada verlassen und in die USA ziehen. Gegen den Rat ihrer Familie und ihres Freundes packte sie also im Januar 1994 ihre Koffer und zog – ganz auf sich alleine gestellt, gerade einmal 20 Jahre alt – nach Hollywood.

PARTY OF FIVE

Es hat nicht viel gefehlt, und um ein Haar hätte Neve Campbell eine Hauptrolle in einer der erfolgreichsten TV-Serien der Welt bekommen. Man spricht es nur sehr ungerne aus, doch eine der erfolgreichsten TV-Serien der Welt ist – BAYWATCH – DIE RETTUNGSSCHWIMMER VON MALIBU (USA 1989 bis heute). Ihre neue Agentin Arlene Forester hatte Neve zum Casting geschickt. Und diese hatte, bei allen Bedenken, das Casting auch besucht, da sie als Kanadierin in den USA ein großes Problem hatte: Ihre Arbeitserlaubnis, die Green Card, hatte nur eine zeitlich begrenzte Gültigkeit. Würde sie innerhalb der nächsten zwölf Monate keinem geregelten Job nachgehen, hätte dies für sie das Aus als Schauspielerin in den USA bedeutet. Daher war sie bereit, auch niveaulose Rollen anzunehmen, solange es sich um seriöse Produktionen handelte.

Doch Neve Campbell hatte Glück: Sie wurde nicht genommen, da ihre optischen Reize für eine Rolle in der Bikini-Serie nicht ausreichten (jene Reize, denen man im Notfall mit Silikon auf die Sprünge helfen kann ...). Es war Glück, denn betrachtet man sich einmal die Karrieren anderer BAYWATCH-Hauptdarstellerinnen, merkt man recht schnell, dass keiner von ihnen der Sprung ins seriöse Schauspielfach gelungen ist.

Nur wenige Tage später wurde sie zu einem zweiten Casting eingeladen. Das Projekt klang vielversprechend, denn es handelte sich um eine TV-Serie des Senders FOX, der 1994 noch den Ruf besaß, neue, ungewöhnliche Formate auszuprobieren, die andere Sender als zu experimentell, anspruchsvoll oder auch niveaulos abgelehnt hatten (seinen Ruf als experimentierfreudiger Sender hat FOX inzwischen leider verloren). Zu den Serien, die um 1994 herum die Welt erobert haben, die in den USA jedoch auf keinem anderen Sender eine Chance erhalten hätten, gehören Formate wie DIE SIMSPONS (THE SIMPSONS, USA seit 1989), EINE SCHRECKLICH NETTE FAMILIE (MARRIED ... WITH CHILDREN, USA 1987-98) und 1994 noch frisch im Programm, AKTE X. Ihren größten Erfolg in den USA aber hatte der Sender mit der Serie BEVERLY HILLS, 90210 errungen. In vielen Belangen war die Serie zu dieser Zeit natürlich eine normale Teenager-Serie über High School, Liebesprobleme, Intrigen, Stress mit den Eltern. Vieles davon mag banal gewesen sein. Die Macher der Serie bemühten sich dennoch darum, der Serie in einigen Handlungssträngen Tiefe und damit auch Anspruch zu verleihen. Außerdem merkte man sehr schnell, dass viele Zuschauer um die 20 nach etwas tiefgreifenderen Geschichten dürsteten. FOX reagierte auf zwei Ebenen. Für die Zuschauer, die sich für BEVERLY HILL, 90210 ganz einfach zu alt fühlten, entwickelten sie die Spin-Off-Serie MELROSE PLACE (MELROSE PLACE, USA 1992-99). Für jene, die in den Geschichten mehr erzählerische Tiefe verlangten, kam PARTY OF FIVE (USA 1994 bis heute).

Im Mittelpunkt der Serie stehen die fünf Kinder der Familie Salinger, die ihre Eltern bei einem Autounfall verlieren. Der jüngste Salinger, Owen, ist am Tag des Unfalls gerade einmal ein Jahr alt, der Älteste, Charlie (Matthew Fox), 24! Charlie ist von einem Tag auf den anderen gezwungen, Vaterpflichten für die gesamte Familie zu übernehmen, obwohl er sich selbst noch nicht wirklich erwachsen fühlt. Er übernimmt die Erziehung Owens und wird fortan Ansprechpartner und Vormund für seine jüngeren Geschwister, den 16-jährigen Bailey (Scott Wolf), die elfjährige Claudia (Lacey Chabert) und der beim Unfall ihrer Eltern gerade 15-jährigen Julia (Neve Campbell). PARTY OF FIVE erzählt nun eigentlich nichts anderes als Geschichten vom Erwachsenwerden, nur dass hier die Jugendlichen alleine damit zurechtkommen müssen, gestützt auf den jeweils anderen, doch ohne den Rat der Eltern.

Neve Campbell war von der Idee der Serie sehr angetan. Sie klang wirklich vielversprechend, vor allem aber stand der Name des Produzenten Ken Topolsky für Qualität. Topolsky hatte zuvor äußerst erfolgreich die TV-Serie WUNDERBARE JAHRE (THE WONDER YEARS, USA 1988–92) produziert und einen Großteil der Episoden selbst geschrieben. Schon WUNDERBARE JAHRE befasste sich mit dem Erwachsenwerden (in diesem Fall stand ein Junge Ende der 60er Jahre im Mittelpunkt des Geschehens).

Neve Campbells Casting verlief wenig aufregend. Man hatte ihr bereits zuvor mitgeteilt, dass sie viele Eigenschaften, die Topolsky verlangte, mitbrachte: Topolsky wollte für die Rolle der Julia eine eher unscheinbare Schönheit, das Mädchen von nebenan eben. Rein äußerlich entsprach sie dieser Rolle perfekt. Außerdem brauchte Topolsky für seine Serie, die neben den Salingers noch eine ganze Reihe weiterer, stets wiederkehrender Charaktere umfassen sollte, einen Schauspielerstamm mit Kameraerfahrung. Zumindest die Hauptfiguren mussten die Serie von der ersten Episode an tragen. Für Neve sprach in diesem Zusammenhang vor allem ihre Mitwirkung in CATWALK. Außerdem war sie frei. Die Vorbereitungen für den Pilotfilm hätten zu dem Zeitpunkt, an dem Neve die Einladung zum Casting bekommen hatte, eigentlich schon abgeschlossen sein müssen. Doch die Rolle der Julia war noch immer nicht vergeben. Der Rest der Geschichte ist leicht erzählt: Neve sprach vor und zwei

Minuten später (so die sicherlich etwas geschönte Überlieferung), erhob sich Co-Produzent Chris Keyser und dankte Neve Campbell. Sie solle sich in den nächsten Tagen und Wochen nichts vornehmen, denn sie wäre Julia!
Was sich unspektakulär anhört, war das Ende einer Suche, bei der über 300 Jungschauspielerinnen zum Vorsprechen eingeladen worden waren. Keine der jungen Frauen hatte dem TV-Sender gefallen. Ob Neve in diesem Moment wirklich die absolute Idealbesetzung war – wir werden es niemals erfahren. Tatsache ist, dass sich der Sender und die Produzenten bezüglich der Besetzung der Serie im Vorfeld derart zerstritten hatten, dass der anvisierte Beginn der Produktion ins Wanken geriet. FOX war mit dem Konzept der Serie von Anfang an nicht glücklich. Doch der eigentliche Erfinder der Serie, Chris Keyser, hatte mit Ken Topolsky einen Mann gefunden, der einen gewissen Einfluss im Fernsehgeschäft hatte und die Serie als sein Format verkaufte. Dieser war von der Idee begeistert, der FOX hingegen war PARTY OF FIVE zu unspektakulär. Gerade die Serien ihres Senders hatten stets mehr Sex und Crime als die Reihen der anderen, etablierten Fernsehanstalten zu bieten gehabt. PARTY OF FIVE war das genaue Gegenteil dessen, was FOX groß gemacht hatte. Andererseits hatte Topolsky mit WUNDERBARE JAHRE beweisen, dass unspektakuläre Geschichten, wenn sie gut geschrieben sind, ein Millionenpublikum begeistern können.
Der Streit führte dazu, dass eine Rolle am Ende dringend besetzt werden musste und es fast schon egal war, wer sie spielte. Neve Campbell war verfügbar. Sie bekam den Job. Und es dürfte sie wenig gekümmert haben, ob sie die erste Wahl für die Rolle gewesen ist. Für sie bedeutete das Engagement ganz einfach: ein Job in Hollywood und die automatische Verlängerung ihrer Arbeitserlaubnis. Was eigentlich gar nicht nötig gewesen wäre. Gedreht wurde der Pilotfilm nämlich in Vancouver, Kanada.
Trotz der Querelen im Vorfeld gab es nach dem Ende der Dreharbeiten grünes Licht für 22 Episoden! Als Sendeplatz wurde der Montag Abend, 21 Uhr, direkt im Anschluss an MELROSE PLACE, festgelegt. Doch trotz der intelligenten

Programmplanung, entpuppten sich die Quoten als eine Katastrophe. Da halfen auch die guten Kritiken in Fernsehmagazinen nichts mehr. Gegen Football zur selben Zeit auf dem Sender ABC, konnte PARTY OF FIVE nichts ausrichten. Also wurde der Sendeplatz auf Mittwoch, 21 Uhr, nach BEVERLY HILLS, 90210 verlegt, was die Quoten nur geringfügig verbesserte.

Zu jener Zeit besaßen die Verantwortlichen des Senders FOX jedoch noch eine Tugend, die im Fernsehgeschäft heute kaum mehr anzutreffen ist: Geduld. Serien wie DIE SIMPSONS und AKTE X hatten bewiesen, dass es Reihen gibt, die eine gewisse Anlaufphase benötigen, um das Publikum auf sich aufmerksam zu machen. Diese Tugend besitzt der Sender heute nicht mehr. Eine Serie wie HARSH REALM (USA 1999) von Chris Carter wurde von FOX nach gerade einmal drei Episoden aus dem Programm genommen. Offenbar erinnert sich niemand mehr daran, dass dessen erste Serie, AKTE X, zu Beginn 1993 ein Quotenflop gewesen ist. Und was ist aus ihr geworden?

Die Geduld für PARTY OF FIVE wurde belohnt. Die Serie entwickelte sich im Laufe der *season* zu einem bodenständigen Erfolg. Es wäre vermessen, von einem Hit zu sprechen. Aber es hatte sich relativ schnell eine Fangemeinde entwickelt, die begierig Woche für Woche die Geschehnisse im Hause Salinger verfolgte. Als das TV-Magazin *USA Weekly* berichtete, die Serie würde wahrscheinlich mit dem Ende der ersten *season* auslaufen, erhielt der Sender 15 000 Fan-Briefe, die allesamt darum baten, die Serie fortzusetzen werden. Diese Aktion bescherte der Serie natürlich die Aufmerksamkeit der Öffentlichkeit, was sich positiv auf die Quoten auswirkte – und so entschied sich FOX, eine zweite Staffel zu produzieren, die ebenfalls zufriedenstellende, aber keine überragenden Quoten erzielte. Dass sie dennoch grünes Licht auch für eine dritte Staffel bekamen, ist vor allem Peter Roth, dem Chef des Senders zu verdanken, der erkannt hatte, dass Mitte der Neunziger Jahre der Zeitpunkt gekommen war, an dem sich die Jugendlichen an den immer gleichen BEVERLY HILLS BAYWATCH – Schönheiten und Bodies sattgesehen hatten. PARTY OF FIVE hatte das Publikum um die 20 erreicht, Roth sah jedoch die Möglichkeit, auch die Teenager für die Serie zu interessieren. Also schickte er seine Stars auf Tour durchs Land. Autogrammstunden hier, Interviews dort. Diese Strategie zahlte sich aus. Vor allem für Neve Campbell, die mehr und mehr im Mittelpunkt des Interesses stand. Obwohl sie selbst längst über 20 war, war ihr Charakter Julia in der zweiten Staffel gerade einmal 16 geworden. Julia war ein wenig das Sorgenkind der Familie. In vielen Dingen unentschlossen, in der Liebe verwirrt, beging sie oft Fehler und machte ihrem älteren Bruder viele Sorgen. Genau diese Figur war es, die die Teenager aber in ihr Herz schlossen. Vor allem die Mädchen, denn Julia – und somit Neve Campbell – war eine der ihren. Nicht perfekt, oft chaotisch. Aber irgendwie sympathisch. In Sachen Beliebtheit hatte sie dennoch eine Konkurrentin: Jennifer Love Hewitt, die 1995 als Freundin von Bailey in die Serie eingeführt wurde. Die gerade einmal 15-jährige stand bereits seit Kindertagen vor der Kamera und verstand es sehr gut, mit ihrem Charme vor allem die jungen männlichen Zuschauer für die Serie zu begeistern. Privat wurden Neve und Jennifer Love Hewitt nicht gerade Freundinnen. Neve Campbell verstand sich zwar mit ihren Kolleginnen und Kollegen, doch Freundschaften entstanden keine – außer mit der gerade einmal 12-jährigen Lacey Chabert, die sich als jüngste Darstellerin ein wenig verloren auf dem Set vorkam und für die Neve mehr und mehr hinter der Kamera die Rolle einer großen Schwester einnahm. Da die Serie inzwischen nicht mehr in Vancouver, sondern in den Studios der Sony Pictures in Hollywood gedreht wurde, war Neve erneut von ihrer Familie getrennt. Vor allem die Trennung von ihrem Freund machte ihr zu schaffen. Dieser hatte inzwischen einen Moderatoren-Job in einer TV-Show angenommen. Dennoch wäre er ohne Weiteres bereit gewesen, nach Los Angeles zu ziehen. Doch obwohl Neve für ihn bürgen wollte, bekam er keine Arbeitserlaubnis und somit nur eine befristete Aufenthaltsgenehmigung. Etwas mehr Glück hatte ihr Bruder Christian, der es ebenfalls in Hollywood versuchen wollte, und eine Arbeitsgenehmigung erhielt. Da er jedoch kein Engagement fand, wurde er langsam und unmerklich zu Neves persönlichem Assistenten. Diesen Job übt er bis heute aus.

Um nicht auf die Rolle einer TV-Serienschauspielerin festgelegt zu werden, nahm die Campbell in einer Drehpause von PARTY OF FIVE eine Hauptrolle in dem TV-Spielfilm THE CANTERVILLE GHOST (USA 1995) an, der in Großbritannien gedreht wurde. Es handelt sich hierbei um eine Adaption der gleichnamigen Novelle von Oscar Wilde aus dem Jahre 1891, in dessen Mittelpunkt ein amerikanischer Professor steht, der im Rahmen einer Forschungsarbeit mit seiner Familie nach England zieht und fortan im Anwesen Canterville lebt. Sehr zum Unbehagen des Besitzers, der sich entschließt, die unliebsamen Amerikaner mit Spuk und Spiritismus aus seinem Haus zu vertreiben. Der in die Jahre gekommene Sir Simon de Canterville verliebt sich allerdings in die junge Tochter des Amerikaners, die zu seiner Überraschung seine Gefühle erwidert.

Die junge Tochter wurde natürlich von Neve Campbell dargestellt, Sir Simon de Canterville von niemand geringerem als Patrick Stewart, auch bekannt als Jean-Luc Picard, Kommandant des Raumschiffes Enterprise.

Der Film, der im Januar 1996 im US-Fernsehen ausgestrahlt wurde, war ein Quotenhit, bekam hervorragende Kritiken und erhielt zur Freude des Fernsehsenders ABC den Family Film Award für herausragende Fernsehunterhaltung für die ganze Familie. Dies alles war für Neve Campbell die Krönung unvergesslicher Dreharbeiten in Großbritannien: unvergesslich, da sie dort, während einer kurzen Drehpause am 4. April 1995, ›mal eben‹ ihren Freund Jeff Colt geheiratet hatte.

DER HEXENCLUB

Der Januar des Jahres 1996 war für Neve Campbell ein guter Monat: THE CANTERVILLE GHOST wurde ein Quotenhit und PARTY OF FIVE wurde sensationell mit dem Golden Globe für die beste dramatische Serie ausgezeichnet, wobei Serien wie E/R (E/R, USA seit 1994) oder CHICAGO HOPE – ENDSTATION HOFFNUNG (CHICAGO HOPE, USA seit 1994) überraschend aus dem Rennen geschlagen wurden. Für die Serie bedeutete dies endgültig den Durchbruch und

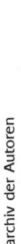

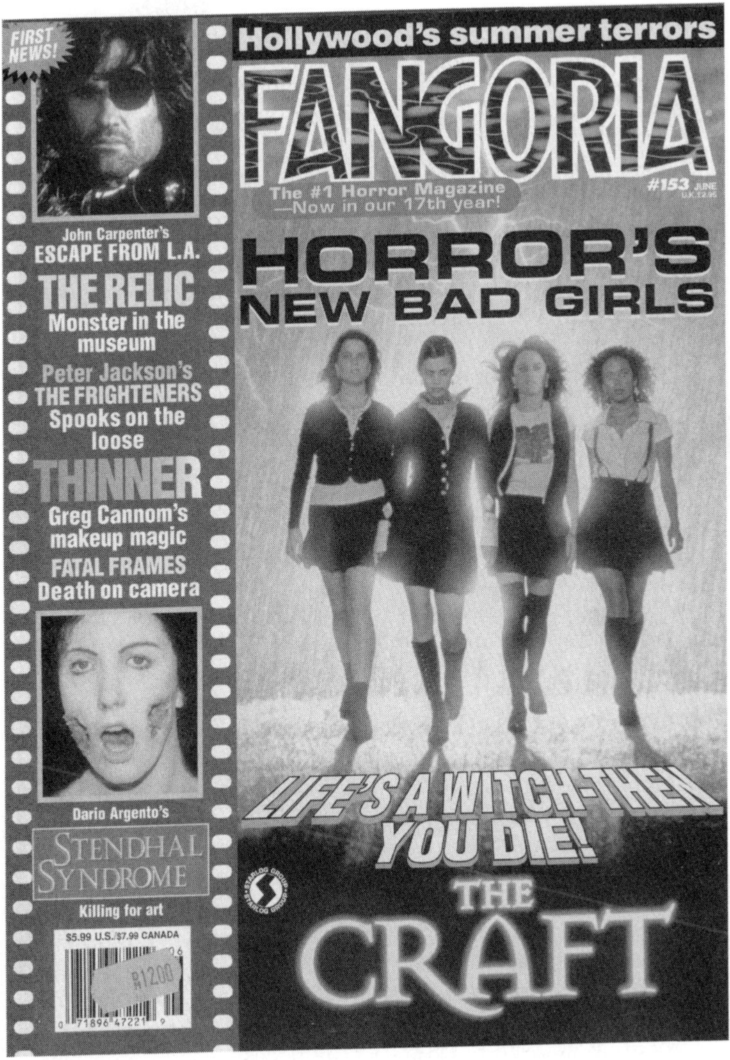

Privatarchiv der Autoren

Neve Campbells erster Kontakt zum Horrorgenre: Der qualitativ leider unterschätzte DER HEXENCLUB war der eher derben Horror zelebrierenden US-Zeitschrift Fangoria sogar ein Titelbild wert.

damit die Genehmigung einer dritten und schließlich weiterer Staffeln.

In diesem Monat hatte sie außerdem die Dreharbeiten zu DER HEXENCLUB (THE CRAFT, USA 1996) abgeschlossen, ihrem ersten richtigen Kinofilm (wenn man den ursprünglich als Kinofilm konzipierten NORTHERN PASSAGE einmal außer Acht lässt). Bei dieser Produktion handelte es sich um ein ›Nebenbei-Produkt‹, einen Film, in den das Studio, in diesem Fall Sony (Columbia TriStar), keine großen Erwartungen setzte. Fairuza Balk, Robin Tunney, Rachel True und Neve Campbell waren vier Jungschauspielerinnen um die 20, die in diversen Film- und Fernsehrollen ein klein wenig auf sich aufmerksam gemacht hatten und deren Namen zumindest für ein paar Dollar an den Kassen gut waren. Diese Laisser-faire-Einstellung kam dem Film zugute. Das Studio beobachtete nicht jeden Schritt von Regisseur Andrew Fleming, sodass dieser ohne einen allzu großen Druck an dem Film arbeiten konnte: Es geht um vier Schülerinnen einer elitären High-School, die dort Außenseiterinnen sind. Genau dieser Status bringt sie eines Tages zusammen. Sie werden Freundinnen. Aus Neugierde beginnen sie sich mit Hexenkunst und Magie zu befassen – und zu ihrer eigenen Überraschung entpuppen sie sich als äußerst talentierte Hexen. Doch in ihrer Euphorie gehen sie einen Schritt zu weit.

Ohne Zweifel ist DER HEXENCLUB ein Teen-Horrorfilm. Und er ist vor SCREAM entstanden! Auch in DER HEXENCLUB kommt die Bedrohung der Gruppe, in diesem Fall von vier Freundinnen, nicht von außen. Die Hexerei als solche wird weder als etwas Gutes noch etwas Böses dargestellt. Wichtig ist, wie die Mädchen mit ihr umgehen. Weil sie sich bald gegenseitig übertrumpfen wollen, kommen Missgunst und Neid in die Gruppe. Und damit wird die Hexerei für alle Mädchen zu etwas Bedrohlichem.

In den USA startete der Film am 3. Mai gegen den im Vorfeld groß beworbenen Pamela-Anderson-Streifen BARB WIRE (BARB WIRE, USA 1996) und das mit Sharon Stone prominent besetzte Gefängnisdrama LAST DANCE (LAST DANCE, USA 1996). Obwohl ein Außenseiter im Rennen um die Publikumsgunst, erwischte DER HEXENCLUB den besten

Start und spielte schließlich rund 25 Millionen Dollar ein (was offenbar dem Doppelten seiner Herstellungskosten entspricht). Weltweit kamen noch einmal rund 30 Millionen dazu.

Neve Campbell erinnert sich an die Dreharbeiten allerdings nicht gerne zurück. Zwar freundete sie sich mit Rachel True an, mit den anderen Hauptdarstellerinnen aber stand sie in einem harten Konkurrenzkampf. Da jede Darstellerin im Skript etwa den gleichen Stellenwert erhalten hatte, versuchte nun jede, sich bei den Dreharbeiten in den Vordergrund zu rücken, um somit den darstellerischen Anteil am fertigen Film zu steigern. Einen solch harten Konkurrenzkampf kannte sie von ihren Fernseharbeiten nicht, denn gerade in einer Serie wie PARTY OF FIVE achteten schon die Produzenten auf ein gutes Klima unter den Darstellern, um Streitereien, die sich nur negativ auf die Produktion auswirken konnten, zu vermeiden.

DER HEXENCLUB war für Neve Campbell in der Form interessant, dass es der erste Film für sie war, für den sie Recherchen betreiben musste. Zum einen musste sie einige Bücher zum Thema Wicca (Hexenkult) lesen, einer in den USA übrigens anerkannten Religion. Zum anderen aber musste sie sich mit dem Thema Verbrennungen beschäftigen: Bonnie, das Mädchen, das sie darstellt, hat bei einem Autounfall im Kindesalter schwere Verbrennungen an großen Teilen ihres Körpers erlitten.

Im Sommer des Jahres 1996 bezogen Neve Campbell und ihr Mann ein eigenes Haus (in dem, wie sich herausstellen sollte, 1991 ein brutaler Mord geschehen ist!), in dem sie sich ein eigenes, kleines Tanzstudio einrichtete. Seit dem überraschenden Erfolg von DER HEXENCLUB bekam sie vermehrt Drehbücher zu Kino-Produktionen zugeschickt. PARTY OF FIVE sicherte ihr ein festes Einkommen zu. Das Leben hätte besser kaum laufen können. Doch es gab etwas, das nicht funktionierte: ihre Ehe. Die beiden hatten sich in der Zeit entfremdet, in der sie alleine in den USA gearbeitet hatte. Die überraschende, spontane Eheschließung in Großbritannien war, wie sich die beiden eingestehen mussten, nicht mehr gewesen als der Versuch, ihre Beziehung zu retten.

Das wurden ihnen klar, als sie das Haus bezogen. Doch noch hielt die Ehe.

SCREAM

Aufgrund ihrer Fernsehpopularität wurde Neve Campbell im Sommer 1996 zur Sprecherin der Tourette Syndrome Association ernannt. Das Tourette-Syndrom ist eine angeborene neurologische Krankheit. Erkrankte Menschen zucken, spucken, stampfen, verziehen das Gesicht, werfen den Kopf nach hinten, stoßen unverständliche Schreie aus oder stehen unter dem Zwang, vulgäre Ausdrücke von sich zu geben. Des weiteren leiden sie unter Konzentrationsschwäche oder Hyperaktivität. Neve Campbell engagiert sich in dieser Vereinigung, da ihr jüngerer Bruder Damian sehr schwer an dieser Krankheit leidet.

In diesem Sommer wollte Neve außerdem in einem Film von ABC mitspielen. Sie war in dieses Projekt bereits involviert, als sie das Drehbuch zu SCREAM zugeschickt bekam. Drew Barrymore hatte für die Hauptrolle bereits zugesagt, auch Courtney Cox und Skeet Ulrich, der schon in DER HEXENCLUB eine Hauptrolle gespielt hatte, waren bereits an Bord. Die Produktion, die zu diesem Zeitpunkt noch den Arbeitstitel WES CRAVEN'S SCARY MOVIE trug, stand bereits in den Startlöchern, einige Rollen waren jedoch noch zu besetzen. Neve wurde zu zwei Vorsprech-Terminen und einem Screentest eingeladen, traf Wes Craven – und hatte eine Rolle.

Nun sollten sich die Dreharbeiten überschneiden. Da sie auf keinem Fall SCREAM aufgeben wollte, immerhin handelte es sich dabei um einen Kinofilm, bat sie ABC um ein Gespräch bezüglich einer einvernehmlichen Lösung. Craven, dem Neve Campbell gefiel, war bereit, ihr Tage freizugeben und den Drehplan diesbezüglich mit ABC abzusprechen. Doch ABC fand das Verhalten der jungen Dame anmaßend – und kündigte ihren Vertrag. Zur Freude Cravens, der seine Hauptdarstellerin verloren hatte, da diese aufgrund einer anderen, älteren Vertragsbindung plötzlich ausfiel (um sich bei Craven zu entschuldigen, schlug ihm Drew Barrymore einen

Cameo-Auftritt vor, aus dem schließlich die Eingangssequenz des Films entstand).

Craven hatte bereits während des Castings überlegt, Neve Campbell für die Rolle der Sidney Prescott vorzuschlagen. Da Drew Barrymore jedoch Interesse an der Hauptrolle signalisiert hatte – und sie war nun einmal der größere Star – hatte Craven diese Idee nicht weiter verfolgt. Jetzt aber konnte er Neve Campbell die Hauptrolle seines neuen Films anbieten.

Kaum zu glauben, doch um ein Haar hätte Neve Campbell diese Rolle ablehnen müssen. Würde sie die Hauptrolle annehmen, erklärte sie Craven, käme die doppelte Drehzeit auf sie zu – und es gäbe Überschneidung mit den Dreharbeiten zur dritten Staffel von PARTY OF FIVE. Craven sah darin jedoch keine Probleme. Das Gros der Arbeiten an PARTY OF FIVE fand zwischen 7 und 17 Uhr statt. Wer hinderte Neve Campbell also daran, zwischen 18 und 6 Uhr SCREAM zur Verfügung zu stehen? Die Nachtszenen waren sowieso für das letzte Drittel des Drehs geplant gewesen. Wo also lag das Problem?

Schlaf, erklärte Neve Campbell in diversen Interviews zum Start des Films, sei ein Luxus gewesen, den sie sich während der zweiten Hälfte der Dreharbeiten kaum mehr leisten konnte. Es gab Tage, an denen sie tatsächlich kaum mehr als eine Stunde Schlaf bekam. Hinzu kam der Kontrast zwischen PARTY OF FIVE, einer familienfreundlichen Fernsehserie, und SCREAM. Teilweise kam es sie sich vor, als sei sie bei SCREAM in einem Schlachthaus gelandet. Immer wieder war sie blutverschmiert. Da Craven gerade in den Slasher-Szenen Anschlussfehler vermeiden wollte, durften die durchtränkten Kleidungsstücke nicht gewaschen werden, sodass Neve Campbell teilweise drei Wochen lang das gleiche T-Shirt tragen musste, was sie als wenig hygienisch in Erinnerung hat. Dazu kamen die körperlichen Strapazen: Mal musste sie um ihr Leben rennen, mal wurde sie im Kampf zu Boden gerissen. Als ehemalige Tänzerin waren ihr viele Dinge, wie dramatisch zu stürzen, ohne sich zu verletzen, bekannt und sie fand es eigenartig, in vielen harmlosen Actionszenen gedoubelt zu werden. Doch die Bitte, einige der Stunts selbst durchführen zu dürfen, wurde von Craven mit Blick auf den Tod der Stuntfrau während der Dreharbeiten zu VAMPIRE IN BROOKLYN strikt abgelehnt.

Im Gegensatz zu PARTY OF FIVE, wo sie nur wenig privaten Kontakt zu den anderen Darstellern pflegte, freundete sie sich bei SCREAM mit einigen Darstellern recht schnell an. Vor allem Matthew Lillard wurde ein guter Freund über die Dreharbeiten hinaus. Lediglich mit Courtney Cox hatte sie hin und wieder ihre Probleme. Als Hauptdarstellerin von FRIENDS (FRIENDS, USA seit 1994) ist die Cox in den USA ein großer Fernseh-Star. Und offenbar passte es ihr nicht, dass Neve wohlwollender von Craven behandelt wurde als sie. Die Feindschaft ihrer beiden Film-Figuren übertrug sich zwar nicht auf die Arbeit, doch Freundinnen wurden die beiden nicht.

Nach dem Ende der Dreharbeiten atmete Neve Campbell erst einmal kräftig durch. Da für den Film eine große Werbekampagne geplant war und die Besetzung vor allem das jugendliche Publikum ansprach, rechnete Dimension Film mit Einnahmen von 40 Millionen Dollar. Neve Campbell hatte daher bereits eine Klausel unterschreiben müssen, im Falle eines Erfolges in einer Fortsetzung mitzuspielen.

Doch an eine solche Fortsetzung glaubte sie nicht. 40 Millionen, das sah auf den ersten Blick gut aus. Doch SCREAM hatte 14 Millionen Dollar gekostet, 25 Millionen sollte alleine die Werbekampagne verschlingen. Das heißt, ein Gewinn konnte nach dieser Kalkulation nur durch den internationalen Verkauf des Films, sowie die Video- und Fernsehrechte erzielt werden. Und üppig würde dieser Gewinn, Neves Meinung nach, nicht ausfallen. SCREAM glaubte sie, würde ihr persönlich den Durchbruch als Kinoschauspielerin bescheren. Ansonsten war das Thema SCREAM für sie nach den Dreharbeiten erledigt.

Neve Campbell – A Star Is Born

103 Millionen Dollar Einspielergebnis. Und das nur in den USA! Neve Campbell war von diesem Erfolg überrannt worden. Sie gab Interviews am laufenden Band, wurde in Shows

Ein infernalisches Duo, das nichts Gutes im Sinn hat: Neve Campbell und Denise Richards in Pose für den Film WILD THINGS.

Film-Archiv Lothar R. Just

wie SATURDAY NIGHT LIVE eingeladen und moderierte bei den MTV Movie Awards. Vom Erfolg von SCREAM profitierte auch die PARTY OF FIVE-Serie, deren Einschaltquote im Januar 1997 zulegte und das neu gewonnene Publikum über die gesamte dritte *season* halten konnte.

Für ihr Privatleben entwickelte sich der Erfolg jedoch zu einer Katastrophe. Die Klatsch-Presse hatte einen neuen, unverbrauchten Liebling gefunden, über den noch nichts geschrieben worden war. Und es dauerte nicht lange, bis die ersten Geschichten über ihre strauchelnde Ehe in den einschlägigen Blättern auftauchten. Ihr Mann, der von seiner Musik und kleineren TV-Arbeiten in Kanada ganz gut leben konnte, ohne damit Reichtümer anzuhäufen, kam immer weniger mit dem Ruhm klar, den seine Frau erlangte.

Es war nur eine Frage der Zeit, bis ihre Ehe den Druck nicht mehr aushalten würde. Am 29. Juli 1997 ging ein Fax ihres Agenten an die einschlägigen Agenturen, in denen er diesen mitteilte, dass sich Neve Campbell und Jeff Colt getrennt hätten. Am 6. November des Jahres wurde ihre Ehe für geschieden erklärt.

Um dem Trubel um ihre Person zu entkommen, stürzte sich Neve Campbell in die Arbeit. Sie unterschrieb für die vierte Staffel von PARTY OF FIVE (obwohl ihr ihr Agent angeboten hatte, sie aus dem über fünf Staffeln laufenden Formvertrag herauszuholen) und übernahm einen wichtigen Part in John McNaughtons Thriller WILD THINGS (WILD THINGS, USA 1997), den der Sumpfblüte Suzie Toller. Der Inhalt von WILD THINGS: Die aus reichem Hause stammende Kelly van Ryan (Denise Richards) behauptet, von dem beliebten Lehrer Sam Lombardo (Matt Dillon) vergewaltigt worden zu sein. Als die aus den Slums der Stadt stammende Suzie die gleiche Behauptung aufstellt, droht Lombardo eine lange Haftstrafe. Doch vor Gericht gelingt es Lombardos Anwalt (Bill Murray), Suzie als Lügnerin zu entlarven. Wie sich im Laufe der Geschichte jedoch herausstellt, handelt es sich bei alldem um eine Intrige, die Lombardo, Kelly und Suzie zusammen ausgeheckt haben, um Kellys Mutter (Theresa Russell) zu erpressen. Doch wechselnde Allianzen und neue Mitspieler des Komplotts führen dazu, dass aus dem bösen Spiel bald tödlicher Ernst wird.

Der Film war ein bodenständiger Erfolg, aber kein Hit. Die Geschichte selbst übertreibt es am Ende leider mit immer neuen Wendungen und Überraschungen, dennoch handelt es sich hier um einen äußerst unterhaltsamen Thriller.

Zu hören war Neve Campbell kurze Zeit später in der Disney-Videoproduktion DER KÖNIG DER LÖWEN 2 (THE LION KING II: SIMBA'S PRIDE, USA 1997) in der Rolle der Löwin Kiara. Kaum hatte sie die Arbeiten im Studio abgeschlossen, erwartete sie Wes Craven am Set von SCREAM 2.

SCREAM 2

Neve Campbell war vertraglich an das Sequel gebunden, hatte jedoch ihre Bedenken. Sie befürchtete eine Neu-Auflage des ersten Teils und war positiv überrascht, als sie feststellen musste, dass es sich um eine echte Fortsetzung mit interessanten Wendungen handelte, in der sich Charaktere weiterentwickeln durften. Außerdem war sie überrascht, von Craven direkt auf ihre Rolle angesprochen und um Vorschläge bezüglich ihrer Entwicklung gebeten zu werden. Abgesehen davon, dass sie Sidney etwas erwachsener spielen wollte, als das Drehbuch dies vorsah, war sie mit dem, was Kevin Williamson erschaffen hatte, mehr als zufrieden.

Für Teil 1 hatte sie inzwischen den MTV Movie Award als beste Schauspielerin erhalten und mit ihrem Co-Star Matthew Lillard hatte sie gar eine Affäre, die gerade in den amerikanischen Jugendmagazinen für Furore sorgte. Als dann Teil 2 noch mehr Geld einspielte als Teil 1, unterstrich dies ihren Marktwert. Und damit sollte das Kapitel SCREAM für Neve Campbell gestorben sein. Doch wer kann schon einem Angebot über fünf Millionen Dollar widerstehen?

Studio 54 bis SCREAM 3

Neve Campbell hatte eine ganze Reihe von Verträgen vorliegen, die sie nur noch unterschreiben brauchte. Im Mittelpunkt stand für sie noch immer PARTY OF FIVE, sodass sie ihre Zeit nach wie vor gut einteilen musste.

Da gab es zum einen den Film HAIR SHIRT (Kanada 1998), den Dean Paras, Katie Wright und Nate Tuck, Freunde von Christian Campbell, geschrieben hatten. Christian, der nach wie vor als Schauspieler arbeitete (allerdings mit nur sehr mäßigem Erfolg), legte das Skript um einen Weiberhelden, der einst eine Hollywood-Diva verführt hat und nun deren Rache ausgesetzt ist, seiner Schwester vor. Zusammen produzierten sie den Film und Neve selbst übernahm die Rolle der Diva in dieser Low-Budget-Produktion. Trotz ihres Namens auf dem Plakat, kam die Komödie über einige Festival-Starts nicht hinaus.

In einer Drehpause im Winter 1997/1998, übernahm sie, hauptsächlich aus Gefälligkeit dem SCREAM-Studio MIRAMAX gegenüber eine Rolle in STUDIO 54 (54, USA 1998),

In der Pose einer klassischen Schönheit des Discozeitalters in Mark Christophers Verfilmung der Geschichte von STUDIO 54.

der Geschichte des legendären 70er Jahre-Clubs gleichen Namens in New York. Die Geschichte dreht sich um Shane (Ryan Phillippe), einen Vorstadt-Jungen, der als Barkeeper Karriere macht und sich seinen Traum vom Disco-Zeitalter erfüllt. Neve ist in einer Nebenrolle als die Seifenopern-Darstellerin Julie Black zu sehen, in die sich Club-Chef Steve Rubell (Mike Myers) verliebt.

Der Film wurde mehrfach vom Studio umgeschnitten, sodass von der Version des Regisseurs Mark Christopher nur noch wenig übrig blieb. Neve Campbell war darüber verärgert, denn für sie hieß dies, neben PARTY OF FIVE eine Reihe von Nachdrehs machen zu müssen, und das, obwohl ihre Figur nur eine untergeordnete Rolle spielte. Der Film floppte dennoch gewaltig an den Kinokassen.

Auch ihrem nächsten Film, TANGO ZU DRITT (THREE TO TANGO, USA 1999), war kein großer Erfolg beschieden. An der Seite von FRIENDS-Star Matthew Perry war sie als Amy, der Freundin eines Baulöwen (Dylan McDermont) zu sehen, der panische Angst davor hat, dass sie ihn betrügen könnte. Also gibt er einem seiner Architekten, Oscar (Perry), den Auftrag, sie zu beobachten, da er glaubt, Oscar sei schwul und damit an Frauen nicht interessiert. Der aber ist sehr wohl dem weiblichen Geschlecht zugetan. Nach dem Gesetz der romantischen Komödie verliebt er sich natürlich in Amy.

Trotz ihrer TV-Tätigkeit war sie auch weiterhin im Kino nicht untätig: PANIC (USA 1999) ist der Titel eines Films über einen jungen Mann, der psychisch unter seinem erfolgreichen, sein gesamtes Leben kontrollierenden Vater leidet. Sein Leben ändert sich, als er bei seinem Therapeuten ein Mädchen (Neve Campbell) kennenlernt. Über der Aufführung auf Festivals ist der Film in den USA nicht hinaus gekommen.

Im März 2000, also nach dem Start von SCREAM 3, kam außerdem die schräge Komödie DROWNING MONA (USA 1999) in die Kinos, in denen Neve Campbell neben Danny de Vito und Bette Midler vor der Kamera gestanden hat. Der Film beginnt gleich mit dem Tod der Mona Dearly (Bette Midler), als diese ihren Wagen in einen Fluss setzt. Wie sich herausstellt, war ihr Ableben jedoch kein Unfall, sondern ein Mord. Und in diesem Mordfall gibt es über 400 Verdächtige. Von all den Filmen, in denen Neve Campbell zwischen den Dreharbeiten von SCREAM 2 und SCREAM 3 vor der Kamera gestanden hat, ist dies der erfolgreichste, denn er hat immerhin noch 15 Millionen Dollar eingespielt und einige recht gute Kritiken erhalten. Außerdem wird er im Laufe des Jahres 2000 einen internationalen Kinostart bekommen. Wie kaum anders zu erwarten, gehört Neve Campbell zu den Hunderten von Verdächtigen. Für Fans des Horrorfilms bietet dieser Film übrigens einen netten Vergleich an zwischen der heutigen Queen des Genres und der ersten Scream-Queen des Slasherfilm-Zeitalters, Jamie Lee Curtis, die in der Rolle einer Kellnerin zu sehen ist.

Zu ihren weiteren Arbeiten gehört außerdem ein Film über Tänzer und ihre Träume in New York, der den Arbeitstitel MOVE trägt. Bei diesem Projekt will Neve Campbell nicht nur die Hauptrolle spielen, sondern auch als Produzentin fungieren. Der Film, dessen Produktion ursprünglich für den Sommer 1999 geplant war, wurde jedoch immer wieder verschoben. Bei Redaktionsschluss dieses Buches lagen noch keine neuen Informationen vor.

Eine Mitarbeit an SCREAM 3 hat Neve zunächst abgelehnt, aber Wes Craven konnte sie schließlich davon überzeugen, ein drittes Mal vor seine Kamera zu treten. Es gibt viele Gründe für Schauspieler, eine Mitwirkung in einer Fortsetzung zuerst einmal abzulehnen. In der Öffentlichkeit werden künstlerische Gründe dafür angegeben. Man möchte nicht ständig mit demselben Charakter identifiziert werden, man sucht Abwechslung. Oft steckt hinter diesen Aussagen nichts anderes als ein Vertragspoker. Je mehr man sich ziert, desto höher das Honorar-Angebot. Man darf es nur nicht übertreiben. Neve Campbell und ihr Agent wussten, wann sie sich nicht mehr zieren durften: an dem Tag, an dem Wes Craven mit ihr sprach und ihr im Namen des Studios ein Angebot über fünf Millionen Dollar auf den Tisch legte. Mit dieser Summe hat sich Neve Campbell auf jeden Fall saniert und ein Altersruhekissen geschaffen. Tatsache ist: Niemand kann heute sagen, wie es mit ihrer Karriere weitergehen wird. In diesem Jahr (2000), läuft ihr PARTY OF FIVE-Vertrag endgültig aus. Ob sie ihn verlängern wird, ist unwahrscheinlich. Und im Zusammenhang mit großen Filmprojekten wird ihr Name selten genannt. Es ist überhaupt keine Frage: Neve Campbell ist ein Star. Doch welchen Marktwert besitzt sie wirklich? Darauf wird erst die Post-SCREAM-Ära eine Antwort geben können. Wie immer die Antwort dann auch ausfallen mag: Um ihr finanzielles Wohl wird sie sich auf jeden Fall nie wieder Gedanken machen müssen.

Die anderen Darsteller

SCREAM 1-3:

David Arquette ist Dwight ›Dewey‹ Riley

Dewey ist der heimliche Star der Serie. Der Polizist mit dem obligatorischen Schnauzbärtchen ist mit seinen 25 Jahren im ersten Teil der Serie für die Jugendlichen ein erwachsener Spießer, für seine Polizeikollegen jedoch noch ein junger Spund. Ernst wird er von niemanden genommen. In allen drei Teilen entpuppt sich Dewey als ein zuverlässiger Freund, der ohne zu zögern sein eigenes Leben riskiert, um das der anderen zu schützen. Hierbei verletzt er sich im ersten Teil und kann seinen Beruf daher nicht mehr ausüben. So erlebt der Zuschauer in den drei Filmen eine Verwandlung vom liebenswerten, harmlosen jungen Mann auf der Suche nach seinem Platz in der Gesellschaft zu einer Person, die vieles verloren hat: die Schwester, die Freunde, seine Liebe. Ist er im zweiten Teil ein sehr melancholischer Charakter, so erscheint er im dritten Teil als ein Mann, der gelernt hat, mit den Geistern der Vergangenheit zu leben, ohne sie jedoch zu akzeptieren. Doch er ist immer ein Mann mit einem starken Willen. Und dieser Mann liebt Gale Weathers. Es ist zu Beginn eine Schwärmerei, am Ende ist es die große Liebe seines Lebens. Wenn er ihr schließlich einen Heiratsantrag unterbreitet, bedeutet dies für ihn den Abschluss der Vergangenheit und der Beginn eines neuen Lebens. So kehrt am Ende jener unschuldig-naive Glanz in seine Augen zurück, mit dem er im ersten Teil das Publikum für sich gewinnen konnte.
David Arquette stammt aus einer Schauspielerfamilie. Seine Eltern sind Schauspieler, seine Schwestern Rosanna und Patricia (die mit Nicholas Cage verheiratet war) sind Hollywood-Stars.
Geboren wurde der für seine Talkshowauftritte berühmt-berüchtigte David Arquette (zweimal saß er am Ende eines Auftrittes bei Conan O'Brien nur noch in Unterhose und

Socken auf dem Gästesessel ...) am 8. September 1971 in Winchester, Virginia. Erinnert er sich heute an seine Kindheit, erzählt er oft, dass sie nicht gerade mit Reichtum gesegnet war. Dafür herrschte im Hause Arquette stets gute Laune, weshalb sie von den Einschränkungen, denen sie aufgrund ihrer finanziellen Lage ausgesetzt waren, wenig spürten. Immerhin waren sie bis zum Auszug von Rosanna nicht weniger als fünf Kinder daheim (seine Brüder Alexis und Richmond sind ebenfalls Schauspieler).

Direkt nach der Schule begann er eine Ausbildung an der Second City Theater Group in Chicago. Gerade einmal 19-jährig, erhielt er mit seinem ersten TV-Engagement gleich die Hauptrolle in der Serie THE OUTSIDERS (USA 1990), die auf dem gleichnamigen Spielfilm von Francis Ford Coppola basierte und von eben jenem auch produziert wurde. Diese TV-Adaption wurde jedoch ein Flop, ebenso David Arquettes zweite TV-Serie PARENTHOOD (USA 1990), die ebenfalls auf einem Spielfilm, in diesem Fall EINE WAHNSINNSFAMILIE (PARENTHOOD, USA 1989) beruhte.

Dennoch stellen die beiden Serien seinen Einstieg ins Hollywoodgeschäft dar. Er spielte bald Gastrollen in einer Reihe von TV-Serien wie BEVERLY HILLS, 90210 und trat erste Spielfilmengagements an, etwa in BUFFY – DIE VAMPIRKILLERIN (BUFFY THE VAMPIRE SLAYER, USA 1992). Spätestens mit Ted Demmes BEAUTIFUL GIRLS (BEAUTIFUL GIRLS, USA 1996) gelang ihm an der Seite von Matt Dillon und Uma Thurman der Durchbruch, den er mit seiner Rolle in SCREAM festigen konnte. ›Dewey‹, sinniert er über seine Rolle im ersten Teil, »ist ein trauriger kleiner Junge. Er will unbedingt akzeptiert und respektiert werden. Aber er hat es schwer damit, weil er einfach zu nett ist. Er kümmert sich zu sehr um seine Freunde und verliert damit die Distanz zu den Ereignissen – und das sollte ein wirklich guter Polizist lieber vermeiden.«

Während der Dreharbeiten zu SCREAM kam er seiner Filmpartnerin Courteney Cox näher. Sie gingen einige Male zusammen aus. Da David Arquette zu den meistgebuchten Schauspielern der Traumfabrik gehört – seit SCREAM hat er in elf Filmen vor der Kamera gestanden, darunter zum Bei-

David Arquette greift nicht nur in der Rolle des Dewey Riley, wie hier im zweiten Teil, zur Hand von Courteney Cox. Auch im Privatleben sind die beiden längst ein Paar.

spiel dem Kannibalenfilm RAVENOUS (RAVENOUS, USA 1999), der, obwohl in Kalifornien spielend, größtenteils in der Tschechischen Republik gedreht wurde – hatte er eines Tages Angst, die dauernden Trennung von Courteney Cox würde ihrer Beziehung auf lange Sicht schaden. So entschlossen sich die beiden zu heiraten. Am 12. Juni 1999 traten sie vor den Traualtar.

Seit erste Gerüchte aufgekommen sind, dass in einigen Jahren durchaus SCREAM 4 auf den Programm stehen könnte, haben Neve Campbell und Courteney Cox bereits verlautbaren lassen, für einen weiteren Teil nicht mehr zur Verfügung zu stehen. Im Gegensatz zu David Arquette, der auch ein viertes Mal in die Rolle des Dewey Riley schlüpfen würde. Und vielleicht könnte er seine Ehefrau ja überreden, es ihm gleichzutun.

COURTENEY COX ARQUETTE ist GALE WEATHERS

Ist Gale Weathers eine eiskalte Karrierefrau? Oder verbirgt sich unter der eiskalten Oberfläche in Wahrheit ein netter Mensch, wie Dewey Riley dies behauptet. Tatsache ist: Die Figur der Gale Weathers hat sich im Laufe der drei SCREAM-Teile zu einer der interessantesten Figuren entwickelt. Sie wird als eine eiskalte Journalistin eingeführt, die sich aber auch um die Person Cotton Wearys, den Sidney in die Todeszelle geschickt hat, sorgt. Sie glaubt an dessen Unschuld und sie tritt für die Gerechtigkeit ein. Trotz ihres oberflächlichen, kühlen Auftretens kann man ihr nicht vorwerfen, sie sei eine schlechte Journalistin.
Natürlich gewinnt ihre Figur an Sympathien, wenn sie sich in den Dorfpolizisten Dewey Riley verliebt. Die Karrierefrau und der Junge vom Lande?
Der zweite Teil zeigt, wie sie sich nicht von Dewey hat lösen können, auch wenn sie ihn in ihrem Buch als einen Naivling dargestellt hat. Ihn wiederzusehen, das tut ihr weh. Dewey und sie stammen aus zwei verschiedenen Welten. Sie hatten eine Affäre, die beiden Spaß gemacht hat, doch ihre Beziehung scheint beendet. Erst als Dewey ein zweites Mal schwer verletzt wird, wird Gale Weathers bewusst, was sie für Dewey empfindet. Sie führt nicht, wie am Ende des ersten Teiles, eine Livereportage vom Tatort. Statt dessen wendet sie sich Dewey zu. Er ist wichtiger als ihre Story.
Dennoch kann sie sich zunächst eine gemeinsame Zukunft nicht vorstellen.
So erlebt der Zuschauer Gale im dritten Teil einmal mehr allein. Und einmal mehr ist es ihr nicht möglich, von Dewey zu lassen. Zuviel haben die beiden zusammen erlitten, zwischen ihnen besteht ein Band, dass sie nie wieder werden durchschneiden können. So nimmt sie schließlich seinen Antrag an. Sie will seine Frau werden.
Courteney Cox Arquette hat mit Gale Weathers die vielleicht schimmerndste Figur der drei Teile erschaffen. Sie kann fürchterlich gemein und boshaft sein, dennoch ist sie die heimliche Heldin der Serie. Dreimal kämpft sie gegen die Killer, dreimal überlebt sie das Massaker – und steht dabei stets

an der Seite von Sidney, obwohl diese sie nicht mag. Mehr noch: Sidney hasst Gale, weil sie den Mut besitzt, Wahrheiten anzusprechen. Wahrheiten, vor denen sie die Augen verschlossen hat. So ist Gale Weathers in vielen Belangen die Person, die Sidney gerne wäre. Geradlinig ihre Meinung sagend, offen im Umgang mit anderen Menschen und unverblümt sexy. Betrachtet man ihren darstellerischen Anteil an Teil drei muss man außerdem zugeben, dass sie dessen Hauptdarstellerin ist. Mag sich die Geschichte auch ein drittes Mal offiziell um die Person von Sidney Prescott drehen – Gale Weathers ist die Figur, die eigentlich im Mittelpunkt des Geschehens steht: Sie stellt Nachforschungen an und bringt die Informationen ans Tageslicht, die den Mörder schließlich überführen.

Courteney Cox wurde am 15. Juni 1964 in Birmingham, Alabama, als jüngste Tochter eines Maklers geboren. Als sie zehn Jahre alt war, ließen sich ihre Eltern scheiden. An ihrer Schule war sie ein typisches *all american girl*: Sie war Cheerleaderin, sie spielte Tennis und sie war eine ausgezeichnete Schwimmerin. 1982 nahm sie an einem College im US-Staat Washington ein Studium der Architektur auf. Am Ende ihres ersten Jahres lernte sie jedoch einen Mann kennen, der ihr Leben verändern sollte. Ian Copeland war sein Name. Er war der Neffe ihres Stiefvaters und 15 Jahre älter als sie. Er arbeitete in der Musikszene und kannte jede Menge Leute. Als Courteney ihm erzählte, dass sie stets davon geträumt hat, eines Tages ein Model zu werden, rief er einfach ein paar Kollegen an, die ihm einen Gefallen schuldeten und Courteney bekam ihre ersten Model-Engagements. Ihr schwarzes Haar und ihre blauen Augen machten sie vor allem für Kosmetik-Produkte als Gesichtsmodel interessant. Nebenher trat sie in kleinen Rollen in Seifenopern auf, um auf diesem Weg die Schauspielerei zu erlernen. Schließlich spielte sie für eine Gage von 350 Dollar in einem Video von Bruce Springsteen mit. Das Video wurde häufig auf MTV gespielt, und vor allem das junge männliche Amerika wollte wissen, wer da von Springsteen angebetet wurde.

Dieses Engagement brachte ihr eine Hauptrolle in der Serie DIE SPEZIALISTEN UNTERWEGS (MISFITS OF SCIENCE,

USA 1985) ein, einer TV-Reihe über eine Gruppe von Wissenschaftlern, die aufgrund von Laborunfällen zu einer Superheldentruppe mutiert sind. Sie spielte in dieser Serie Gloria Dinallo, ein Mädchen mit telekinetischen Fähigkeiten. Die Serie, die in der deutschen Synchronisation übrigens um einiges witziger ist als im Original, was sicher als eine Seltenheit betrachtet werden kann, wurde ein Flop. Courteney Cox war daraufhin in einigen TV-Filmen zu sehen, um 1978 gleich zwei große Engagements anzunehmen. Zum einen spielte sie eine Hauptrolle neben Dolph Lundgren in der Megaproduktion MASTERS OF THE UNIVERSE (MASTERS OF THE UNIVERSE, USA 1987). Der Film hatte zwar ganz hervorragende Spezialeffekte, ansonsten aber braucht man sich nicht zu wundern, dass er an den Kinokassen unterging.

Zum anderen nahm sie die Rolle der Lauren Miller an, der Freundin von Michael J. Fox in dessen Hit-Serie FAMILIENBANDE a.k.a. HILFE, WIR WERDEN ERWACHSEN a.k.a. JEDE MENGE FAMILIE (FAMILIE TIES, USA 1982–90). Nach dem Ende der Serie drehte sie erneut einige TV-Filme, bis sie wieder zwei große Engagements in einem Jahr angeboten bekam. Sie spielte die weibliche Hauptrolle in ACE VENTURA – TIERDETEKTIV (ACE VENTURA – PET DETECTIVE, USA 1994), dem Sensationshit des Jahres, der gleichzeitig Jim Carrey weltberühmt machte. Und im selben Jahr nahm sie auch die Rolle der Monica in der Serie FRIENDS (FRIENDS, USA seit 1994) an, mit der sie in den USA zu einem TV-Megastar wurde. Daher war ihr Auftritt in SCREAM auch nur als eine Gastrolle gedacht, denn mit den Dreharbeiten zu ihrer Serie war sie eigentlich ausgelastet. Als sie zu einem Star der SCREAM-Filme wurde, beteiligte sie sich kräftig am Gagen-Poker. Eine Summe von drei Millionen Dollar für Teil drei gehört auf keinen Fall ins Reich der Fantasie. Seit ihrer Heirat mit David Arquette (siehe hierzu sein Biografie-Kapitel), nennt sie sich Courteney Cox Arquette, in nächster Zeit plant sie, ganz konservativ, den Namen Cox abzulegen und sich ausschließlich Courteney Arquette zu nennen.

JAMIE KENNEDY ist RANDY MEEKS

Randy Meeks weiß alles über Horrorfilme. Sein ganzes Leben hat er vor dem Fernseher verbracht, er kennt sämtliche Dialoge der bedeutenden Werke auswendig. Er kennt die Regeln der Filme – und er kapiert als erster, dass die Mörder des ersten Teiles nichts anderes tun, als Horrorfilme nachzuspielen.

Dass Randy im zweiten Teil ermordet wird, ist ein gewaltiger Bruch mit den Konventionen des Teenager-Horrorfilms. Randy ist der *sidekick*, der nette Kerl, der stets für einen guten Spruch zu haben ist. So eine Figur wird nicht einfach zur Mitte einer Fortsetzung ermordet. Das haben auch Craven und Williamson erkannt, weswegen sie Randy im dritten Teil einen posthumen Auftritt gönnen. Via Video erklärt er Sidney die Regeln einer Trilogie, für den Fall, dass schon wieder ein Mörder sein Unwesen treiben sollte – und er selbst nicht mehr unter den Lebenden weilte, um ihr helfen zu können.

Jamie Harvey Kennedy war der erste Schauspieler der Trilogie, der ausschließlich aufgrund seiner Mitwirkung in Teil 1 mit einem eigenen Fanclub bedacht wurde! Seine Rolle ist aber auch genial. Mag er nach außen hin auch den Eindruck eines Spinners erwecken, so wird dem Zuschauer doch schnell bewusst, dass hinter der Fassade ein hellwacher Verstand steckt.

Der am 25. Mai 1970 in Upper Darby, Pennsylvania, geborene Schauspieler, ist privat von der Figur des Randy gar nicht weit entfernt. Schon als Kind war er ein großer Horrorfilmfan und kannte, wie seine Figur, die meisten großen Klassiker des Genres auswendig. Man spürt als Zuschauer, dass er viel von seiner eigenen Persönlichkeit in die Rolle des Randy Meeks hineinsteckt. Und das machte ihn zum Sympathieträger.

Schon während seiner Schulzeit galt er als Clown. Also fragte er sich, warum er aus seiner Berufung nicht auch einen Beruf machen sollte. Kaum hatte er die Schule abgeschlossen, ging er nach Los Angeles, wo er sich ganz gut als Statist durchschlug. So ist er beispielsweise als ein Schüler in dem

Film DER CLUB DER TOTEN DICHTER (DEAD POETS SOCIETY, USA 1988) zu sehen. Jobs wie dieser waren zwar nicht gerade üppig bezahlt, es reichte jedoch aus, um die Miete zu zahlen. Dennoch musste er immer wieder als Kellner jobben. Irgendwie gelang es ihm schließlich, genügend Geld aufzubringen, um an der British/American Drama Academy zu studieren. Er lernte dort, sich auf der Bühne sicher zu bewegen. Und eines Tages begann er, als Stand-up-Comedian durch die Clubs zu tingeln.

Obwohl er also eine klassische Schauspielausbildung genossen hat und im amerikanischen Drama ebenso sicher ist wie im Werke Shakespeares, waren die ersten Sprechrollen, die er bekam, solche, die sich auf seine Erfahrungen als Stand-Up-Comedian beriefen. Er war in ELLEN (ELLEN, USA 1994-98) zu Gast, spielte mit in EINE SCHRECKLICH NETTE FAMILIE (MARRIED ... WITH CHILDREN, USA 1987-98) und AUF SCHLIMMER UND EWIG (UNHAPPILY EVER AFTER, USA 1995-96), ja er war sogar der Hauptdarsteller eines Pilotfilms zu einer eigenen Sitcom mit dem Titel JAMIE ON THE LOOSE (USA 1996), die jedoch nie in Produktion ging.

Erst der australische Regisseur Baz Luhrmann erkannte, dass Jamie Kennedy mehr konnte als nur den Clown zu spielen. Er gab ihm eine Rolle in seiner Version des Shakespeare-Klassikers ROMEO UND JULIA (USA/Australien 1996).

Direkt im Anschluss daran erhielt er seinen Part in SCREAM. Kennedy und Craven bauten ein recht enges Verhältnis zueinander auf. Craven schätzte Jamie Kennedys Humor und seine Arbeitseinstellung. Er war der Beweis dafür, dass man am Filmemachen Spaß haben und trotzdem gute Leistungen erbringen kann, was Cravens Arbeitsphilosophie sehr nahe kommt.

Seither war Kennedy, abgesehen von seinem Auftritt in SCREAM 2, fast nur in Nebenrollen zu sehen, wie in STAATSFEIND NR. 1 (ENEMY OF THE STATE, USA 1998), BOWFINGERS GROSSE NUMMER (BOWFINGER, USA 1999) und THREE KINGS (THREE KINGS, USA 1999).

Liev Schreiber ist Cotton Weary

Cotton Weary war der junge Liebhaber von Maureen Prescott und ihr vermeintlicher Mörder. Sidney will gesehen haben, wie er vom Tatort flüchtete. Es ist also ihre Aussage, die Weary in die Todeszelle bringt. Doch nach den Geschehnissen in Woodsboro steht fest: Nicht Weary hat den Mord begangen, es waren Billy und Stuart. So kommt Cotton Weary aus dem Gefängnis frei. Er hat, wie er beteuert, keinerlei Hass auf das Mädchen, das ihm ein Jahr seines Lebens gestohlen und in die Todeszelle geschickt hat. Mehr noch: Ausgerechnet er ist es, der ihr am Ende des zweiten Teiles das Leben rettet. So macht ihn dieser Fall berühmt und im Endeffekt verdankt er Sidney sogar, ein großer TV-Star mit einer eigenen Talkshow zu werden. Im dritten Teil jedoch ereilt ihn ein bitteres Schicksal.

Liev Schreiber gehört neben Neve Campbell, Courteney Cox, Jamie Kennedy und David Arquette zu den vier Schauspielern, die in jedem der drei SCREAM-Filme mitgespielt haben. Im ersten Teil taucht er nur in Reportageaufnahmen des Fernsehens auf, im zweiten Teil tritt er Sidney gegenüber, um ihr zu verzeihen, im dritten Teil – ist er das Opfer des psychopathischen Killers.

Geboren wurde Isaac Liev Schreiber am 4. Oktober 1967 in San Francisco. Sein Vater ist Tell Schreiber, ein Schauspieler, der auch in einigen kleineren Filmen mitgespielt hat, seine Mutter Heather ist eine Künstlerin. Seine Jugend war nicht leicht. Die ersten Jahre seines Lebens verbrachte er in Kanada, wohin seine Eltern nach seiner Geburt gezogen waren. Als er fünf Jahre alt war, begann zwischen seinen Eltern ein fürchterlicher Scheidungskrieg. Die Auseinandersetzungen zwischen den Eltern gehen bis heute so weit, dass Liev nicht einmal weiß, wem er eigentlich seinen eigenartigen Vornamen zu verdanken hat. Sein Vater sagt, er sei benannt nach einem Arzt, der seiner Mutter bei einer schweren Komplikation vor der Geburt das Leben gerettet hat, während seine Mutter sagt, sie habe ihn nach einem Charakter aus der literarischen Welt Leo Tolstois benannt.

Liev Schreibers Leben war von Restriktionen bestimmt. Seine

Mutter brachte ihm selbst Lesen und Schreiben bei und schickte ihn nur ungern auf eine öffentliche Schule, da sie mit ihm eigentlich eine höhere Form des Daseins auf den Lehren von allerlei Yogis erreichen wollte (seine Mutter lebt heute in einem Ashram in Virginia). Daher durfte er als Kind auch keine Farbfilme schauen. So blieben ihm nur Filme wie die Charlie Chaplins, was seine Vorliebe für einen etwas ältlich wirkenden, charmanten Humor erklärt.

Obwohl ihm seine Mutter das Leben nicht einfach machte, entwickelte er sich zu einem Musterschüler, der schließlich ein Stipendium für das Hampshire College erhielt, wo er Theater studierte. Weil er zu den besten Schülern gehörte, bekam er gleich im Anschluss ein zweites Stipendium verliehen, diesmal für die renommierte Universität von Yale, wo er 1992 seinen Magister erwarb. Ursprünglich wollte er Dramaturg werden, ein Lehrer aber ermutigte ihn, es einmal als Schauspieler zu versuchen. Um entsprechende Erfahrungen zu sammeln, zog er nach seinem Universitätsabschluss nach London, wo er Mitglied der Royal Academy of Dramatic Arts wurde. In London spielte er auch Theater. Nach einem Jahr kehrte er jedoch in die USA zurück und sprach für die verschiedensten Filmprojekte vor. Seine erste Rolle erhielt er in der TV-Spielfilmserie JANEK: THE SILENT BETRAYAL (USA 1994), in der er an der Seite von Richard Creena zu sehen war.

Der introvertierte junge Schauspieler machte sich schnell als Darsteller von Independent-Filmen einen Namen und spielte zwischen 1994 und 1996 in nicht weniger als zwölf Filmen mit, bevor er bei SCREAM zum ersten Mal in einem echten Hollywood-Film eine kleine, aber doch wichtige Rolle erhielt. Seither ist er in einer ganzen Reihe weiterer unabhängiger Produktionen zu sehen gewesen, in größeren Produktionen hat er sich zu einer Art Edel-Nebendarsteller entwickelt, wie in dem leider recht derben gefloppten Horrorfilm PHANTOMS (PHANTOMS; USA 1998) oder an der Seite von Robin Williams in der Jurek-Becker-Verfilmung JAKOB, DER LÜGNER (JACOB, THE LIAR, USA/Frankreich 1997/99).

SCREAM 1:

SKEET ULRICH ist BILLY LOOMIS

Von allen Bösewichten der Serie ist er der furchteinflößendste. Billy Loomis, gutaussehend, nett, intelligent, verliebt – und ein vollkommen psychopathischer, abartiger, brutaler Mörder. In ihm verbinden sich Intelligenz und Kaltblütigkeit zu einer schrecklichen Einheit. Seine Mutter hat ihn verlassen, seine über alles geliebte Mutter. Dafür muss die Frau, die ihm dies angetan hat, sterben. Und dies ist Maureen Prescott. Doch sein Durst nach Rache stirbt mit ihr keineswegs. Nach ihrem Tod will er sich auch an all jenen rächen, die ein glücklicheres Leben führen als er. An Tatum und Dewey, da sie in einer glücklichen Familie zusammenleben, an Casey, weil ihre Eltern sie lieben, am Schuldirektor, weil dieser seine Macht in Frage stellt und natürlich am Rest der Prescott Familie, die nach dem Tod der Mutter besondere Zuwendung von der ganzen Stadt erlebt hat. Für ihn ist der Verlust der Mutter ebenso einschneidend wie für Sidney. Wenn Sidney ihn kritisiert, der Tod ihrer Mutter sei nicht mit der Scheidung seiner Eltern vergleichbar, irrt sie, denn in seiner Welt ist ein Verlust ein Verlust. Es spielt keine Rolle, ob seine Mutter noch lebt oder nicht. Sie ist fort. Und das ist alles, was zählt.

Mit Stuart findet er einen willigen Handlanger, denn eines dürfte klar sein: In ihrer Mörderallianz ist er der Führer und Stuart der Befehlsempfänger. Er ist es, der Stuart die Mordpläne erklärt.

Dabei ist sich Billy seines Wahnsinns bewusst. Der Wahnsinn ist ein Teil seiner Identität. Er ist stolz darauf. Wenn Sidney ihm vorwirft, zu viele Horrorfilme gesehen zu haben, tritt er dieser Analyse energisch entgegen, denn wahnsinnig war er schon immer. Die Filme haben ihn nur kreativer gemacht.

Bryan Ray Ulrich wurde am 20. Januar 1970 in Concord, North Carolina, geboren. Seine Kindheit war nicht leicht. Seine Eltern ließen sich scheiden, als er drei Jahre alt war. Aufgewachsen ist er bei seiner Mutter. Als Kind hatte er

Eigentlich ein nettes Paar: Skeet Ulrich und seine Filmpartnerin Neve Campbell.

schwere gesundheitliche Probleme durch einen Herzfehler. Er spielte zwar in der Kinderliga Baseball, doch zumeist saß er nur auf der Bank, da er ein Spiel gar nicht durchgehalten hätte. Da er Wachstumsstörungen hatte, nannte ihn sein Trainer in Anspielung auf seine Größe ›Moskito‹, woraus sich ›Skeeter‹ entwickelte. Später sah er einen Film, in dem ein Mädchen diesen Namen trug. Fortan nannte er sich ›Skeet‹.

Als er zehn Jahre alt war, hatte sich sein Herzfehler derart verschlimmert, dass er operiert werden musste. Er hatte Glück und die Operation wurde ein voller Erfolg. Dennoch war er in den folgenden Jahren noch oft krank. Das machte ihn zu einem Außenseiter. Während seiner gesamten High-School-Zeit hatte er nie eine Freundin und besuchte nicht einmal den in den USA kultisch verehrten High-School-Abschlussball, die Prom Night. Seine Zukunft, sein Leben, nichts interessierte ihn. In einem Eignungstest an seiner Schule hatte er eine der höchsten Punktzahlen erreicht. Doch dies war ihm ebenso egal wie ein Sport-

stipendium, das er hätte bekommen können. Tatsächlich hatte er sich im Laufe der Zeit noch zu einem herausragendem Fußballspieler entwickelt (ja, Fußball, kein American Football).
So ließ er sich nach der Schulzeit treiben und schrieb sich nur an der Universität von New York ein, weil ihn seine Mutter darum bat. Für all die Jahre, die sie sich um ihn gesorgt hatte, war er ihr etwas schuldig. Weil er gar keine Ahnung hatte, was er eigentlich studieren sollte, schrieb er sich für eine Theaterklasse ein. Da konnte er erst einmal nichts falsch machen. Zu seiner Überraschung fand er Gefallen am Schauspiel und blieb dem Theater treu. Im Rahmen der Aufführung eines David-Mamet-Stückes wurde er von Mamet gesehen und eingeladen bei seiner Atlantic Theater Company vorzusprechen. Ulrich kam, sprach und spielte.
Bis 1996 gehörte er dem Theaterensemble an. Über das Ensemble hatte er Kontakte zu Schauspielern wie Kevin Spacey aufgebaut, die ihm nun dabei halfen, beim Film Fuß zu fassen. So war er 1996 in einer kleinen Rolle neben Sharon Stone in LAST DANCE zu sehen, spielte neben Fairuza Balk und Neve Campbell in DER HEXENCLUB, stand für Kevin Spacey in dessem Regiewerk ALBINO ALLIGATOR (ALBINO ALLIGATOR, USA 1996) vor der Kamera und erlebte seinen Durchbruch im selben Jahr schließlich mit SCREAM. Es folgte eine relativ kleine Rolle in BESSER GEHT'S NICHT (AS GOOD AS IT GETS, USA 1997) sowie eine Hauptrolle neben Matthew McConnaughey in Richard Linklaters Gangsterballade DIE NEWTON BOYS (THE NEWTON BOYS; USA 1998). Unlängst hat er sein Debüt als Actiondarsteller in DER CHILL FAKTOR (THE CHILL FACTOR, USA 1999) gegeben, in dem er einen Imbissbuden-Koch spielt, der neben einem Eiswagenfahrer (Cuba Gooding Jr.) zum Retter halb Amerikas wird!

MATTHEW LILLARD ist STUART MACHER

Eigentlich ist Stuart Macher ein netter Kerl. Etwas durchgeknallt vielleicht. Und mit seinem Taktgefühl ist es auch nicht weit her. Doch er ist beliebt, ein Clown mit einer offenen Art. Leider verbirgt sich hinter dem harmlosen Äußeren ein durchgedrehter Killer, der nur aus einem Grund mordet: Es macht Spaß. Dabei schreckt er vor nichts zurück. Selbst dem Mord an seiner Freundin stimmt er zu (den Mord begeht Billy Loomis, denn zur Zeit des Mordes befindet sich Stuart eindeutig auf der Party). Stuart ist eigentlich ein feiges Muttersöhnchen. Er mordet hinter einer Maske, damit die Opfer sein Gesicht nicht sehen können.

Matthew Lillard ist zusammen mit Skeet Ulrich ein beeindruckender Bösewicht. Erinnern die beiden nicht auch an das Mörderduo in Hitchcocks COCKTAIL FÜR EINE LEICHE (ROPE, USA 1948)?

Der als Matthew Lyn Lillard am 4. Januar 1970 in Lansing, Michigan, geborene und in Tustin, Kalifornien, aufgewachsene Schauspieler hat eine relativ unbeschwerte Kindheit erlebt und schon früh seine Vorliebe fürs Schauspielern entdeckt. Nach seinem Schulabschluss besuchte er die American Academy of Dramatic Arts in Pasadena und gründete zusammen mit einem Freund die Mean Street Ensemble Theatre Company, mit der er schließlich ein Stück inszenierte. Nach dem Ende seines Studiums zog er nach New York, um seine Schauspielerausbildung zu intensivieren.

Zu diesem Zeitpunkt hatte er bereits erste TV-Erfahrungen gesammelt, denn 1989 hatte er eine Moderatorenstelle bei dem Kindersender Nickeloden erhalten. Er verdiente mit dieser Tätigkeit gutes Geld und bekam über diesen Job seine erste Filmrolle in GHOULIES 3 (GHOULIES 3: GHOULIES GO TO COLLEGE, USA 1991).

In New York nahm er sich einen Agenten, der ein Videoband von GHOULIES 3 einem etablierten Regisseur zukommen ließ. Normalerweise würden Regisseure bei Filmen wie dieser C-Produktion die Nase rümpfen, nicht so der ehemalige Underground-Filmer John Waters, dem der Film gefiel und der Matthew Lillard die Rolle von Kathleen Turners Sohn in der Parodie SERIAL MOM – WARUM LÄSST MAMA DAS MORDEN NICHT (SERIAL MOM, USA 1994) gab. Mit dieser Rolle konnte er sich für weitere Projekte bewerben.

Abonniert auf den Charakter des durchgeknallten *sidekicks* war er unter anderem in dem auf der SCREAM-Welle in die Kinos gelangten College-Thriller DEAD MAN'S CURVE (DEAD MAN'S CURVE, USA 1998) zu sehen, einem kleinen, gemeinen, spannenden Film über Studenten, die einen Kommilitonen umbringen. Er verkörperte den durchgedrehten Punk-Freund von Marlon Wayans in der College-Komödie SENSELESS (SENSELESS, USA 1998). Dann war er in dem von Cher und Demi Moore produzierten Abtreibungsdrama DAS HAUS DER STUMMEN SCHREIE (IF THESE WALLS COULD TALK, USA 1996) zu sehen, spielte die Hauptrolle in den Drama PUNK (S.L.C. PUNK, USA 1997), übrigens neben Til Schweiger und trat in der Videospiel-Verfilmung WING COMMANDER (WING COMMANDER, USA/Luxemburg 1999) auf, seinem bislang größten Flop. Mit SPANISH JUGDES (USA 1999) hat er unlängst sein Debüt als Autor und Produzent gegeben. Tatsächlich, so hat er bereits mehrfach betont, sieht er die Schauspielerei nur als eine Zwischenstation an. Sein Interesse gilt vielmehr der Regie und der Produktion.

In die Klatschpresse kam Matthew Lillard, als er eine Affäre mit Neve Campbell hatte, mit der er noch immer gut befreundet ist.

Rose McGowan ist T<small>ATUM</small> R<small>ILEY</small>

Tatum ist Sidneys beste Freundin. Sie hört ihr zu, sie ist ihr gegenüber ehrlich, sie gibt ihr seelischen Beistand.

Rose McGowan, deren Figur im ersten Teil von SCREAM das Schicksal der besten Freundin erleidet – sie wird den zweiten Teil nicht erleben – wurde als Tochter einer Französin und eines Iren am 5. September 1975 in Florenz geboren, wo sie auch die ersten neun Jahre ihres Lebens verbrachte. Als älteste von sechs Kindern wuchs sie in der Kommune einer christlichen Sekte auf. 1984 siedelten ihre Eltern in die

USA über. Hier begannen ihre Probleme. Sie verstand sich mit den meisten Kindern in ihrem Alter nicht. Und es wurde im Laufe der Jahre schlimmer, denn sie fühlte sich von allen Seiten eingeschränkt. Auf der einen Seite waren ihre religiösen Eltern, die es nicht gerne sahen, wenn sich Rose freizügig kleidete oder mit ihren wenigen Freundinnen einen Mädchenabend verbringen wollte, auf der anderen Seite war das rigide Kastenwesen an ihrer Schule, in das sie nicht passte. Sie galt als aufmüpfig, widerborstig und unangepasst. Schon früh begann sie sich fürs Schauspiel zu interessieren und so landete sie 1990 eine erste kleine Rolle in einer Episode der TV-Serie TRUE COLORS (USA 1990–94). Es folgte gleich darauf ihre erste Hauptrolle in der Komödie STEINZEIT JUNIOR (ENCINO MAN, USA 1992). Beide Erfahrungen wirkten auf sie jedoch ernüchternd. Sie mochte den Spielfilm nicht sonderlich, der Job beim Fernsehen entpuppte sich als Arbeit in einem Industriebetrieb. Frustriert schrieb sie sich an einer Beauty and Art School in Seattle ein, wo sie Kunst studierte (und nebenher noch das Handwerk der Kosmetik erlernte, für den Fall, dass sie vom Schauspielern nicht würde leben können).

Sie hatte jedoch das Glück, in einigen kleinen Produktionen aufzutreten und schließlich die Rolle in SCREAM zu erhalten, was ihre Karriere enorm pushen sollte. So war sie seither unter anderem in Filmen wie PHANTOMS oder JAWBREAKER – DER ZUCKERSÜSSE TOD (JAWBERAKER, USA 1999) zu sehen.

In die Schlagzeilen geriet sie jedoch, als sie 1998 mit dem Schock-Rocker Marylin Manson zusammenzog, mit dem sie nach wie vor liiert ist. Dies macht sie zu einem Liebling der Filmkritik, denn als Freundin von Marylin Manson gilt auch sie als eine Revolutionärin, die gegen das System Hollywoods rebelliert. Stellungnahmen, die ein solch radikales Denken unterlegen würden, gibt es von ihr zwar keine, aber man soll vielleicht auch Kritikern ihre Träume lassen.

Ein Schmankerl am Rande: Eigentlich ist Rose McGowan dunkelhaarig. Da aber auch Neve Campbell und Courteney Cox dunkle Haaren haben, musste sie sich blond färben, um einen Kontrast zu beiden abzugeben.

In SCREAM ist Rose McGowan (rechts) nur die Nummer zwei neben Neve Campbell. Und so erleidet sie das Schicksal der meisten sidekicks: In der Fortsetzung ist sie nicht mehr dabei.

DREW BARRYMORE ist CASEY BACKER

Ihr Auftritt dauert etwa neun Minuten. Dann ist Casey Becker tot. Dennoch hat Drew Barrymore in der Rolle des Mädchens aus Woodsboro ein wenig Filmgeschichte geschrieben. Denn sie war die bekannteste Schauspielerin in einem Ensemble, deren einzelne Namen der Großteil des Publikums erst noch kennenlernen musste.

Ein Star wurde Drew Barrymore durch einen Kuss auf die Stirn eines runzeligen, außerirdischen Zwerges. E.T. DER AUSSERIRDISCHE (E.T. THE EXTRA-TERRESTRIAL, USA 1981) hieß der von Steven Spielberg inszenierte Film, der das zum Zeitpunkt der Dreharbeiten nicht einmal sechsjährige Mädchen mit einem Schlag weltberühmt machte.

Wes Craven bringt seiner Prolog-Hauptdarstellerin den richtigen Umgang mit allerlei nützlichen Utensilien im Kampf gegen durchgedrehte Maskenträger bei. Wie wir wissen, war sie keine gelehrige Schülerin.

Drew Barrymore entstammt einer der berühmtesten Schauspielerfamilien Hollywoods. Ihr Großvater war der legendäre Film- und Theaterschauspieler John Barrymore, ihr Großonkel Lionel war ebenso ein Oscar-Gewinner wie ihre Großtante Ethel Barrymore. Selbst ihr Vater John Barrymore Jr. konnte einige Erfolge als Schauspieler und Autor erzielen, bis er aufgrund eines Drogenproblems und einer Reihe von gescheiterten Ehen von der Bildfläche verschwand. Sein Schicksal hätte zu denken geben müssen. Tat es aber nicht. Und so war Drew Barrymore dazu verflucht, den Weg vieler Kinderstars zu gehen – direkt in den Abgrund. Mit dem Unterschied, dass sie den Weg wieder nach oben gefunden hat.

Geboren am 22. Februar 1975, gab sie ihr Debüt vor der

Kamera im zarten Alter von gerade einmal elf Monaten in einer Hundefutter-Reklame. Es folgten weitere Werbeauftritte und erste Mini-Filmrollen, bis sie schließlich die Rolle der Gertie in Spielbergs erfolgreichem Film spielte. Von da an ging es aber mit Drew Barrymore bergab. Zuerst kamen noch einige Filme wie DER FEUERTEUFEL (FIRESTARTER, USA 1984) und KATZENAUGEN (CAT'S EYES, USA 1985), doch das war es. Für die Besetzungsbüros wurde sie zu pummelig, außerdem meinte man, hätte sich das Publikum an ihr satt gesehen. Neue Kinderstars mussten her. Drew Barrymore landete auf der Straße.
Mit neun Jahren Alkoholikerin.
Mit zwölf Jahren süchtig nach Kokain.
Mit dreizehn Jahren am Ende.
Mit vierzehn Jahren geheilt und Autorin einer erschütternden Autobiografie: »Little Girl Lost«.
Da sie ihre Kindheit und Jugend meist vor der Kamera verbracht hatte, erwies sich ihre Rückkehr an die Schule im Teenageralter als eine Katastrophe. Obwohl sie Nachhilfe nahm, gelang es ihr nicht, all die Rückstände, die sich im Laufe der Jahre angesammelt hatten, aufzuholen. Einen Schulabschluss hat sie nie gemacht. Dies brachte ihr in Hollywood den Ruf ein, dumm zu sein. Doch Drew Barrymore hat nie aufgegeben. Da Schauspielern das einzige war, was sie jemals erlernt hatte, kehrte sie Anfang der 90er Jahre ins Filmgeschäft zurück. Ihre erste Rolle hatte sie in der Videoproduktion SPACESHIFT (WAXWORK 2: LOST IN TIME; USA 1992), in der sie einfach unter der Rollenbezeichnung ›Vampiropfer‹ geführt wird. Nach diesem eher deprimierenden Comeback spielte sie in ihrem nächsten Film POISON IVY – DIE TÖDLICHE UMARMUNG (POISON IVY, USA 1992) bereits wieder eine Hauptrolle – als frühreifes Mädchen stürzt sie mit ihrer Affäre zu einem älteren Mann eine Familie in den Abgrund. Amerika wurde indessen auf Drew Barrymore wieder aufmerksam, als diese die Hauptrolle in DIE AMY-FISHER-STORY (THE AMY FISHER STORY, USA 1993) spielte. Die Geschichte Amy Fishers hat nämlich ganz Amerika entsetzt. Amy Fisher war eine Schülerin, die mit einem Lehrer eine Affäre hatte. Als dieser die Beziehung beenden wollte,

ging Amy zu seinem Haus und schoss seiner Frau in den Kopf, um sie zu töten. Doch es geschah ein Wunder. Die Ehefrau überlebte – und der Fall wurde zu einem Medienspektakel. Drei Verfilmungen dieses Falles gibt es, diese hier erzählt die Geschichte aus der Sicht des Mädchens. Mit Filmen wie dem Western BAD GIRLS (BAD GIRLS, USA 1994) und dem Drama KAFFEE, MILCH UND ZUCKER (BOYS ON THE SIDE, USA 1995) meldete sich Drew Barrymore als ernstzunehmende Schauspielerin endgültig zurück.

Nebenher lieferte sie der Klatschpresse immer wieder Material, wie nach ihrer Hochzeit mit dem Schauspieler Jeremy Thomas im März 1994, die zwei Monat später schon wieder geschieden wurde.

Seit SCREAM, dem Film, der sie, trotz ihrer kleinen Rolle, endgültig zurück ins Licht der Öffentlichkeit katapultierte, hat sie sich zu einer der erfolgreichsten Schauspielerinnen Hollywoods entwickelt. Spätestens seitdem sie für die Hauptrolle von CHARLIE'S ANGELS (USA 2000) nicht nur fünf Millionen Dollar Gage kassierte, sondern als Produzentin des 100-Millionen-Dollar-Spektakels auch bewiesen hat, eine gute Geschäftsfrau zu sein, behauptet auch keiner mehr, sie sei dumm oder naiv.

SCREAM 2:

JERRY O'CONNELL ist DEREK

Derek ist Sidneys Freund. Doch nach all den Geschehnissen in Woodsboro und der Enttarnung ihres Freundes Billy als Mörder ihrer Mutter, fällt es Sidney schwer, eine neue Beziehung aufzubauen. Dies ist der Moment, in dem Derek handeln muss. Kurzerhand verwandelt er die College Mensa in eine Musicalbühne und gesteht vor der versammelten Studentenschaft Sidney seine Liebe. Indem er seine Liebe offenbart, unterschreibt er gegenüber den Mördern sein Todesurteil.

Es ist nicht zu übersehen, dass die interessantesten Jung-Stars der SCREAM-Serie gleich im ersten Teil aufgetreten sind. Ob Matthew Lillard, Skeet Ulrich oder Neve Campbell,

Drew Barrymore und David Arquette. Teil 1 war ihr Schicksal. Jerry O'Connell gehört neben Sarah Michelle Gellar zu den wenigen ›Young Stars‹, die erst im zweiten Teil der Serie ihren Auftritt absolvierten. Obwohl die gesamte junge Elite Hollywoods bei Miramax hatte anfragen lassen, ob es in SCREAM 2 nicht eine kleine Rolle gäbe, wollte Craven keinen Film voller Cameo-Auftritte machen. Daher wurden für die neuen Rollen eher unbekannte junge Schauspieler engagiert. Neben Sarah Michelle Gellar ist Jerry O'Connell die große Ausnahme.

Geboren am 17. Februar 1974 in New York City, steht Jerry O'Connell seit seinem zwölften Lebensjahr vor der Kamera. Bereits mit seinem Spielfilmdebüt als einer der Hauptdarsteller von STAND BY ME – DAS GEHEIMNIS EINES SOMMERS (STAND BY ME, USA 1986) wurde er bekannt. Dass ihm der ganz große Durchbruch verwehrt blieb, liegt vor allem daran, dass River Phoenix an seiner Seite spielte – und er ganz einfach mit seinem rebellenhaften Auftreten zum Liebling der Mädchen wurde. Jerry O'Connell war eher der Junge von nebenan, ein Attribut, das ihm bis heute anhängt.

In den nächsten Jahren folgten eine Reihe von Parts in TV-Serien und Fernsehspielfilmen, bis er die Hauptrolle in der Jugend-Scifi-Serie ULTRAMAN – MEIN GEHEIMES ICH (MY SECRET IDENTITY, USA 1988–90) erhielt. Als er jedoch die High School beendet hatte, gönnte er sich eine Pause vom Filmemachen und studierte Film mit Schwerpunkt Drehbuch an der Universität von New York.

Kaum hatte er seinen Abschluss in der Tasche, hagelte es TV-Angebote. Obwohl er zuerst für PARTY OF FIVE vorgeschlagen war, wurde er schließlich für SLIDERS – DAS TOR IN EINE FREMDE DIMENSION (USA 1995–2000) engagiert – und schrieb damit, zumindest in den USA, ein Stück Teen-Geschichte.

SLIDERS erzählt die Geschichte des jungen Physik-Studenten Quinn Michael Mallory, dem es gelingt, ein Tor zu unendlich vielen parallelen Welten zu öffnen.

Mit SLIDERS wurde Jerry O'Connell in den USA zu einem der Teenie-Stars schlechthin. Sein Poster schmückt bis heute die Zimmer unzähliger amerikanischer Mädchen.

Ein Jahr nach dem Start der Serie spielte er zuerst die kleine, aber prägnante Rolle eines aufstrebenden, leider nicht sehr intelligenten Footballspielers in dem Tom Cruise-Film JERRY MAGUIRE, im selben Jahr war er in der Hauptrolle von JOE'S APARTMENT (JOE'S APARTMENT, USA 1996) zu sehen, dem wahrscheinlich ersten Pro-Kakerlaken-Film. Joe, der Junge vom Lande, entpuppt sich nach seinem Umzug in die große Stadt als wahrscheinlich größte Schlampe der Welt. Seine Wohnung versifft aufgrund mangelnder Hygiene derart, dass die Kakerlaken New Yorks beschließen, Joe zu ihrem Freund zu machen – und mit ihm zu sprechen.

Die herrliche, anarchistisch-durchgeknallte Komödie floppte in den Kinos leider, weshalb O'Connell zu seiner Serie zurückkehrte, die jedoch auch ins Strauchen geraten war. Dem Sender war SLIDERS nämlich in vielen Belangen zu intelligent (!), man wollte mehr Action und mehr Monster. Trotz recht guter Quoten wurde die Serie mehr und mehr auf ein Abstellgleis gelenkt. Nach vier Staffeln stellte der Sender FOX die Serie schließlich ein, dennoch überlebte SLIDERS noch ein weiteres Jahr, da der SciFi Channel die Serie übernahm und eine weitere Staffel produzierte, die jedoch über ein weitaus geringeres Budget verfügte als die vorangegangenen, was sich auch auf die Qualität niederschlug.

Als Jerry O'Connell Interesse an einer Mitwirkung in SCREAM 2 signalisierte, schlug das Studio zu, denn neben Sarah Michelle Gellar war er der zweite neue Name, von dem man sich eine gute Publicity erhoffte. Dabei ist nicht direkt überliefert, ob Derek den zweiten Teil nicht ursprünglich hätte überleben sollen. Tatsächlich wurde der Tod seiner Figur in der Form, wie er am Ende zu sehen ist, erst recht spät in das Drehbuch aufgenommen. In vielerlei Hinsicht ist er das Opfer, dass das neue Ende, wie Williamson es während der Dreharbeiten kreieren musste, schlüssig macht. Er ist die Liebe von Sidney. Und mit seinem Tod wird auch ein Stück von Sidney ermordet. Nachdem sie sich langsam wieder einem Menschen gegenüber emotional geöffnet hat und selbst eine Beziehung nicht mehr ausschließt, wird dieser Mensch getötet. Und mit seinem Tod stirbt in ihr die Fähigkeit zu lieben. Es scheint auch, als würde sie mit ihrer

Liebe die Menschen nur gefährden. Daher ist sie im dritten Teil allein.

Jerry O'Connell brachte dem zweiten Teil tatsächlich die gewünschte Publicity, denn zwischen ihm und Sarah Michelle Gellar entstand mehr als nur eine Freundschaft. Die beiden wurden von der amerikanische Klatschpresse verfolgt – bis sie ihr 1998 endlich ihre gegenseitige Liebe offenbarten. Welche ein Freude für die Publicity-Journaille.

1999 hat Sarah Michelle Gellar Jerry O'Connell jedoch den Laufpass gegeben. Seither lebt er wieder mit seinem Bruder Charlie zusammen, der in der letzten Staffel von SLIDERS bereits die zweite männliche Hauptrolle übernommen hatte. Zu sehen war Jerry O'Connell seither in mehreren Filmen, wobei MISSION TO MARS (MISSION TO MARS, USA 2000) der bekannteste sein dürfte. Mit FIRST DAUGHTER (USA 2000) hat er inzwischen sein Debüt als Drehbuchautor gegeben, auch hat er eine Episode seiner TV-Serie inszeniert. In Zukunft will er sich mehr auf das Schreiben und Inszenieren konzentrieren.

SARAH MICHELLE GELLAR ist CICI COOPER

Eigentlich hat Sarah Michelle Gellar nur eine kleine Rolle in SCREAM 2. Sie ist die Kommilitonin und Freundin von Sidney Prescott. Ein langes Leben ist ihr nicht beschieden. Dennoch ist La Gellar, wie sie von amerikanischen Zeitschriften oft genannt wird, vielleicht der neue weibliche Star des amerikanischen Horrorfilms. Ihren Ruhm hat sie jedoch nicht im Kino geerntet, sondern im Fernsehen, wo sie seit März 1997 in der Rolle der Buffy Summers in BUFFY – IM BANN DER DÄMONEN (BUFFY THE VAMPIRE SLAYER, USA seit 1997) zu sehen ist. Sarah Michelle Gellar wurde am 14. April 1977 in New York City geboren. Bereits mit vier Jahren war sie in ersten Werbespots zu sehen. Nachdem sie zum erfolgreichsten Werbekind in New York avancierte, feierte sie 1983, gerade einmal sechs Jahre alt, ihr Kinofilmdebüt in dem Streifen OVER THE BROOKLYN BRIDGE (OVER THE BROOKLYN BRIDGE, USA 1983) von dem damaligen B-Filmmogulen

Menahem Golan; ein erstes Theaterengagement folgte 1987 neben Matthew Broderick (der später durch Eric Stoltz ersetzt wurde) in dem Stück »The Widow Clair«. Obwohl sie auf den Listen verschiedener Agenten in Hollywood stand, blieb ihr der große Durchbruch á la Macauly Culkin verwehrt. Der Grund dafür ist der Scheidungskrieg zwischen ihrer Mutter und ihrem Vater. Arthur Gellar war mit der Kinderkarriere seiner Tochter nie einverstanden gewesen und wollte ihr ein normales Leben ermöglichen. Mit seinem Wunsch stand der Vater in Opposition zu seiner Frau Rosellen. Diese hatte erkannt, dass ihre gemeinsame Tochter erst am Anfang ihrer Karriere stand.

In der TV-Serie THE LEGEND OF WILLIAM TELL (USA 1991), einer Fantasy-Geschichte über das Leben des Schweizer Nationalhelden, war sie dann in der Rolle eines Dorfmädchens zu sehen. Die Serie überlebte gerade einmal 13 Episoden. Nicht viel besser erging es SWAN'S CROSSING (USA 1992): Angesiedelt in einer fiktiven Stadt in Neu-England erzählt die Serie die Geschichte einiger bessergestellter Teenager und ihrer Probleme. Programmatisch war SWAN'S CROSSING ganz klar an BEVERLY HILLS 90210 angelehnt. In ihrer Rolle als hinterlistige Tochter des Bürgermeisters des fiktiven Städtchens Swan's Crossing legte sie, so wird berichtet, ihre Biestigkeit auch hinter der Kamera nicht ab, weshalb die meisten Darsteller offenbar nicht unglücklich darüber waren, sich nach einer Staffel voneinander trennen zu müssen. Für Sarah Michelle Gellar bedeutete das Ende der Serie jedoch den großen Einstieg ins TV-Geschäft, denn aufgrund ihrer Rolle erhielt sie den Zuschlag für einen neuen Charakter in der Daily-Soap ALL MY CHILDREN (USA seit 1970).

Seifenopern haben es an sich, dass sie ihre Spannung vor allem aus den wechselnden Beziehungen der Hauptfiguren untereinander entstehen lassen. Ungemein beliebt ist es in solchen Soaps, bei der Geburt verloren gegangene Kinder wieder auftauchen zu lassen. So verhielt es sich auch mit ihrer Figur Kendall, die, so vermuten Fans der Serie, das Produkt einer Vergewaltigung war, die im Freundeskreis der Hauptfigur geschehen sein muss – die Vaterschaft wurde dennoch nie wirklich aufgelöst.

Sarah Michelle Gellar. Als Buffy in der gleichnamigen Fernsehserie ist sie unbesiegbar. In SCREAM 2 ist sie es leider nicht.

Sarah Michelle Gellar spielte einen braunhaarigen Albtraum. Sollte das Intrigenspiel eigentlich vor der Kamera stattfinden, verlagerte sich dieses mit jeder Episode mehr und mehr hinter die Kamera, denn die Hauptdarstellerin Susan Lucci (auch bekannt aus Wes Cravens Film EXIT, in dem sie den Teufel spielte) und La Gellar konnten sich nicht ausstehen. Als Sarah Michelle Gellar dann auch noch den Golden Globe als ›Beste Darstellerin einer täglichen Soap‹ erhielt (für den Lucci 15 Mal nominiert worden war, ohne ihn einmal zu gewinnen), knallte es endgültig. Entweder Sarah Michelle Gellar oder Susan Lucci hieß es schließlich. Und so musste La Gellar gehen.

Ihr Ausscheiden machte sie somit frei für die Rolle der Buffy. »Buffy«, erinnert sie sich im Gespräch mit amerikanischen Journalisten, »ist eine Figur, die versucht [...] eine Balance zwischen ihrer Bestimmung und ihren eigenen Interessen zu finden.« So ist Buffy in ihren Augen eigentlich ein gewöhnlicher Teenager, der versucht, seinen Platz in der Welt zu finden. Nur dass neben den üblichen Teenager-Problemen wie der Schule oder einer alleinerziehenden, nervenden Mutter regelmäßig Ärger mit Vampiren, Dämonen und anderen Untoten auf dem Programm steht.

Aufgrund ihrer Mitwirkung und ihrem Kultstatus in BUFFY – IM BANN DER DÄMONEN erhielt sie schließlich den Zuschlag für die zweite Hauptrolle in Kevin Williamsons ICH WEISS WAS DU LETZTEN SOMMER GETAN HAST, der wiederum ihre Rolle in SCREAM 2 folgte.

ICH WEISS WAS DU LETZTEN SOMMER GETAN HAST war ein Hit im Fahrwasser von SCREAM, ihre Rolle in SCREAM 2 eher ein Schmankerl für Horrorfans. Ihren Durchbruch als Kinoschauspielerin hat sie dennoch inzwischen gefeiert. EISKALTE ENGEL (CRUEL INTENTIONS, USA 1999) heißt der Film, der auf Choderlos de Laclos literarischem Klassiker »Les Liaisons Dangereuses« basiert, den man in Deutschland vor allem aufgrund der Verfilmung GEFÄHRLICHE LIEBSCHAFTEN (DANGEROUS LIAISON, USA 1989) von Stephen Frears kennt. Während das Original am französischen Königshof spielt, wurde die Geschichte von EISKALTE ENGEL ins New York der Gegenwart verlegt. Als biestiges High Society Girl geht sie mit ihrem Stiefbruder (Ryan Phillippe, bereits ihr Partner in ICH WEISS WAS DU LETZTEN SOMMER GETAN HAST) eine Wette ein: Wenn er eine überzeugte Jungfrau (Reese Whitherspoon) entjungfert, darf er mit der Gellar schlafen. Schafft er es nicht, bekommt sie seinen 1957er Jaguar. Die Geschichte über Intrigen, Sex und wahre Liebe, war 1999 mit über 2,2 Millionen Besuchern der Sensationshit in den deutschen Kinos. Zu Recht übrigens.

TIMOTHY OLYPHANT ist MICKEY

»Billy war ein krankes Schwein, das davonkommen wollte. Mickey ist ein krankes Schwein, das gefasst werden will. Ich habe meine Verteidigung schon genau geplant. Ich werde die Filme dafür verantwortlich machen. Ziemlich cool, he? Das hat es noch nie gegeben. Das hier ist nur der Anfang. Der Prolog zur Verhandlung. Und die wird 'ne Riesenshow; um solche Prozesse dreht sich doch heute alles. Stell dir vor: Die Auswirkungen filmischer Gewalt auf die Gesellschaft. Die größten Star-Anwälte werden mich vertreten, Bob Dole wird im Zeugenstand für mich aussagen und die christliche Koalition wird die Gerichtskosten übernehmen. […] Ich bin ein unschuldiges Opfer.« So spricht der Mörder aus Teil 2. Eigentlich macht Mickey einen nicht unsympathischen Eindruck. Er ist der typische Uni-Freund. Etwas verschroben, ein bisschen ein Außenseiter, aber alles in allem ein unauffälliger Zeitgenosse. Doch er will ein Star werden. Jemand, über den Amerika spricht, über den die ganze Welt berichtet. Ja, er ist krank. Und er ist sich dessen bewusst.
Gespielt wird Mickey von Timothy Olyphant, einem Schauspieler, der bislang fast ausschließlich im Theater zu sehen war und vor einigen Jahren für das Stück »The Monogamist« mit dem Theater World Award für das beste Schauspielerdebüt ausgezeichnet worden ist. Er wurde am 20. Mai 1968 geboren, ist verheiratet und hat einen Sohn. Die Rolle des Mickey erhielt er aufgrund einer wiederkehrenden Rolle in der TV-Serie HIGH INCIDENT (HIGH INCIDENT, USA 1996/97), der er auch schon sein Spielfilmdebüt in DER CLUB DER TEUFELINNEN (THE FIRST WIVES CLUB; USA 1996) verdankte. Ansonsten ist er vorwiegend in B-Filmen zu sehen gewesen.

PORTIA DE ROSSI ist SORORITY SISTER MURPHY

Es ist nur eine kleine Rolle: Sorority Sister Murphy ist neben Lois eine der beiden Anführerinnen von Delta Lambda Zeta, der Studentenvereinigung an Sidneys College in Teil 2. Sie ist ebenso wie Sorority Sister Lois ein oberflächliches, allein auf Äußerlichkeiten bedachtes Mädchen. Ursprünglich war sie neben Sister Lois als Mörderin vorgesehen. Diese Idee wurde, nachdem vierzig Drebuchseiten im Internet aufgetaucht waren, verworfen, weshalb über ihre möglichen Intentionen leider nur wenig bekannt ist.

Portia de Rossi ist natürlich allen Fans von ALLY MCBEAL (ALLY MCBEAL, USA seit 1997) ein Begriff. Sie spielt Nell. Geboren am 31. Januar 1973 in Melbourne, Australien, wuchs sie unter dem bürgerlichen Namen Amanda Rogers auf. Sie war bereits mit elf Jahren ein begehrtes Gesichtsmodell. Sie spielte in jeder Menge Werbespots mit und legte sich schließlich einen ungewöhnlichen Künstlernamen zu, mit dem sie ganz einfach ihren Marktwert erhöhen wollte. Mit 19 begann sie ein Jurastudium, das sie jedoch nicht abgeschlossen hat, da sie als Fotomodell immer größere Aufträge bekam, die sie immer wieder auch in die USA führten. Nach einigen kleinen Filmrollen wie eben dem Part der Sister Murphy in SCREAM 2 oder dem Auftritt in dem interessanten Film THE INVISIBLES (USA 1998), der von einem Model und einem Rockstar handelt, die einmal für 48 Stunden ein normales Leben führen wollen, erhielt sie schließlich den Zuschlag in ALLY MCBEAL. Die Rolle der Nell machte sie über Nacht in den USA zu einem großen Fernsehstar.

REBECCA GAYHEART ist SORORITY SISTER LOIS

Wie die Rolle der Portia de Rossi ist auch ihre Rolle in Teil 2 kaum mehr als die eines *sidekicks*. Dennoch: Da sie ursprünglich als eine der beiden Mörderinnen vorgesehen war, darf man sie nicht ignorieren, denn schließlich hat ihr der Part in SCREAM 2 die Hauptrolle in dem Teen-Horrorstreifen DÜSTERE LEGENDEN (DISTURBING BEHAVIOUR, USA

1998) eingebracht, der eindeutig auf der Erfolgswelle von SCREAM geschwommen ist. Die am 12. August 1972 in Pinetop, Kentucky, geborene Schauspielerin hat seit 1992 in einer Vielzahl von TV-Filmen und Serien mitgewirkt. Unter anderem spielte sie eine Hauptrolle in Steven Spielbergs aufwendig inszenierter SciFi-Saga EARTH 2 – DER ERSTE KONTAKT (EARTH 2, USA 1995), die zu Recht aufgrund der katastrophal schlechten Drehbücher einer der ganz großen Flops des SciFi-Fernsehens der 90er Jahre wurde und bis heute in den USA nicht vollständig ausgestrahlt worden ist (im Gegensatz zu Deutschland, wo RTL der Serie ein Gnadenbrot gewährte). Zuletzt war Rebecca Gayheart in Kevin Williamsons TV-Serie WASTELAND zu sehen, die, wie bekannt, inzwischen aber auch abgesetzt wurde.

SCREAM 3:

PATRICK DEMPSEY ist DETECTIVE MARK KINCAID

Detective Mark Kincaid ist der Mann, der die Morde am Set von »Stab 3« untersucht. Lange Zeit scheint er der Hauptverdächtige zu sein, denn er weiß überraschend gut über Maureen Prescott Bescheid. Zu gut. Doch im Grunde ist er nur ein besonders sorgfältig arbeitender Polizist, der fast selbst dem Killer zum Opfer fällt und nur in letzter Sekunde gerettet werden kann.
Mit Patrick Dempsey reicht die Generation der 80er Jahre-Jungstars denen der späten 90er Jahre die Hand. Dabei ist Patrick Dempsey gar nicht viel älter als die meisten seiner Mitstreiter. Geboren wurde er am 13. Januar 1966 in Lewiston, Maine. Doch seine großen Erfolge liegen bereits hinter ihm.
Dempsey gehörte wie Molly Ringwald, Andrew McCarthy, Matthew Broderick, John Cusack, Charlie Sheen und Emilio Estevez zu den Stars des Teenager-Films der 80er Jahre.
Er machte zum ersten Mal in dem Film DIE HIMMELSSTÜRMER (CATHOLIC BOYS, USA 1984) auf sich aufmerksam, der Geschichte einer Gruppe von Schülern eines katholischen

Internats, die unter den sadistischen Lehrmethoden der Priester zu leiden haben. Der Film, der in den 60er Jahren angesiedelt ist, erzählt, wie die anderen Filme dieser Zeit, eine Geschichte des Erwachsenwerdens. Und das in einer sehr dramatischen, oft nicht leicht zu ertragenden Form.

Dempsey hatte bereits im Alter von sieben Jahren Tanzunterricht bekommen. Mit 15 Jahren trat er mit einer eigenen Comedy/Zaubershow auf kleinen Bühnen in ganz Neu-England auf. Zum Film kam er schließlich, nachdem er 1981 einen Talentwettbewerb gewonnen hatte.

Er war ganz einfach ein Naturtalent und das blieb den Regisseuren nicht verborgen. Obwohl er in DIE HIMMELSSTÜRMER eine dramatische, ernste Rolle gespielt hatte, erlebte er in den USA seinen Durchbruch mit dem Film SOMMERFERIEN TOTAL VERRÜCKT (MEATBALLS 3: SUMMER JOB, Kanada 1985).

Gross Out nennt man Komödien wie diese. Das sind Teenagerfilme der 80er, die mit zotigem Humor, viel nacktem Fleisch (aber selten mal einer entblößten Brust) und coolen Helden daher kamen. Es bleibt anzumerken, dass die meisten dieser Filme heute nur noch peinlich wirken. SOMMERFERIEN TOTAL VERRÜCKT erzählt die Geschichte eines Jungen (Patrick Dempsey), der unter seiner Jungfräulichkeit ›leidet‹, und nun alles daran setzt, dieses Leiden zu beseitigen. Im Vergleich zu anderen Filmen dieser Art hält sich SOMMERFERIEN TOTAL VERRÜCKT tatsächlich etwas zurück und versucht zumindest in Ansätzen noch eine Geschichte über Teenager-Ängste zu erzählen.

Der Film wurde in den USA ein ansehnlicher Kassenerfolg und Patrick Dempsey war nun in einer ganzen Reihe von Teenager-Filmen zu sehen. Da wäre zum Beispiel CAN'T BUY ME LOVE (CAN'T BUY ME LOVE, USA 1987), die Geschichte eines schüchternen Jungen, der sich die Nähe eines Mädchens erkaufen möchte, sie aber erst gewinnt, als er ihr sein wahres Ich präsentiert. Der Film, der von Zeit zu Zeit auf Privatsendern wie RTL 2 gezeigt wird, ist ein typisches Produkt seiner Zeit: Bunt, ein bisschen moralisch, witzig, nett.

Mit CASANOVA JUNIOR (THE WOO WOO KID, USA 1987)

Patrick Dempsey (links) gehörte in den 80er Jahren zur ersten Garde von Hollywoods Jungstars. In den 90ern wurde es still um ihn. In SCREAM 3 feiert er nun sein Comeback.

zeigte sich Dempsey dann aber von einer sehr ungewohnten Seite. In dem 1944 spielenden Film ist er in der Rolle eines 15-jährigen zu sehen, der sich in eine 21-jährige Frau verliebt und diese heiratet – da aufgrund des Krieges wenig ältere Männer zur Hand sind. Die Geschichte entwickelt sich zu einem Skandal. CASANOVA JUNIOR ist eine schwungvolle Komödie, die einen Blick auf die doppelbödige Moral der amerikanischen Kleinstadt aus einer recht ungewöhnlichen Perspektive wirft.

Seinen größten Hit feierte Dempsey, der sich anschickte, ein seriöser, erwachsener Schauspieler zu werden, schließlich mit LOVERBOY (LOVERBOY, USA 1989). In seinen Collegeferien verdient sich darin ein junger Pizza-Auslieferer ein paar Dollar hinzu, indem er Damen der gehobenen Gesellschaft seine Dienste anbietet, dabei aber nur seine Freundin liebt, die von seinem Nebenjob natürlich nichts wissen darf. Was nach einer platten Komödie klingt, ist ein überraschend subtil gemachter Film, der neben dem natürlich vorhandenen

derben Humor ein sehr deprimierendes Bild der reichen, aber einsamen Frauen zeigt, denen der Junge zu Diensten ist.
Der Film wurde ein recht großer Hit in den USA. Danach ging es mit Patrick Dempseys Karriere allerdings bergab. Er hat seither zwar ständig vor der Kamera gestanden, die meisten seiner Filme wurden jedoch für den Video- oder den internationalen TV-Markt produziert.
Ist dies das Schicksal, das auch den jungen Darstellern der SCREAM-Filme ereilen wird, wenn die Welle der Teen-Horrorfilme, Teenager-Dramen und Teenager-Komödien, wie sie das Kino zur Zeit erlebt, abebbt?
Es ist auf jeden Fall interessant, Patrick Dempsey als Erwachsenen in einem Film zu sehen, in dem er vor 15 Jahren ohne Zweifel als Youngster ebenfalls mitgespielt hätte. Es ist zumindest lobenswert, dass er in SCREAM 3 nicht in der Rolle des Killers, sonders eines aufrechten Polizisten zu sehen ist. So behält seine Figur ein wenig von der unschuldigen Aura, mit der er vor 15 Jahren zum Star der Teenager-Filme geworden ist.

Scott Foley ist Roman Bridger

Roman Bridger ist der typische Unsympath. Wie man sich als Laie eben einen Jung-Regisseur vorstellt. Er ist von sich vollkommen überzeugt und sucht Fehler nur bei den anderen. Dass er der Killer des dritten Teils ist, überrascht nicht. Als neurotischer Regisseur neigt er dazu, sich stets zwischen der Realität und seinen Filmwelten zu bewegen. Als er nun ausgerechnet einen Film über die Morde von Woodsboro dreht, verschwimmen für ihn die Grenzen zwischen Fiktion und Realität endgültig. Ausgerechnet Bridger hat eine viel tiefere Verbindung zu Woodsboro als die meisten anderen am Set: Er ist der uneheliche Sohn von Maureen Prescott. Sie hat ihn bekommen, als sie versucht hat, in Hollywood Karriere zu machen. Was dann geschehen ist, bleibt im Dunkeln. Sie hat ihn abgegeben, soviel ist klar. Doch wo ist er aufgewachsen? Was alles hat er in seinem Leben erlebt, dass er einen solch mörderischen Hass auf seine Mutter entwickelt hat. Daher tötet er nun die Schauspieler, die die Rollen der Menschen spielen, zu denen er selbst gehört hätte. Er inszeniert ein Mord-Spektakel, einen Horrorfilm in der Wirklichkeit.

Scott Foley ist in Deutschland gänzlich unbekannt. Abgesehen davon, dass man ihn in einigen Folgen von DAWSON'S CREEK hat sehen können, ist SCREAM 3 der erste Film, der sein Gesicht nach Deutschland getragen hat. In den USA ist der am 15. Juli 1972 in Kansas City geborene Schauspieler inzwischen jedoch ein beliebter TV-Schauspieler, seit er die männliche Hauptrolle in der Erfolgsserie FELICITY (USA seit 1998) spielt, einer Art DAWSON'S CREEK für ein erwachsenes Publikum, in deren Mittelpunkt die Figur des Provinz-Girls Felicity (Keri Russell) steht, die ihrem Freund nach New York folgt, wo sie sich nun mit den Tücken des Großstadtalltages herumärgern muss. Vor seinem Engagement in FELICITY gehörte er der ebenfalls recht erfolgreichen TV-Serie ZOE, DUNCAN, JACK & JANE (USA seit 1998) an.

Scott Foley ist als Schauspieler beispielhaft für die Veränderung, die die Cast von SCREAM im Laufe der drei Teile durchgemacht hat. Hatte man für die ersten drei Teile vor allem solche Schauspieler ausgesucht, die beim jungen Publikum unter 20 funktionieren sollten, ist Scott Foley ein Schauspieler, der aufgrund seiner TV-Rolle vor allem ein Publikum zwischen 20 und 25 anspricht. SCREAM hat sich im Laufe der Jahre weiterentwickelt. Im Gegensatz zu anderen Teen-Horrorserien, die sich nie darum bemüht haben, ihr Publikum zu behalten, auch wenn dieses älter wurde, ist SCREAM mit seinen Zuschauern zusammen erwachsen geworden. Wer 1996 noch zur Schule ging und den ersten Teil sah, konnte sich mit den Figuren identifizieren. Vier Jahre später studieren viele der Zuschauer von einst oder stehen schon im Berufsleben. Auch die Filmfiguren sind keine Schüler mehr, sondern Personen, die mitten im Leben stehen und Verantwortung tragen. So wie Roman Bridger.

Ein kleines Schmankerl am Rande: Scott Foley ist fast zwei Meter groß. Seine Partnerin Keri Russell in FELICITY misst knapp 1,70 Meter. Dies führt dazu, dass Keri Russell in vielen

Szenen auf einer Fußbank stehen muss, um den Größenunterschied der beiden zu kaschieren ...

PARKER POSEY ist JENNIFER JOLIE / GALE in »Stab 3«

Ihr Name lautet Jennifer Jolie und sie ist Schauspielerin. Jennifer ist von einem Virus befallen: dem Method Acting. Wenn sie eine Rolle spielt, dann spielt sie diese nicht nur, sie wird die Figur. Und ihre Rolle ist zur Zeit die der Gale Weathers in »Stab 3«, der billigen Verfilmung der Geschehnisse von Woodsboro. Jennifer hat sich derart in ihre Rolle hineingesteigert, dass sie mehr über Gale Weathers weiß als Gale Weathers über sich selbst. Obwohl sie Gale einen Spiegel vorhält, ist sie doch nur eine Karikatur der echten Gale Weathers.

Mit Parker Posey küsst der Independend-Film das Mainstream-Hollywood. Die in Baltimore, Maryland, geborene aufgewachsene Schauspielerin gehört zu den beliebtesten Darstellerinnen von unabhängigen US-Produktionen. Auf dem bedeutendsten Festival für unabhängige Filme, dem Sundance Film Festival, ist sie ein Stammgast. Mit Hauptrollen in Filmen wie BASQUIAT (BASQUIAT, USA/Frankreich 1996) und den Richard-Linklater-Werken DAZED AND CONFUSED (DAZED AND CONFUSED, USA 1994) und SUBURBIA (SUBURBIA, USA 1997) hat sie sich zum Star der Independent-Szene hinaufgearbeitet. Dabei hat die am 8. November 1968 geborene Aktrice, die aus wohlhabendem Hause stammt und ihre Ausbildung an der elitären North Carolina School For The Arts erhalten hat, keine Angst vor Mainstream. Tatsächlich hat sie ihre Karriere 1991 in der seit über 40 Jahren laufenden Soap-Opera AS THE WORLD TURNS (USA seit 1956) begonnen, in der sie immerhin über ein Jahr mitgespielt hat. Auch war sie in der total verunglückten Dan-Akroyd-SciFi-Komödie DIE CONEHEADS (THE CONEHEADS, USA 1993) zu sehen, bevor sie sich fast ausschließlich dem Independent-Film zugewandt hat.

So wurde sie einem größeren Publikum jenseits des Independent-Sektors erst durch ihre Rolle in E-MAIL FÜR DICH

Stets im Schatten von Courteney Cox: Parker Posey (ganz links). Die Independent-Schauspielerin beweist, dass sie das Zeug zur Scream-Queen hat.

(YOU'VE GOT MAIL, USA 1998) bekannt, in dem sie die Verlobte vom Tom Hanks spielte, die am Schluss ihren Geliebten leider an Meg Ryan abgeben muss. Für Craven war sie schließlich die Idealbesetzung für die Jennifer Jolie. Craven wollte eine Schauspielerin, die in Kunst-Filmen mitgespielt hat und auch prätentiöse Schauspieler aus erster Hand kennt. Auf diese Darsteller gibt Jennifer Jolie eine perfekte Parodie.

Scream 2

OT:	SCREAM 2
US-KINOSTART:	12. Dezember 1997 im Verleih der Miramax
BRD-KINOSTART:	23. April 1998 im Verleih der Kinowelt
LAUFZEIT:	120 Minuten

Regie: Wes Craven. Drehbuch: Kevin Williamson. Produzenten: Marianne Maddalena, Cathy Konrad. Executive Producers: Bob Weinstein, Harvey Weinstein, Kevin Willson. Associate Producers: Julie Plec, Nicholas Mastandrea. Co-Produzent: Daniel Lupi. Co-Executive Producers: Cary Granat, Richard Potter, Andrew Rona. Musik: Marco Beltrami. Musik (aus der ›Kassandra‹-Arie): Danny Elfman. Kamera: Peter Deming. Schnitt: Patrick Lussier. Casting: Lisa Beach. Produktionsdesign: Bob Ziembicki. Art Director: Ted Berner. Set Dekoration: Bob Kensinger. Kostüme: Kathleen DeToro. Spezial-Make-up: Kamar Bitar. Spezialeffekte: Tom Chesney. Besetzung: Neve Campbell (Sidney Prescott) David Arquette (Dwight ›Dewey‹ Riley), Courteney Cox (Gale Weathers), Sarah Michelle Gellar (Casey ›Cici‹ Cooper), Jamie Kennedy (Randy Meeks), Elise Neal (Hallie), Laurie Metcalf (Debbie Salt), Jerry O'Connell (Derek), Timothy Olyphant (Mickey), Jada Pinkett (Maureen Evens), Omar Epps (Phil Stevens), Liev Schreiber (Cotton Weary), Duane Martin (Joel, der Kameramann), Rebecca Gayheart (Schwester [Sorority Sister] Lois), Portia de Rossi (Schwester [Sorority Sister] Murphy), Joshua Jackson (Junge in Filmklasse), Heather Graham (Casey in »Stab«), Tori Spelling (Tori Spelling), Luke Wilson (Billy in »Stab«), David Warner (Theaterlehrer), Linda McCree (Maureen Prescott – nur auf Fotos zu sehen), Lewis Arquette (Chief Hartley).

In Deutschland sahen 1.372.647 Zuschauer den Film in den Kinos.
US-Einspielergebnis: ca. 106 Millionen Dollar

Der Prolog

Das Rialto-Kino. Es ist Premierentag, der 12. April 1997: Premierentag für den Film »Stab«, der die Geschichte eines Killers erzählt, der in einem kleinen Städtchen in Nordkalifornien, in einen schwarzen Umhang gehüllt, das Gesicht hinter einer Edvard-Munch-Maske versteckt, Jagd auf Jugendliche macht. Im Kino herrscht ausgelassene Stimmung, das Publikum johlt. Mit langen, grünleuchtenden Spielzeugmessern stechen die Besucher aufeinander ein. Maureen hat keine Lust auf den Film. Ein Kino weiter läuft ein Sandra-Bullock-Film. Ihr Freund Phil schüttelt den Kopf. Wen würde schon Sandra Bullock interessieren. Doch Maureen, eine Afro-Amerikanerin, hat keine Lust auf einen Horrorfilm. Sie nörgelt: »Das ist ein saudummes weißes Filmchen über saudumme weiße Mädchen, denen die weiße Haut aufgeschlitzt wird. [...] Der Film ist typisch für das amerikanische Horrorgenre. Darin gibt es ein kein afro-amerikanisches Element.«

Der Film »Stab« beginnt mit dem Prolog von SCREAM, allerdings mit kleinen Änderungen. Es gewittert über Woodsboro. Und Casey Becker hat nicht nur Popcorn auf dem Ofen stehen, sie steigt natürlich auch noch gerade unter die Dusche. Maureen regt sich über solche Klischees auf. Angenervt verlässt sie den Kinosaal, um Popcorn zu kaufen. Als sie zurückkehren will, stürzt sich ein Mann mit einer Maske auf sie – es ist jedoch nur Phil, der sich einen Scherz erlaubt, den sie gar nicht lustig findet. Dennoch geht sie in den Film zurück, wohingegen Phil kurz auf die Toilette verschwindet – wo er von einem echten Maskenmann abgemetzelt wird.

Maureen ist indessen vom Film gefangen. Sie merkt gar nicht, dass der Mann, der sich neben sie setzt und eine Maske trägt, nicht Phil ist. In dem Moment, in dem Casey auf der Leinwand ermordet wird und das ganze Kino schreit, sticht der Killer Maureen sein Messer in den Bauch. Niemand sieht es, hört es, nimmt es zur Kenntnis. Blutüberströmt schleppt sie sich mit letzter Kraft auf die Bühne vor der Leinwand. Es wird ruhig im Publikum. Maureen bricht zusammen. Ohne zu schreien. Sie ist tot.

Fortsetzung folgt ...

Handwerklich ist der Prolog von SCREAM 2 eine der beeindruckendsten Sequenzen, die Wes Craven jemals inszeniert hat. Es gelingt dem Regisseur eine Atmosphäre voller Ausgelassenheit und Spaß zu erzeugen. Der Spaß rührt daher, dass sich das Publikum gerade einen Horrorfilm anschaut, in dem Menschen ermordet werden. Ein Widerspruch?
Ohne Zweifel. Doch der heimliche Spaß am Grauen ist ein Phänomen, den zu erklären schon Generationen von Psychologen, Literaten und anderen schlauen Menschen versuchen. Ohne bislang zu einem eindeutigen Ergebnis gekommen zu sein. Schon Shakespeare hat sein Publikum mit Mord unterhalten. Schaut man sich Stücke wie »Richard III.« oder »Macbeth« an, so entfalten sie ihren wahren Unterhaltungswert erst dadurch, dass die Hauptfiguren derart intrigieren, morden und meucheln, dass die Anzahl der Mitwirkenden im Stück von Minute zu Minute kleiner wird. Mord wird als Mittel des Entertainments allgemein akzeptiert. Keine Miss Marple, kein Kommissar Derrick, kein Nero Wulf würden jemals in Aktion treten, wenn zuvor nicht jemand um die Ecke gebracht worden wäre. Die Fahrt im Orient Express oder die Reise auf dem Nil werden erst zum richtigen Erlebnis, wenn sich unter den Mitreisenden ein Mörder und eine Leiche befinden.
Während man sich vor fünfzig Jahren mit einem Agatha-Christie-Roman zurückzog und sich beim Lesen vorstellte, wer wohl gerade die unschuldige junge Maid oder den alten Lord ins Jenseits befördert hat, ist der Spaß am Grauen und Grusel heute zu einem Gemeinschaftsereignis geworden. Man geht ins Kino um gemeinsam den Schrecken zu genießen. Was auf der Leinwand nämlich geschieht, ist keine Realität. Es ist Unterhaltung, Entertainment, Show. Und aus diesem Wissen entwickelt Craven die unglaubliche Kraft dieser Eingangssequenz. Wenn die

Casey Becker des Films »Stab« gejagt wird, herrscht im Kino ausgelassene Stimmung.

So ausgelassen das Publikum – das größtenteils keine Ahnung hat, dass das, was in »Stab« geschieht, ›tatsächlich‹ vor zwei Jahren geschehen ist – feiern mag – es ist in der Lage, Film und Realität auseinanderzuhalten. Wenn Maureen auf die Bühne schreitet, dann schreit sie nicht wie die Figuren im Film. Dazu hat sie längst keine Kraft mehr. Es wird sofort still im Publikum. Niemand jauchzt, niemand schreit. Die Männer nehmen die Masken ab, die Frauen sind entsetzt. Dies ist kein Film. Dies ist Realität. Und diese Realität bejubelt niemand. Just in dem Moment, in dem in »Stab« leinwandfüllend die Maske des Mörders zu sehen ist, bricht Maureen zusammen. Entsetzen macht sich breit.

Genial stellt Craven den Kontrast zwischen Film und ›Realität‹ dar. Mit Geschick hat er die »Stab«-Sequenz inszeniert. Wäre »Stab« SCREAM, dann wäre SCREAM ein schlechtes Filmchen geworden. Craven macht in diesem Film im Film nichts anderes, als Klischees zu bemühen. Da ist das blonde Mädchen, das unter die Dusche steigen will. Welchen Sinn hat diese Szene, außer ihren nackten Rücken zu zeigen? Soll es etwa eine Hommage an PSYCHO sein? Wie originell. Der Gag ist: Warum geht sie unter die Dusche, während auf dem Ofen noch das Popcorn steht? Hat das gute Mädchen keine Angst davor, dass ihr das Haus abbrennen könnte? Dann fühlt sie sich beobachtet und geht zurück ins Wohnzimmer, wo sie offenbar einen Eindringling befürchtet. Ist ja auch logisch ... Und als sie schließlich davon rennt, wird sie plötzlich langsamer. Warum? Um dem offenbar langsameren Killer eine sportliche Chance zu geben? All jene Klischees, die Craven in SCREAM vermieden hat, zeigt er dem Publikum nun in der Fiktion des Kinofilms »Stab« und macht ihm damit klar, welche Ausnahmestellung SCREAM im Reigen des Slasher- und Stalkerfilms einnimmt. Und er hat einen großen Spaß dabei, diesen wirklich schlechten Film zu drehen (dass »Stab« kein allzu guter Film gewesen sein kann, beweist SCREAM 3 – hier wird »Stab 3« bereits direkt für den Videomarkt produziert ...).

In einem Punkt hat Maureen übrigens Recht: Der Teen-

Horrorfilm ist zu fast 100 Prozent ein weißes Genre. NIGHTMARE – MÖRDERISCHE TRÄUME hatte für nicht einen einzigen afro-amerikanischen Schauspieler eine Sprechrolle! Dies lässt sich vor allem damit erklären, dass die Autoren, die Teen-Horrorfilme schreiben, zumeist aus den weißen *suburbs* stammen, in denen sie ihre Filme schließlich auch spielen lassen. Was für Afro-Amerikaner gilt, trifft auch auf Koreaner, Chinesen, Latinos und andere Bevölkerungsgruppen zu.

Die Idee, dass die Geschehnisse von Woodsboro verfilmt wurden, eröffnet SCREAM 2 natürlich die Chance, gleich im Prolog mit dem Wesen des Zitatenfilms ins Extreme gehen zu können. SCREAM 2 kann somit nicht nur andere Filme zitieren, der Film kann sich selbst zum Vorbild nehmen und dennoch die wahren Geschehnisse des ersten Teiles so manipulieren, wie er dies für richtig hält. Schließlich sollte das, was »Stab« zeigt, eine authentische Wiedergabe der Vorfälle in Woodsboro sein. Oder vielleicht doch nicht? Wenn nicht, würde dies ja heißen, dass die Medien unsere Realität nicht nur beeinflussen, sondern unsere Wahrnehmung sogar manipulieren können. Sollte das etwa andeuten, dass Filme, die auf realen Begebenheiten beruhen, nicht immer exakt die Wahrheit sagen ...?

Die Nachricht vom Mord verbreitet sich

Das Windsor College. Irgendwo in den USA. Sid liegt noch im Bett, als das Telefon klingelt. Es ist der Mörder. Oder nicht? Nein, es ist nur ein dummer Streich. Sid hat eine ständige Fangschaltung installieren lassen. Sie ist an Anrufe dieser Art gewöhnt. Kaum aufgestanden, sieht sie Cotton Weary im Fernsehen. Er ist Gast einer Talkshow und spricht darüber, wie es ist, für einen Mord, den man nicht begangen hat, im Gefängnis gesessen zu haben. Er ist nicht verbittert, aber sein Ruf ist ruiniert, obwohl seine Unschuld bewiesen wurde. Die einzige, die stets an ihn geglaubt hat, war Gale Weathers.

Sidney erhält eine Nachricht vom Killer.

Sidney ist gereizt. Und so reagiert sie auch genervt, als sie von ihrer Mitbewohnerin und Freundin Hallie gebeten wird, mit zum Abend der Studentenverbindung Delta Lambda Zeta zu kommen, die Sidney gerne als Mitglied aufnehmen würde. Am liebsten würde sich Sidney an diesem Wochenende, dem ersten Wochenende, an dem »Stab« läuft, einschließen. Da hört sie in den Nachrichten von den Morden.

»Leben imitiert Kunst, die Leben imitiert. Das ist der klassische Fall«, sagt Mickey. Im Filmseminar des Colleges wird über die Morde im Kino gesprochen. Wurden diese Morde durch den Film verursacht? Hat sich der Mörder von der Gewalt im Film inspirieren lassen? Wird Gewalt durch Gewalt im Film hervorgerufen? Die Diskussion ist heftig. Randy: »Leben ist Leben. Es imitiert gar nichts.«

Dennoch glaubt das Gros der Studenten, der Mörder sei von den Killern aus »Stab« inspiriert worden. Dann wären die wirklichen Morde so etwas wie »Stab 2«.

»Wozu?«, fragt Randy. »Fortsetzungen sind scheiße.« Selbst Beispiele wie TERMINATOR 2 (TERMINATOR 2: JUDGE-

MENT DAY, USA 1991) und ALIENS (ALIENS, USA 1986) können Randy von dieser Meinung nicht abbringen. Fortsetzungen, sagt er, hätten schließlich das Horror- und Actionfilmgenre zerstört. Die Stunde ist um. Als er Sidney vor der Tür warten sieht, weiß er, dass sie bereits von den Morden gehört hat. Randy, so erfährt der Zuschauer, hat die Geschehnisse von Woodsboro verdrängt. Daher will er nicht glauben, dass die Morde im Kino mit dem, was ihnen zugestoßen ist, zu tun haben. Die Unterhaltung wird abgebrochen, als Sidneys Freund Derek auftaucht und Sid in die Arme nimmt.

Schnitt: Gale Weathers ist bereits am College eingetroffen. Sie telefoniert. Der Film, der ja auf ihrem Buch basiert, soll zurückgezogen werden. Sie ist dagegen. Schließlich will ihn jetzt jeder sehen. Gale lernt Debbie Salt kennen, Lokalreporterin beim Post Telegraph. Sie ist ein Fan von Gale und liebt ihr Buch. Plötzlich findet sich Gale in der Position der Interviewten wieder, denn Debbie will wissen, wie sie zur Kritik an ihrem Buch stehe. Die Augen der Konkurrenten sind auf Gale gerichtet. »Ihre plumpen Schmeicheleien sind einfach durchschaubar«, knallt sie Debbie an den Kopf. Damit hat sich die Geschichte für sie erledigt.

Sid ist indessen von Lois und Murphy genervt, den Vorsitzenden der Studentinnengruppe, zwei hochnäsigen Mädchen, die alles daran setzen, sie in ihren Verein zu lotsen. Plötzlich erspäht sie in der Ferne Dewey. Sie rennt zu ihm und fällt ihm in die Arme. Er habe sich Sorgen um sie gemacht, daher habe er sich ins Flugzeug gesetzt und sei gleich zu ihr gekommen, erzählt der junge Polizist, der seit den Morden von Woodsboro halbseitig leicht gelähmt ist.

Bald findet sich Sidney Gale Weathers gegenüber, die Kamera läuft und aus dem Schatten tritt Cotton Leary auf sie zu. Ein Gespräch möchte er mit Sidney führen. Sidney, außer sich vor Wut über diesen Überfall, schlägt Gale zu Boden. Leary ist überrascht. Er hat geglaubt, Gale hätte Sid über seinen Wunsch, mit ihr zu reden, informiert. Wutentbrannt stampft Gale davon und lässt Cotton irritiert zurück. Um überraschend auf Dewey zu treffen. In ihrem Buch über die Woodsboro-Morde beschreibt sie Dewey als naiv und inkompetent. Dies hat ihn geschmerzt. Es tut ihr leid. Als sie ihn berühren möchte, weicht er zurück.

Fortsetzung folgt ...

Craven lässt keine Zeit unnötig verstreichen. Innerhalb weniger Minuten werden die Hauptfiguren der Geschichte etabliert.
- Randy, der an der gleichen Uni wie Sid studiert und die Geschehnisse von Woodsboro verdrängt hat. Für ihn sind die neuen Morde eine Nachahmungstat, die mit den Leuten aus Woodsboro nichts zu tun hat.
- Mickey, ein Filmfreak aus Randys Seminar, der jedoch nicht annähernd Randys Brillanz erreicht.
- Dewey, der eine Affäre mit Gale Weathers gehabt hat.
- Gale Weathers, die wieder einmal heiß auf eine Story ist.
- Hallie, Sids Zimmergenossin (in Anspielung an den Prolog – eine Afro-Amerikanerin).
- ›Schwester‹ Murphy und ›Schwester‹ Lois, zwei ›hippe‹ Mädchen, die ohne Zweifel zu den ›interessantesten‹ und ›wichtigsten‹ jungen Frauen der Uni gehören – als Anführerinnen der bedeutendsten Studentinnenverbindung an diesem College. Man könnte beide aufgrund ihrer aufgesetzten Nettigkeit und ihrer Oberflächlichkeit als einen Fleisch gewordenen Albtraum bezeichnen.
- Debbie Salt, die Lokalreporterin, die ohne Zweifel die Chance sieht, einmal in ihrem Leben groß herauszukommen.
- Cotton Leary, der offenbar eine Aussöhnung mit Sidney sucht.
- Derek, Sidneys gutaussehender Freund, ein Medizinstudent und, wie Sid selbst sagt, ausnahmsweise einmal kein Psychopath.

Nach weniger als 25 Minuten weiß der Zuschauer, dass der Mörder nur aus diesem Personenkreis stammen kann. Ganz und gar hat Craven den Blick auf diese Personen fokussiert; jede Figur hat ihren eigenen Auftritt, wird als eine Hauptfigur in die Geschichte eingeführt. Doch wer mag sich hinter der Maske verbergen?

Wenn Cotton Leary zu Beginn in einer Talkshow mit dem Titel »Current Edition« sitzt, sollte man als Zuschauer einmal die Augen offen halten. Der Moderator der Sendung ist Kevin Williamson. Und wenn Williamson schon seinen Auftritt hat, darf auch eine Anspielung von Craven auf NIGHTMARE – MÖRDERISCHE TRÄUME nicht fehlen: Im Schrank von Hallie hängt ein Freddy-Pullover. Deweys erster Auftritt wird wiederum mit Musik aus dem Actionfilm OPERATION: BROKEN ARROW (BROKEN ARROW, USA 1996) unterlegt.

Ein weiterer Mord

Im Haus einer der vielen Studentenvereinigungen des Colleges läuft eine Party, auf der Sid direkt ›Schwester‹ Murphy und ›Schwester‹ Lois (›Schwester‹ ist ihr Titel als Mitglied der Studentenvereinigung) in die Arme läuft, die sich einmal mehr um sie bemühen – woraufhin ihr nur die unauffällige Flucht zum Alkoholstand bleibt.

Im Haus von Omega Beta Zeta, dem Wohnheim einer weiteren Studentenverbindung, sitzt Cici, ein Mädchen aus Randys Kurs, derweil alleine vor dem Gemeinschaftsfernseher und bekommt einen Anruf vom Mörder. Er kündigt sich an – bevor er sich ins Haus schleicht, Cici verfolgt und ermordet.

Fortsetzung folgt …

Die recht ausführlich ausgefallene Mordsequenz um Cici ist eine ungemein spannende Szene, die ganz klar an den ersten Teil anschließt und eine Wiederholung der Mordsequenz an Casey Becker darstellt. Diese Passage erzeugt beim ersten Anschauen die gleiche unbehagliche Stimmung, wie der Prolog des ersten Teiles. Schaut man sich den Film ein zweites oder drittes Mal an, verfliegt dieses Gefühl jedoch ein wenig. Beginnt SCREAM mit der Figur

Als ›Buffy‹ unbesiegbar, ereilt Sarah Michelle Gellar in der Rolle der Cici in SCREAM 2 frühzeitig das Aus.

der Casey Becker, baut man zu ihr als Zuschauer sehr schnell eine Beziehung auf. Sie ist die Bezugsperson. Sie sterben zu sehen, das schmerzt. Dies gelingt dieser Szene nicht wirklich, denn die Figur der Cici ist zu keinem Zeitpunkt eine Bezugsperson, sie gehört dem bereits aufgeführten Kreis der Hauptfiguren, aus deren Reihen sich der Mörder rekrutiert, nicht an. Um dies aber noch einmal zu betonen: Diese Kritik fasst erst, wenn man sich den Film mehrfach anschaut. Beim ersten Anschauen ist die Szene aufgrund ihrer atmosphärisch bedrückenden Inszenierung ein Höhepunkt des Films. Vor allem, weil man, ähnlich wie im Fall Drew Barrymore im ersten Teil, einfach nicht glauben kann, dass Sarah Michelle Gellar zu einem solch frühen Zeitpunkt aus einem Film ausscheidet.

Wenn sie im Wohnheim Fernsehen schaut, bleibt sie übrigens bei dem Horrorfilmklassiker NOSFERATU – EINE SYMPHONIE DES GRAUENS (D 1921) hängen, und zwar just in dem Moment, in dem sich der schreckliche Vampir-Graf Orlock (Max Schreck) über die junge Ellen Hutter (Greta Schröder) hermacht, die mit ihrer Opferung die

Das deutsche Plakatmotiv zum ersten SCREAM-Film.

Casey Becker (Drew Barrymore) ist den Psychopathen am Telefon schutzlos ausgeliefert.

Trügerische Zweisamkeit: Sidney Prescott (Neve Campbell) ahnt nicht, was für ein Monster sich hinter der Fassade ihres Freundes Billy (Skeet Ulrich) verbirgt.

Maureen Evens (Jada Pinkett) und Phil Stevens (Omar Epps) wollen sich im Kino eigentlich nur den Slasherfilm »Stab« anschauen. Sie ahnen nicht, dass die Geschehnisse auf der Leinwand für sie zur blutigen Realität werden sollen.

Das deutsche Plakatmotiv zu SCREAM 3 steht in der Tradition seiner Vorgänger.

Eine Regel der SCREAM-Trilogie: Gehe niemals ans Telefon! Sarah (Jenny McCarthy) hält sich an dieses Gebot nicht. Entsprechend klein fällt ihre Rolle in SCREAM 3 aus.

Oben: Der Killer gibt Sidney (Neve Campbell) Anweisungen.
Unten: Sidney versucht Dewey (David Arquette) aus der Gefangenschaft des Killers zu befreien.

Stadt, die von Orlock mit der Pest heimgesucht wurde, zu retten versucht.

Und noch ein kleines Schmankerl, das nur Besitzer eines DVD-Players oder eines Videorecorders mit Einzelbildmodus sehen können: Cici wird vom Killer erstochen und dann vom Balkon gestoßen. In dem Moment, in dem Sarah Michelle Gellars Stuntfrau über die Brüstung fliegt, kann man rechts im Bild für einen kurzen Moment den Kopf eines Mitarbeiters des Stuntteams sehen! Außerdem sollte man sich in der Partyszene einmal ganz genau die Statisten im Hintergrund anschauen. Dabei fällt ein recht schlanker junger Mann mit weißblond gebleichtem Haar auf. Das ist Matthew Lillard, Darsteller des Stuart in SCREAM 1!

Rate mal, wer der Killer ist?

Am Tatort herrscht Aufregung. Kamerateams drängen sich um das Geschehen. Gale erhält von Debbie Salt eine kurze Einführung in das Geschehen. Gale wirkt bestürzt. Vor allem, nachdem ihr Dewey, der sich ebenfalls längst am Tatort eingefunden hat, auf den Kopf zusagt, dies sei doch genau das, worauf sie gewartet habe.

Die Party wurde indessen abgebrochen, alle fahren sie zum Schauplatz des Mordes an Cici. Nur Derek und Sidney bleiben zurück. Um ihre Jacke zu holen, geht Sidney noch einmal ins Haus. Sie ist allein. Das Telefon klingelt. Es ist der Mörder. Warum er nicht sein Gesicht zeige, will Sid wissen. Da steht er schon hinter ihr. Sie flieht, Derek kommt ihr zu Hilfe – und wird verletzt (allerdings kann Sid den Kampf zwischen ihm und dem Killer nicht sehen). Als Dewey erscheint, ist der Killer verschwunden und Derek am Arm verletzt. Nur ›Schwester‹ Murphy und ›Schwester‹ Lois stehen vor der Eingangstür und wollen wissen, ob etwas geschehen ist.

Im Krankenhaus erhält Sid Beistand von Mickey und Hallie. Vielleicht, sagt Mickey, solle man Derek mal sagen, dass die Zeit der einsamen Helden vorbei sei. Und überhaupt: Was habe er eigentlich noch alleine in dem Haus gewollt?

Derek wird verhört. Dewey wundert sich, dass der Killer einfach verschwunden ist. Derek kontert: Wäre er etwas früher aufgetaucht, hätte er den Angriff mit eigenen Augen sehen können.

Auf der Polizeiwache unterhält sich Gale in Anwesenheit von Dewey mit dem Sheriff. Die drei Opfer hießen Maureen Evens, Phil Stevens und Cici Cooper. Cici steht für Casey. Gale kombiniert: Casey Cooper = Casey Becker, Maureen Evens = Maureen Prescott, Phil Stevens = Steven, der Freund von Casey Becker. Ohne Frage: Jemand spielt die Woodsboro-Morde nach.

Beim Spazieren durch den Park werden Sidney und Derek von zwei Polizisten in Zivil beschattet. Derek glaubt sich verhört zu haben, als Sidney ihn bittet, sich von ihr fern zu halten. Sie hat Angst um ihn. Doch in ihrer Stimme schwingt Misstrauen mit.

Derek bleibt daraufhin nichts anderes übrig als in der Mensa vor über hundert Zuschauern, laut zu singen und Sidney seine Liebe zu gestehen. Die Studenten grölen. Und Sidney lächelt.

Szenenwechsel: Im Fernsehen läuft derweil ein Interview mit Tori Spelling, die in »Stab« Sidney Prescott spielt! Randy ärgert sich gegenüber Dewey, da sein Darsteller ein Unbekannter ist. Dewey werde wenigstens von David Schwimmer dargestellt. Doch darum geht es jetzt gar nicht. Ganz klar: Jemand inszeniert hier eine Fortsetzung des Schreckens. Und wie sehen deren Regeln aus?

»Nummer eins: Es werden mehr Leute umgebracht. Nummer zwei: Die Todesszenen sind besser ausgearbeitet. Mehr Blut, mehr Gekröse, ein nettes Gemetzel. [...] Und Nummer drei ...:« An dieser Stelle fällt Dewey Randy leider ins Wort. Randy tippt auf Mickey, weil er ein Filmfreak ist. Aber dann wäre er selbst ein Verdächtiger. Und ist er verdächtig, dann wäre es auch Dewey. Hallie? Sie ist dunkelhäutig. Das wäre für einen Serienkiller ungewöhnlich. Aber genau deswegen ist sie verdächtig, denn eines ist klar: Der Killer will etwas Neues erschaffen!

Fortsetzung folgt ...

Wer ist denn nun der Mörder. In dieser Phase des Films entwickelt sich SCREAM 2 deutlich von SCREAM 1 weg. Wo Teil eins als Spannungsfilm daherkommt, der seinen *suspense* aus der Aktion bezieht, geht SCREAM 2 den klassischen Weg eines Kriminalfilms, der seine Spannung daraus bezieht, die Frage nach dem Mörder zu stellen. Und er liefert Indizien: Mickey erwähnt, dass Derek allein ins Haus ging. Woher weiß er das? Randy erwähnt allerdings auch andere Möglichkeiten: Gale Weathers könnte es sein. Sie hat am Erfolg geschnuppert und will einen weiteren Bestseller schreiben. Auch Randy hätte ein Motiv: Er ist in Sidney seit Urzeiten verliebt.

Der Mörder will etwas noch nie Dagewesenes erreichen. Er will ins Rampenlicht, das ist klar. Daher scheidet Derek aus. Er ist Sidneys Freund. Das war Billy Loomis auch. Das wäre demnach zu einfach …

Wie Sidney im ersten Teil befürchtet hat, wird sie in »Stab« tatsächlich von Tori Spelling gespielt, die einen Cameo-Auftritt als sie selbst absolviert. In der Krankenhaussequenz, in der Derek der Arm verbunden wird, läuft übrigens auch Wes Craven wieder einmal durch das Bild. Diesmal in einem Arztkittel.

Dereks Gesangsnummer wurde übrigens in ihrer Inszenierung eins zu eins aus einer Szene des Films TOP GUN (TOP GUN, USA 1986) kopiert.

Kassandra

Sidneys Hauptfach ist das Theater. Und es steht eine Inszenierung des Dramas »Kassandra« an. Sie will aufhören, doch ihr Schauspiellehrer lässt dies nicht zu. Dem Schicksal kann sie nicht davonlaufen. Als Künstlerin aber kann sie sich ihm auf der Bühne stellen.

So findet die letzte Probe statt. Sidney spielt die Kassandra. In einen roten Umhang gehüllt, wartet sie darauf, dass sich ihr Schicksal erfüllt. Das Schicksal wird dargestellt von zwölf Tänzern in braunen Kutten, deren Gesichter mit Masken bedeckt sind. Kassandra hat den Untergang Trojas vorhergesehen. Das hat sie bedrückt. Sie ist bereit, zu sterben. Mit Messerattrappen stechen die Darsteller, die das Schicksal repräsentieren, auf Sidney ein. Sie wird umhergeschüttelt, ihr wird schwindelig. Da erblickt sie ein echtes Messer. Und den Killer. Sie schreit, ungesehen gelingt es dem Killer im Gewirr der Personen zu verschwinden. Wenn es der Killer gewesen ist und nicht nur eine Täuschung.

Weinend rennt Sidney von der Bühne. Und wundert sich nicht schlecht, dass genau in diesem Moment Derek auftaucht.

Im Park streiten sich derweil Gale, Dewey und Randy darüber, was zu tun ist. Mehrfach klingelt Gales Handy. Es ist jedes Mal ihre Assistentin. Schließlich hat Randy vom ewigen Klingeln genug, schnappt sich das Handy und brüllt hinein, sie bräuchten Ruhe. Doch am Telefon ist der Killer, der die drei, die unter einem Baum im College-Park sitzen, beobachtet. Gale und Dewey versuchen, ihn zu finden. Es muss jemand sein, der mit einem Handy telefoniert. Randy geht ebenfalls über das Gelände. Er regt sich derweil darüber auf, dass der Mörder zwei Versager nachahmt und sagt ihm, Stu sei ein Feigling gewesen und Billy ein blödes Muttersöhnchen. In diesem Moment befindet sich Randy vor dem Kamerawagen von Gale. Die Tür geht auf, der Mörder packt ihn, zieht ihn ins Innere – und ermordet ihn.

Fortsetzung folgt ...

Sidney als Kassandra? Die Botin des Untergangs? Kassandra war die schönste Tochter des König Priamos. Der Gott Apollo hatte ihr die Gabe der Weissagung geschenkt, gegen das Versprechen ihn zu lieben. Sie brach das Versprechen. Apollo bestrafte sie damit, dass ihren Weissagungen niemand mehr Glauben schenkte. Sie sagte den Untergang Trojas voraus, man überhörte sie. Nach dem Fall Trojas suchte sie Schutz im Tempel der Göttin Athena, aus dem Ajax der Kleine sie zerrte und in das griechische Lager brachte. Bei der Aufteilung der Beute fiel Kassandra dem König Agamemnon als Sklavin und Konkubine zu. Kassandra warnte ihn, dass er den Tod fände, falls er nach Griechenland zurückkehren würde. Der König aber glaubte ihr nicht. Nach ihrer Ankunft in Mykene wurden sie und Agamemnon von dessen Weib Klytaimnestra umgebracht.

Auch Sidney ist eine Botin des Untergangs. Williamson und Craven spielen mit dem Mythos, indem sie Sidney in einem Theaterstück auftreten lassen, in dem sie genau diese Rolle spielt. Doch Sidney spielt Kassandra nicht nur. Schon zu Beginn des Films sagt sie voraus, dass sich die Geschehnisse von Woodsboro wiederholen werden. Niemand schenkt ihr Glauben.

Im Rahmen eines Teen-Horrorfilms dieser Art ist es sehr ungewöhnlich, eine Figur wie Randy sterben zu lassen. Randy ist der nette *sidekick*, der *geek*, den man als Zuschauer ins Herz geschlossen hat. Wenn eine Figur wie er den ersten Teil überlebt, überlebt er auch weitere. Das ist ein ungeschriebenes Gesetz der Serie. Betrachtet man Randy jedoch im Kontext des Kassandra-Textes, den Craven und Williamson an dieser Stelle zitieren, ist er ein Pendant zu König Agamemnon, der in Kassandra verliebt ist. Wie König Agamemnon den Weissagungen der Kassandra keinen Glauben schenkt, hat auch Randy zu Beginn der Geschichte nicht glauben wollen, dass die Morde in einem Zusammenhang mit ihrer Gruppe stehen. Für diesen Unglauben wird er, wie einst der König, bestraft.

Vor dem Showdown

Sidney weiß noch nichts von Randys Tod. Sie sitzt in der Bibliothek am Computer, als sie plötzlich eine E-Mail erhält: Heute Nacht, steht dort geschrieben, werde sie sterben. Da sie nicht ins Internet eingeloggt ist, muss der Mörder in der Bibliothek sein und ihr über das interne Netzwerk die Nachricht gesandt haben. Die zu ihrem Schutz abgestellten Polizisten überprüfen die Terminals, Sidney verlässt den Raum, um Cotton Weary in die Arm zu laufen. Er hat vor, mit ihr zusammen in einer Talkshow aufzutreten. Dies, sagt er ihr, sei sie ihm schuldig. Schließlich habe sie ihn in die Todeszelle gebracht und dies sei nun das Mindeste, was sie für ihn als Wiedergutmachung tun könne. Doch Sidney will dies nicht und kehrt in die Bibliothek zurück, Natürlich, schreit ihr Weary hinterher, er habe es auch nicht anders erwartet. Sie sei ja nur das Opfer. Was sie ihm angetan habe, darüber rede ja niemand. Die Polizisten verhaften Cotton.

Auf dem Polizei-Revier wird er verhört, doch es liegt nichts gegen ihn vor. Sidney hat in der Zwischenzeit von Randys Tod erfahren. Sie weint. Als Cotton das Revier als freier Mann verlässt, erklärt er Gale, alles, was er wolle, seien seine eigenen 15 Warholschen Minuten im Rampenlicht. So genießt er es, vor die Mikros der vor der Polizei-Wache wartenden Reporter zu treten, im Gegensatz zu Gale. Zuerst streitet sie sich mit Debbie Salt, die doch nur auf ihre Kosten Karriere machen will, dann verlässt sie ihr Kameramann, weil der keine Lust hat so zu enden wie sein Vorgänger (in SCREAM 1). Als dann Dewey an ihr vorbeigeht, erklärt sie ihm, sie fühle sich dreckig. Vielleicht zum ersten Mal in ihrem Leben. Dewey schnappt sich ihre Kameraausrüstung. Wenn sie Hilfe bräuchte, dann würde er sie ihr nicht verwehren. Ihr Kameramann hat sehr viel Material verfilmt, darunter viele Außenaufnahmen. Gale stockt. Auch kurz vor Randys Tod. Vielleicht ist der Mörder darauf zu sehen?

In der folgenden Nacht schleichen die beiden in die Filmschule des Colleges, um sich die Bänder anzuschauen. Der einzige Raum, den sie dafür nicht aufbrechen müssen, ist ein Hörsaal. Sie schauen sich die Bänder an. Unter anderem ist darauf ein Streit zwischen ihnen zu sehen. Dewey ist das peinlich, Gale lächelt. Sie küssen einander. Plötzlich erscheinen auf dem Videoband Phil, Maureen, Cici, Randy. Das ist nicht ihr Band, stellt Gale fest. Es sind Videoaufnahmen des Killers. Dann sehen sie sich selbst. Der Killer steht im Vorführraum. Er hat sein Band eingespielt. Dewey rennt in den Vorführraum. Doch der Killer ist weg. Er steht hinter Gale. Diese entkommt. Beim Versuch ihr zu Hilfe zu kommen, stürzt Dewey die Treppen des Hörsaals hinunter.

Gale versteckt sich indessen in einem Tonstudio, stets in der

Panik, vom Killer entdeckt zu werden. Sie landet schließlich in einer Sackgasse, einem Archiv. Dewey sieht sie – allerdings nur hinter einer Scheibe. Sie steht mit dem Rücken zu ihm. Der Raum ist derart schallisoliert, dass sie ihn nicht hören kann. Als sie ihn sieht, ist es zu spät. Der Killer hat Dewey erwischt. Da sie sich verbarrikadiert, kommt der Killer jedoch nicht an sie heran.
Sidney wird indessen von der Polizei in Sicherheit gebracht. Derek verabschiedet sich. Er wird auf sie warten. Nur Hallie begleitet Sidney. Derek bleibt alleine zurück. Um von Freunden ›entführt‹ zu werden, die ihn mit einer kleinen Party auf der Theaterbühne aufmuntern wollen und ihn schließlich an eine ›Sonne‹, einem Requisit der »Kassandra«-Aufführung, fesseln und mit Bier abfüllen.

Fortsetzung folgt ...

Über 20 Minuten vor dem Ende beginnt der Showdon mit dem Überfall auf Gale und Dewey. Von diesem Moment an gönnt Craven dem Zuschauer keine echte Ruhezeit mehr. Selbst Verschnaufpausen wie der Abschied Sidneys von Derek oder dessen ›Entführung‹ zur Party sind nur kurze Momente, in denen ganz einfach Spielorte gewechselt werden. Das Gefühl, dass der Showdown begonnen hat, wird durch das ungeklärte Schicksal Gale Weathers aufrecht erhalten. Nicht zu wissen, was aus ihr geworden ist, hält das Gefühl einer konstanten Bedrohung aufrecht.

Showdown

An einer Ampel kommt der Wagen, mit dem Sidney in Sicherheit gebracht werden soll, zum Stehen. Man scherzt. Bis der Mörder neben dem Wagen steht, das Fenster in der Fahrertür aufschlägt und dem Fahrer ein Messer in die Kehle rammt. Der Mörder springt über das Dach, der zweite Polizist zieht seine Waffe, steigt aus, doch bevor er schießen kann, kommt es zu einem Kampf, in dessen Verlauf es dem Mörder gelingt, sich hinter das Lenkrad des Wagens zu setzen und davonzurasen. Der zweite Polizist springt zwar auf die Motorhaube, doch als der Killer den Wagen in eine Baustelle setzt, wird der Polizist von dort lagernden Eisenrohren aufgespießt. Sid und Hallie sind derweil im Wagen gefangen, denn zwischen den Vordersitzen und der Rückbank befindet sich ein Gitter, die Hintertüren sind verriegelt. Verzweifelt versuchen sie aus dem Wagen zu entkommen, ohne zu wissen, ob der Killer, der über dem Lenkrad zusammengesunken ist, noch lebt.

Es gelingt ihnen das Gitter niederzureißen und aus dem Wagen zu entkommen. Doch Sid will zurück. Sie will dem Mörder die Maske abnehmen. Hallie weigert sich mitzukommen. Sid geht alleine. Sie erreicht den Wagen, doch der Mörder ist weg. Er steht hinter Hallie. Und bringt sie um. Sidney rennt davon.

Gale traut sich derweil aus ihrem Versteck, um Cotton Weary in die Arme zu rennen. Dessen Hände sind blutverschmiert. Er habe Dewey gefunden und versucht ihm zu helfen. Gale glaubt ihm jedoch nicht, sucht das Weite und gelingt somit ins Freie, wo Debbie Salt gerade an einer Telefonzelle steht und eine Geschichte durchgibt. Gale entreißt ihr den Hörer und will die Polizei anrufen.

Sidney rennt indessen über den Campus und hört aus dem Collegetheater die Musik ihres »Kassandra«-Stückes. Sie glaubt, ihr Lehrer würde noch etwas proben und rennt zur Bühne. Doch diese ist menschenleer. Bis zu dem Moment, in dem ein Spot auf sie gerichtet und die Kulisse herabgefahren wird, was eine Flucht von der Bühne unmöglich macht. Die ›Sonne‹ wird herabgefahren. Derek ist noch an ihr gefesselt. Als dann der Killer erscheint – es ist Mickey –, bedankt er sich bei Derek, seinem angeblichen Komplizen. Oder glaube Sidney etwa, er habe diese Geschichte alleine durchziehen können. Sidney zweifelt. Statt Derek von seinen Fesseln zu befreien, tritt sie einen Schritt zurück. Mickey findet das komisch – und erschießt Derek, der Sidney im Sterben sagt, dass er ihr niemals hätte weh tun können. Derek ist unschuldig gewesen.

Mickey erklärt Sid, dass er das alles nur getan habe, um berühmt zu werden. Man werde ihn verhaften und dann werde er das Kino für sein Tun verantwortlich machen (den vollen Wortlaut seiner Erklärung gibt es in der Einleitung zum Biografie-Kapitel über Timothy Olyphant zu lesen). Und er hat eine Partnerin bei seinen Verbrechen gehabt: Debbie Salt, die mit richtigem Namen Mrs. Loomis heißt. Sie ist die Mutter von Billy, dem Killer-Jungen aus Teil 1.

In diesem Moment betritt Mrs. Loomis mit Gale, der sie eine Pistole an den Kopf hält, die Bühne. Sidney erkennt sie sofort. Warum Gale sie nicht erkannt hat, ist einfach zu erklären. Sie kannte sie nur von Fotos. Zudem hat Mrs. Loomis ihr Äußeres stark verändert. Ihre erste Kontaktaufnahme zu Gale war nur ein Test, um zu sehen, ob diese sie erkennen würde.

Mrs. Loomis erschießt Mickey kurzerhand, der für sie nur Mittel zum Zweck war. Im Sterben schießt der aber noch um sich herum und trifft Gale, die in den Orchestergraben stürzt. Mrs. Loomis ist besessen von Rache: Weil Sidneys Mutter einst ihren Mann verführt hat und weil Sidney ihren Sohn Billy getötet hat. Sidney bringt Mrs. Loomis für einen Moment aus der Fassung, als sie sie fragt, wer wohl Billy im Stich gelassen habe. Dennoch gelingt es Mrs. Loomis, Sidney zu überwältigen. Bis ein Schuss fällt. Cotton Weary tritt auf, die Waffe von Mickey in der Hand. Er will wissen, was hier eigentlich los sei. Mrs. Loomis schlägt ihm einen perversen Deal vor: Wenn sie noch Sidney umbringen dürfe, wäre er der einzige Überlebende dieses Massakers. Er wäre damit der Star und hätte endlich seine 15 Minuten Berühmtheit. Cotton mag die Idee. Es sei denn, Sid würde mit ihm zu einer Talkshow kommen. Sidney willigt ein und Cotton schießt auf Mrs. Loomis.

Mrs. Loomis liegt am Boden, Cotton gibt Sid die Waffe. Aus dem Orchestergraben sind Geräusche zu hören. Gale lebt und ist nur leicht verletzt. Sie nimmt die zweite, noch am Boden liegende Waffe an sich.

»Ist sie tot?« fragt Gale mit Blick auf Mrs. Loomis.

»Ich weiß es nicht. Sie kommen immer wieder.«

In diesem Moment springt der blutüberströmte Mickey hin-

ter ihnen auf. Die Frauen drehen sich reflexartig um und erschießen ihn. Dann wendet sich Sidney Mrs. Loomis zu und schießt ihr in den Kopf. »Nur zur Sicherheit.«
Es ist Tag. Gale lehnt an einem Krankenwagen. Ihr Kameramann erscheint und gibt ihr ein Mikrofon in die Hand. In diesem Moment wird ein weiterer Überlebender aus dem Haus getragen: Dewey. Gale unterbricht die Reportage. Die Journalisten stürzen sich indes auf Sidney. Die aber verweist die Journaille an Cotton. Er ist der Held. Er bedankt sich bei Sid, doch erzählen wird er nichts. Schließlich hat alles seinen Preis. Und das, was er weiß, gibt einen tollen Filmstoff ab.

Ende von Teil 2.

Williamson gelingt in SCREAM 2 der Spagat zwischen Alt und Neu. Neu ist Mickey, ein Verrückter, der mit seinen Taten in die Nachrichten kommen will. Williamson und Craven schießen sich mit dieser Lösung auf den Serienkiller-Kult à la Charles Manson ein. Mickey will nichts anderes, als ins Rampenlicht zu treten und berühmt zu werden. Dabei verfügt Mickey, wie für Serienkiller üblich, über kein Schuldbewusstsein. Er sieht sich als Opfer. Schuld an seiner Miesere sind schließlich nur die Filme, die ihn inspiriert haben.
Dass Debbie Salt in Wahrheit Mrs. Loomis ist, funktioniert auch, da sie tatsächlich nie in einer Szene mit Sidney auftritt. Sie vermeidet es bewusst, sich den jungen Leuten zu nähern, die sie vielleicht noch kennen könnten. Einzig und allein Gale Weathers lauert sie ständig auf. Gale ist ihre Ansprechpartnerin. Und sonst niemand. Mit Mrs. Loomis knüpfen Williamson und Craven direkt an den ersten Teil an. Sie will den Tod ihres Sohnes rächen. Gleichzeitig findet sich ein sehr klassisches Stalker/Slasherfilm-Element in diesem Motiv wieder; das der Killerfamilie. Man denke an Filme wie BLUTGERICHT IN TEXAS, Joe Dantes Vorstadtpersiflage MEINE TEUFLISCHEN NACHBARN (THE 'BURBS, USA 1988) oder Cravens HÜGEL DER BLUTIGEN AUGEN. Meist handelt es sich dabei jedoch um eine gesamte Sippschaft, im Fall

von SCREAM 2 werden lediglich Mutter und Sohn zu Serienkillern. Am Vater scheint dieser Virus vorbeigegangen zu sein (vielleicht wäre dies eine Idee für Teil 4?).

Dafür, dass dieses Ende ursprünglich überhaupt nicht geplant gewesen ist, funktioniert es vorzüglich, denn mit dem Auftauchen der Mrs. Loomis strickt Williamson den Bogen zum ersten Teil, indem das Motiv für ihr Tun direkt in diesem Teil versteckt liegt.

Tatsächlich funktioniert auch das Ende, da es für eine Fortsetzung weitaus weniger Regeln gibt als für einen ersten Teil. Wie sagte Randy noch: »Nummer eins: Es werden mehr Leute umgebracht. Nummer zwei: Die Todesszenen sind besser ausgearbeitet. Mehr Blut, mehr Gekröse, ein nettes Gemetzel.« Das war es dann aber auch schon. Beide Regeln werden in diesem Film eingehalten. Man kann nicht einfach sagen, ein zweiter Teil sei grundsätzlich schlechter als ein erster. Man denke an DER PATE 2 (THE GODFATHER 2, USA 1974), LETHAL WEAPON 2 – DIE PROFIS SIND ZURÜCK (LETHAL WEAPON 2, USA 1989) oder TOY STORY 2 (TOY STORY 2, USA 1999). Drei Fortsetzungsfilme, die besser waren als ihre ursprünglichen Teile. Es gibt in den Figurenkonstellationen von Sequels möglicherweise einige Gesetzmäßigkeiten: Die Helden des ersten Teiles überleben auch den zweiten Teil. Kleine Nebenfiguren dürfen ausscheiden, doch nie die Sympathieträger. Mit Randys Tod wird diese Regel in SCREAM 2 jedoch gebrochen.

Williamson hat im Endeffekt das Klügste getan, was er tun konnte, als er die Auflösung des zweiten Teiles in einen direkten Zusammenhang mit dem ersten Teil gebracht hat. So bleibt die Geschichte der Sidney Prescott im Mittelpunkt des Geschehens und bietet den direkten Einstieg in den dritten Teil.

Da sich der Film in der Mitte zu einer klassischen Mördersuche entwickelt, weitaus mehr als der erste Teil, gelingt es ihm, die Spannung des ersten Teiles in vielen Belangen zu überbieten. Auch der fast 20-minütige Showdown tut das seine, um diese Spannung bis zum Ende aufrecht zu erhalten. Hinzu kommen grandiose Einzelszenen wie die Jagd auf Gale Weathers im Tonstudio des Colleges.

Fairerweise muss man jedoch zugeben, dass der Film bei einem zweiten oder dritten Anschauen weit weniger fesselt als der erste Teil, der seine Faszination, selbst nach dem Wissen um die wahren Mörder, aufrecht erhalten kann. Dies lässt sich damit erklären, dass es im ersten Teil keine künstlich konstruierten Spannungsmomente gibt. Jeder Spannungsmoment ergibt sich aus dem Handlungsverlauf. Im zweiten Teil klappt dies nicht ganz. Die dynamische Inszenierung übertüncht diese Mängel. Als Beispiel für allzu konstruierte Spannungsmomente sei jene Szene erwähnt, in der Hallie getötet wird: Nach der Amokfahrt des Mörders in die Baustelle und dem daraus resultierenden Unfall, ist dieser bewusstlos. Sidney will ihm die Maske abnehmen, stößt dabei jedoch versehentlich die Hupe an. Aus Angst, der Killer könne erwachen, lässt sie von ihrem Vorhaben ab. Nun rennt sie mit Hallie weg, hält plötzlich inne und sagt, sie wolle doch seine Identität aufdecken. Hallie sagt ihr noch, dass nur in einem schlechten Horrorfilm das Mädchen zurücklaufen würde. Damit wird das Klischee dieser Szene zwar thematisiert, dennoch läuft Sidney zurück, was einfach dumm erscheint. Es schließt sich Klischee Nummer 2 an: Warum bleibt Hallie alleine zurück und folgt Sidney nicht? Wenn sie schon so viel über Horrorfilme weiß, dann müsste sie auch wissen, dass es schließlich nicht das dumme Mädchen erwischen wird, sondern die Freundin, die alleine zurück bleibt. Und prompt geschieht das. Es sind Kleinigkeiten, die einem beim wiederholten Sehen jedoch auffallen, über die man beim ersten Anschauen aufgrund der tollen Spannungselemente gerne hinwegschaut.

Am Rande notiert:

- Während des gesamten Films wird nicht einmal erwähnt, in welcher Stadt sich das Windsor College eigentlich befindet. In einer Szene ist jedoch eine Vorwahl zu sehen: 513. Dies ist die Vorwahl von Hamilton, Ohio. Gedreht wurden die Außenszenen am Agnes Scott Col-

lege in Decatur, Georgia, einige Meilen außerhalb von Atlanta. Die Dreharbeiten begannen am 16. Juni 1997; sie nahmen am Campus 16 Tage in Anspruch. Daraufhin wurden sie nach Hollywood, Malibu und Pasadena verlagert.
- Im Gegensatz zu SCREAM 1, der in den USA mehrfach der Zensur vorgelegt werden musste, um eine R-Rated-Freigabe zu erhalten, bekam SCREAM 2 vollkommen problemlos dieses R-Rated. Dafür mussten die Trailer mehrfach vorgelegt werden.
- Lewis Arquette, Darsteller von Chief Louis Hartley, ist, wie der Name erahnen lässt, der Vater von David Arquette.

WER HAT ANGST VORM SCHWARZEN MANN?

Die Geschichte des Teen-Horrorfilms

»*Ein Junge und ein Mädchen fahren zu einer Verabredung, klar? Sie wollen auf der Lover's Lane parken. Wie auch immer, während sie dorthin fahren, bringt das Radio eine Meldung. Der Sprecher sagt, dass ein gefährlicher, wahnsinniger Mörder namens Der Haken gerade aus dem Sunnydale Asyl für geisteskranke Verbrecher entkommen ist. Sie nennen ihn den Haken, weil er so einen anstelle seiner rechten Hand hat, einen rasiermesserscharfen Haken, und er pflegte immer an diesen Lover's Lanes herumzuhängen, diesen Orten, wo verliebte Pärchen hinfahren, und er fing die Leute, die dorthin fuhren, ab und schnitt ihnen mit seinem scharfen Haken die Köpfe ab. Das konnte er machen, weil der Haken wirklich so scharf war, wisst ihr, und als sie ihn schnappten, fanden sie ungefähr fünfzehn bis zwanzig Köpfe in seinem Kühlschrank. Der Nachrichtensprecher sagt also, man solle auf einen Burschen achten, der einen Haken anstelle einer Hand hat, und man solle von dunklen, einsamen Orten fernbleiben, wo Leute hinfahren, um, ihr wißt schon, es zu treiben.*
Also sagt das Mädchen: Fahren wir nach Hause, ja? Und der Junge – ein echt großer Junge, wisst ihr, mit dicken Muskelpaketen, sagt: Ich habe keine Angst vor diesem Burschen, und außerdem ist er wahrscheinlich sowieso Meilen von hier entfernt. Und sie antwortet: Komm schon, Louie, ich habe Angst, das Sunnydale Asyl ist nicht so weit von hier entfernt. Gehen wir wieder zu mir. Ich mache uns Popcorn, und wir können fernsehen.
Aber der Junge hört nicht auf sie, und ziemlich bald sind sie oben am Ausblick, parken am Ende der Straße im Dunkeln, wie Banditen. Sie besteht darauf, dass sie nach Hause möchte, weil sie das einzige Auto da oben sind, wisst ihr, die Geschichte vom Haken hat allen anderen Angst gemacht. Aber der

Junge sagt immer: Komm schon, sei kein Feigling, hier gibt es nichts, wovor man Angst haben müsste, und selbst wenn, würde ich dich beschützen; und so weiter.
Also bleiben sie eine Weile oben und beschäftigen sich, bis sie ein Geräusch hört – etwa wie das Knacken eines Zweiges. Als wäre jemand draußen im Wald, der auf sie zu schleicht. Da regt sie sich richtig auf, wird hysterisch und weint und all so was, was Mädchen eben machen. Sie fleht den Jungen an, sie nach Hause zu bringen. Der Junge sagt, dass er überhaupt nichts gehört hat, aber sie sieht in den Rückspiegel und glaubt, jemanden zusammengekauert hinter dem Auto zu sehen, der grinsend zu ihnen hereinsieht. Sie sagt ihm, wenn er sie nicht nach Hause fährt, wird sie niemals wieder mit ihm hinausfahren, und solchen Unsinn. Also lässt er endlich den Motor an und rast wirklich heim, weil er stinksauer auf sie ist. Er macht sogar fast mit ihr Schluss.
Auf jeden Fall kommen sie nach Hause, und der Junge geht um das Auto herum, damit er ihr die Tür aufmachen kann, und als er dort angekommen ist, bleibt er einfach stehen und wird weiß wie ein Laken, und seine Augen werden so groß, dass man meint, sie würden auf seine Schuhe runterfallen. Sie sagt: Louie, was hast du denn? Und er fällt einfach in Ohnmacht, direkt auf dem Gehweg.
Sie steigt aus, um nachzusehen, was los ist, und als sie die Autotür zuschlägt, hört sie ein seltsam klirrendes Geräusch und dreht sich um, weil sie sehen möchte, was es ist. Und dort, am Türgriff, hängt der rasiermesserscharfe Haken.«
(Stephen King: »Danse Macabre« – Die Welt des Horrors in Literatur und Film)

Die Geschichte von dem wahnsinnigen Killer mit dem Haken anstelle einer Hand, wie sie Stephen King erzählt, ist eine der zentralen urbanen Legenden überhaupt. So entstanden in der noch weitgehend unbeschädigten Welt der 50er Jahre, als Daddys Auto zur Festung vor den wachsamen Augen der tugendversessenen Eltern wurde, als die *Lover's Lanes* und die Drive-Ins, die populären Auto-Kinos, die Orte waren, an denen Teenager relativ ungestört ihre Gefühle und Leidenschaften erforschen konnten. Erzählt wurde sie dann im flackernden Schein des Lagerfeuers – im Sommercamp oder bei Ausflügen mit Freunden, ein Spiel mit der Angst aus der Lust am Grauen heraus. Eine tiefsitzende, archaische Furcht kann mit Legenden wie dieser exorziert werden; natürlich sei alles wahr – wie der Erzähler versichert –, natürlich weiß jeder, dass alles nur eine Geschichte ist. Aber wenn dies dem Freund eines Freundes des großen Bruders passiert ist, dann gewinnt die Legende an Kraft – es hätte eben auch jedem der Zuhörer passieren können.

Eine Geschichte der 50er. Die Warnung ist eindeutig. Sex kann dich töten. Die Flucht aus der behüteten Welt des Elternhauses führt direkt in die Wildnis, in die der Natur und in die der Seele – Leidenschaft und Sex befreien die dunkle, verdrängte Seite des Menschen. Sie nimmt Gestalt an im Mörder mit dem Haken. Aber diese *tale of the hook* ist mehr als nur ein Schauermärchen, das Teenager auf dem Pfad der Tugend halten soll. Die älteste Furcht überhaupt, die Angst vor dem ›schwarzen Mann‹, dem ›*Boogey Man*‹, erfährt in ihr eine neue, zeitgemäße Ausprägung. Der Killer mit dem Haken ist das Böse an sich, das überall lauern kann, vor dem es im Prinzip auch keine Sicherheit gibt – zumindest nicht in unseren tief im Unterbewusstsein verwurzelten Ängsten. Eine solche Geschichte bindet nicht das Böse, die *tale of the hook* bindet vielmehr unsere Ängste. Sie zu erzählen oder auch nur sie zu hören, lässt einen gewisse Ur-Ängste durchleben und so zumindest für eine Zeit bewältigen.

Etwas Rituelles liegt in dem gemeinsamen Hören dieser Geschichte, die eben nur den einen Zweck hat, uns mit der Angst zu konfrontieren. Damit ist sie die ursprünglichste Horrorgeschichte überhaupt, ganz und gar reduziert auf das Notwendige. Sie soll Angst erzeugen, nicht mehr und nicht weniger. Auch all die großen Erzählungen von Vampiren und Wölfen, von Frankensteins Monster und Dr. Jekylls dunkler Seite beschwören verborgene, verdrängte Ängste herauf, aber sie gehen noch weiter. Sie dringen tiefer in das Wesen der Menschen, in die Mechanismen des Unterbewusstseins ein und erforschen die Bedingungen menschlichen Lebens, zu denen eben auch das Böse gehört. So sind die großen Figuren und Archetypen des Genres entstanden, die mit der

Zeit ein eigenes Leben entwickelt haben und zu mythischen Figuren geworden sind, die genauso komplex wie die Menschen selbst erscheinen.

Aber eine solche Komplexität der Figuren und der Intentionen würde die *tale of the hook* nur um ihren Effekt bringen. Jede Form der Psychologisierung ist hier überflüssig. Das Böse in Gestalt des Mörders mit dem Haken braucht keine individuellen Züge; es braucht auch kein Motiv; es ist einfach da und bedroht das Teenager-Pärchen – ein Pärchen, das genauso wenig individualisiert ist und stellvertretend stehen kann für jeden, der die Geschichte hört. Die Rollenverteilung entspricht dabei ganz den Klischees und weist doch schon den Weg, der später über sie hinausführen wird. Das Mädchen ist ängstlich, will zurück nach Hause; der Junge gibt sich machohaft, spielt den starken Beschützer, hat aber im Gegensatz zum Mädchen keinerlei Ahnung von der Gefahr, in der sie sich befinden. Auch wenn es völlig passiv bleibt, ist das Mädchen doch schon so etwas wie die Ahnherrin der *final girls*, der überlebenden Frauen und Mädchen in den Stalker- und Slasher-Filmen seit den 70er Jahren. Sie nimmt die Gefahr wahr und sieht den schwarzen Mann, für den ihr Freund blind ist.

Die *tale of the hook* liefert eine Art von Gerippe, das zum grundlegenden Element der Teen-Horror-Movies wird. Aus dem Geist dieser Geschichten ist gleichsam das Horror-Kino geboren, das sich ganz direkt an ein Teenager-Publikum richtet. Diesen Wurzeln in einer mündlichen Tradition des Erzählens erweist Kevin Williamson mit dem Beginn seines Drehbuchs zu ICH WEISS, WAS DU LETZTEN SOMMER GETAN HAST seine Referenz. Die vier Jugendlichen, die sich bald in einem Netz aus Schuld und Tod, Schrecken und Verzweiflung verfangen werden, haben sich an diesem letzten gemeinsamen 4. Juli-Abend an einen kleinen Strand zurückgezogen. Einer beginnt, die Geschichte vom Mann mit dem Haken zu erzählen, aber sie kennen sie alle etwas anders. Die urbanen Legenden und ihre Dekonstruktionen vermischen sich in dem Gespräch. In den 90er Jahren haben selbst die *tales of the hook* etwas von ihrer Unschuld, also von ihrer Unmittelbarkeit, verloren. Jeder kennt sie und jeder ist mit ihren filmischen Variationen aufgewachsen. So bleibt Kevin Williamson und dem Regisseur Jim Gillespie im weiteren Verlauf nur ein Weg, sie zu erzählen, nämlich wie eine der großen Horrormythen. Aus der Geschichte von dem Mörder mit dem Haken wird eine düstere *coming of age*-Story und eine elegische Meditation über das Wesen von Schuld.

No Teenagers, Please!

Mit der *tale of the hook* aus den 50er Jahren und mit ihrer Neu-Erfindung aus dem Geist der 90er heraus kann man recht gut die Archetypen des Teen-Horrors erläutern. Wenn man aber eine Geschichte des Teen-Horrors im Kino erzählen will, muss man ganz anders beginnen – mit einer Phase, in der es praktisch keine Teenager in Hollywood gab. Die haben nämlich das Kino, vor und auf der Leinwand, tatsächlich erst in den 50er Jahren für sich erobert. Bis dahin waren Filme eher etwas für Erwachsene oder für Kinder, die das Teenager-Alter noch gar nicht erreicht hatten.

Mit seinen Zeichentrickfilmen führte Walt Disney schon die Kleinsten an das Medium heran, dem das ganze 20. Jahrhundert gehören sollte. Die meist noch kurzen animierten Filme richteten sich an die ganze Familie, sprachen aber mit ihren Figuren und ihren Geschichten in erster Linie Kinder an, ganz anders als die Cartoons von Tex Avery oder den Fleischers, die von ihren Inhalten her bewusst auf ein erwachsenes Publikum abzielten. Aber eine noch größere Bedeutung als die Zeichentrickfilme hatten im Bereich der Kinderunterhaltung aus Hollywood die *serials*, die sich ab einem gewissen Punkt in ihrer Geschichte fast ausschließlich an den Interessen der jüngeren bis jüngsten Kinobesucher orientierten.

Die ersten *serials* entstanden in den 10er Jahren des 20. Jahrhunderts als eine Art von filmischem Äquivalent zu den in Zeitungen und Zeitschriften veröffentlichten Fortsetzungsromanen. Anders als eine Serie, so wie wir sie heute aus dem Fernsehen kennen, hat ein *serial* genauso wie ein normaler Spielfilm eine durchgehende Handlung, die sich über mehrere kurze, meist etwa zwanzig Minuten lange Episoden erstreckt. Jede Episode mit Ausnahme der letzten endet mit einem sogenannten *cliff-hanger*, einer Szene, in der sich die Heldin oder der Held in akuter Gefahr befindet oder sich eine Wendung im Geschehen abzeichnet. Das erste *serial*, das diese Form des Erzählens im Kino auf der ganzen Welt populär machte, war 1914 PERILS OF PAULINE mit Pearl White, einer für die damalige Zeit typischen Stummfilmschauspielerin. Seine Mischung aus Melodrama, Detektivgeschichte, Komödie und frühem Action-Kino und seine ständig bedrohte Heldin wurden zu typischen Elementen in diesem Genre. Jede Woche kam dann eine neue Folge in die Kinos. Meist dauerte es also ein paar Monate, bis ein *serial* abgeschlossen war. Es gab allerdings auch eins, THE HAZARDS OF HELEN, das aus 119 Folgen bestand und von November 1914 bis zum Februar 1917 in den Kinos lief.

Mit der Einführung des Tonfilms in den späten 20er Jahren verloren die *serials* zwar etwas an Bedeutung in Hollywood, die Zahl der Produktionen sank, aber sie konnten sich in der Gunst der Zuschauer immer noch recht gut halten. Da sie nicht so sehr auf Dialoge angewiesen waren, brachte die Einführung des Tons in diesem Bereich des Kinos bei weitem weniger Veränderungen und Schwierigkeiten für die Stars mit sich als beim Spielfilm. Action stand in ihnen ganz eindeutig im Vordergrund. Das Zielpublikum der 30er Jahre *serials* waren in erster Linie Kinder, die sich die kurzen Episoden in den Samstagsmatineen der Kinos ansahen. Die weiblichen Heldinnen waren in der Zwischenzeit von typischen männlichen Action-Helden verdrängt worden, die oft aus den Comic-Serien der Zeitungen stammten. So gab es *serials* mit Dick Tracy, dem Shadow und beinahe allen anderen wichtigen Comic-Helden der damaligen Zeit. Die Handlung wurde auf ein Minimum reduziert.

Zum einen sollten die Kinder nicht überfordert werden, zum anderen kamen sie ja nicht wegen der Geschichte, sondern wegen der Schauwerte ins Kino. Deshalb beherrschten Verfolgungsjagden und Schießereien, Faustkämpfe und Rettungsaktionen in letzter Sekunde das Geschehen. Die Linie zwischen Gut und Böse war klar und unzweifelhaft gezogen. Den Helden und auch seinen Gegenspieler konnte man in der Regel auf den ersten Blick erkennen, und worum es nun jeweils in der einzelnen Geschichte ging, ob der Schurke nun die Weltherrschaft anstrebte oder nur große Reichtümer in seinen Besitz bringen wollte, spielte praktisch keine Rolle. Die Situationen waren völlig austauschbar und die entsprechenden Abläufe von Anfang bis Ende standardisiert. In der Zeit nach dem Zweiten Weltkrieg büßten die *serials* dann immer mehr an Popularität ein und verschwanden in der zweiten Hälfte der 50er Jahre ganz aus den Kinos. Sie waren das erste große Opfer des neuen Mediums, des Fernsehens. Sie gingen in einer Zeit unter, in der sich das Kino durch seinen Konkurrenten im Wohnzimmer entscheidend verändern musste. Ironischerweise war eine dieser Veränderungen eben die Entdeckung der Teenager.

Natürlich hat Hollywood in den 30er und 40er Jahren die Teenager nicht aus den Kinos ausgeschlossen. Sie waren selbstverständlich auch eine wichtige Zuschauergruppe, um die man sich aber nicht groß bemühte. Im Prinzip gab es nur ein Genre, mit dem man in dieser Zeit quasi aufwachsen konnte, den Western. Die Kinder und Jugendlichen konnten mit ihm so etwas wie eine filmische Entwicklung durchlaufen. *Serials* und Serien mit berühmten Cowboy-Darstellern wie Tom Mix führten sie an das Kino und dieses Genre heran. Wenn sie dann älter wurden, konnten sie schließlich zu den Western-Spielfilmen mit ihren etwas komplexeren Strukturen überwechseln. Aber außer dem Western mit seinen festen Regeln und seinen typischen Handlungs- und Rollenmodellen gab es kein weiteres Genre, das sich besonders an Jugendliche und ihre Interessen wandte.

Selbst der Horrorfilm war in seiner ersten Glanzzeit, den Jahren zwischen 1931 und 1946, eher eine Sache der Erwachsenen. Der noch heute legendäre Horrorzyklus des Universal Studios, der alle wichtigen Mythen und Monster für das Kino erschuf oder zumindest neu definierte, richtete sich eher an ein erwachsenes Publikum. Wie später, in den 40er Jahren, der *film noir* stand auch das Horror-Kino im Zeichen des deutschen Expressionismus. Gerade in den frühen Universal-Horrorfilmen war der Schrecken in erster Linie eine Frage des Stils und damit das Produkt einer Inszenierung, die Angst aus den Schatten erwachsen lässt. Erst im Laufe der Jahre, als aus den klassischen Monstern wie der Mumie, dem Geschöpf von Frankenstein, dem unsichtbaren Mann und dem Werwolf Serienfiguren wurden, die immer wiederkehrten, veränderte sich der Ton der Universal-Horrorfilme. Auf der einen Seite wurden sie aggressiver und expliziter, auf der anderen Seite komischer. Mit diesen Entwicklungen öffnete sich das Genre einem jugendlichen Publikum, ohne es dabei aber direkt im Blick zu haben.

Die Darstellung von Kindern und vor allem von Jugendliche war Hollywood eher Nebensache. Sie wurden als Teil der Familie gezeigt. Aber man beschäftigte sich nicht mit ihnen. Die Probleme, die im Mittelpunkt des Kinos aus Hollywood standen, waren die Probleme von Erwachsenen. Filme wie William Wylers SACKGASSE (DEAD END, USA 1937), in dem sich zumindest ein Teil der Handlung um Jugendliche dreht, die sich auf dem Weg in die Kriminalität bewegen, entsprachen der sprichwörtlichen Ausnahme von der Regel, die diese doch nur bestätigt. In den Zeiten der Depression und auch in den ersten Kriegsjahren hatte man mit anderen Sorgen zu kämpfen als Familienproblemen. Die Bürde, die auf den einzelnen Menschen und der Gesellschaft lag, schweißte die Familien einigermaßen zusammen. An eine Revolte der Jugendlichen brauchte man zu dieser Zeit noch nicht zu denken.

Ein gewisser Umschwung setzte erst ein, als der Zweite Weltkrieg der amerikanischen Gesellschaft maßgebliche Umwälzungen brachte, die auch nach seinem Ende nicht mehr ganz rückgängig gemacht werden konnten. Die Väter und die älteren Brüder waren weg, kämpften irgendwo im Pazifikgebiet gegen die Japaner oder in Europa gegen die Deutschen, und die zu Hause zurückgebliebenen Teenager begannen zu tun, was sie wollten. So entstand 1944 mit dem billig produzierten Teenagerkrimi TEEN AGE (USA 1944) und mit Mark Robsons YOUTH RUNS WILD (USA 1944) das neue Genre des *juvenile delinquency films*. Seine Protagonisten sind Jugendliche, die aus Aufsässigkeit, Übermut oder aber auch reiner Boshaftigkeit auf die schiefe Bahn geraten. Allerdings begannen seine goldenen Tage erst gut zehn Jahre später, als sich die Bedingungen der Gesellschaft genauso wie die des Kinos entscheidend verändert hatten.

Das erste Mal

YOUTH RUNS WILD kommt eine besondere Position in der Geschichte des Kinos zu. Produziert wurde er nämlich von Val Lewton, der in den Jahren von 1942 bis 1946 elf Low-Budget-Filme für RKO fertiggestellt hat. Neun Filme des berühmt gewordenen Val-Lewton-Zyklus waren Horror-Kino, nur die Maupassant-Verfilmung MADEMOISELLE FIFI (USA 1944) und YOUTH RUNS WILD gehörten nicht diesem Genre an. Neben seiner außergewöhnlichen Bedeutung für die ästhetische Entwicklung des Horrorfilms – alle von ihm produzierten Arbeiten offenbaren eine besondere, auf seinen Einfluss zurückgehende stilistische Handschrift – liegt ein weiterer Verdienst Val Lewtons in seinem genauen Blick auf Kinder und Jugendliche. Der von Robert Wise inszenierte THE CURSE OF THE CAT PEOPLE (USA 1944), die Fortsetzung des ungeheuer erfolgreichen Horrorfilms KATZENMENSCHEN (CAT PEOPLE, USA 1942), die sich praktisch allem, was ein Sequel ausmacht, verweigert, ist ein poetisches Märchen, das sich ganz um die Fantasien eines einsamen kleinen Mädchens dreht. Und in dem viel zu wenig bekannten Meisterwerk THE LEOPARD MAN (USA 1943), Jacques Tourneurs drittem und bestem Film für Val Lewton, findet sich eine lange Sequenz, die man zweifellos als die erste Teenie-Slasher-Szene der Filmgeschichte bezeichnen kann.

Aufgrund eines gedankenlosen Publicity-Stunts ist in einer Stadt im Südwesten der Vereinigten Staaten ein schwarzer Leopard entflohen. Obwohl das Tier noch nicht wieder eingefangen wurde, schickt eine Mutter ihre jugendliche Tochter am frühen Abend los. Sie soll Mehl holen, das für die Zubereitung des Abendessens benötigt wird. Das Mädchen sträubt sich, es hat Angst und will nicht mehr vor die Tür gehen, aber die Mutter lässt sich dadurch nicht erweichen.

Es ist ein weiter, einsamer und dunkler Weg bis zu dem Geschäft, in dem die Familie alle Einkäufe erledigt. Jacques Tourneurs Kamera begleitet das Mädchen und beschwört von Anfang an eine feindliche, das Leben des Teenagers bedrohende Atmosphäre herauf. Überall sind mit unseren Augen nicht zu durchdringende Schatten, überall könnte der Tod in Gestalt des Leoparden oder auch eines viel menschlicheren Jägers lauern. Man wird das Gefühl nicht los, dass sie beobachtet wird, und als sie dann schon auf dem Heimweg ist, kann es keinen Zweifel mehr geben, irgend etwas oder irgendjemand verfolgt das Mädchen. Sie schafft es bis vor ihre Haustür, die nun aber von der Mutter nicht geöffnet wird. So sehen wir nur, wie das Blut des jungen Mädchens unter der Tür durch ins Haus hinein fließt.

Dieser Tod eines Teenagers ist ein ungeheurer Schock, der noch immer, auch beinahe 60 Jahre nach der Entstehung von THE LEOPARD MAN, nichts von seiner Wirkung eingebüßt hat. Eigentlich hätte diese lange Sequenz in Terror Filmgeschichte schreiben müssen genauso wie siebzehn Jahre später der Duschmord in PSYCHO (PSYCHO, USA 1960). Doch 1943 war eine Szene wie diese zu radikal. Überhaupt sind Jacques Tourneur und Val Lewton mit ihrem Film für die damalige Zeit zu weit gegangen, und selbst heute scheinen die meisten Filmhistoriker und -kritiker ihn noch mit den Augen der frühen 40er Jahre zu sehen. Das Publikum war damals noch nicht bereit für einen Film, der seine Geschichte als eine Reihe von Fragmenten des Schreckens präsentiert, und ist heute immer noch nicht empfänglich für seine anachronistische, avantgardistische Struktur. Das junge Mädchen ist hier nicht die einzige Figur, die sorgfältig eingeführt wird und doch von Anfang an nichts anderes ist als ein Opfer, das dem Killer nicht entgehen kann. Tourneur und Lewton nehmen damit in einem der schwärzesten Filme des film noir die Struktur der Stalker- und Slasher-Filme der letzten fünfundzwanzig Jahre vorweg. Die Sequenz, die mit dem Tod vor der Haustür endet, wird dabei zum archetypischen Kinomord, zur eigentlichen Ur-Szene eines Genres, das offiziell erst viele Jahre später mit PSYCHO begann.

Hier findet sich beinahe alles, was zum Standard der *teen*

slasher movies werden sollte: das jugendliche Opfer, ein Mädchen, das keine Chance hat, auch wenn sie sich hier anders als in den späteren Filmen wirklich in keinerlei Hinsicht schuldig gemacht hat, genauso wie der wahnsinnige Killer, der für seine Opfer weitgehend unsichtbar bleibt, die Erwachsenen, die die Angst ihrer Kinder nicht ernst nehmen und sie damit dem Tod ausliefern, und eine Kamera, die – wenn sie auch nicht den Blick Mörders wiedergibt – den Raum in eine Bühne des Schreckens verwandelt, bei der man nie weiß, von wo nun das Böse seinen Auftritt haben wird.

Jugend außer Kontrolle

Nach diesem Blick auf den ersten von einem Slasher verübten Mord an einem Teenager, der aufgrund des kommerziellen Misserfolges von THE LEOPARD MAN in Vergessenheit geraten sollte, nun zurück zu den Veränderungen in Amerika, die in den 50er Jahre die Geburtsstunde des Teenager-Kinos einläuten sollten. Der lange Krieg hatte die Jugendlichen sich selbst überlassen, die Zeit, die ihm folgte, reagierte auf die sich daraus ergebende Situation mit einer Rückkehr zu der Moral und den Familienvorstellungen der Vorkriegsjahre. Das Geschehene sollte ungeschehen gemacht werden, der freie Teenager sollte sich wieder zurückverwandeln in das nette und artige Kind, das still, beinahe einer Dekoration gleich, am Familientisch sitzt. Doch anstatt sich zu fügen, rebellierte die Jugend, suchte nach einem Ausdruck ihrer Gefühle und Sehnsüchte und fand ihn im Rock'n'Roll. Die Musik wurde zu einer Möglichkeit des Ausbruchs, der Tanz mit all seinen sexuell aufgeladenen Bewegungen zu einer Form der Rebellion. Die Eltern-Generation war entsetzt und schockiert. Sie verstand die Welt nicht und versuchte, so gut es nur ging, das wilde Treiben auf der Tanzfläche und in den Gedanken ihrer Kinder zu unterbinden. Pop als Konzept und als ein sich immer wieder erneuernder Riss durch die Generationen war geboren. So wie sich die Rock'n'Roller der 50er Jahre gegen die Welt ihrer Eltern auflehnten, so haben auch alle ihnen nachfolgenden Teenager gegen die Eltern aufbegehrt, und der jeweilige Pop hat ihnen dafür eine Sprache gegeben.

Mit dem Triumph des Rock'n'Roll begann auch eine neue Zeit im Kino. Hollywood konnte und wollte die Augen nicht mehr vor den Teenagern verschließen. Ihre – aus der Retrospektive betrachtet – sanfte und harmlose Rebellion versetzte die Gesellschaft in Aufruhr. Der völlig natürliche, zum Entwicklungsprozess der Menschen gehörende Bruch zwischen den Jugendlichen und den Erwachsenen machte sich plötzlich in aller Öffentlichkeit bemerkbar. Die Väter, die in Übersee für die Freiheit gekämpft hatten, mussten nun erfahren, was es bedeutet, wenn ihre Kinder einen Begriff wie Freiheit ernst nehmen. Plötzlich stellten die Teenager ein nicht mehr zu übersehendes oder gar zu verschweigendes Problem dar, sie wurden zu einem großen und wichtigen Thema – gerade auch für Hollywood, das schon um des Erfolgs willen immer mit der Zeit gegangen ist.

Die *juvenile delinquency movies* wurden endgültig zu einem eigenen Genre, in dem die wild gewordene Jugend sich austobte und den Preis dafür bezahlen musste. Zu den reißerischen Geschichten von kriminellen, amoralischen Teenagern kamen nun Filme, die die Rebellion und die Verwirrung der Jugendlichen auf eine sensiblere, vielschichtigere Art porträtierten. Sie schufen archetypische Bilder wie das von Marlon Brando mit seinem Motorrad, der abgewetzten Lederjacke und den Jeans in DER WILDE (THE WILD ONE, USA 1953), die von nun an Teil der Ikonographie des Rock'n'Roll waren. Sie integrierten den Rock'n'Roll über Songs wie bei DIE SAAT DER GEWALT (BLACKBOARD JUNGLE, USA 1955) und über die Musiker selbst in ihre Geschichten wie in den Filmen von Bill Haley und Elvis Presley. Marlon Brando war der erste Kinoheld dieser rebellischen Jugend der 50er Jahre und James Dean ihr erstes überlebensgroßes Idol.

Mit Nicholas Rays DENN SIE WISSEN NICHT, WAS SIE TUN (REBEL WITHOUT A CAUSE, USA 1955) war der Triumph der Teenager besiegelt. Nun waren sie nicht mehr nur Zielpublikum und Thema, sie stellten auch selbst die Stars und waren in erster Linie verantwortlich für den Erfolg des Films. Nick

Dennis Hopper wurde durch DENN SIE WISSEN NICHT, WAS SIE TUN zu einem der ersten echten Jungstars des amerikanischen Kinos. Knapp 30 Jahre später gab er ein Gastspiel in dem Slasher-Film THE TEXAS CHAINSAW MASSACRE 2 (USA 1986).

Rays Drama um einen entwurzelten Jugendlichen, der seine Identität und seinen Platz in der Welt sucht, war der erste große Teenagerfilm aus Hollywood, ein wahrer Meilenstein in diesem Bereich des Kinos, der gleich in mehrerer Hinsicht

Geschichte geschrieben hat. Zum einen ist durch seinen Erfolg den Filmproduzenten erst wirklich bewusst geworden, welch eine Macht die enttäuschten und aufsässigen Jugendlichen an der Kinokasse darstellten. Zum anderen hat seine Geschichte zusammen mit der von Laslo Benedeks DER WILDE für lange Zeit den Grundstein für die typischen Konflikte und Konstellationen in den Teenager- und Rebellen-Filmen gelegt. Der Einfluss von DENN SIE WISSEN NICHT, WAS SIE TUN ist selbst in den Arbeiten von John Hughes aus den 80er Jahren noch zu spüren. Außerdem hat er mit James Dean, Natalie Wood, Dennis Hopper und Sal Mineo zum ersten Mal ein Ensemble von Schauspielern zu Stars gemacht, die damals nicht viel älter waren als ihr Publikum.

Der Kampf gegen das Fernsehen

Aber es war nicht nur die Rebellion des Rock'n'Roll und der Erfolg von DENN SIE WISSEN NICHT, WAS SIE TUN, welche die Interessen und Vorlieben der Teenager zu einer der mächtigsten Kräfte innerhalb der Filmindustrie gemacht haben. Die 50er Jahre brachten in Amerika den Siegeszug des Fernsehens. In immer mehr Häusern und Wohnungen stand nun ein TV-Gerät, das Filme, Neuigkeiten und Spaß direkt ins Heim der Familien brachte. Man musste das Wohnzimmer nicht mehr verlassen, wenn man etwas anderes sehen wollte als nur die kleine, enge Welt, in der man sich tagtäglich bewegt. Nur verlor mit dieser Entwicklung das Kino einen Teil seines Reizes. Die Unterhaltung, die Hollywood versprach, musste von nun an den Aufwand rechtfertigen, der zu einem Kinobesuch gehört. Deshalb wurde das Fernsehen zu einem ernsthaften Konkurrenten Hollywoods, gegen den neue Strategien entwickelt werden mussten. Eine davon war die Einführung des Scope-Formats, das den Bildern eine Größe verlieh, mit der die kleine Mattscheibe in keiner Form mithalten konnte. Mit dem neuen Bildformat kam noch einmal die Zeit der großen Epen und der aufwendigen Musicals. Das Kino bot Spektakuläres und trat mit Großproduktionen gegen den kleinen Bruder an.

Doch Sensationen im Sinne der großen Bibelfilme und historischen Epen verschlingen ungeheure Mengen an Geld. So wurden die Filme zwangsläufig immer teurer – eine Entwicklung, die die kleinen Studios und die unabhängigen Produktionsgesellschaften von vornherein aus dem Rennen warf. Sie mussten auf andere Sensationen setzten, den Mangel an Geld und Mitteln durch geschickte Vermarktung und genau auf ein Zielpublikum hin produzierte Filme kompensieren. Mit seinen Big-Budget-Produktionen setzte Hollywood auf Kinogänger jeden Alters, schließlich lässt sich fast jeder gerne im Kino von verschwenderischer Pracht blenden und von Geschichten mitreißen, die *larger than life* sind. Im Gegensatz dazu drehten die kleinen Studios Filme, die in erster Linie die Jugendlichen ansprechen sollten. Sie hatten DENN SIE WISSEN NICHT, WAS SIE TUN zu einem so nicht erwarteten Hit gemacht, sie konnten auch noch anderen Filmen zum Erfolg verhelfen, besonders wenn man sie recht billig produzierte und auf die Kinosehnsüchte der Teenager hin maßschneiderte.

Wenn es darum ging, die Menschen aus ihrem Wohnzimmer heraus- und von ihrem Fernseher wegzuholen, erwiesen sich Jugendliche als die ideale Zielgruppe. Anders als Kinder gehen sie auf jeden Fall alleine ins Kino und anders als viele Erwachsene nach einem langen Arbeitstag, wollen sie den Abend nicht nur in Ruhe zu Hause verbringen. Also umwarben kleine unabhängige Produktionsgesellschaften, die sich auf billige Filme spezialisiert hatten, die Teenager konsequent. Sie waren die besten denkbaren Konsumenten für die Ware, die Gesellschaften wie die ›American International Pictures‹ (noch berühmter unter der Abkürzung ›AIP‹) herstellten. Da die Interessen der Jugendlichen der 50er Jahre, also der Zeit des Rock'n'Roll, des Kalten Krieges und der *duck and cover*-Mentalität, die noch ganz im Zeichen des Glaubens an die Wissenschaft und ihre Segnungen stand, in erster Linie der Science Fiction, dem Horror- und dem Teenager-Film galten, spezialisierten sich die unabhängigen Filmproduzenten auf diese drei Genres. Zudem waren sie alle perfekt geeignet für bizarre Titel und reißerische Werbekampagnen, die versuchten, aus jedem kleinen, schnell produzierten Film eine wahre Sensation zu machen. Die idealen Abspielstätten für diese Filme waren natürlich zum einen die lokalen Kinos in *suburbia* und den Kleinstädten und zum anderen die *Drive-ins*, in die die Jugendlichen oft gar nicht mal so sehr wegen der Filme fuhren, sondern eher, um mit ihrer Freundin ungestört zusammen zu sein. Die Filme der AIP und das amerikanische Auto-Kino der 50er Jahre sind aus heutiger Sicht beinahe untrennbar miteinander verbunden. Eine englische Videoreihe, in der die berühmtesten Filme dieser Phase in den späten 80er und frühen 90er Jahren wiederveröffentlicht worden sind, hieß schließlich sogar ›Drive-in-Classics‹.

Exploitation-Kino

Es waren die späten 50er Jahre und diese ›Drive-in-Filme‹, die der Kinogeschichte die erste große Blütezeit der Exploitation-Filme brachte. Von diesem Punkt an gehörten Kino für Teenager und Exploitation zusammen. Doch bevor man nun eine kurze Geschichte dessen erzählt, was oft – nicht ohne eine gewisse Geringschätzung – als *teensploitation* bezeichnet wird, erst einmal ein kleiner Versuch, die Frage zu beantworten: Was sind überhaupt Exploitation-Filme? »The Film Encyclopedia« von Ephraim Katz, ein Standardwerk, wenn es um die Definition und Erklärung filmspezifischer Begriffe geht, gibt darauf folgende Antwort: »Filme, bei denen der Qualität oder künstlerischen Gesichtspunkten wenig beziehungsweise gar keine Beachtung geschenkt wird, deren Macher dafür aber den größtmöglichen Profit im Auge haben, meist durch einen aggressiven Verkauf und Werbestrategien, die die sensationalistischen Aspekte des Films betonen.«
Natürlich wollen auch die großen Hollywood-Studios seit jeher ihre Filme verkaufen und auch sie bedienen sich dazu aggressiver Verkaufsmethoden und einer omnipräsenten Werbemaschinerie. Doch sie hatten dafür immer schon ganz andere Voraussetzungen als die kleinen unabhängigen Studios. Gesellschaften wie AIP oder die Studios der *poverty*

row der 30er und 40er Jahre hatten dagegen nie die Mittel, um Filme aufwendig zu produzieren. Sie konnten es sich nicht leisten, nachzudrehen, wenn in einer Einstellung etwas nicht wie geplant gelaufen ist. Ihre Filme wurden mit einem minimalen Budget und engstem Drehplan realisiert von Regisseuren, die gerade erst in diesem Geschäft angefangen hatten oder aus sonstigen Gründen bei diesen kleinen Firmen gelandet waren. Um die sich aus den Produktionsbedingungen ergebenden Schwächen auszugleichen, blieb den Produzenten gar kein anderer Weg als der über erfindungsreiche Verkaufs- und Werbestrategien. So sind auch die ›Gimmicks‹ entstanden, deren König der unabhängige Filmproduzent William Castle war. Er ließ sich für jeden seiner Filme etwas Neues einfallen. Mal konnten die Zuschauer vor dem Film eine Art Lebensversicherungen abschließen (MACABRE [MACABRE, USA 1958]), mal wurden spezielle Vorrichtungen im Kinosaal eingebaut (SCHREI, WENN DER TINGLER KOMMT [THE TINGLER, USA 1959]), und in einem Fall wurde vor dem Finale ein Countdown in den Film einkopiert, der es ängstlichen Gemütern ermöglichen sollte, das Kino rechtzeitig zu verlassen (MÖRDERISCH [HOMICIDAL, USA 1960]).

Die Geschichte des Exploitation-Kinos begann natürlich nicht erst in den 50er Jahren mit den Filmen der AIP oder denen von William Castle. Es gab immer kleine Studios, Außenseiter im Filmgeschäft, die auf unsere Sehnsucht nach *cheap thrills*, reißerischen Geschichten und Einblicken in die schäbigeren Seiten des Lebens gebaut haben. Für ihre Filme gilt, sowohl was die Produktion als auch die Vermarktung betrifft, das gleiche wie für die ›Drive-in-Filme‹. Doch James H. Nicholson, Samuel Z. Arkoff und der später hinzugekommene Roger Corman, von AIP sowie eben der große Showman William Castle haben die Strategien der Exploitation in eine eigene Kunstform verwandelt. Sie haben die Maßstäbe gesetzt, die in gewisser Hinsicht noch heute gelten, obwohl sich durch Video und Multiplexe die äußeren Bedingungen völlig verändert haben. Was man dabei von einem Exploitation-Film erwarten kann und auch erwarten muss, hat Chas. Balun, ein wahrer Aficionado des Horror-Genres, in der Einleitung zu seinem Buch »Horror Holocaust«, einer Liebeserklärung an den harten Horrorfilm der 60er, 70er und 80er Jahre, auf den Punkt gebracht: »Die schlimmste Sünde für einen Exploitation-Film ist es, wenn er langweilt. Er kann unsere Intelligenz beleidigen, unsere Sinne bombardieren, und er braucht auch überhaupt keinen Sinn ergeben, nur darf er *niemals* langweilig sein.«

Der Fluch der Triebe

Wie eigentlich in jedem Bereich des Kinos ist es auch in diesem Fall praktisch unmöglich, sich einen wirklich vollständigen Überblick über die gesamte Geschichte und alle Ausprägungen des Teen-Horrors zu verschaffen. Ein solches Vorhaben muss alleine schon an der Anzahl von Filmen scheitern. Obwohl seine Geschichte eigentlich erst 1957 mit DER TOD HAT SCHWARZE KRALLEN (I WAS A TEENAGE WEREWOLF, USA 1957) von Gene Fowler Jr. richtig beginnt, sind in den letzten gut 40 Jahren so viele Teen-Horror-Movies entstanden, dass man mit ihnen ein ganzes Lexikon füllen könnte. Deshalb bleibt nur ein Weg, der einer radikalen Reduktion. Nicht Vollständigkeit kann das Ziel dieses Essays sein, sondern nur ein bewusst fragmentarischer Blick, der seine ganze Aufmerksamkeit den zentralen Filmen und den großen Strömungen widmet.
DER TOD HAT SCHWARZE KRALLEN, der erste sich ganz und gar an ein jugendliches Publikum richtende Horrorfilm, der auch Teenager zu zentralen Figuren der Geschichte macht, war auch der erste große Teen-Horror-Erfolg. Für etwa 150.000 Dollar von Herman Cohen für die AIP produziert, hat er über zweieinhalb Millionen Dollar an den Kinokassen eingespielt und ist unter seinem Originaltitel I WAS A TEENAGE WEREWOLF zu einer Art von Legende geworden. Selbst wenn man den Film nie gesehen hat, von diesem Titel, der unzählige Nachahmer gefunden hat, dürfte jeder Horror-Interessierte einmal gehört haben. Sieht man ihn heute, weit mehr als 40 Jahre nach seiner Entstehung, stellt er einen zumindest in gewisser Hinsicht vor das gleiche

Der Teenager-Werwolf aus DER TOD HAT SCHWARZE KRALLEN, der Urahn aller Killer des Teenager-Horrorfilms!

Problem wie fast alle Filme der AIP aus den 50ern. Anders als die klassischen Horrorfilme der Universal Studios oder auch die Horror-Ausflüge, die andere Studios wie MGM oder RKO in den 30er und 40er Jahren gewagt haben, sind die ›Drive-in-Filme‹ stärker gealtert. Sie waren damals, in den späten 50ern, ganz und gar ihrer Zeit verhaftet, das hat sie auch so erfolgreich gemacht, nur fehlt ihnen damit eben genau dieses Gefühl von Zeitlosigkeit, durch das die Klassiker der 30er und 40er Jahre – zumindest wenn man bereit ist, sich auf sie einzulassen – nichts von ihrem Reiz verloren haben. Eine gewisse Nostalgie schwingt zwar mit, wenn man Herman Cohens Produktion sieht, doch sie ist an eine Zeit gebunden, die der heutige Horror-Enthusiast in der Regel nicht erlebt hat.

Aber auch wenn es nicht ganz einfach ist, sich heute noch

auf die AIP-Filme einzulassen, so bleiben sie doch faszinierende Teenager-Filme der 50er Jahre. Zur legendären Trilogie des AIP-Teen-Horrors gehören neben Gene Fowlers DER TOD HAT SCHWARZE KRALLEN die zwei Herbert L. Strock-Filme I WAS A TEENAGE FRANKENSTEIN (USA 1958) und DER SATAN MIT DEN 1000 MASKEN (HOW TO MAKE A MONSTER, USA 1958). Gene Fowlers radikale Umschreibung des Lykanthropie-Mythos – die Verwandlung von Tony Rivers in einen Werwolf hat nichts mit den Phasen des Mondes zu tun, er wurde auch nicht durch einen Biss infiziert, und man braucht auch keine Kugeln aus Silber, um ihn zu töten – hat dem Teen-Horror, ein ganz neues Feld geöffnet. Die Geschichte von DER TOD HAT SCHWARZE KRALLEN erhöht ganz alltägliche Ängste und Unsicherheiten, Aggressionen und Begierden, die Teil jedes Teenagerlebens sind, ins Mystisch-Irreale. Die normalen Probleme und Schrecken der Pubertät bringen hier den Horror hervor.

Tony Rivers, der von Michael Landon gespielt wird, der später durch seine Rolle als Little Joe in der Fernsehserie BONANZA berühmt werden sollte, ist eigentlich ein ganz typischer Teenager. Er hat Probleme, welche die schwierige Zeit des Heranwachsens noch weiter komplizieren. Seine Mutter ist früh gestorben; der Vater, der ihn über alles liebt, hat aufgrund seiner Arbeit nur wenig Zeit für ihn. So war er früh auf sich allein gestellt. Außerdem macht ihn die Zugehörigkeit des Vaters zur Arbeiterschicht zu einer Art von Außenseiter. Die Eltern der anderen Jugendlichen in dieser kleinen bürgerlichen Gemeinde, die wie der Inbegriff des *suburban life* der 50er Jahre wirkt, sind größtenteils Angestellte, also Angehörige einer Mittelschicht, von der Tony in gewisser Weise ausgeschlossen ist. Der Verlust der Kindheit und ein Gefühl des Ausgeschlossenseins bilden den Hintergrund von Tonys Aggressivitäts. Er hat sich nicht richtig unter Kontrolle und gerät deshalb immer wieder in Schwierigkeiten. Wenn ihn jemand nur schief anguckt oder berührt, explodiert er. Er versteht diese Neigung zu Gewalt selbst nicht und will sie unbedingt überwinden. Deswegen ist er trotz anfänglicher Bedenken auf Drängen seiner Freundin Arlene und des örtlichen Polizisten bereit, den Psychologen

Dr. Alfred Brandon aufzusuchen. Nur missbraucht der ihn zusammen mit seinem rückgratlosen Assistenten für seine wahnwitzigen Experimente.

Brandon ist davon überzeugt, dass die Menschheit sich selbst an den Rand der Katastrophe gebracht hat. Die Zivilisation ist seiner Meinung nach irgendwann in ihrer Entwicklung auf den falschen Weg geraten. Um dies zu korrigieren, will der Psychologe die Menschen wieder in ihren unzivilisierten Urzustand zurückversetzen. Sie wären dann zwar Wilde, aber die Menschheitsgeschichte könnte noch einmal von vorne beginnen. In Tony, der seine Instinkte, seine angeborene Aggressivität, nicht richtig kontrollieren kann, sieht Brandon das ideale Versuchsobjekt für seine seltsamen Forschungen. Mit Hilfe von Hypnose und eines von ihm entwickelten Serums verstärkt er die triebhafte Seite Tonys noch. Die Behandlung führt eine Art von Persönlichkeitsspaltung herbei. In Momenten besonderer Aufregung – das kann Wut genauso wie sexuelle Stimulation sein – verwandelt sich Tony nun in einen Werwolf. In diesem Zustand tötet er einen Jungen aus seinem Freundeskreis und eine Mitschülerin, die in der leeren Turnhalle der Schule am Doppelbarren trainiert. Von der Polizei und den aufgebrachten Bewohnern der Stadt gejagt, flüchtet Tony schließlich zu Dr. Brandon, in dessen Praxis es dann zur letzten und entscheidenden Konfrontation zwischen dem missbrauchten Jugendlichen und den ihn zerstörenden Erwachsenen kommt.

Ein ungewöhnlich subtiler Horrorfilm ist Gene Fowler Jr. mit DER TOD HAT SCHWARZE KRALLEN geglückt – besonders wenn man ihn im Kontext der unzähligen anderen von AIP produzierten Genre-Einträge sieht. Der ehemalige *film editor*, der schon mit Fritz Lang zusammengearbeitet hat, lässt sich viel Zeit bei der Entwicklung der Geschichte. Seine Beschreibung des Lebens in der Kleinstadt hat beinahe etwas Poetisches. Eine gewisse Idealisierung der Jugend steht dabei dem tragischen Schicksal von Tony gegenüber, das so noch schmerzlicher wirkt. Die Umwelt reagiert auf Tonys natürliche Verwirrung mit Unverständnis, sie treibt ihn langsam und systematisch in sein Verderben. Er ist ein Gehetzter, nicht erst von dem Moment an, in dem er zum Mörder wird.

Von Anfang an jagen ihn die Erwachsenen mit ihren Erwartungen und ihren Regeln, die eine völlige Anpassung von den Jugendlichen erwarten. Der Klassenunterschied zwischen Tony und seinen Mitschülern spiegelt seine grundsätzliche Situation wider. Er ist nicht integriert in die Gesellschaft der 50er Jahre. Alle anderen sind angepasst, fügen sich stromlinienförmig in ein durch und durch reglementiertes System ein. Im Prinzip ist er die einzige individuelle Figur des Films, und es ist diese Individualität, die ihm zum Verderben wird. Die ganze Brutalität und zerstörerische Kraft einer Gesellschaft, die ihre Jugendlichen nicht akzeptieren kann, wie sie sind, und von ihnen nur erwartet, dass sie funktionieren, findet ihren Ausdruck in den Szenen, in denen die Bürger der Stadt Jagd auf Tony machen. Nicht von ungefähr erinnern sie an ähnliche Szenen in den Filmen von Fritz Lang, in denen sich die bürgerliche Gesellschaft immer wieder in einen wilden, unkontrollierbaren Lynchmob verwandelt hat.

Tony Rivers ist einer der großen Verlorenen des Teenager-Kinos. In einer kleinen Szene, die Erinnerungen an einen ähnlichen Moment in DENN SIE WISSEN NICHT, WAS SIE TUN weckt, nimmt Tony eine Milchflasche aus dem Kühlschrank. Doch anders als James Dean hält er sie sich nicht kühlend an den Kopf, er schmeißt sie in die Ecke und zerstört damit einen untrennbar mit dem Gedanken an die Unschuld der Kindheit verbundenen Gegenstand. In dieser Geste manifestiert sich aber nicht seine Wildheit, sondern nur eine unendliche Hilflosigkeit. Er weiß wirklich nicht, was er tut und was er tun soll. In Situationen wie dieser und in Szenen wie der, in der Tony einen perfekten Abend, den er für seine Clique organisiert hatte, durch seine unkontrollierten Reaktionen ruiniert, liegt eine ungeheure Verzweiflung. Die *suburbia* erscheint als kalte Hölle auf Erden, in die Teenager wie Tony geworfen werden, ohne die geringste Chance, auch nur irgendwo Halt zu finden. Gene Fowlers Film ist Pulp-Existenzialismus. Die Sympathien gelten Tony. Selbst in den Momenten, in denen er ein ›Monster‹ ist, bleibt er ein Opfer. Es sind die Versuche des wahnsinnigen Wissenschaftlers, die seine wilde Seite erst richtig zum Vorschein bringen, und es werden fast immer die Signale der Autorität der Erwachsenen sein, die Klingel der Schule, die Sirene eines Polizeiwagens, die seine Metamorphose vom Menschen zum Werwolf begleiten. Damit etabliert DER TOD HAT SCHWARZE KRALLEN ein Grundmotiv der Teen-Horrorfilme der AIP. Die wahren Schuldigen sind immer die Erwachsenen. Sie machen aus den Jugendlichen Monster, die, unbewusst, andere töten – hier genauso wie in Herbert L. Strocks Filmen DER SATAN MIT DEN 1000 MASKEN und I WAS A TEENAGE FRANKENSTEIN. So offenbart sich die Monstrosität der repressiven Gesellschaft der 50er Jahre in der Teen-Horror-Trilogie Herman Cohens mit einer Deutlichkeit, die für das Kino dieser Zeit mehr als ungewöhnlich ist. Am Ende gehen die *mad scientists* zwar immer unter, aber trotzdem fällt es schwer, den Triumph der Ordnung über das Monströse als ein *happy ending* zu betrachten.

Der kleine und der große Tod

»In der Pubertät, als man selbst ein Monster war zwischen Kindheit und Erwachsensein, hat man genauer wahrgenommen, dass Horrorfilme fast immer auch Sexfilme sind. Man hat intuitiv die Sehnsucht und die Begierde der Horrorfiguren verstanden. Man hat sich, besonders wenn man allein war, mit den einsamen Monstern identifiziert. Und man hat in wohliger Spannung den Schrecken verfolgt, wenn man mit einem Mädchen im Kino war. Erste Dinge und letzte Dinge: Man hat sich geküsst und zugleich dort oben auf der Leinwand dem Tod bei der Arbeit zugeschaut.« Diese Erinnerungen Hans Schifferles an die Erfahrungen mit Horrorfilmen in der Jugend verweisen auf eine Verbindung zwischen den Figuren auf der Leinwand und uns im dunklen Saal, die bei diesem Genre komplexer ist als bei jedem anderen. Sex und Tod, sie sind ineinander verwoben, in den Geschichten und in unseren Gefühlen, wenn wir uns mit dem Monster identifizieren oder um das *final girl* bangen. Dieses grundsätzliche Merkmal des Horror-Kinos, in den Teen-Horror-Movies kommt es noch viel stärker zum Tragen als in allen anderen Filmen. Auf der Leinwand ist Sex oft gefährlich. Er macht die Menschen verwundbar, wobei es nicht einmal eine Rolle spielt, ob es ausgelebt wird oder nicht. Sie öffnen sich durch ihn ... nicht selten dem Tod. In der Sicherheit des Kinosaals erweckt diese Verbindung von Sex und Tod ambivalente Gefühle. Wir verfolgen sie erregt und erschreckt. Ein Kuss während im Licht des *silver screen* der ›Grim Reaper‹ die Saat des Lebens erntet, das ist eine wunderbare Initiation in die dunkle Welt der Leidenschaften.

Gerade als Tony Rivers von einer Unterredung mit der Rektorin seiner Schule kommt – sie hat ihn dafür gelobt, dass er sich stärker angepasst hat –, entdeckt er in der Turnhalle Theresa, eine Mitschülerin. Sie ist ehrgeizig und trainiert alleine am Doppelbarren, auf einen Sieg hoffend bei den bald bevorstehenden Wettkämpfen. Die enge Turnkleidung betont ihren Körper, und in der Selbstvergessenheit, mit der sie ihre Übungen macht, liegt etwas unzweifelhaft Erotisches. Von diesem Anblick erregt, überwältigt Tony seine unausgelebte Lust. Er verwandelt sich und attackiert Theresa. Der letztlich tödliche Angriff des Werwolfs auf das Mädchen, das sich ganz hatte fallenlassen, um nun in einem Reich zu landen, in dem das männliche Begehren in seiner ganzen ungezügelten Wildheit herrscht, ist einer der ganz großen Momente in Geschichte des Horror-Kinos. Näher konnten sich in den 50er Jahren Eros und Thanatos nicht kommen.

Diese Sequenz in der Schule, mit dem Gespräch im Zimmer der Schulrektorin und dem zum Orgasmus-Ersatz werdenden Mord, ist eine der Ur-Szenen des Teen-Horrors. Sie wird sich in allen denkbaren und möglichen Variationen wiederholen, der Stalker- und Slasher-Film wird sich ganz um ihre Motive und ihre Tiefenbedeutung herum strukturieren. Gene Fowler Jr. verwandelt das große Dilemma des Jugendlichen, der seine Sexualität entdeckt in den repressiven 50er Jahren in einen großen, unvergesslichen Horror-Moment. Tonys Ich, die Persönlichkeit, die er sein könnte, löst sich auf. Sie wird ausgelöscht von den Erwartungen des Über-Ich, die ihre Repräsentation in der Direktorin finden, und dem Ansturm des Es, daß im Moment der Erregung die Kontrolle an sich reißt, nachdem es vorher schon durch die Experimente Dr. Brandons gestärkt worden war. Gefangen in einem doppelten Gefängnis, dem einer prüden, die Sexualität verdrängenden Gesellschaft und dem der Begierden, mit denen er alleine gelassen wird, hat Tony keine Chance, einen Ausgleich zwischen Es und Über-Ich zu schaffen. Er ist kein Monster, das in seiner psychischen Entwicklung stehen geblieben ist wie später Michael Myers in der HALLOWEEN-Serie oder all die anderen Slasher, er ist ein Produkt der Gesellschaft der Erwachsenen, die ihm eine normale Entwicklung unmöglich gemacht hat.

In den Fängen der Erwachsenen

Auch wenn die Zeit eine kleine Mauer zwischen uns und DER TOD HAT SCHWARZE KRALLEN errichtet hat, die wir beim Sehen des Films erst überwinden müssen, bleibt er ein kleines Meisterwerk, eine melancholisch-poetische Komposition aus den Leitmotiven der *teenage angst*, an deren Reichtum und Dichte Herbert L. Strocks I WAS A TEENAGE FRANKENSTEIN (USA 1958), der als einziger der drei großen Teen-Horror-Movies der AIP nicht in Deutschland in die Kinos gekommen ist, nicht im entferntesten heranreichen kann. Unter ungeheurem finanziellen und zeitlichem Druck entstanden, variiert dieses sehr lose Sequel die klassische Geschichte von dem Wissenschaftler Frankenstein und seiner Kreatur in einer Form, die den Begriff *teensploitation* mehr als rechtfertigt.

Frankenstein ist hier ein skrupelloser und wahnsinniger Forscher aus England, der gerade als Gastdozent an einer amerikanischen Universität lehrt. Sein Ziel ist es, das Werk seines Ahnherrn Victor Frankenstein, des modernen Prometheus aus Mary Shelleys Roman, zu perfektionieren. Er will eine Art von Übermenschen kreieren, indem er aus Körperteilen von verstorbenen Jugendlichen ein Wesen erschafft, das in physischer und geistiger Hinsicht weit über den normalen Menschen hinaus reicht. Zu diesem Zweck bedient er sich unter anderem des Körpers eines bei einem Autounfall getöteten Teenagers. Als er seine Kreatur zum Leben erweckt, scheinen alle seine Pläne Realität geworden zu sein. Sein Geschöpf ist tatsächlich außergewöhnlich. Dass es trotzdem zum Mörder und zum Monster wird, liegt zum einen an seinem völlig entstellten Gesicht, das die Menschen vor ihm zurückschrecken lässt, und zum anderen an der Verkommenheit von Frankenstein selbst. Der Wissenschaftler ist hier ein amoralischer Killer, der einen Menschen erschafft und ihn ganz bewusst als eine Art von Henker benutzt.

War der verrückte Wissenschaftler noch eine Nebenfigur in DER TOD HAT SCHWARZE KRALLEN, ist Frankenstein nun der zentrale Charakter. Der Produzent Herman Cohen und der Regisseur Herbert L. Strock machten sich in klassischer Exploitation-Manier den Erfolg von Gene Fowlers Film zunutze, erzählten hier aber eine typische *mad scientist*-Geschichte, in die nur ein paar Elemente integriert wurden, die das jugendliche Publikum ansprachen. Dabei wird das Alter der Kreatur zum entscheidenden Faktor, der sich in Werbekampagnen perfekt ausschlachten ließ. Trotzdem bringt I WAS A TEENAGE FRANKENSTEIN ein Motiv in den Kosmos des Teen-Horrors ein, das zumindest unterschwellig in vielen Teenager-Filmen der 70er, 80er und 90er Jahre, gerade auch in denen, die nicht im Horror-Genre angesiedelt sind, eine wichtige Rolle spielen wird. Hier, wie später immer wieder, geht es um das Aussehen. Das Gesicht, der Körper, die Figur bestimmen, ob ein Teenager dazugehört oder ein Außenseiter bleiben muss.

Der erste Mord, den Frankensteins Geschöpf in der Teenage-Version dieser Tragödie menschlicher Hybris begeht, ist eher ein Unfall. Frankenstein hält seine von Gary Conway verkörperte Schöpfung gefangen, er will nicht, dass sie unter Menschen geht, weil ihr deformiertes Gesicht Aufsehen erregt. Aber einmal entkommt das Geschöpf, das eben auch ein von seinen Hormonen gesteuerter Jugendlicher ist, seinem Kellergefängnis. Bei seinem Streifzug durch die Welt sieht es durch ein Fenster eine Studentin, die ihm gefällt. Als der Monster-Mann sich Zutritt zu dem Appartement der jungen Frau verschafft, gerät sie in Panik. Bei dem Versuch, sie zu beruhigen, tötet er sie, da er seine Kräfte nicht einschätzen kann. Das entstellte Gesicht, das ihn wie ein Monster aussehen lässt, macht ihn erst zu einem solchen. Damit beginnt seine Tragödie. Später wird Frankenstein ihm befehlen, sich ein Gesicht auszusuchen. Seine Wahl fällt auf einen gutaussehenden Jugendlichen, einen klassischen *all-american-boy*, dessen Züge die Kreatur perfektionieren würden. Sie wäre dann wirklich ein Super-Teenager, der überall dazugehört – der (uneingestandene) Traum aller amerikanischen Eltern. Nur muss das Geschöpf, um dieses Gesicht zu erhalten, den Tod des Jugendlichen in Kauf nehmen, wozu es auch ohne großes Zögern bereit ist. Der Traum eines Außenseiters, nicht mehr nur ein Monster oder Freak zu sein, gipfelt in Mord und Verstümmelung.

Nach den beiden extrem erfolgreichen I WAS A TEENAGE …-Filmen produzierte die AIP 1958 mit Herbert L. Strocks DER SATAN MIT DEN TAUSEND MASKEN noch einen weiteren Teenager-Horrorfilm, der zu den bizarrsten Genrewerken der 50er Jahre zählt. Pete Drummond arbeitet seit 25 Jahre als Chef-Maskenbildner eines kleinen Studios in Hollywood. Im Laufe der Jahre hat er sich darauf spezialisiert, den Alpträumen und dunklen Fantasien des Kinopublikums Gesichter zu geben. Er hat mit seinen Masken Schauspieler in alle nur erdenklichen Monster und Geschöpfe der Nacht verwandelt. Seine beiden letzten Arbeiten waren die Masken für einen »*Teenage Werewolf meets Teenage Frankenstein*«-Film, dessen Dreharbeiten gerade stattfinden. Nun hat das Studio seinen Besitzer gewechselt, und die neuen Verantwortlichen beschließen einen Kurswechsel. Man ist davon überzeugt, dass die Zeit der Horrorfilme vorbei ist, dass das jugendliche Publikum lieber fröhliche Komödien mit viel Musik und Tanz sehen will. Deshalb soll nach dem Abschluss der Dreharbeiten die für Horror zuständige Abteilung dicht machen. Pete Drummond erhält seine Kündigung. Um sich an den neuen Herren des Studios zu rächen, manipuliert er die jugendlichen Darsteller des Werwolfs und des Frankenstein-Monsters. Er bringt sie gegen die Studiobosse auf und schleicht sich in ihr Vertrauen. Mit Hilfe von Hypnose und einer dem Make-up beigefügten Droge macht Pete die beiden jungen Schauspieler zu Instrumenten seiner Rache. Für eine gewisse Zeit verwandeln sie sich in die Monster, die sie bisher nur auf der Leinwand dargestellt haben, und töten die neuen Studiochefs.

Wie schon in I WAS A TEENAGE FRANKENSTEIN liegt auch hier der Focus der Geschichte nicht mehr auf den Teenagern. Sie sind hier in gewisser Weise sogar noch bedeutungsloser als in Strocks FRANKENSTEIN-Film, da DER SATAN MIT DEN TAUSEND MASKEN kein für Jugendliche typisches Problem aufgreift. Die beiden Figuren sind wirklich nicht mehr als zwei Jugendliche, die von einem genialen, aber wahnsinnigen Erwachsenen missbraucht werden. Diesmal gibt es auch wirklich nur noch ein Monster, eben Pete Drummond, da die zwei Schauspieler anders als Tony Rivers und das Geschöpf Frankensteins keinerlei monströsen Züge haben und von Anfang an ohne Wissen manipuliert werden. Während Dr. Brandon noch auf Tonys Anlagen aufbaut, verwandelt Drummond seine beiden Opfer in etwas, das sie nie waren und auch nie geworden wären. Mit diesem letzten Film der Trilogie erreicht die Bewegung weg von Teenager-spezifischen Themen und Situationen ihren Höhepunkt. Noch war die Zeit nicht reif für ein Teen-Horror-Kino, wie es dann in den 70er und 80er Jahren entstehen sollte, in dem die Erwachsenen wirklich nur noch eine marginale Rolle spielen.

Interessant wird Strocks Sequel zu den beiden I WAS A TEENAGE ...-Filmen durch seine Thematisierung von Horrorfilmen und den Mechanismen Hollywoods. Mit diesem dritten *Teen-Horror Movie* erreicht AIP einen Grad an Selbstreflexion, wie er eigentlich erst in den postmodernen 90er Jahren durch die Arbeiten von Kevin Williamson zum Standard des Genres werden sollte. Wenn Pete Drummond um den Erhalt der Horror-Abteilung des Studios kämpft und damit argumentiert, dass es immer ein Publikum für seine Arbeit geben wird, weil er grundsätzlichen Ängsten Ausdruck verleiht, dann ist der Weg zu den Diskussionen um die Auswirkungen von Horrorfilmen innerhalb der SCREAM-Trilogie nicht weit. In gewisser Hinsicht nehmen die drei Filme der AIP Teile der Entwicklung vorweg, die in den SCREAM-Filmen stattfindet. Zum Schluss kommen beide in Hollywood an. Der Ort, der die Zelluloid-Albträume hervorbringt, wird nicht nur zum Schauplatz des Terrors, er ist auch die Geburtsstätte wahnsinniger Killer, die Kino-Fantasien Realität werden lassen. Pete Drummond ist von den drei zerstörerischen Schöpfern der AIP-Trilogie der tragischste, aber auch der, der uns am meisten erschreckt. Anders als Dr. Brandon und Frankenstein ist er nicht von Anfang an böse. Er will nicht zerstören, sondern wirklich etwas schaffen, nur lässt ihn die Enttäuschung über das Ende seiner Arbeit durchdrehen. Er ist ein einsamer Künstler, ein Verlorener, der sich mit seinen Werken eine eigene Welt geschaffen hat. Dies macht ihn in gewisser Hinsicht zu einem Geistesverwandten von Ed Gein, dem Serienmörder, der das Vorbild für Norman Bates in PSYCHO und die wahnsinnige Schlachterfamilie in Tobe Hoopers BLUTGERICHT IN TEXAS (THE TEXAS CHAINSAW MASSACRE, USA 1974) geliefert hat. So wie Gein sich eine Welt aus Leichenteilen geschaffen hat, so erbaut sich Drummond sein Reich aus den Masken, die er entworfen hat.

Erneute Marginalität

AIP und auch die anderen auf Exploitation jeder Art spezialisierten Gesellschaften drehten zwar noch weiter Teen-Horrorfilme, aber keiner konnte den gleichen Status erreichen wie diese erste große Trilogie. Aus dieser Zeit sind außer diesen drei Herman Cohen-Produktionen nur noch wenige Horrorfilme erwähnenswert, die ganz bewusst auf ein jugendliches Publikum hin konzipiert sind. Einer davon ist der von Irvin S. Yeaworth Jr. inszenierte Science Fiction-Horror BLOB – SCHRECKEN OHNE NAMEN (THE BLOB, USA 1958). In ihm bewahren einige Teenager unter der Führung von Steve McQueen, der hier in seiner ersten Rolle zu sehen ist, eine Kleinstadt vor der Übernahme durch eine feindliche, außerirdische Masse, eben dem Blob. Mit seinen jugendlichen Helden greift Yeaworth eine Tradition auf, die schon 1953 mit William Cameron Menzies klassischem *red scare movie* INVASION FROM MARS

(INVADERS FROM MARS, USA 1953) begann. In ihm war es ein kleiner Junge, der sah, dass auf einem Feld hinter seinem Haus Aliens landeten. Da ihm zunächst niemand glauben wollte, musste er selbst alles versuchen, um die Welt vor der Übernahme durch die bösartigen Außerirdischen zu bewahren.

Sieht man von diesen beiden mit der Zeit zu Klassikern gewordenen Science Fiction-Geschichten ab, sind die meisten Teen-Horrorfilme der 50er und 60er Jahre in Vergessenheit geraten. Andere Genres als Horror und Science Fiction dominierten gerade während des Aufbruchs in den 60ern den Markt für *teensploitation*. Auf der einen Seite waren das harmlose Rock'n'Roll- und *beach party*-Filme, und auf der anderen Seite kam die Welle der Biker- und Drogen-Filme auf, denen die AIP und Roger Corman dann in den späten 60ern ihr Hauptaugenmerk widmeten. Filme wie Del Tenneys THE HORROR OF BEACH PARTY (USA 1963), der typische Elemente des Teenager-Monster-Films nun an einem Strand ansiedelte und so zwei beliebte Subgenres zusammenführte, blieben eher eine Ausnahme genauso wie James Landis' TODESANGST (THE SADIST, a.k.a. THE PROFILE OF TERROR, USA 1963), der erstmals 1967 in Deutschland in die Kinos kam und dann 1979 unter dem Titel DER MITTAGSMÖRDER noch einmal hier verliehen wurde.

Landis' Psycho-Horror zählt ganz eindeutig zu den übersehenen und völlig zu Unrecht vergessenen Filmen dieses Genres. Selbst in den einschlägigen Geschichten des Genres findet man nur sehr wenig oder gar nichts über diese Geschichte, in der drei Lehrer – zwei Männer und eine Frau – an einer abgelegenen Highway-Tankstelle in die Gewalt eines jungen Sadisten geraten. Wie Terrence Malicks genau zehn Jahre später entstandener BADLANDS – ZERSCHOSSENE TRÄUME (BADLANDS, USA 1973) orientiert sich TODESANGST an den Taten des 19-jährigen Charlie Starkweather, der innerhalb von drei Monaten, in der Zeit vom Dezember 1957 bis zum Februar 1958, zusammen mit seiner fünf Jahre jüngeren Freundin Caril Ann Fugate elf Menschen getötet hat. Landis' Version dieser Ereignisse, die in ihrer Struktur von Hitchcocks PSYCHO geprägt ist, kann man als

Die einflussreichsten Filme im Bereich des Teen-Horrors überhaupt entstanden in den 70er Jahren, einer Zeit, die man eigentlich nicht als Blütezeit des Horrorfilms betrachten kann. Einer der wichtigsten Filme war CARRIE – DES SATANS JÜNGSTE TOCHTER aus dem Jahre 1976.

Vorläufer all der Killer-Soziopathen-Geschichten sehen, die in den 80er und 90er Jahren in die Kinos gekommen sind. Außerdem nimmt er auch einige in den Stalker- und Slasher-Filmen zum Standard gewordene Elemente vorweg.

Von Landis' düsterem und extrem verstörenden Horror-Thriller ist der Weg zu den großen Teen-Horrorfilmen der 70er Jahre nicht mehr weit. Im Prinzip schließen einige der zu Klassikern des Genres gewordenen Filme dieser Zeit direkt an TODESANGST an oder entwickeln die von Landis etablierte Struktur konsequent weiter. Aber obwohl in diesem Jahrzehnt mit Wes Cravens Regiedebüt DAS LETZTE HAUS LINKS (THE LAST HOUSE ON THE LEFT, USA 1972), mit Tobe Hoopers BLUTGERICHT IN TEXAS, mit Brian de Palmas CARRIE – DES SATANS JÜNGSTE TOCHTER (CARRIE, USA 1976) und mit John Carpenters HALLOWEEN – DIE NACHT DES GRAUENS (HALLOWEEN, USA 1978) vier der einflussreichsten Filme im Bereich des Teen-Horrors überhaupt entstanden sind, waren die 70er Jahre alles andere als eine Blütezeit für Horrorgeschichten, in deren Mittelpunkt Teenager stehen. Es gab zwar eine ganze Reihe von zum Teil auch aufwendig produzierten, ungeheuer erfolgreichen Filmen, in denen Jugendliche (DER EXORZIST [THE EXORCIST, USA 1973]), Kinder (DAS OMEN [THE OMEN, USA 1976]) und sogar Babys (DIE WIEGE DES BÖSEN [IT'S ALIVE!, USA 1973]) eine entscheidende Rolle spielten, doch waren diese dann immer Agenten des Bösen – vom Teufel besessen oder von ihm geschickt, um der Welt und den Menschen Verderben zu bringen. Eine gewisse Angst und eine Form von Unbehagen angesichts der nachfolgenden Generation äußert sich in diesen Filmen, die damit beinahe typisch sind für ein Jahrzehnt, das Amerika in eine tiefreichende Depression stürzte.

Auf der einen Seite repräsentieren die teuflischen Kinder, in deren Reihe der deutsche Untertitel (zu Unrecht) auch Carrie stellt, die Angst der Erwachsenen vor der Zukunft. Auf der anderen Seite manifestiert sich in ihnen auch – wie der amerikanische Filmwissenschaftler William Paul argumentiert – ein grundsätzlich anderes Verhältnis zu der Frage, ob die Fortpflanzung ein entscheidender Bestandteil der menschlichen Existenz ist. In gewisser Hinsicht sind diese bösen Kinder, anders als die in den Filmen der 50er und frühen 60er Jahre, das Ergebnis der sexuellen Revolution. Die Fortschritte in Verhütungstechnologien haben in den 60ern Sex endgültig von seiner Funktion als Mittel zum Zweck der Fortpflanzung befreit. Außerdem ist in diese Zeit Abtreibung zumindest in bestimmten Bereichen der Gesellschaft zu etwas Selbstverständlichem geworden. Nun hat diese veränderte Einstellung aber auch gewisse Schuldgefühle mit sich gebracht. Man verhindert Leben oder löscht es aus, bevor es überhaupt auf die Welt kommt. Die bösen Kinder und Babys sind nun vor allem eine Art von Verkörperung dieses schlechten Gewissens.

Angesichts dieses Klimas führten Horrorfilme mit Teenagern, in denen es eben nicht um die Ängste und Schuldgefühle der Erwachsenen geht, in den 70er Jahren eher ein Schattendasein. Die vier hier schon erwähnten Filme, die zu den wichtigsten überhaupt in der Geschichte des Teen-Horror zählen, sind für dieses Jahrzehnt eher untypisch. Sie liefern die Basis für den großen Boom, der ausgelöst von dem Erfolg von HALLOWEEN den Teen-Horror in den 80ern zum wichtigsten und einflussreichsten Teil des ganzen Genres machen sollte.

Ein Anfang mit Schrecken

Wes Cravens eher berüchtigtes als berühmtes Debüt DAS LETZTE HAUS LINKS kann man, wenn man es genau nimmt, allerdings nur sehr bedingt unter dem Begriff Teen-Horror subsummieren. Im Grunde entzieht er sich jeder klaren Einordnung. In gewisser Weise steht er völlig singulär da in der Geschichte des Genres. Auf andere Art erinnert er aber auch an so etwas wie eine Kreuzung, an der verschiedene Wege zusammenkommen, um sich dann wieder zu trennen und in unterschiedliche Richtungen weiter zu laufen. DAS LETZTE HAUS LINKS gilt nicht ganz zu Unrecht als einer der härtesten und brutalsten Horrorfilme überhaupt. Die ungeheure Intensität der gezeigten Gewalt ist das Ergebnis eines quasi-dokumentarischen Realismus in der Darstellung von Erniedrigungen, Misshandlungen, Verstümmelungen und Morden, dessen Effekts sich Craven beim Dreh wohl selbst nicht ganz bewusst war. Er bricht Tabus in einer Weise, die schon etwas einzigartig ist. Denn anders als in vielen später entstandenen Splatter-Filmen ist der Tabubruch hier mehr als nur ein Selbstzweck, er ergibt sich praktisch auf natürliche Weise aus der Geschichte und Cravens Ansatz, mit dem er an sie herangeht. Dabei mag der Film von seinem Konzept her pure Exploitation sein, vom Ergebnis her transzendiert er solche Kategorien.

Wenn man es so will, steht Cravens Geschichte von den vier aus dem Gefängnis entflohenen Psychopathen, die zwei junge Mädchen foltern und schließlich töten, bevor sie dann ein Zufall zu den Eltern eines ihrer Opfer führt, die nun wiederum auf grausamste Art Rache nehmen, an einem Wendepunkt in der Geschichte des Horrorfilms. Zumindest

Krug Stillo (David Hess, ganz links) ist das personifizierte Böse in Wes Cravens Debütfilm DAS LETZTE HAUS LINKS, der bis heute nicht nur zu den berühmtesten, sondern auch berüchtigsten Werken des Horrorfilms zählt.

zwei sehr unterschiedliche Entwicklungslinien laufen in ihm zusammen – der Splatter- und Gore-Film in der Tradition eines Herschell Gordon Lewis und der *home invasion*-Thriller in der Folge von Filmen wie William Wylers AN EINEM TAG WIE JEDER ANDERE (THE DESPERATE HOURS, USA 1955). Auch wenn Cravens Einsatz expliziter Gewalt nicht mit den Exzessen eines Herschell Gordon Lewis zu vergleichen ist, gibt es doch so etwas wie eine Verbindung zwischen DAS LETZTE HAUS LINKS und Lewis' Schwelgen in detaillierter Gewaltdarstellung. Nur haben die grausigen Einzelheiten bei Craven eine ganz andere Wirkung. Sie spielen nicht mit der Lust am Ekel und dem voyeuristischen Spaß an extremer Gewalt, sie erzeugen hier vielmehr ein zutiefst unangenehmes bedrückendes Gefühl. DAS LETZTE HAUS LINKS zu sehen, bereitet kein Vergnügen, es setzt einen vielmehr Extremen aus, die eher eine kathartische Wirkung haben.
Am stärksten ist Cravens Debüt in der Tradition der Filme

verwurzelt, in denen wie in AN EINEM TAG WIE JEDER ANDERE eine ganz normale Familie von einem oder mehreren Psychopathen bedroht wird. In dem Wunsch, sich zu verteidigen und die Familie zu schützen, müssen dann eigentlich friedfertige Menschen einen Kampf auf Leben und Tod austragen. Craven treibt diese Idee des Einbruchs der Gewalt in ein durchschnittliches bürgerliches Heim auf die Spitze. Nun geht es nicht mehr nur um Verteidigung, sondern um Rache, und die normalen, anständigen Bürger sind plötzlich zu Grausamkeiten fähig, die denen der Psychopathen in nichts nachstehen. Einmal entfesselt ist die Gewaltbereitschaft der Eltern in DAS LETZTE HAUS LINKS durch nichts mehr zu bremsen. Die Maske der Zivilisation, die Fredric March in Wylers Thriller und Gregory Peck in J. Lee Thompsons EIN KÖDER FÜR DIE BESTIE (CAPE FEAR, USA 1962) trotz allem noch aufrecht erhalten, geht hier vollkommen unter in einem Rausch archaischer Gefühle und Instinkte.

Aber Craven verarbeitete bei seinem Debüt nicht nur bekannte Einflüsse, die er entweder mit neuem Inhalt füllte oder bis in ihre letzte Konsequenz trieb, er begründete auch wieder neue Traditionen. So ist DAS LETZTE HAUS LINKS der erste Film in einer langen Reihe von *rape revenge movies*, in denen die Opfer einer Vergewaltigung oder deren Hinterbliebene auf brutale Art Rache für das Geschehene nehmen. Die Gewalt der Täter wird von den Opfern in einer Art beantwortet, die das im amerikanischen Kino mehr als populäre Motiv der Rache in Bereiche treibt, die direkt in das schwärzeste Herz der menschlichen Finsternis führen. Der Akt der Fellatio, der im Moment des Höhepunktes zur Kastration wird, erzeugt eine Ambivalenz, die von Cravens Nachfolgern in diesem neuen Subgenre nie wieder erreicht wurde. Das Spekulative einer solchen Aktion verbindet sich in dieser Szene, so wie sie Craven gestaltet hat, mit einer tiefenpsychologischen Symbolik, die weit über die Rache an sich hinausgeht.

Im Hinblick auf die Traditionen und zentralen Motive des Teen-Horrors, die sich in den 70ern und mehr noch in 80ern herauskristallisieren sollten und dann in unzähligen Variationen fest geschrieben wurden, ist der erste Teil von DAS LETZTE HAUS LINKS, in dem die beiden jungen Mädchen auf dem Weg zu einem Rock-Konzert in die Gewalt der Psychopathen geraten, von gewisser Bedeutung. Wenn man so will, gibt es im Teen-Horror, und besonders in seiner Variante des Stalker- und Slasher-Films, zwei Grundsituationen. Entweder werden die Teenager in ihrer gewohnten Umgebung, also in ihrem Zuhause oder in der Schule, bedroht wie zum Beispiel in HALLOWEEN, PROM NIGHT – DIE NACHT DES SCHLÄCHTERS (PROM NIGHT, Kanada 1980) und AB IN DIE EWIGKEIT (HAPPY BIRTHDAY TO ME, Kanada 1980), oder sie verlassen ihre gewohnte und in diesem Fall auch sichere Umgebung und begeben sich damit in die Hände eines oder mehrerer psychopathischer Killer. Wes Craven etabliert hier das Motiv eines Grauens, das direkt hinter der unsichtbaren Grenze des normalen Lebensbereiches der Teenager liegt. Damit ist er der Vorläufer von Filmen wie BLUTGERICHT IN TEXAS, TOURIST TRAP (TOURIST TRAP, USA 1978) und den Teilen der FREITAG, DER 13.-Serie, die dieses Motiv weiter ausarbeiten. Das Verlassen des Heims konfrontiert die Jugendlichen mit den Gefahren in der Welt, vor denen sie bisher weitestgehend beschützt wurden. Die Begegnung mit dem Tod in Gestalt des Psychopathen wird zu einem archaischen Initiationsritual in unserer modernen Welt. Wer es überlebt, ist damit erwachsen geworden. Dass die beiden Mädchen in DAS LETZTE HAUS LINKS eben nicht überleben und eben nur im nachhinein von den Eltern der einen gerächt werden, verweist noch einmal darauf, dass Cravens Debüt im strengen Sinne nicht in die Reihe der Teen-Horrorfilme gehört.

Am Rand

Die urbane Legende vom Killer mit dem Haken, der Jagd auf Teenager macht, stammt zwar aus den 50er Jahren, aber das Konzept des *Boogey Man*, das darin zum Ausdruck kommt, hat erst in den 70er Jahren Eingang in den Teen-Horrorfilm gefunden. Der erste große und in gewisser Hinsicht auch nie

Ein schreckliche, keinesfalls nette Familie: die Kannibalensippe des Leatherface (mit der Motorsäge in der Bildmitte), verewigt für THE TEXAS CHAINSAW MASSACRE.

Film-Archiv Lothar R. Just

wieder erreichte ›Schwarze Mann‹ des modernen Horror-Kinos ist Leatherface, der wahnsinnige Schlachter mit seiner Kettensäge und der Maske aus Menschenhaut aus Tobe Hoopers legendärem BLUTGERICHT IN TEXAS, der auch in Deutschland bekannter ist unter seinem Originaltitel THE TEXAS CHAINSAW MASSACRE, beziehungsweise der für ihn verwendeten Abkürzung TCM. Hoopers Zelluloid gewordener Albtraum ist neben PSYCHO der einflussreichste Vorläufer der Teen-Horrorfilme, die ab den späten 70ern für Jahre das Kino des Schreckens beherrschen sollten. Mit ihm beginnt, was John Carpenter und Sean Cunningham, Wes Craven und zuletzt Kevin Williamson dann in allen möglichen Variationen durchgespielt haben.

An einem sonnigen, viel zu heißen Tag irgendwo in den *badlands* von Texas. Fünf Jugendliche aus der Stadt, Sally, ihr Freund Jerry, Pam, deren Freund Kent und Sallys an einen Rollstuhl gefesselter Bruder Franklin, sind auf der Suche nach dem verlassenen Farmhaus von Sallys Großvater. Schon während sie mit ihrem Kleinbus unterwegs sind, werden sie verunsichert, zuerst durch einem Anhalter, der die ganze Zeit wirre, apokalyptische Monologe von sich gibt und Franklin mit seinem Messer verletzt, dann durch einen Tankwart, der ihnen Wurst zu essen anbietet, an dessen Tankstelle es aber kein Benzin gibt. Die Landschaft erscheint feindselig, die Jugendliche wirken wie Eindringlinge, die hier nichts verloren haben. Aber der wahre Horror beginnt erst, als sie zu dem Anwesen kommen, das an die Farm von Sallys Großvater angrenzt. Hier lebt Leatherface mit seiner Familie, zu der auch der Anhalter und der Tankwart gehören. Diese Sippe tötet Menschen wie Tiere, um sie dann zu Wurst zu verarbeiten. Die Inneneinrichtung ihres Hauses besteht zu großen Teilen aus Knochen, menschlichen und tierischen, und bearbeiteter Haut. Bizarre Gegenstände, Kunstwerke beinahe, sind so aus den Überresten der Leichen entstanden, lassen das Haus wie ein Museum erscheinen, das nur einem Thema gewidmet ist, dem Tod. Vier der fünf Jugendlichen werden in diesem Haus sterben, von der Kettensäge zersägt oder lebendig auf Fleischerhaken aufgespießt, nur Sally überlebt, nachdem sie durch die Hölle gegangen ist. Sie kann aus dem Haus fliehen und erreicht den Highway, verfolgt vom Anhalter und von Leatherface mit seiner Kettensäge. Ein Trucker greift sie auf, bringt sie weg ... in Richtung Stadt. Doch der Horror wird nie aufhören. Das letzte Bild gehört Leatherface. An einem Bein verwundet springt er auf dem Highway herum und vollführt einen irrwitzigen Tanz. Die Kettensäge, die er in den Himmel reckt, wirkt wie eine Erektion. Hinter ihm geht die Sonne auf.

Viel ist über TCM geschrieben worden, immer wieder haben die Gegner von Horrorfilmen, deren Traum eine saubere Leinwand ist, versucht, ihn zu einem der widerlichsten, der blutrünstigsten Filme überhaupt zu stilisieren. Nur gibt es in TCM fast kein Blut und auch nur sehr wenig explizite Gewalt. Fast alles, was hier passiert, die ganze Gewalt, die ganzen Scheußlichkeiten, zu denen Menschen fähig sind, geschieht nur in Andeutungen. Wir Zuschauer erschaffen den Horror selbst aus dem, was wir hören, und dem wenigen, was wir

für Bruchteile von Sekunden sehen. Der Schrecken liegt ganz und gar in Hoopers Inszenierung und in der enervierenden *industrial music*, die das Geschehen begleitet.
TCM attackiert unsere Sinne und lässt uns mit Sally in der letzten halben Stunde durch die Hölle gehen. Sallys Martyrium gleicht einer nie wieder erreichten filmischen tour de force. Es erstreckt sich über eine unablässige Folge von *thrills* und Schockeffekten, die einen nicht zur Ruhe kommen lassen, die einen immer weiter treiben, auch wenn man wie Sally über den Punkt der Erschöpfung längst hinaus ist. Die Gewalt, die den Jugendlichen in TCM angetan wird, überträgt sich so in den Zuschauerraum. Das Erleben des Horrors wird hier zu einer physischen Erfahrung, die weit über eine Gänsehaut oder ein momentanes Aufschrecken hinausgeht. TCM laugt einen regelrecht aus. Die von ihm hervorgerufene Verstörung geht über das Unbehagen, das man bei DAS LETZTE HAUS LINKS empfindet, weit hinaus, und auch kein Teen-Horrorfilm, der auf Strukturen und Personal aus Hoopers beinahe ethnographischem Texas-Reisefilm zurückgreift, ist jemals an diese letzte halbe Stunde herangekommen. Sallys Passionsgeschichte ist der reine Terror, wie man ihn konzentrierter und rückhaltloser nicht mehr auf Zelluloid bannen kann.
Im Prinzip sind alle Grundelemente des Teen-Slasher-Films in TCM enthalten. Die Jugendlichen, die auf einen wahnsinnigen Killer oder hier sogar auf eine degenerierte Familie treffen; das *final girl*, das schließlich alleine dem Bösen gegenübersteht; der abgeschiedene Schauplatz, der ein Entrinnen fast unmöglich macht; die Gegensätze, die zwischen Tätern und Opfern etabliert werden und einen Mikrokosmos der Gesellschaft erschaffen; und letztlich dann die Erkenntnis, dass es unmöglich ist, das Böse auf immer zu besiegen, dass der Albtraum nie enden wird, da er das Leben selbst ist. In manchen Aspekten werden die *stalk'n'slash-movies* der 80er und 90er Jahre zwar über das hier Vorgegebene hinausgehen, besonders die Figur des *final girl* verändert sich, wird stärker, aber anders als bei den meisten von ihnen verwandelt sich hier ein Exploitation-Konzept in einen Welt-Entwurf. TCM ist eben nicht der »*bad taste film to end all bad*

taste films«, wie es im englischen »New Musical Express« über Hoopers Bolero des Terrors hieß, und auch Ulrich von Bergs Einschätzung von Tobe Hoopers Absichten bei TCM verfehlt den Kern des Films. Hoopers Anliegen ist eben nicht nur »die pure Lust am hardcore-Horror«, er erreicht eindeutig mehr als nur der »Verlockung, die Grenzen des Darstellbaren an Gewalt und Schockeffekten in Dimensionen zu verschieben, die dem Comic Strip vorbehalten zu sein schienen« zu erliegen.

Man kann, so wie es Vera Dika in ›Games of Terror‹ getan hat, die inneren Strukturen des Stalker-Films auf binäre Oppositionen reduzieren, die sämtliche darin enthaltenen Konflikte widerspiegeln (mehr hierzu in dem Text über die Regeln und Mechanismen des Stalker-Kinos). Auch in TCM gibt es diese antagonistischen Konstellationen, die aber über die teils oberflächlichen, teils bewusst konstruierten und nur auf sich selbst verweisenden Oppositionen in den Nachfolgern von HALLOWEEN hinausgehen. Tobe Hooper hat mit seinem »Kettensägenmassaker« den ultimativen filmischen Albtraum inszeniert, der von nichts anderem handelt als von Amerika selbst. Der Gegensatz zwischen den Jugendlichen und der kannibalistischen Schlachtersippe enthält Facetten beinahe jeden Gegensatzes, der in der amerikanischen Gesellschaft existiert.

Stadt und Land treffen hier aufeinander, Geschöpfe der Hyperzivilisation, stehen also Menschen gegenüber, die Hans Schifferle treffend beschrieben hat als »verwilderte Nachkommen der Pioniere, die sich rächen an einer Zivilisation, in der sie überflüssig geworden sind«. Wäre da nicht der behinderte Franklin, würden einem die Jugendlichen in jeder Hinsicht wie die Verkörperung von Gesundheit und idealtypischem Aussehen erscheinen. Nur der Junge im Rollstuhl trübt dieses Bild etwas. Er bringt eine Opposition in die Gruppe hinein. Dieser gruppeninterne Gegensatz wird im Verlauf der Geschichte ein für die Einstellung der Jugendlichen symptomatisches Merkmal zum Vorschein bringen, das einen weiteren und letztlich entscheidenden Unterschied zwischen ihnen und der Schlachterfamilie etabliert. Aber Franklins Behinderung steht auch im Gegensatz zu der durch

Inzucht bedingten Degeneration von Leatherface und seiner Familie. Franklin ist gelähmt, unbeweglich, im Prinzip verkörpert er fast den Endpunkt der zivilisatorischen Entwicklung hin zu einem Menschen, der bestimmten Aspekten des Lebens nicht mehr gewachsen ist. Die Kannibalen dagegen mögen debil und äußerlich degeneriert sein, aber eines sind sie ganz bestimmt nicht – lebensunfähig. Sie haben sich mit der Zeit zurückentwickelt. Sie sind das Wilde, das an den Rändern der modernen Gesellschaft überlebt hat, versteckt, im Schatten.

Es ist dieses Dasein am Rand, überflüssig, immer auf dem Rückzug vor der sich ständig weiter ausbreitenden Zivilisation, das die Mitglieder dieser Familie zusammenschweißt. Sie sind eben wirklich *family*, auch wenn die Frauen abwesend sind. Ganz anders als die fünf Jugendlichen. Sie bilden eben nur die für das Leben in der Stadt, in der hochentwickelten Gesellschaft des späten 20. Jahrhunderts, typische lockere Gefüge. Bezeichnenderweise zerfällt die Gruppe in Pärchen und einzelne. Franklin, der in einem entscheidenden Moment allein zurückbleibt, weil er sich nicht so bewegen kann wie die anderen, wird zum Symbol dafür, wie locker die Bindungen in dieser Gruppe sind, selbst die verwandtschaftlichen. Diese Einzelnen, Vereinzelten, müssen praktisch zum Opfer der Familie werden.

Der letzte große Gegensatz zwischen Sallys Clique und der Leatherface-Familie ist der zwischen Besitzenden und den letztlich Besitzlosen. Sally fährt aufs Land, um sich ein Haus anzusehen, das ihrer Familie zwar gehört, das aber keiner wirklich braucht; Leatherface und die seinen leben hier, nebenan, mitten in dieser Job-Wüste, die Arbeiter wie sie obsolet macht. Die Jugendlichen, die Städter, sind die typischen Vertreter einer reinen Konsumgesellschaft. Nicht mehr das, was man produziert, entscheidet über die Stellung im System, sondern das, was man konsumiert. Die post-industrielle Welt ist eine kannibalistische, die im metaphorischen Sinne alles verzehrt und die Reste ausspuckt. Und Leatherface und die seinen sind eben genau diese ausgespuckten Reste. Der Anhalter erzählt den Jugendlichen schon ganz bewusst von dem Schicksal der Schlachthöfe, von dem

Überflüssigwerden der Arbeit, die diesen Landstrich einmal am Leben gehalten hat. Es ist nun die große bittere und zutiefst böse Ironie des Films, dass die von der Gesellschaft schon verzehrten Schlachter zu Kannibalen geworden sind, die nun die Konsumenten im wahrsten Sinne des Wortes fressen.

Sieht man Leatherface in diesem ganzen Zusammenhang, in den er von Tobe Hooper und seinem Co-Drehbuchautoren Kim Henkel gestellt wurde, erscheint er einem wirklich als der bedrohlichste *Boogey Man* im Genre des Teen-Horrors. An sich ist der ›Schwarze Mann‹ nur eine Manifestation unserer unbestimmten Ängste. Wir wissen, dass es das Böse in der Welt gibt, also verleihen wir ihm in Schauergeschichten eine Gestalt. Er bleibt dann zwar immer noch unüberwindbar, aber wenigstens für einen Moment muss er kapitulieren. Die Welt ist eine bessere ... bis der nächste Film beginnt, das Sequel, eine Variation oder ein *rip-off*. Leatherface ist eigentlich viel realer als dieser typische ›Schwarze Mann‹, bei dem es auch keine Rolle spielt, ob er nun Michael Myers oder Jason Vorhees heißt. Er ist der ungezügelte Wilde, das nach außen projizierte Verdrängte in uns selbst. Aber er ist noch mehr. Denn er repräsentiert auch das von der Gesellschaft Verdrängte, die an den Rand Gedrängten, die von unserer Zivilisation nicht mehr gebraucht werden. In seinem Amoklauf mit der Kettensäge manifestiert sich neben der unbestimmten Angst vor dem Bösen auch die Befürchtung, dass die aus unserer Mitte Verdrängten einmal zurückkommen und grausam Rache nehmen werden. Es ist nur konsequent, dass die letzte Einstellung ihm und seinem ›rituellen Tanz‹ (John Milius) gehört. Er und seine ›Familie‹ werden immer da sein, ganz in unserer Nähe, dort, wo die alten Riten noch herrschen und Zivilisation nur etwas ist, dass man hassen muss. Insofern geht Tobe Hooper mit TCM weit über die Themen und Bedeutungshorizonte des Teen-Horrorfilms hinaus. Von seinen Strukturen her hat er dieses Subgenre zwar mitbegründet, von seinem Inhalt her gehört er aber eindeutig in die Reihe der *Midnight Movies*, so wie sie in den späten 60ern und den 70ern als subversive Genre- und Exploitation-Filme entstanden sind.

Blut und Feuer

Bis weit in die 70er Jahre hinein war der Teen-Horror ein Feld, das alleine die kleinen, unabhängigen Produktionsgesellschaften bestellten, eben der ideale Boden für Exploitation. Wenn die größeren Studios aus Hollywood sich einmal auf dieses Feld wagten, dann nur für ihre B-Filme, die mit kleinem Budget, relativ schnell produziert, als eine Art von Zugabe die zweite Hälfte in einem Doppelprogramm bildeten. Überhaupt war das Horror-Genre nach seiner einzigartigen Blüte in den 30er Jahren über lange Zeit hinweg zu einem Stiefkind innerhalb der Produktionsstaffeln der Major-Studios geworden. Seine Renaissance begann erst in den 70ern, als William Friedkins DER EXORZIST und Steven Spielbergs DER WEISSE HAI völlig überraschend zu riesigen Erfolgen wurden. Nun konnte man mit Horrorstoffen sogar die begehrten Oscars gewinnen. Im Zuge dieser Erfolge war es praktisch nur eine Frage der Zeit, bis sich eine *Major Company* auch dem Teen-Horror zuwenden würde. 1976 war es dann soweit, die ›United Artists‹ brachte mit Brian De Palmas Verfilmung von »Carrie«, dem ersten veröffentlichten Roman von Stephen King, einen großen, aufwendig produzierten Horrorfilm in die Kinos, der sich ganz und gar um Jugendliche drehte. Wie schon der Roman, der, obwohl von einem damals völlig unbekannten Autor verfasst, quasi aus dem Nichts heraus zum Bestseller wurde, entwickelte sich auch der Film zu einem so nicht erwarteten Hit. Mit ihm schloß Brian De Palma, der größte Stilist des *New Hollywood*, zu den *whiz kids* Francis Ford Coppola und Steven Spielberg auf.

Carrie White ist eine Außenseiterin, ein weiblicher *nerd*, also eines dieser Mädchen, das ihre Mitschülerinnen im besten Fall einfach ignorieren, im schlimmsten Fall aber mit gemeinen Bemerkungen, gehässigem Gelächter und bösen Scherzen quälen. Und zu Hause wacht eine fanatisch religiöse Mutter über sie, die sie am liebsten ganz von der Welt isolieren würde, da in ihr sowieso nur Sünde und Verderben auf die Menschen und besonders die Frauen warten würden. Als Carrie ein paar Wochen vor der Prom Night, dem großen

High-School-Abschlussball, nach einer Sportstunde in der Dusche der Umkleidekabinen zum ersten Mal ihre Periode bekommt und überhaupt nicht weiß, was ihr geschieht, wird sie von allen anderen Schülerinnen auf gemeinste Art verspottet – ein Zwischenfall mit unabsehbaren Folgen.

Sue Snell, das beliebteste Mädchen in Carries Jahrgang, fühlt sich schuldig wegen der Vorkommnisse in der Umkleidekabine. Sie will den emotionalen Schaden wieder gutmachen und unternimmt einen ernstgemeinten Versuch, Carrie in die Gemeinschaft ihrer Mitschüler zu integrieren. Deshalb überredet sie ihren Freund Tommy Ross, mit Carrie statt mit ihr zum Abschlussball zu gehen. Ein Plan, der perfekt aufzugehen scheint. Das hässliche Entchen Carrie verwandelt sich unter Anleitung ihrer Sportlehrerin Miss Collins in einen Schwan und kann sich sogar gegen ihre tyrannische Mutter durchsetzen. Nur haben weder Sue noch Carrie mit Chris Hargenson, dem Biest in ihrer Klasse, gerechnet. Sie hasst Carrie, weil sie, die äußerlich das genaue Gegenteil von dem schüchternen, weltfremden Mädchen ist, sich auf einer unterschwelligen Ebene von ihr bedroht fühlt. Zudem darf sie aufgrund des Zwischenfalls in der Dusche nicht zum Abschlussball. Zusammen mit ihrem Freund Billy Nolan will sie Carrie im Moment ihres größten Glückes den entscheidenden Schlag versetzen. Auch ihr Plan geht auf, doch die Rache der über telekinetische Kräfte verfügenden Carrie verwandelt den Abschlussball in ein Massaker.

Im Kontext der Teen-Horrorfilme der späten 70er und frühen 80er Jahre fällt CARRIE – DES SATANS JÜNGSTE TOCHTER etwas heraus. In einer Zeit, in der Slasher-Geschichten vorherrschten und in erster Linie wahnsinnige Killer Jagd auf egozentrische Jugendliche machten, schließt Brian de Palma mit seiner Stephen King-Verfilmung eher an den knapp 20 Jahre vorher entstandenen Drive-in-Klassiker DER TOD HAT SCHWARZE KRALLEN an. Der von Gene Fowler Jr. inszenierte Film war beinahe schon ein Essay über jugendliche Einsamkeit und das Erwachen der Sexualität, allerdings gedreht aus einer ganz und gar männlichen Perspektive. CARRIE greift genau diese Themen wieder auf und betrachtet sie aus weiblicher Sicht. Mit dieser Verschiebung des

Blickwinkels geht zum Teil eine extreme Intensivierung dieser Erfahrungen von Einsamkeit und verstörender Sexualität einher. Tony Rivers ist in dem AIP-Film zwar einsam, aber nicht wirklich allein. Er hat eine Freundin und eine Clique von Freunden, mit denen er seine Freizeit verbringt. Aber trotz allem ist da dieses Gefühl, dass er nicht dazu gehört, dass er anders ist.

Carrie hingegen ist tatsächlich völlig isoliert. Durch ihre Erziehung und durch die Kleidung, die sie tragen muss, ist sie ein *nerd* beinahe wie aus dem Bilderbuch, das ohne Zweifel schwächste Glied in einem sozialen Gefüge, eben der (amerikanischen) Schule, das Schwäche nicht akzeptiert und in ihr eine Art von Freibrief für jede nur erdenkliche Form von Grausamkeit und Missbrauch sieht. Auch ihre Verwandlung ändert nichts an ihrer Verwundbarkeit. Zu tief sitzen die über Jahre erfahrenen Verletzungen, die in dem Moment, in dem sich der Eimer voll Schweineblut über sie ergießt, alle wieder aufbrechen müssen. Die Geschichte des amerikanischen Teenagerkinos ist voll von Einsamen und Außenseitern, dabei spielt es auch keine Rolle, ob es sich bei den einzelnen Filmen nun um Komödien, Dramen oder Horrorgeschichten handelt. Aber unter all diesen Ausgeschlossenen, die unter dem rigiden Kastenwesen an den High Schools leiden, ist Carrie zugleich die Verlorenste und die Mächtigste.

Das Erwachen der Sexualität ist eines der großen Leitmotive des Teen-Films. Es zieht sich wie auch das Thema der Vereinsamung durch alle Genres. In DER TOD HAT SCHWARZE KRALLEN manifestiert es sich in Tonys Angriff auf die Turnerin. Gene Fowler Jr. inszeniert hier männliche Sexualität als eine Form von Aggressivität. Insofern ist es geradezu zwingend, dass sich Tony in einen Werwolf verwandelt – der triebgesteuerte Jugendliche als wildes Tier.

In CARRIE, dieser Studie über verdrängte und unterdrückte weibliche Sexualität, entsteht ein ungleich komplexeres Bild. Brian de Palma inszeniert verschiedene Formen von weiblicher Sexualität – jedes der Mädchen geht anders mit ihr um. Die völlig unwissende Carrie, die von ihrer Periode wie von einer besonders heftigen und gefährlichen Krankheit überrascht wird, ist dabei ein Extrem, dessen Gegenpol Chris Har-

genson darstellt. Sie nutzt ihre Reize und ihre Sexualität auf aggressive, beinahe männliche Weise. Ihr Freund wähnt sich zwar in der stärkeren, überlegenen Position, lässt sich aber von ihr manipulieren. Sie spielt jede Form von Sex aus.
Mit Chris porträtiert CARRIE die selbstbestimmte, bewusste Seite weiblicher Sexualität, die durchaus schon aggressive Untertöne haben kann. Ihr gegenüber steht Carrie. Ihr Erwachen, das im expliziten Widerspruch zu der langen poetischen Kamerafahrt durch die Umkleidekabine der Mädchen steht, ist ein traumatisches Erlebnis. De Palma leitet die Szene in der Dusche durch den ganz in Zeitlupe gedrehten *travelling shot* ein, in dem er die Sexualität von Carries Mitschülerinnen als ein wundervolles Aufblühen inszeniert. Diese Kamerafahrt vorbei an den nackten oder halbnackten Schülerinnen ist durchtränkt von einer beinahe unschuldigen Sinnlichkeit. Sie hat nichts Voyeuristisches, sondern ruft eher Assoziationen an paradiesische Zustände hervor. Diese Zelebration ›junger Mädchenblüte‹ setzt sich auch noch fort, als die Kamera bei Carrie unter der Dusche ankommt. Wie sie dort steht und ihren Körper mit der Seife umspielt, wirkt sie selbstvergessen, erfüllt, durchaus auch im sexuellen Sinn. Doch dann bricht das Blut aus ihrem Körper hervor. Sie wird von einem Moment zum anderen zur Frau. Dieser Übergang bedeutet eine Verletzung, ein Herausgerissenwerden aus dem Stand reiner Unschuld. Das Blut läuft aus ihrem Unterleib wie aus einer Wunde, bei der es ihr anders als den übrigen Schülerinnen nicht gelingt, sie auf die eine oder andere Weise wieder zu schließen.
Brian De Palma ist wegen seiner Filme und ihrer Darstellung weiblicher Sexualität oft als frauenfeindlich angegriffen worden. Dieser Vorwurf richtete sich auch immer wieder gegen seine Inszenierung der Figur der Carrie. Es hieß dann, dass sich der Film die Position von Margaret White, Carries Mutter, zu eigen machen würde, die alle Frauen in der Nachfolge Evas als Sünderinnen sieht und die monatlichen Blutungen als eine Art von Kainsmal versteht. Doch eine solche Argumentation übersieht, dass Carries Mitschülerinnen, deren Aufblühen De Palma poetisiert und idealisiert, in ihrer Entwicklung schon weiter als sie sind. Ihnen ist es gelungen,

nicht nur mit der ›Wunde‹ zu leben, sie haben sie in gewisser Weise sogar geschlossen und sich etwas von der ursprünglichen, der unschuldigen Sexualität erhalten. Die heftige Reaktion der Mitschülerinnen auf Carries Menstruation ergibt sich aus dem Anblick ihres Blutes. Er öffnet ihre eigene Wunde von neuem und stört das Gleichgewicht, zu dem sie schon gefunden hatten. Wenn man bei CARRIE zu verallgemeinernden Überlegungen über weibliche Sexualität kommen will, sollte man sie im Kontext von männlicher Sexualität sehen, so wie sie in DER TOD HAT SCHWARZE KRALLEN dargestellt wird. Der männliche Jugendliche, muss seine sexuell motivierte Aggressivität unter Kontrolle bringen; das Mädchen muss lernen mit ihrer sich jeden Monat manifestierenden Verletzlichkeit zu leben. In beiden Fällen bedeutet eine normale, Glück bringende Sexualität eine Überwindung von tief im Unterbewussten vergrabenen Ängsten und Trieben.

Doch genau zu dieser Überwindung ist Carrie nicht fähig. Ihre Mutter hat mit ihrer sexualfeindlichen, jede Art von Lust dämonisierenden Erziehung Carries verborgenen archetypischen Ängste so weit verstärkt, dass dem Mädchen nur eine völlige Verdrängung ihrer Sexualität bleibt. Das Verdrängte kehrt nun aber – in Zerstörerisches verkehrt – zurück als ihre besondere Kraft. Carries telekinetische Fähigkeiten entsprechen Tonys Metamorphose. Bei beiden schlägt nicht bewältigte, nicht ausgelebte Sexualität in tödliche Gewalt um.

Diese letztlich ein Inferno schaffende Kompensierung sexueller Energien macht Carrie aber noch lange nicht zu einem Monster. Sie ist eben nicht ›Des Satans jüngste Tochter‹, wie der deutsche Untertitel in einer reißerischen, aber völlig sinnlosen Verkehrung des Films behauptet. Margaret White sieht ihre Tochter zwar so, aber De Palma inszeniert sie ganz im Gegensatz dazu als Opfer, das schließlich zur maßlosen Täterin werden muss. Nach dem Anschlag mit dem Schweineblut benutzt sie ihre Kräfte, um sich zu rächen, und setzt damit Energien frei, die eine kleine, auf den Abschlussball beschränkte Apokalypse herbeiführen. In diesem Moment verliert sie völlig den Sinn für Realität. Sie sieht sich von allen ausgelacht. Doch das Lachen, das sie sieht und hört, existiert nur in ihren Vorstellungen. In diesem Wahn blüht das auf, was Margaret White gesät hat. Sie hat Sex immer nur als Sünde gesehen und in der Frau eine Zerstörerin gesehen, die die Menschen aus dem Paradies vertrieben hat und ihnen nun auf immer und ewig Verderben bringt. Carrie wird nun zu dieser destruktiven Kraft, aber eben nicht durch ihre Sexualität, sondern durch deren Verdrängung und die damit einhergehenden Minderwertigkeitsgefühle.

Bis auf Sue Snell überlebt niemand den Zorn Carries. In einem von Brian De Palma virtuos inszenierten Inferno gehen Schüler wie Lehrer, Jungen wie Mädchen unter. Es ist diese scheinbar maßlose, rauschhafte Rache von antikem Ausmaß, die Carrie in den Augen einiger Kritiker eindeutig zum Monster stempelt. Nur geht diese Einschätzung darauf zurück, dass im Laufe des Finales auch Unschuldige sterben. Man muss sich allerdings fragen, ob es in diesem Film außer vielleicht Sue Snell überhaupt Unschuldige gibt. Die Mitschülerinnen haben sie genauso wie ihre Mutter die Blutung als ein Kainsmal, ein Zeichen ihrer Unreinheit und Verderbtheit, erfahren lassen, und damit die Katastrophe mit herbeigeführt. Die Männer spielen in CARRIE an sich keine Rolle, sie sind völlig untergeordnete Figuren, über deren Inneres man nichts erfährt. Aber zumindest der Direktor der Schule und Billy Nolan lassen einen nichts Gutes vermuten. Auch Tommy Ross bleibt im Prinzip eine Leerstelle. Man kann sich nicht sicher sein, ob das, was er im Lauf des Abends der Prom Night zu Carrie sagt, die Wahrheit ist. Es ist anzunehmen, dass er falsche Erwartungen und Hoffnungen in ihr weckt, also ein unfaires Spiel mit ihr treibt. Insgesamt sind die männlichen Figuren hier in jeder Hinsicht austauschbar. In diesem Sinne kann es unter ihnen auch keine Unschuldigen geben, sie sind schließlich nicht einmal komplexe oder auch nur annähernd vollständig gezeichnete Personen. Dazu passt auch, dass den Film eine Abwesenheit der Väter charakterisiert. Carrie lebt alleine mit Margaret, der Vater ist schon lange weg, und auch Sue sieht man eigentlich nur mit ihrer Mutter.

Carrie ist kein Monster, viel eher wird man dieser tragischen Figur gerecht, wenn man sie als Todesengel wider Willen

Wer diese Mutter hat, braucht keine Feinde. Mrs. White, die Mutter von Carrie, ist eine religiöse Fanatikerin. Ihr Gotteswahn und die damit einhergehende Unterdrückung ihrer Tochter führen zur Katastrophe.

sieht. Die Geschichte von CARRIE bewegt sich auch eindeutig in einem religiösen Kontext, den man nicht vernachlässigen soll. Margaret White ist eine Fanatikerin, eine religiöse Wahnsinnige, die ihre persönliche ›Schuld‹ – sie hatte Vergnügen an einem Geschlechtsakt, den man eigentlich nur als Vergewaltigung bezeichnen kann – in ein allgemeines Konstrukt vom Bösen, das sich in dem Bild der sexuell aktiven Frau verkörpert, überführt hat. Mit ihrem Fanatismus zerstört sie Carrie, deren Mitschülerinnen besorgen nur den Rest.

De Palma betreibt in CARRIE ein doppelbödiges, zutiefst ironisches Spiel mit der christlichen Religion und ihren Zeichen. Die religiöse Fanatikerin Mrs. White ist eine Scheinheilige, ein menschliches Monster, das seine abstrusen christlichen Doktrinen nur dafür benutzt, Menschen wie ihre Tochter innerlich zu verkrüppeln, indem es seine eigene Deformation zum Ideal und Vorbild verklärt. Im Gegensatz zu ihr entpuppt sich Carrie als ein alttestamentarischer oder apokalyptischer Engel des Todes und der Zerstörung. In ihrem anscheinend so maßlosen Zorn verrichtet sie Gottes Werk und nicht das des Teufels. Die andere große religiöse Ironie von CARRIE liegt im Tod von Mrs. White. Wie Fritz Göttler einmal in einem Essay über De Palma geschrieben hat, ist sie »eine Mutter, die gerne ein heiliger Sebastian wäre«. Und genau dieser Wunsch erfüllt sich in ihrem Tod.

In dem winzigen Raum, in den Margaret White immer wieder ihre Tochter zum Beten einsperrt, steht eine kleine Figur des von Pfeilen durchbohrten heiligen Sebastian.

Margaret White sieht sich in ihrem lustfeindlichen Fanatismus als eine moderne Wiederkehr des heiligen Sebastian, die das Christentum beschützt und von den gottlosen Sitten der Zeit bedrängten Christen in ihrer Not beisteht. Nur dass sie niemandem hilft, sondern selbst die anderen Menschen bedrängt und alles Natürliche unterdrückt. In der letzten großen Auseinandersetzung zwischen ihr und Carrie, in der sie ihre Tochter schwer verletzt, setzt sich das Mädchen mit sämtlichen im Haus erreichbaren Messern zur Wehr, die sie mit Hilfe ihrer telekinetischen Kräfte durch die Luft bewegt. Carrie nagelt ihre Mutter dabei mit den Händen an die beiden Seiten eines Türrahmens, und die restlichen Messer treffen sie in den Oberkörper. Die dabei entstehenden Wunden entsprechen genau denen des heiligen Sebastian, so wie sie die kleine Figur darstellt. Auch die Position der Arme, die wie bei einer Kreuzigung ausgebreitet sind, verweist direkt auf die Devotionale. Zugleich ist sie in diesem Moment eine Gekreuzigte. In dem Bild der sterbenden Mrs. White kommen also gleich zwei Traditionen christlicher Ikonographie zusammen – die Darstellung der Kreuzigung des Heilands und die des Märtyrertodes des heiligen Sebastian. Diese Einstellung wird so zur ultimativen Travestie christlicher Kunst, die das Leiden für die Religion verklärt. Eine bigotte Wahnsinnige tritt die Nachfolge Christi und Sebastians an.

Noch berühmter als das im *split-screen*-Verfahren inszenierte Massaker beim Abschlussball ist die Schluss-Szene von CARRIE geworden. Sue Snell geht zu dem Platz, an dem einmal das Haus der Whites stand. Mitten auf dem Grundstück befindet sich ein großes, kreuzförmiges ›Zu Verkaufen‹-Schild, auf das jemand mit Rot »Carrie White burns in Hell«

geschrieben hat. Als Sue an diesem pervertierten, ein Grab signalisierenden Kreuz Blumen niederlegt, fährt eine blutige Hand aus dem Boden hervor und umklammert ihren Arm. Sue versucht sich von diesem Griff des Todes zu befreien, als ein plötzlicher Schnitt das gerade Geschehene als Traum offenbart. Sue wälzt sich von einem Albtraum geschüttelt in ihrem Bett. Ihre Mutter weckt sie auf und versucht sie zu beruhigen, dabei hält sie Sues Arm genauso fest wie die aus dem Grab herausreichende Carrie.

Dieser letzte, den Film beendende Schockeffekt, der auch nach wiederholtem Sehen nur wenig von seiner Intensität verliert, ist in der Folge von CARRIE zu einem Standard in fast jedem Horrorfilm geworden. Das ›Es ist noch nicht vorbei‹ des Genre, das De Palma hier auf grandiose Weise expliziert, war auch 1976 nicht neu. Schon die letzte Einstellung von TCM hatte die gleiche Botschaft, aber bei De Palma präsentiert es sich in der Verschränkung von Traum und Realität auf unerwartete und wirklich erschreckende Weise. Der Wahnsinn ist eigentlich vorbei, das Böse ist aus der Welt, aber die überlebende Heldin wird für immer von dem gezeichnet sein, was sie hier erlebt hat. Sue bleibt auf ewig im Griff von Carrie. Dabei drückt dieser Griff weniger die Erinnerungen an die Schrecken der Prom Night aus, er verweist vielmehr auf Sues Schuldgefühle. Schließlich hatte sie sich bei der Episode im Umkleideraum genauso falsch verhalten wie die anderen, und bei dem Versuch, das geschehene Unrecht wieder gutzumachen, hat sie dann, natürlich ohne es zu wollen, die Katastrophe erst ermöglicht.

Was sich in dieser Szene andeutet, geht weit über die Konventionen des Horrors hinaus. Denn hier schließt sich der Kreis des Films. Wir werden schmerzlich daran erinnert, dass wir gerade auch einen Film über die Grausamkeiten der Jugend gesehen haben. Die Sünden der Teenager-Jahre, die teils aus Bosheit, teils aber auch einfach aus Unwissen oder fehlgeleiteten Absichten begangen werden, lassen den Erwachsenen nicht mehr los. Kaum ein anderer Teen-Horrorfilm hat sich den Traumata der Pubertät und der Jugend auf so extreme und so vielschichtige Weise angenommen wie CARRIE. Erst in den 90er Jahren haben sich die Filmemacher wieder verstärkt an De Palmas Klassiker erinnert, der durch den Erfolg von HALLOWEEN und dessen Folgen etwas an den Rand gedrängt worden ist. Mit dieser Rückbesinnung hat dann eine philosophische und reflexive Tiefe Einzug in Teilen dieses Genres gehalten, die 1976 mit CARRIE schon einmal in greifbarer Nähe war.

Die Anfänge eines Booms

Die Erfolge und der Status von CARRIE und TCM haben den Weg für die Teen-Horrorfilme des Jahres 1978 bereitet, das in gewisser Hinsicht endgültig die Trendwende hin zu einem Kino des Schreckens und der Angst bringen sollte, das Jugendliche für eine lange Zeit zu seinen wichtigsten Protagonisten gemacht hat. Mit den Anfängen des Blockbuster-Trends, also mit Filmen wie DER WEISSE HAI und KRIEG DER STERNE (STAR WARS, USA 1977), wurden Kinder und Jugendliche zum wichtigsten Publikum für Hollywood. Wenn sie einen Film zu ihrem jeweiligen Favoriten erklärten, war dessen Erfolg von nun an gewiss. Die Auswirkungen dieser ersten Mega-Hits von Steven Spielberg und George Lucas, die beinahe so etwas wie eine Revolution in den Köpfen Hollywoods ausgelöst haben, prägen noch heute das Kino. Im Kampf um den jugendlichen Zuschauer veränderten sich nicht nur die Strukturen und Mechanismen der Filme der großen Studios, man setzte nun auch verstärkt darauf, dass Jugendliche sich selbst auf der Leinwand wiederfinden wollten. Ein Trend, der mit Jeannot Szwarcs DER WEISSE HAI 2 (JAWS II, USA 1978) einen Film in die Nähe des Teen-Horrors rückte, der im Prinzip nur eine Variation von Spielbergs Vorgänger war. Doch sind diesmal die von dem mörderischen Hai Bedrohten eine Gruppe von jugendlichen Seglern, die sich gar nicht so sehr von den Teenagern unterscheiden, die später die ganzen Stalker- und Slasher-Filme bevölkern sollten – nur dass hier eben ein Hai und nicht irgendein maskierter Psychopath Jagd auf sie macht.

Tobe Hoopers TCM nahm zwar entscheidende Elemente von HALLOWEEN und seinen unzähligen Nachfolgern und

Nachahmern vorweg, aber er hat anders als John Carpenters zum Meilenstein des Genres gewordener Horrorfilm nur ganz selten direkte *rip-offs* erfahren. Eines der wenigen, David Schmoellers relativ unbekannter TOURIST TRAP (TOURIST TRAP, USA 1978), zählt zu den bizarrsten Einträgen in der Geschichte des Teen-Horrors. David Schmoeller, der zusammen mit J. Lewis Carroll auch das Drehbuch geschrieben hat, erzählt zumindest in bestimmten Aspekten noch einmal die gleiche Geschichte wie TCM. Nur sind es in diesem Fall vier junge Leute, zwei Pärchen, die irgendwo in der amerikanischen Provinz in die Fänge eines besonders einfallsreichen Psychopathen geraten. Nachdem einer der vier aufgrund einer Autopanne auf die Suche nach einer Werkstatt gegangen ist, entdecken die anderen einen paradiesischen Ort, der einmal Teil eines Ferienparks war. Dort begegnen die drei dem Besitzer des Landes, Slausen, der sie zu seinem ›Slausen's Lost Oasis‹ genannten Wachsfigurenkabinett bringt und ihnen behilflich sein will bei der Suche nach dem seit der Panne verschwundenen Vierten. Nur ist Slausen nicht der nette Mann, als der er sich ausgibt. Er verwandelt Menschen in lebensgroße Puppen, die sich selbstständig bewegen können. Die vier Jugendlichen sollen seine nächsten Opfer werden. Nur eine von ihnen, Molly, überlebt. Doch bevor sie Slausen töten kann, muss Molly wie Sally in TCM durch eine Hölle des Wahnsinns gehen.

TOURIST TRAP ist ein Film des Übergangs. Zum einen führt er von Hoopers Klassiker zu dem auch von Schmoeller inszenierten PUPPET MASTER (PUPPET MASTER, USA 1989), einem der legendär gewordenen kleinen Horrorfilme der 80er Jahre, und schafft damit so etwas wie ein Verbindungsglied zwischen zwei Subgenres, dem frühen Slasher-Kino und dem Puppen-Horror, der in den 80ern in den Filmen von Stuart Gordon und Tom Holland, in den 80ern eine einmalige Blüte erlebt hat. Zum anderen ist Schmoellers TCM-Variation direkt an dem entscheidenden Wendepunkt in der Geschichte des Teen-Horrors entstanden, beinahe zur selben Zeit wie HALLOWEEN. Carpenter eröffnete in dieser Phase den unabhängigen Filmemachern einen neuen Weg, er lieferte ein Vorbild, das zumindest eine Zeit lang zu einem sicheren Garanten für Erfolg werden sollte. Schmoeller hingegen verfolgte weiter den von Tobe Hooper beschrittenen Weg und führte dessen Grundkonzept von den sorglosen Jugendlichen fort, die zum Opfer der von der Zivilisation Vergessenen werden. Mit den auf mysteriöse Weise belebten Puppen brachte er aber ein übernatürliches Phänomen in diese Konstellation ein, das seinen Film stärker an den klassischen Horror und seine in jeder Hinsicht un-natürlichen Monster anband. Nur entwickelte sich dieser Weg durch den alles überschattenden Erfolg von HALLOWEEN zu einer Sackgasse. So blieb TOURIST TRAP ein bizarrer Einzelfall, der bald in Vergessenheit geraten sollte und nun durch eine zu seinem 20. Jubiläum in Amerika veröffentlichte Special-Edition-DVD wieder entdeckt werden kann.

David Schmoeller hat mit Slausen, der seine Opfer nicht sofort tötet, sondern sie gefangennimmt, um sie dann in einer äußerst schmerzhaften Prozedur in eine riesige Puppe zu verwandeln, die schon in TCM vorhandene sadistische Tendenz noch verstärkt. Der Tod hat hier eine ganz andere Bedeutung als in den typischen Stalker- und Slasher-Filmen. Michael Myers, Jasons Mutter, später Jason selbst und auch all die anderen maskierten Killer töten ihre Opfer einfach. Sie üben Rache und leben zugleich ihre unterdrückte, ins Mörderische fehlgeleitete Sexualität aus. Sie sind letztlich das Böse selbst, das die Menschen heimsucht, in dessen Taten sich aber kein tieferer Sinn entdecken lässt. Slausen ist eine ungleich komplexere Figur. Er ist einer der ganz wenigen Killer im Teen-Horror mit zwei völlig unterschiedlichen Gesichtern, nicht unähnlich denen von Norman Bates, an dessen Motel mit all den ausgestopften Vögeln Slausens Wachsfigurenkabinett entfernt erinnert. Auf der einen Seite ist er der hilfsbereite, vom Schicksal schwer getroffene ältere Mann, der zwar ein bisschen merkwürdig, aber doch harmlos wirkt. Auf der anderen Seite ist er der verrückte Mörder und geniale Puppen-Konstrukteur, der einen Weg gefunden hat, um Wachsfiguren mit Leben zu erfüllen. In dieser Gespaltenheit vereint er im Prinzip gleich zwei Figuren aus TCM in sich, Leatherface und den Betreiber der Tankstelle. Er ist eben nicht der typische ›Schwarze Mann‹, der ganz bewusst kaum individuelle Züge besitzt. David Schmoeller hat ihn stark individualisiert und seine Morde in einen anderen Kontext gestellt. Während Michael Myers und Jason beinahe paradigmatisch für den Soziopathen stehen können, der beinahe wahllos Menschen killt, verfolgt Slausen ein Ziel. Seine ersten Opfer hat er für ihren Verrat bestraft. Nur wollte er sie nicht verlieren. Mit den Puppen hält er die Menschen fest, bindet sie an sich. Seine Morde sind Akte einer Auflehnung gegen die Zeit und die Vergänglichkeit. Er ist der Killer als verlorener Künstler

Der Film, der alles veränderte

»The Night *He* Came Home!« – »Die Nacht, in der *er* nach Hause kam«, so stand es auf den Plakaten zu HALLOWEEN. Eine düstere, rätselhafte Ankündigung, die etwas ungeheuer Bedrohliches hat. Wer ist ›er‹? Zunächst ist ›er‹ nicht mehr als der Blick eines Unbekannten, eines Voyeurs, der in der ersten Sequenz des Films zum Mörder an einem etwa 16jährigen Mädchen wird und sich dann als der sechsjährige Michael Myers entpuppt. Der Junge hat gerade in der Halloween-Nacht des Jahres 1963 seine ältere Schwester getötet und ist völlig teilnahmslos, so als wenn ihn seine Tat nicht im geringsten berührt hätte. Natürlich kann man den Mord psychologisch erklären (siehe hierzu auch den Text über die Regeln und Mechanismen des Stalker-Kinos), nur ist das nicht viel mehr als eine Strategie zur eigenen Beruhigung. Etwas, das eigentlich nicht sein kann und schon gar nicht sein darf, wird gebannt, indem man es mit einem Namen benennt, mit einer Diagnose einordnet in den Karteikasten psychischer Deformationen und menschlicher Fehlentwicklungen.

15 Jahre später bricht ›er‹, Michael Myers, dann aus der psychiatrischen Anstalt aus und kehrt zurück in Stadt des Mordes. 15 Jahre, in denen er so apathisch und teilnahmslos war wie direkt nach der Tat selbst. Wieder in Haddonfield angekommen, beginnt er, ein Mädchen, Laurie Strode, zu beobachten und zu verfolgen, das etwa so alt ist wie seine

Schwester zur Zeit des Mordes. Drei Teenager wird er in dieser Halloween-Nacht töten, bevor ihn Laurie zusammen mit dem Psychiater Dr. Loomis zumindest für einen Moment überwindet. Wieder sind seine Opfer sexuell aktiv und vernachlässigen ihre Pflichten als Babysitter, wie seinerzeit schon seine Schwester. Wieder bieten sich also psychologische Erklärungsmuster an, doch genau der Mann, der es am besten wissen müsste, Dr. Sam Loomis, verweigert die entsprechenden Antworten. Er sieht in dem *lost boy* Michael keinen Menschen, für ihn ist er die Inkarnation des Bösen, der schwarze Mann mit der weißen Maske des Todes. Dies ist eine Form der Erklärung, die vieles offen lässt. Doch genau deshalb favorisiert John Carpenter sie. Nicht, was sie erklärt, ist entscheidend, sondern das, was sie eben nicht erklärt. Michael Myers ist eine mythische Figur, ein Rätsel, das nicht gelöst werden kann. Es gibt kein Motiv für seine Taten, und es liegt auch kein Sinn in ihnen. Wir und unser Wille, alles zu verstehen, konstruieren beides, Motiv und Sinn – doch sie werden immer nur Konstrukte bleiben.

Die Geschichte vom Killer mit dem Haken, so wie sie Stephen King in »Danse Macabre« nacherzählt, ist der Kern jedes Slasher-Films. Mal ist der Mörder aus der Anstalt ausgebrochen, mal lebt er unerkannt unter seinen Mitmenschen und Opfern und mal herrscht er über ein vergessenes Reich, in dem er jeden Eindringling tötet. Aber immer liefert die Geschichte eine psychologische Erklärung, auch dann, wenn der Mörder offensichtlich kein normaler Mensch ist wie beispielsweise Jason in den FREITAG, DER 13.-Fortsetzungen. Nur der erste Teil der HALLOWEEN-Serie verweigert diese Erklärung vollständig, beziehungsweise führt alle möglichen Erklärungen an einen Punkt, an dem sie nur noch auf den verweisen, der sie gibt. In dieser radikalen Offenheit ist er der ursprünglichen urbanen Legende vom ›Haken‹ am nächsten. Auch in ihr gibt es keinerlei Charakterisierungen oder Hinweise auf ein Motiv. Der Mann mit dem Haken tötet Jugendliche. Mehr erfährt man nicht, und das reicht auch.

Anders als alle nach ihm kommenden Filmemacher, die sich des Stalker-Motiv angenommen haben, blickt John Carpenter weder direkt noch indirekt in seinen Mörder hinein. Er übernimmt zwar seinen Blick, aber das Sehen ist hier ein neutraler Vorgang. Das, was Michael Myers sieht und beobachtet, verrät nichts über seine Gedanken, wenn er denn überhaupt welche hat. In den typischen Stalker- und Slasher-Filmen liefert entweder die Exposition oder eine gegen Ende kommende Offenbarung eine Erklärung für das, was in der Geschichte noch passieren wird oder schon passiert ist. Das klassische Beispiel für den ersten Fall ist PROM NIGHT. In dessen Eröffnung werden wir Zeugen, wie ein paar Kinder aus Bosheit, Grausamkeit und fehlendem Bewusstsein für die Konsequenzen ihrer Handlungen bei einem Spiel den Tod eines kleinen Mädchens verursachen, das einfach nur mitspielen wollte. Jahre später wird Rache das Motiv für die Mordserie sein, der fast alle der damals Beteiligten zum Opfer fallen. In FREITAG, DER 13. offenbart sich die Mörderin, Jason Vorhees' Mutter, in einem großen Auftritt, der alle bisher fehlenden Erklärungen liefert. In beiden Fällen erhalten wir einen Einblick in die Psyche des Killers – er mag der Stellvertreter des Bösen auf Erden sein, er ist aber auch ein Mensch.

Genau dieses Menschsein im herkömmlichen Sinne spricht HALLOWEEN Michael Myers ab. Er tötet seine Schwester – aber warum? Er kehrt unter großem Aufwand an den Ort seines Verbrechens zurück – aber warum? Er verfolgt Laurie Strode – aber warum? Er tötet ihre Freundinnen – aber warum? Die Erklärungen für all das, die über die Jahre hinweg gegeben wurden und die gerade im Hinblick auf eine möglichst klare Definition des Subgenres, das HALLOWEEN populär gemacht hat, durchaus sinnvoll und wichtig sind, schränken im Prinzip nur die Offenheit von Carpenters Studie in Terror ein. Sie reduzieren seinen Film, der in erster Linie eines von uns erwartet. Wir müssen einfach akzeptieren, dass das, was im Lauf der Geschichte passiert, eben passiert. Ein Sechsjähriger bringt seine Schwester um und kehrt nach fünfzehn Jahren nach Hause zurück, um einfach weiterzumachen. Das sind die reinen Tatsachen, und mehr gibt es nicht. Damit ist Michael Myers tatsächlich der ›Schwarze Mann‹, aber nicht als Inkarnation des Bösen, sondern als Inkarnation aller unserer unbewussten Ängste.

Michael Myers, das ist auch die Angst vor den Folgen von Sex, die Angst vor den Konsequenzen eines Egoismus, der uns gelegentlich unsere Pflichten vernachlässigen lässt, die Angst vor Einsamkeit und Isolation. Da all diese Ängste für Kinder und Jugendliche noch um einiges realer sind, ist HALLOWEEN beinahe so etwas wie die Quintessenz des Teen-Horrors. Die Geschichte trifft genau ins Schwarze des (Unter)Bewusstseins ihres Zielpublikums. Mit ihr haben sich sämtliche Ängste der Jugend in Zelluloid verwandelt, damit sie uns auf immer verfolgen können. Betrachtet man HALLOWEEN unter diesem Blickwinkel, ist das Verschwinden von Michael Myers am Ende eben kein Effekt um des Effektes willen und auch kein auf ein *sequel* spekulierender Taschenspielertrick. Es ist absolut notwendig. Ängste, wie Michael Myers sie hier verkörpert, sind nicht einfach aus der Welt zu schaffen. Wir können uns zwar mit ihnen auseinandersetzen, so wie es Laurie hier mit Unterstützung von Dr. Loomis getan hat, und sogar für einen Moment überwinden. Dann sind sie weg, haben sich in Luft aufgelöst wie Michael, der einfach nicht mehr auf dem Rasen liegt, aber sie können auch, vielleicht in etwas veränderter Form, zu jeder Zeit zurückkehren.

HALLOWEEN erzählt neben ICH WEISS, WAS DU LETZTEN SOMMER GETAN HAST eine Initiationsgeschichte. Viele Stalker-Filme spielen zwar alle an einem Punkt, an dem ihre Figuren die Jugend hinter sich lassen und in die Welt der Erwachsenen hinüber treten oder aber sterben. Doch meistens bedeutet dieser Übergang nur, dass die Begegnung mit dem Tod das *final girl* dazu bringt, Gewalt anzuwenden. Die Bereitschaft zur Gewalt, die der Selbstverteidigung des eigenen Lebens dient, wird damit zum signifikanten Merkmal des Erwachsenseins. Auch wenn der Beweis der Überlebensfähigkeit durchaus eine Form von Initiation in unsere Welt sein kann, ist dies doch eine sehr starke Reduktion dessen, was es bedeutet, sich von seiner Jugend zu verabschieden. Wer Gewalt anwendet, auch wenn sie absolut gerechtfertigt ist, verliert seine Unschuld. Insofern bedeutet Erwachsenwerden in den meisten Teen-Horrorfilmen erst einmal einen Verlust. Dies ist auch bei Carpenter nicht anders, schließlich geht Laurie mit einem Messer auf Michael los, aber die Initiation bedeutet hier auch einen Gewinn. Laurie wird erwachsen, nicht weil sie sich mit den Waffen des Killers zu Wehr setzt, sie wird erwachsen, weil sie sich im Kampf mit Michael Myers ihren Ängsten stellt. Sie überwindet mit Michael auch all die Furcht, die Teil des Lebens als Kind und Jugendlicher ist. Insofern signalisiert das Verschwinden von Michael mehr als nur die Unbesiegbarkeit des Bösen – es ist ein Bild für Lauries Transformation. Sie hat überlebt und ist nun erwachsen.

Kontinuität

Es gab zwar auch schon vor HALLOWEEN eine gewisse Kontinuität im Teen-Horror, in dem Sinne, dass sich schon früh zentrale Themen und Motive herauskristallisiert haben, die von den Filmemachern immer wieder aufgegriffen, variiert, erweitert oder völlig umgeschrieben wurden. Doch erst der Erfolg von John Carpenters Symphonie des Schreckens hat so etwas wie eine Kontinuität in der Produktion von Teen-Horrorfilmen geschaffen. Ab 1979/80, als die Produzenten und Verleiher in Hollywood auf die sensationellen Einspielergebnisse von HALLOWEEN reagierten, sind jedes Jahr zahlreiche Teen-Horror-Movies gedreht worden. Innerhalb von nur ein paar Jahren hat sich so ein eher kleines Subgenre in ein nicht mehr überschaubares Geflecht von großen und kleinen, ambitionierten und epigonalen, innovativen und schematischen Produktionen verwandelt. Kein anderes Genre hat in den letzten zwanzig Jahre eine auch nur annähernd vergleichbare Entwicklung genommen. Auch wenn der Teen-Horror etwa gut ein halbes Jahrzehnt, von den späten 80ern bis ungefähr zur Mitte der 90er Jahre, im Kino nicht mehr so präsent war, änderte dies wenig an der Zahl der jährlichen Produktionen.
Mit dem Siegeszug der Videotechnologie veränderte sich in den 80er Jahren auch die Produktionsstruktur in Hollywood. Kleine, klassische Exploitation-Filme, die immer noch einen großen Teil der Teen-Horrorproduktion ausmachen, werden

nun nicht mehr unbedingt für die Auswertung im Kino gedreht. Zum Teil erscheinen sie selbst in Amerika gleich auf Video. Dadurch ist es natürlich noch schwerer geworden, den Überblick zu bewahren, besonders natürlich in Deutschland. Denn zum Teil erscheinen hier Filme, die in den Vereinigten Staaten noch im Kino zu sehen waren, nur mehr auf Video, während die meisten reinen Videoproduktionen gar nicht mehr den Weg zu uns finden. So ist beispielsweise Amy Jones' SLUMBER PARTY MASSACRE (USA 1982), einer der Klassiker unter den Slasher-Filmen der 80er Jahre, der in Amerika natürlich auf der Leinwand zu sehen war, bisher bei uns noch gar nicht veröffentlicht worden. Dabei wäre gerade dieser Film besonders interessant. Denn er ist nicht nur einer der ganz wenigen Teen-Horrorfilme, die von einer Frau gedreht wurden, zudem stammt das Drehbuch von der amerikanischen Autorin Rita Mae Brown, die durch ihre vom Feminismus geprägten, unterhaltsamen Romane auch hier zu Lande bekannt geworden ist.

Alleine schon aufgrund dieser Situation, dass die Anzahl der Teen-Horrorfilme seit HALLOWEEN so enorm angestiegen ist und von diesen Filmen längst nicht alle bei uns zu sehen und zu entdecken waren, verändert sich der Blick auf sie. Während die Filme der 50er und der 70er Jahre fast alle relativ singulär dastehen – wenn man sie einmal in seinem Leben gesehen hat, wird man sich ohne große Probleme an sie, oder zumindest an einige ihrer großen Momente, erinnern können –, verschwimmen viele Produktionen gerade aus den 80ern ineinander. Dies hängt natürlich auch damit zusammen, dass in dieser Zeit so etwas wie eine wahre *sequel-mania* aufgekommen ist, das heißt, jeder halbwegs erfolgreiche Teen-Horrorfilm hat es mindestens auf eine bis drei, oft sogar auf noch mehr Fortsetzungen gebracht (eine der wenigen Ausnahmen von dieser Regel ist Joel Schumachers THE LOST BOYS [THE LOST BOYS, USA 1986]). Auch die einzelnen Reihen sind teilweise nur noch über ihren *villain* voneinander zu unterscheiden. So sind es im Prinzip auch in den 80er und 90er Jahren doch wieder nur einige Filme in der großen Menge der Produktionen, die das Genre des Teen-Horrors vorangetrieben haben.

Die Folgen von HALLOWEEN sind vielleicht nicht einzigartig in der Geschichte Hollywoods, die schließlich voll ist von unerwarteten Erfolgen. Aber sie sind doch mehr als ungewöhnlich. Ein kleiner Horrorfilm, gedreht für etwa 300 000 Dollar, wurde durch Mundpropaganda zu einem Überraschungshit, den dann auch die Kritik für sich entdeckte. Nach dieser Entwicklung gab es sprichwörtlich kein Halten mehr. Kleine Produktionsgesellschaften vor allem entdeckten in der Formel von HALLOWEEN eine Goldgrube. So entstand 1979 innerhalb von nur wenigen Monaten eine ganze Serie von Stalker- und Slasher-Filmen, die dann alle 1980 in die Kinos kamen. 1980/81 liefen mehr als zehn Filme in den amerikanischen Kinos, die sich alle in der einen oder anderen Form auf Carpenters Film bezogen. Zu ihnen gehörten neben so berühmten und berüchtigten Slashern wie Sean S. Cunninghams FREITAG, DER 13. (FRIDAY THE 13TH, USA 1980), Steve Miners Fortsetzung FREITAG, DER 13. – JASON KEHRT ZURÜCK (FRIDAY THE 13TH PART 2, USA 1981) und Rick Rosenthals HALLOWEEN-Sequel HALLOWEEN II – DAS GRAUEN KEHRT ZURÜCK (HALLOWEEN II, USA 1981) auch J. Lee Thompsons AB IN DIE EWIGKEIT (HAPPY BIRTHDAY TO ME, Kanada 1981), Ulli Lommels THE BOOGEY MAN (THE BOOGEY MAN, USA 1980), Tony Maylams BRENNENDE RACHE (THE BURNING, USA 1981), Herb Freeds GRADUATION DAY (GRADUATION DAY, USA 1981), Tobe Hoopers DAS KABINETT DES SCHRECKENS (THE FUNHOUSE, USA 1981), Roger Spottiswoodes MONSTER IM NACHTEXPRESS (TERROR TRAIN, Kanada 1980), Tom DeSimones PARANOIA (HELL NIGHT, USA 1981) und Paul Lynchs PROM NIGHT.

Für ein postmodernes Kino

Im Kontext der Geschichte des Teen-Horrors und der Entwicklung seiner zentralen Motive ist aus dieser Reihe vor allem Paul Lynchs PROM NIGHT interessant. Lynch, der Drehbuchautor William Gray und der Produzent Peter Simpson haben hier beinahe so etwas wie die damals ultimative

PROM NIGHT ist eine Teen-Film-Collage. Diese Collage orientiert sich an HALLOWEEN, aber auch an Filmen wie NUR SAMSTAG NACHT, und fügt dies zu einem wahrhaft postmodernen Patchwork zusammen.

Teen-Film-Collage geschaffen. Sie orientierten sich eben nicht nur an HALLOWEEN, sie zitierten auch andere Erfolge wie CARRIE oder den Musikfilm NUR SAMSTAG NACHT (SATURDAY NIGHT FEVER, USA 1977), und fügten dies zu einem wahrhaft postmodernen Patchwork zusammen, das in einem Maß wie kein anderer Film des Stalker-Zyklus ein Panorama der Pop-Kultur, aber auch der Stimmungen und Befindlichkeiten der späten 70er und sehr frühen 80er Jahre zeichnet. Der Aufbruch in ein neues Jahrzehnt macht sich hier bemerkbar – vielleicht gerade weil der Film in Kanada, also mit einer gewissen Distanz, entstanden ist. Die Erschütterungen der 70er Jahre, sie wirken nach in PROM NIGHT, sind Quell eines Schreckens, der nur um den Preis ewiger Schuld zu überwinden ist. Disco erscheint als einzige Alternative zu alledem. Doch der Eskapismus eines Tanzes und seiner Musik, die alles vergessen machen, alles aussöhnen sollen, bleibt ein Zwischenspiel, das reine Glück eines Neuanfangs wird zur Utopie. Die ›Frühlingsweihe‹ ist eben immer noch ein blutiger, grausamer Ritus.

Den Slasher-Film als Allegorie lesen, auf eine Gesellschaft an der Schwelle zu etwas Neuem, das bietet sich an bei PROM NIGHT, der schon mit seinem Titel auf einen zentralen Wendepunkt im Leben eines jeden Amerikaners verweist. Die Prom Night, das Abschlussfest, die letzte Nacht des alten Lebens, die erste des neuen. Die Prom Night als Feier des Übergangs, die in den USA zum Ritual geworden ist. Noch sind die festlich ausstaffierten Teenager Schüler, aber bald – darauf weisen schon die aufwendigen Kleider der Mädchen und die Smokings der Jungen hin – werden sie Erwachsene sein, die in ihrem Job die Wirklichkeit erfahren oder am College die Freiheit erfahren, die einhergeht mit dem Abschied vom Elternhaus.

Aber diese besondere Prom Night, deren Königin die von Jamie Lee Curtis gespielte Kim ist, steht im Zeichen des Todes. Vor Jahren hatte eine Gruppe von Kindern, die von anderen ungestört in einem verlassenen Haus spielen wollten, den Tod von Robin, Kims kleiner Schwester, verschuldet, als diese sich ihnen anschließen wollte. Jetzt, im Moment des Übergangs – die damaligen Verantwortlichen sind alle im gleichen Schuljahrgang wie Kim, einer von ihnen ist sogar deren Freund und der designierte König des Abschlussballs –, ist der ideale Zeitpunkt der Rache gekommen. Alex, Robins Zwillingsbruder, hatte seinerzeit den Tod seiner Schwester hilflos mit ansehen müssen, nun will er die Mitglieder der schuldig gewordenen Clique, die außer ihrer Schuld nur noch wenig verbindet, zur Rechenschaft ziehen und tötet einen nach dem anderen. Am Ende ist es Kim, die

Sykes (Robert Silverman) wäre der ideale Bösewicht: ungebildet, unheimlich, undurchsichtig. Als Hausmeister besitzt er das Wissen um jeden Winkel in seiner Schule und könnte ungesehen jeden Mord begehen. Doch PROM NIGHT bricht mit der Konvention. Der Außenseiter ist einmal nicht der Böse.

den maskierten Mörder zur Strecke bringt und ihm dann die Maske abnimmt, nur um festzustellen, dass sie gerade ihren Bruder getötet hat.

In PROM NIGHT kann der Übergang ins Erwachsenenleben nur gelingen, wenn zuerst die Geister der Vergangenheit besiegt werden. Kim muss ihren Bruder töten, der nicht darüber hinweggekommen ist, wie er seine Zwillingsschwester verloren hat. Mit Alex' Tod, der eben auch der Tod von Robins zweiter Hälfte ist – der überlebende Zwilling hat hier eindeutig etwas von einem Phantom, das die anderen heimsucht –, kommt die Vergangenheit zu einem Abschluss. Alle offenen Rechnungen sind beglichen, ein Neuanfang ist nun für Kim möglich, aber der Preis, den sie dafür bezahlen musste, ist hoch.

Amerika an der Schwelle von den 70ern zu den 80ern. Ein düsteres Jahrzehnt, gezeichnet von dem Debakel in Vietnam, den Enthüllungen im Watergate-Skandal und von einer wirtschaftlichen Rezession, geht zu Ende. Eine Dekade der

Depression, in der der Aufbruch der 60er Jahre in einer alle Illusionen zerstörenden Wirklichkeit angekommen ist, muss einer neuen Zeit weichen. Ein neuer Aufbruch muss kommen, nur wird der von Anfang an belastet sein durch die Art, in der sich ein Land von seiner direkten Vergangenheit löst. Statt Ideale werden ihn Schuld und Einsamkeit prägen. All dies ist in PROM NIGHT zu spüren. Die Stimmung seiner Zeit schwingt in ihm mehr mit als in jedem anderen zur selben Zeit entstandenen Stalker-Film, und das pessimistische Ende hat beinahe etwas von Prophetie.

Das Böse im Spiegel

Auch als das Genre noch ganz direkt unter dem übermächtigen Einfluss von HALLOWEEN stand, lösten sich in manchen Filmen scheinbar typische Elemente des Stalker- und Slasher-Kinos auf. Sie traten in den Hintergrund oder verschwanden ganz, um anderen Konstruktionen und gewissen Genre-internen *cross-overs* Platz zu machen. So entstanden Filme, die sich noch gerade einmal am äußersten Rand der Slasher angesiedelt haben und dadurch von heute aus gesehen besonders interessant sind. Zu diesen Außenseitern gehört auch Ulli Lommels THE BOOGEY MAN, einer der seltsamsten ›Slasher-Filme‹ überhaupt – aber es fällt schon schwer, nur den Begriff ›Slasher‹ in Bezug auf ihn zu verwenden. Genauso ist es alles andere als unproblematisch, ihn in die Reihe der Teen-Horrorfilme der frühen 80er Jahre einzuordnen. Denn beide mit diesen Stichworten umrissenen Klassifizierungen passen nicht wirklich auf Lommels Genre-Extravaganza, die Leonard Maltin in seinem Filmlexikon als »Verbindung von DER EXORZIST und HALLOWEEN« bezeichnet hat. Mit dem Verweis auf diese beiden Klassiker des Horror-Kinos der 70er Jahre ist in etwa der Rahmen abgesteckt, in dem sich THE BOOGEY MAN bewegt. Lommel, der neben der Regie auch für Drehbuch und Produktion verantwortlich war, bringt hier zwar in geradezu klassischer Exploitation-Manier Elemente zusammen, die zwar Erfolg versprechen, aber im Prinzip nur sehr schwer zusammenpassen.

Ein junges Mädchen und ihr kleinerer Bruder, Lacey und Willy, beobachten ihre Mutter und einen Mann beim Sex. Als sie entdeckt werden, wird Lacey einfach auf ihr Zimmer geschickt, aber Willy wird von dem Geliebten seiner Mutter an sein Bett gefesselt. Das Mädchen besorgt sich schließlich ein großes Messer und befreit damit ihren Bruder. Daraufhin nimmt der kleine Willy Lacey die Waffe ab, geht zum Schlafzimmer der Mutter und deren Liebhaber. Jahre später, Lacey und Willy leben auf einer kleinen Farm im benachbarten Bundesstaat. Sie ist seit ein paar Jahren verheiratet und hat selbst einen kleinen Sohn, er hat seit dieser Nacht kein Wort mehr gesprochen. Da Lacey immer noch von den Erinnerungen an den Tod des Geliebten ihrer Mutter geplagt wird, besteht ihr Mann darauf, dass sie zusammen zu dem Haus fahren, in dem damals alles passiert ist. Am Schauplatz des Mordes findet Lacey einen Spiegel vor, der schon in jener Nacht dort hing. In ihm sieht sie den vor etwa zwanzig Jahren getöteten Mann. In Panik zerschlägt sie den Spiegel und befreit damit den Geist des Toten, der in ihm gefangen war. Von nun an geht von den einzelnen Splittern des Spiegels eine Macht aus, der eine ganze Reihe von Menschen zum Opfer fallen werden.

So merkwürdig wie die Geschichte von THE BOOGEY MAN in dieser Zusammenfassung klingt, so seltsam ist sie auch. Ulli Lommel, der seine Karriere im Filmgeschäft als Schauspieler und bald auch Regisseur im Umkreis von Rainer Werner Fassbinder begonnen hat, verbindet hier Szenen, die direkt aus HALLOWEEN zu stammen scheinen, mit Elementen eines okkulten Horrors, in dem Gegenstände, die wie von Geisterhand bewegt ein Eigenleben entwickeln, auf eine dunkle Macht hinweisen. Dabei zerfällt der Film, dem zerstörten Spiegel gar nicht einmal so unähnlich, in kleine Stücke und schillernde Splitter, die Lommel nicht mehr wirklich wieder zusammensetzen kann. Überall sind Risse, kleine Lücken, die einzelnen Teile fügen sich nicht zusammen, doch für sich genommen, haben sie einen ganz eigenen Reiz.

Beeindruckende Miniaturen und Momente sind Lommel, dessen Ursprünge im europäischen Kunstkino auch hier nicht zu übersehen sind, geglückt. Allein schon die erste Einstellung, die Carpenter zitiert und doch noch ganz andere Assoziationen hervorruft, ist reine Poesie des Kinos. Die Kamera senkt sich langsam von einem Baumwipfel herab auf Augenhöhe und nimmt das Haus hinter dem Baum in den Fokus der Aufmerksamkeit. Auch hier, wie in HALLOWEEN, beobachtet jemand einen Hort scheinbarer Normalität, nur kann dieser ›Voyeur‹ kein Mensch sein. Mit diesem verunsichernden Anfang etabliert Lommel sofort eine Kraft, die außerhalb unserer Macht liegt. Sie wird später auch für die Morde verantwortlich sein, die wir immer so sehen, als wäre unser Blick der eines wahnsinnigen Mörders.

Inszenatorisch spielt Ulli Lommel mit den klassischen Mitteln des Stalker- und Slasher-Kinos, dessen typische Plot-Elemente er zitiert, wenn die aus dem zerstörten Spiegel kommende Macht zwei Teenager auf äußerst kreative Weise aus dem Leben befördert, aber er trennt sie von der Figur des psychopathischen Killers. So entsteht eine bizarre Atmosphäre, die einzigartig ist, in der Geschichte des Slasher-Films genauso wie in der des Teen-Horrors. Lommel bedient sich hier vertrauter Strukturen, aber die Art, in der er sie verwendet, hat etwas Abstraktes. Die einzelnen Szenen und Einstellungen erinnern eher an für sich stehende Kunstwerke als an Teile einer großen Erzählung. Man kann über die Details regelrecht ins Schwärmen kommen – so gehört der Mord von Willy an dem Liebhaber seiner Mutter, den man fast nur durch den Spiegel sieht, der später den bösen Geist beherbergen wird, zu den am virtuosesten inszenierten Morden in der Filmgeschichte –, aber die Geschichte, zu der sie gehören, sollte man möglichst nicht zu ernst nehmen. In einem Bereich des Kinos, eben dem der Exploitation, in dem ansonsten Stil das Nebensächlichste überhaupt ist, triumphiert bei THE BOOGEY MAN die Form in jeder Hinsicht über den Inhalt. Alleine das macht Ulli Lommels oft – gerade von fanatischen Anhängern des Slasher-Films – gescholtenen Exkurs in das Reich des ›Schwarzen Mannes‹ zu einem mehr als faszinierenden Nebenwerk in einer wahren Flut von Produktionen, die sich vor allem dadurch auszeichnen, dass sie nichts wagen und lieber strikt einer Formel folgen.

Spiel und Ernst

Mit dem Erfolg von THE TEXAS CHAINSAW MASSACRE hat Tobe Hooper in entscheidender Form den Boden bereitet für die Blüte des Teen-Horrors, die dann gut ein halbes Jahrzehnt später einsetzen sollte. Diese besondere Stellung als eine Art von Wegbereiter prädestinierte ihn eigentlich für eine Rückkehr zu den Themen und Motiven, die er selbst mit TCM zum Teil erst definiert hatte. Und so wie sein Texas-Film, der zum Klassiker eines harten, kompromisslosen und seine eigenen Grenzen transzendierenden Genre-Kinos geworden ist, geht auch DAS KABINETT DES SCHRECKENS (THE FUNHOUSE, USA 1981), Hoopers zweiter, in den Zeiten des Post-HALLOWEEN-Booms entstandener Teenager-Horrorfilm, einen ganz eigenen Weg. Von dem Moment an, in dem wahnsinnige Psychopathen und menschliche Inkarnationen des Bösen zu den populärsten Monstern des Horror-Kinos geworden sind, hat sich die Akzentuierung innerhalb der Filme verschoben. Auf einmal waren die Ausführungen der Morde das Entscheidende. Sie entwickelten sich zu immer ausgeklügelteren *set pieces*, in denen der Killer mit möglichst ungewöhnlichen Mitteln und Waffen seine Opfer in spektakulären Aktionen ins Jenseits beförderte. Diesem Trend entzog sich auch Hooper nicht ganz. So inszenierte er in DAS KABINETT DES SCHRECKENS den Tod der Jugendlichen, die hier dem Besitzer einer Geisterbahn und seinem Ungeheuer von Sohn zum Opfer fallen, um einiges expliziter als noch in TCM. Aber trotz dieser für das Slasher-Kino zum Standard gewordenen Mord-Sequenzen wirkt dieser auf einer etwas heruntergekommenen Kirmes spielende Teenager-Albtraum eher wie ein Gegenentwurf zu den seinerzeit vorherrschenden Stalker-Filmen.

Szenen aus einem amerikanischen Familienleben. Amy Harper, die sich gerade unter der Dusche für das erste Date mit ihrem neuen Freund Buzz fertigmacht, wird von ihrem einige Jahre jüngeren, eine Clownsmaske tragenden Bruder Joey mit einem Messer aus Plastik attackiert. Von diesem Streich nicht gerade erfreut, jagt sie Joey hinterher und findet ihn zusammengekauert im Kleiderschrank in seinem Zimmer.

Sie zieht ihn hervor und droht, sich irgendwann – gerade wenn er nicht damit rechnet – für diesen etwas geschmacklosen Scherz zu rächen. Als sie etwas später zu ihren Eltern ins Wohnzimmer herunterkommt, verbietet ihr Vater ihr, zur Kirmes zu gehen, denn letztes Jahr seien, als die gleichen Schausteller in der Gegend waren, zwei Mädchen ermordet worden. Amy verspricht ihren Eltern, die außerdem von Buzz alles andere als begeistert sind, dass sie mit ihren Freunden nicht zur Kirmes sondern ins Kino gehen werde. Während der Vater sie noch ermahnt, ertönt draußen schon eine Hupe. Buzz wartet auf Amy. Nachdem die beiden Amys Freundin Liz und deren *date* Richie abgeholt haben, fahren sie natürlich doch zur Kirmes. In der Zwischenzeit hat sich auch Joey aus dem Haus gestohlen, um sich auf eigene Faust auf den Weg in Richtung Rummelplatz zu machen.

Amy und die anderen genießen die Attraktionen, die ihnen die Schausteller bieten. Sie probieren beinahe alles einmal aus, als letztes ist dann das *funhouse*, die Geisterbahn, an der Reihe, denn Richie hat eine ganz besondere Idee. Als Mutprobe wollen sie sich in der Geisterbahn einschließen lassen und dort die Nacht verbringen. Amy und Liz rufen deswegen zu Hause an und sagen ihren Eltern, dass sie bei der jeweils anderen übernachten würden. Zunächst scheint die Nacht in der Geisterbahn auch zu einem großen Spaß zu werden, doch dann sehen sie, wie der deformierte, mehr einem Monster als einem Menschen ähnelnde Sohn des Besitzers des *funhouse* die Wahrsagerin tötet, weil sie zwar 100 Dollar genommen hat, aber nicht mit ihm schlafen will. Nun sind die vier Zeugen eines Mordes und bald wird eine gnadenlose Jagd auf sie beginnen, in deren Verlauf der Mörder und sein Vater alle bis auf Amy töten.

Eine ganz und gar amerikanische Geschichte erzählt Tobe Hooper hier, geprägt von Ray Bradbury und seinem zu Beginn des 20. Jahrhunderts spielenden Roman »Something Wicked This Way Comes« (1962, dt. »Der Tod kommt auf leisen Sohlen«), in dem mit einer Kirmes das Böse Einzug hält in einer kleinen Gemeinde. Der *carnival* mit seinen *rides* und *attractions*, der Wahrsagerin und der Freak-Show, den Wurfbuden und der Geisterbahn ist eine eigene Welt in diesen

Geschichten, ein Reich, in dem durchaus andere Gesetze gelten als überall sonst. Etwas verkommen wirken hier bei Tobe Hooper die Stände und die Zelte, die Karusselle und auch alles andere. Die Zeit scheint für die Schausteller irgendwann einmal stehen geblieben zu sein, einige der Attraktionen wie das Zelt mit den Missgeburten, den Irrtümern der Natur, könnten noch direkt aus der Zeit stammen, in der Bradbury seine Geschichte angesiedelt hat. Alles auf dieser Kirmes ist umgeben von einer Atmosphäre des Magischen, des Verwunschenen, aber auch der Bedrohung und der Gefahr. Sie ist wirklich ein Ort, wie ihn Väter für Tabu erklären und den Kinder und Jugendliche einfach erkunden müssen. Schließlich liegt der Reiz des Verbotenen über ihm, des Abenteuers, das sonst nur so schwer zu finden ist in einem Leben zwischen Schule und Elternhaus.

Amy und ihre Freunde, und parallel zu ihnen auch Joey, tauchen tief ein in die fremdartige, exotische Welt, die für ein paar Tage Gast ist in ihrem Alltag. Doch was sie dabei entdecken und erleben, geht weit hinaus über ihre kühnsten Träume und wirrsten Albträume. Zwei Entdeckungsreisen inszeniert Tobe Hooper hier, die der Jugendlichen und die des kleinen Jungen. Zum einen das Schlendern der beiden Pärchen über die Kirmes und schließlich ihre Mutprobe in der Geisterbahn, zum anderen Joeys aufregende Odyssee hin zur Kirmes und seine von Angst und Sorge bestimmte Zeit dort. Das sind auch zwei Variationen des alten Märchenmotivs von denen, die auszogen, die Welt zu erkunden und das Fürchten zu lernen. In dem einen Fall, Joeys, geht es glimpflich aus, in dem anderen nicht.

Einer der Schausteller entdeckt den Jungen, der sich versteckt hat, nachdem die Kirmes geschlossen wurde, nimmt ihn mit in seinen Wagen und ruft die Harpers an, damit sie ihren Sohn abholen können. Für Joey ist noch einmal alles gut gegangen, nur seiner Schwester hilft er nicht. Er überlegt lange, den Eltern zu sagen, dass Amy sich mit ihrer kleinen Clique in der Geisterbahn hat einschließen lassen, doch dann schweigt er – vielleicht auch wegen Amys Drohung am Anfang. Joeys Abenteuer, das Hooper in der klassischen Art der von Magie und Poesie durchdrungenen Kindergeschichten erzählt, spiegelt aber zugleich auf eine harmlose, aber doch bedrohliche Weise das wider, was den vier Teenagern widerfährt. Für sie wird die Nacht in der Geisterbahn zu einer Begegnung mit der Gewalt, die zumindest in der Welt der Erwachsenen eben nicht nur ein Spiel ist. Die Mutprobe, die zudem noch etwas Stimulierendes hat, verwandelt sich in einen todernsten Initiationsritus, den nur Amy, ein geradezu klassisches *final girl*, überlebt. Aber anders als in den typischen Slasher-Filmen und auch anders als in TCM, mit dem DAS KABINETT DES SCHRECKENS die etwa ein Drittel des Films umspannende finale Jagd verbindet, sind die Prüfungen und Schrecken, denen Amy ausgesetzt ist, die eines Märchens. Hooper hält auch hier sein Grundkonzept durch, das ganz und gar von der düsteren Atmosphäre der Kirmes geprägt ist. Ein bisschen ergeht es Amy dabei wie Alice im Wunderland, deren zeitgenössische Schwester sie sein könnte. Nur landet Amy, als sie durch das Tor auf den Kirmesplatz geht, in einem Land des Schreckens.

Wie schon in TCM ist auch hier das Böse, dem die Jugendlichen begegnen, viel realer als die wahnsinnigen Killer des Stalker- und Slasher-Kinos. Daran ändert auch nichts, dass der Sohn des Schaustellers eine deformierte Missgeburt ist, deren Gesicht fast nichts mehr Menschliches hat. Vater und Sohn entsprechen der zu Kannibalen geworden Schlachterfamilie. Auch sie sind nicht mehr Teil unserer modernen Gesellschaft, sondern leben an deren Rand in einem Milieu, das für sich genommen eine große geschlossene Familie bildet. Als letzte Nachfahren der Siedler des 19. Jahrhunderts und all der Verzweifelten, die es in der Depression nach Westen, in Richtung Kalifornien, getrieben hat, ziehen sie durch ein Land, in dem es nichts mehr gibt, was sie in Besitz nehmen könnten. Aus dem ›Go West‹ der Aufbruchszeiten ist für sie ein richtungsloses Umherziehen geworden. Was früher einmal Heimatsuchende waren, sind nun Heimatlose, verdammt zur ewigen Wanderschaft, weil der amerikanische Traum ihnen für immer verschlossen bleiben wird. Aber dieses Ausgeschlossensein verstärkt die inneren Bindungen. Wie die Schlachterfamilie in TCM halten auch der Besitzer der Geisterbahn und sein Sohn zusammen, wenn es gegen die anderen, die ›normalen‹ Menschen mit ihrem biederbürgerlichen Hintergrund, geht, zusammen. Ein Verrat, so wie ihn Joey durch sein Schweigen begeht, wäre bei ihnen undenkbar. Mit DAS KABINETT DES SCHRECKENS setzt Tobe Hooper seine Bestandsaufnahme der modernen Gesellschaft fort und wieder ist dabei ein trauriger Abgesang auf die bürgerliche Familie entstanden, die einfach nicht mehr funktioniert und innerlich längst auseinandergefallen ist. Jeder bleibt auf sich allein gestellt, das macht ihn verletzlich – für die Außenseiter, die Abgeschobenen, die gleich einem Rudel Wölfe am Rand der Zivilisation lauern, auf die Schwäche, die Fehler der ›Normalen‹ wartend.

Wie weit sich Hooper von den zur gleichen Zeit entstandenen Stalker- und Slasher-Filmen entfernt hat, das macht er gleich in der Anfangssequenz deutlich. In ihr verbindet er zwei legendär gewordene Szenen, den Duschmord aus PSYCHO und den Auftakt von HALLOWEEN, nur um dieses Spiel mit unserer Genre-Kenntnis und den daran gebundenen Erwartungen dann als *prank*, als einen Streich eines höchstens zehn Jahre alten Jungen, zu entlarven. Die *stalk'n'slash*-Sequenzen sind für Hooper im Grunde nicht mehr als ein vorpubertäres Kinderspiel, ein Spaß, der immer einen unangenehmen Beigeschmack haben wird. Sieht man einmal von genau den Filmen ab, die Hooper hier zitiert, haben die Morde in den *dead teenager films* (›Tote-Teenager-Filme‹, ein Begriff für die HALLOWEEN-Nachfolger, der in den frühen 80ern in Amerika in Kritiken und Texten sehr häufig verwendet wurde) wirklich nicht mehr sehr viel mit Angst und Horror im klassischen Sinne zu tun. Sie sind einfach eine Art von interaktivem Spiel, bei dem der Filmemacher versucht, die Zuschauer zu täuschen und zu überraschen, weil sie genau das von einem solchen Film erwarten. Tobe Hooper beherrscht dieses Spiel auch, daran lässt gerade diese erste Sequenz von DAS KABINETT DES SCHRECKENS keinen Zweifel, doch er will es nicht spielen, zumindest nicht so, wie es erwartet wird. Ihm wird es im weiteren Verlauf darum gehen, den Teen-Horror zurückzuführen an eine seiner Wurzeln, die dunklen, nicht immer nur gut ausgehenden Märchen. Er will ihm auch wieder etwas zurückgeben von seiner Magie und Poesie, die er einmal hatte, als wir noch aufgeregt und gebannt der Stimme eines Märchenerzählers gelauscht haben. In seinen besten Momenten, wenn die vier oder auch Joey über die Kirmes gehen und seltsamen Gestalten begegnen, gelingt ihm dies perfekt und selbst der fast eine halbe Stunde dauernde Kampf der Teenager ums Überleben, der an den Exzess des Terrors in TCM erinnert, hat alleine schon wegen seines Schauplatzes, der Geisterbahn, eine surreale, fast poetische Stimmung.

Kein Ende

»Reine Horrorfilme hören eigentlich nie auf. Happy Endings sind bestenfalls Stationen. Der Schrecken geht weiter. Von der Überwindung des Todes und von seinem Versagen handeln die Filme über all die Untoten von Dracula bis zu den Zombies. Deshalb ist das Sequel auch hauptsächlich eine Erfindung des Horrorfilms (von FRANKENSTEIN und FRANKENSTEINS BRAUT bis zur Fortsetzungsorgie der ELM STREET). Reine Horrorfilme (und Sexfilme) sind Filme der Sehnsucht, deshalb gibt es kein Ende. In der Un-Endlichkeit (Variation und Wiederholung) ihrer Bilder kann man sich seine eigenen Geschichten spinnen. Dass der Horrorfilm immer wieder tot gesagt wird, passt übrigens gut zum Genre. Er ist ein ganz und gar munterer Untoter.« (Hans Schifferle)

Die Tendenz des Horrorgenres zu *sequels*, zu gar nicht mehr enden wollenden Reihen und unzähligen Wiederholungen in etwas anderem Gewand, hat mit dem Teen-Horror der 80er Jahre bis dahin ungeahnte Ausmaße erreicht. War ein Film einmal erfolgreich, dann spielten in der Regel mindestens zwei bis drei Fortsetzungen noch immer so viel Geld ein, dass es für die Produzenten einfach lukrativ erscheinen musste, aus einer Idee eine ganze Serie von Filmen und möglichst noch einen kompletten Wirtschaftszweig mit Merchandising-Artikeln zu machen. Diese Entwicklung hängt gerade im Bereich des Slasher-Films sehr stark mit dem interaktiven Charakter der Filme zusammen. Im Laufe der Zeit haben sich aber die Killer der einzelnen Serien immer weiter verwandelt. Wenn man sämtliche seit den späten 70ern entstandenen Serien von Horrorfilmen betrachtet, dann sind es meist nur die ersten Teile mit ihren originellen Ideen, die wirklich Angst machen. In der weiteren Entwicklung verschieben sich die Schwerpunkte.

Aus dem furchteinflößenden Killer wird eine Kultfigur, die in erster Linie Charaktere umbringt, die es nicht besser verdient haben und deren Tod dem Publikum ein besonderes Vergnügen bereitet. Der eine Identifikation auslösende Impuls des Zuschauers wechselt dann erst im finalen Kampf vom Killer auf die Heldin. Sie hat sich die Sympathien schließlich hart erkämpft. Zudem kann der Fan der Serie sicher sein, dass der Killer wiederkommt – im nächsten *sequel*. Der momentane Sieg des Guten bereitet somit ein doppeltes Vergnügen. Zum einen gibt er einem die für das Genre klassische Sicherheit, dass man es schaffen kann, dass kein Monster stark genug ist, wenn man selbst über sich hinaus wächst; zum anderen verliert man mit dem Tod von Freddy, Jason oder Michael nichts, denn ihre Auferstehung im nächsten Teil gehört genauso dazu wie ihr Untergang am Ende eines jeden Eintrags in die Serie.

So wie einzelne Filme einem Genre seine besonderen Züge verleihen und damit aus der Masse der anderen Produktionen herausragen, so gibt es natürlich auch Serien von Filmen, die einen stärkeren Eindruck als andere hinterlassen. Dies kann zum einen ganz einfach mit der Zahl der ihr angehörenden *sequels* zusammenhängen. Doch entscheidender ist es, ob eine Serie und ihre einzelnen Teile mit dazu beigetragen, unsere Erwartungen an *sequels* und das große Bild, das sie zusammengenommen ergeben, zu definieren. Betrachtet man die auch schon wieder unzähligen Trilogien, Tetralogien und Serien, die der Teen-Horror in den 80er Jahren hervorgebracht hat, unter diesem Gesichtspunkt, fallen einem eigentlich drei Serien sofort ins Auge – weil sie die berühmtesten sind und weil sie beispielhaft für die Richtungen stehen können, in die sich eine Serie von Horrorfilmen mit der Zeit entwickeln kann. Es sind dies die drei Serien über Michael, Jason und Freddy.

Licht und Schatten

Eigentlich möchte man ja glauben, dass HALLOWEEN nie fortgesetzt werden sollte – schließlich war 1978 der Boom der *sequels*, der Fortsetzungen quasi unvermeidlich machte, noch nicht ausgebrochen. Aber selbst wenn John Carpenter und seine Co-Autorin Debra Hill schon beim Schreiben des ersten Films daran gedacht haben, irgendwann einmal zu der Figur von Michael Myers zurückzukehren, ändert dies kaum etwas an dem Eindruck, den HALLOWEEN hinterlässt. Ihn zeichnet eine Geschlossenheit aus, wie sie gerade in diesem Genre seit den 40er Jahren kaum mehr vorgekommen ist. Obwohl er im Prinzip keinen Anfang hat – wir erfahren tatsächlich nie, warum der sechsjährige Michael zum Mörder geworden ist, dieser Mord hat einfach keine Vorgeschichte – und sein Ende durch Michaels Verschwinden sehr offen erscheint, fügt sich innerhalb der Geschichte alles so zusammen, dass sich gerade die relative Offenheit des Films in eine ganz besondere Form von Geschlossenheit verwandelt. Michael ist am Ende weg – das kann man durchaus auch als Zeichen dafür sehen, dass seine Geschichte erzählt ist. Wenn also überhaupt eine Rückkehr zu einer der Figuren von HALLOWEEN denkbar ist, dann eigentlich nur die zu Laurie Strode.

HALLOWEEN II kehrt dann auch zu dem von Jamie Lee Curtis gespielten *final girl* zurück, doch eben nicht nur zu ihr. Rick Rosenthals *sequel*, das wieder von Carpenter und Debra Hill geschrieben wurde, setzt direkt an dem Moment an, mit dem HALLOWEEN endete. Dr. Loomis hat gerade sechs Mal auf Michael geschossen und immer getroffen, doch es gibt keine Leiche. Offensichtlich reichen sechs Kugeln und die Wunden, die Laurie ihm beigebracht hat, nicht aus, um diesen *boogey man* zu töten. Während die verletzte Laurie von Sanitätern abgeholt und ins Krankenhaus gebracht wird, setzt Dr. Loomis alles daran, dass die Polizei von Haddonfield eine umfassende Suche nach dem Killer einleitet. Im weiteren Verlauf wird Michael, den eine Wendung des Drehbuchs nun als den älteren Bruder von Laurie präsentiert, sich seinen Weg zum Krankenhaus bahnen, wo er ein Massaker anrichtet, aber sein eigentliches Ziel, seine Schwester zu töten, verfehlt.

Rick Rosenthals Fortsetzung des subtilen HALLOWEEN ist ganz zweifellos ein Produkt seiner Zeit, eben der frühen 80er Jahre. Die Erfolge von FREITAG, DER 13. und all den anderen Stalker- und Slasher-Filmen des Jahres 1980 haben in ihm beinahe mehr Spuren hinterlassen als John Carpenters Original. Kam HALLOWEEN noch mit verhältnismäßig wenigen Morden aus, die zudem relativ zurückhaltend inszeniert waren, steigt der *body count* im zweiten Teil um ein Vielfaches. Außerdem zelebriert Rosenthal Michaels Morde regelrecht – mit Sean S. Cunninghams FREITAG, DER 13. hatte nun einmal ein neuer Trend in das Genre Einzug gehalten, der weniger auf den psychologischen Schrecken setzte, der von einem psychopathischen Killer ausgeht, als auf den Effekt, der von einem möglichst einfallsreich inszenierten und ziemlich drastischen Mord ausgeht. Schon mit dieser Entwicklung weg vom Original, hin zu seinen zumindest in bestimmten Bereichen neue Maßstäbe setzenden *rip-offs* betreibt Rosenthal eine Art von Bruch. Man sollte HALLOWEEN II eher wie einen der vielen anderen Slasher-Filme der Zeit sehen und nicht mit den vom Original erzeugten Erwartungen an ihn herangehen. Doch diese Trennung von erstem und zweitem Teil kann nur sehr bedingt funktionieren.

Betrachtet man Rick Rosenthals Regiedebüt als das, was es ist, nämlich ein verzweifelter Versuch, mit den FREITAG, DER 13.-Filmen mitzuhalten und sie möglichst noch zu überbieten, hat es sogar seine Momente – auch wenn Rosenthals Arbeit inszenatorisch in keiner Hinsicht an die Eleganz von Steve Miners Film FREITAG, DER 13. – JASON KEHRT ZURÜCK heranreicht. Sieht man die beiden HALLOWEEN-Filme aber als eine Art von Einheit, die zumindest durch den direkten Anschluss der Handlung suggeriert wird, muss einem der zweite Teil zwangsläufig wie ein Verrat am ersten erscheinen. Der Michael Myers in Carpenters Original ist eine wirklich einzigartige Figur nicht nur im Bereich des Stalker- und Slasher-Films, sondern im Horror-Kino überhaupt. Kein anderer Mörder und kein anderes Monster hat uns so sehr mit der Erkenntnis konfrontiert, dass es für Gewalt keinerlei Motiv geben muss, dass ein Mord unerklärlich sein kann. Darin liegt – wenn man so will – das Geheimnis von HALLOWEEN. Er entzieht unseren klassischen Denkmustern, die für alles nach (psychologischen) Erklärungen suchen, einfach die Grundlage. Der Schrecken, den Michael verbreitet, ist erst einmal einer der Verunsicherung, zumindest bis man die Erklärung nicht mehr im Täter, sondern im Opfer, also auch sich selbst, sucht. HALLOWEEN II verwandelt nun dieses in keiner (konventionellen) Hinsicht greifbare Wesen, diese ursprünglichste aller Killermaschinen, die eben wirklich nur durch ihre Morde existiert, in einen durch und durch gewöhnlichen Psycho-Killer, der einfach nicht totzukriegen ist. Er beeilt sich sogar, durch die Offenbarung, dass Laurie Michaels jüngere Schwester ist, im nachhinein eine psychologische Erklärung für die Vorgänge im ersten Teil zu liefern. Der Erfolg von HALLOWEEN und die extremen Reaktionen, die der Film damals bei seinem Publikum hervorgerufen hat, legen die Vermutung nahe, dass den Zuschauern, auf jeden Fall den Kindern und Jugendlichen unter ihnen, zumindest auf einer unbewussten Ebene klar war, dass Michael Myers kein Mensch im eigentlichen Sinne ist, sondern nur ein Gefäß ihrer eigenen nicht einmal genau definierten Furcht darstellt. In diesem Kontext war es beinahe zwingend, dass Michael nur Teenager tötet, Erwachsene haben ganz andere Ängste, deren Gestalt eben nicht der ›Schwarze Mann‹ ist. Die Morde in HALLOWEEN sind zwar sinnlos, aber die Auswahl der Opfer ergibt einen perfekten Sinn. Dieses verstörende Verhältnis, das die herkömmlichen Mechanismen des Horror- und Psycho-Killer-Films praktisch auf den Kopf stellt, wird nun von HALLOWEEN II wieder umgekehrt. Nun machen die Morde von Michael Myers Sinn, er ist nicht mehr als ein Wahnsinniger, der seine ältere Schwester getötet hat und deren Schuld nun auf Laurie projiziert, aber die lange Reihe seiner Opfer ist wenn schon nicht sinn-, so doch zumindest wahllos. Er tötet praktisch jeden, der seinen Weg kreuzt. Das hat natürlich nichts mehr mit dem Konzept des ersten Films zu tun, dafür aber um so mehr mit den unausgesprochenen Mechanismen des Genres. Mit HALLOWEEN

II ist die gerade beginnende Serie schon im ganz und gar Konventionellen angekommen.

Anders als bei FREITAG, DER 13. und bei NIGHTMARE, den anderen beiden großen Serien, die über alle Teile hinweg eine gewisse Kontinuität wahren, gibt es bei der HALLOWEEN-Serie keine durchgängige Linie. Gerade in den ersten Jahren variieren die Konzepte von einem Film zum anderen. Der dritte Teil des *franchise*, Tommy Lee Wallaces HALLOWEEN III (HALLOWEEN III – SEASON OF THE WITCH, USA 1982), ist das komplette Gegenteil von Rosenthals *sequel*. War der zweite Teil so etwas wie eine Kapitulation vor der Entwicklung, die HALLOWEEN ausgelöst hat, bricht der dritte Film dieser Reihe mit allem, was üblicherweise eine Serie kennzeichnet. Außer dem Titel und einem winzigen Cameo-Auftritt von Michael Myers, eine ironische Geste in Richtung der an diesen Film gesetzten Erwartungen, hat HALLOWEEN III mit seinen beiden Vorgängern nichts mehr gemeinsam. Tommy Lee Wallace unternimmt hier den Versuch, eine Serie mitten in ihrem Verlauf in eine ganze andere Richtung zu lenken und damit für neue Möglichkeiten zu öffnen.

Hier geht es nicht mehr um einen Psycho-Killer, der immer an Halloween zuschlägt, sondern um einen dämonischen Spielzeugfabrikanten, der mit Hilfe von Halloween-Masken aus seiner Produktion große Teile der Kinder den alten Göttern der Druiden opfern will. Wallace kehrt damit an die Ursprünge des Halloween-Festes zurück, das bisher nur ein atmosphärischer Hintergrund für die Taten von Michael Myers war. Dabei ist ein Film entstanden, der sich völlig aus den Zusammenhängen des Slasher-Kinos löst. Seine Wurzeln liegen stattdessen im apokalyptischen Horrorfilm der 70er Jahre, in den Geschichten um Zombies und um mutierte Menschen. Da diese Tradition des Genres im Prinzip nie Teil des Teen-Horrors war, verlässt mit HALLOWEEN III eine Film-Serie zum ersten Mal nicht nur ihre bis dahin erzählte Geschichte, sie wechselt auch noch auf ein ganz anderes Terrain über, dessen Anhänger nicht unbedingt mit den Teen-Horror-Fans identisch sein müssen. Gerade dieser Wechsel sämtlicher Bezugspunkte macht Tommy Lee Wallaces sich allen Konventionen verweigerndes *sequel* zu einem der faszinierendsten Experimente innerhalb der Geschichte des 80er Jahre Horrorfilms – ein Experiment allerdings, das sich in keiner Weise durchsetzen konnte.

Mit ihrem vierten Teil, Dwight H. Littles HALLOWEEN 4 – MICHAEL MYERS KEHRT ZURÜCK (HALLOWEEN IV: THE RETURN OF MICHAEL MYERS, USA 1988), kehrte die Serie dann genau zehn Jahre nach Carpenters Original nach Haddonfield und zu den Konventionen des Slasher-Kinos zurück. Von der Geschichte her schließt das dritte *sequel* an Rosenthals Fortsetzung an. Sowohl Michael Myers als auch Dr. Loomis haben die Explosion am Ende des zweiten Teils überlebt. Der Mörder wurde damals allerdings überwältigt und hat die letzen zehn Jahren in einer sicheren Zelle verbracht. Bei dem Versuch, ihn zu verlegen, kann er entkommen und begibt sich wieder, verfolgt von Dr. Loomis, auf den Weg in seine Heimatstadt. In der Zwischenzeit ist Laurie Strode gestorben, aber sie hatte eine kleine Tochter, die nun bei Adoptiveltern zusammen mit deren Tochter aufwächst.

Was den Plot angeht, kopiert der vierte Teil zwar das Original, was die Stimmung betrifft, erinnert er aber mehr an HALLOWEEN II. Wie schon bei Rosenthal steht auch hier die Gewalt im Mittelpunkt. Die interessanteste Neuerung ergibt sich dabei über eine Art von Bürgerwehr, die durch den Ausbruch Michaels alarmiert und von den Erinnerungen an die Ereignisse vor zehn Jahren getrieben eine Jagd auf den Psycho-Killer startet. Die aufgebrachten Familienväter treten dabei direkt in Konflikt mit der Polizei und offenbaren sich so als wüster Lynchmob, dem auch Unschuldige zum Opfer fallen. Mit dieser Nebenhandlung erhält Dwight H. Little eine Tradition des Horror-Kinos aufrecht, die ihre Ursprünge in George A. Romeros DIE NACHT DER LEBENDEN TOTEN (THE NIGHT OF THE LIVING DEAD, USA 1968) hat. Schon in diesem modernen Klassiker des Genres konnte man sich fragen, vor wem einem nun mehr graut, den aus dem Grab zurückgekommenen Zombies, die nur ihren Instinkten folgen, oder den Menschen, die dann Jagd auf sie machen.

So weit geht HALLOWEEN 4 natürlich nicht. Aber er setzt der maßlosen, psychopathischen Gewalt Michael Myers eine Reaktion entgegen, die keinen Zweifel daran lässt, dass unter der dünnen Schicht Zivilisation, die unser Leben und unsere moderne Welt noch gerade so zusammenhält, eine Bereitschaft zur Barbarei liegt, die scheinbar normale Bürger sehr schnell dazu bringt, sich Psychopathen wie Michael Myers anzunähern. Außerdem steckt in der Einführung dieses Motivs der unkontrollierten Selbstjustiz natürlich auch ein gewisser Verweis auf eine Horrorfilmserie, die zu diesem Zeitpunkt, 1988, HALLOWEEN schon den Rang abgelaufen hatte. Die Bürger, die das Gesetz selbst in die Hand nehmen und Richter und Henker in einem spielen wollen, erinnern deutlich an die Eltern aus der Elm Street, die in der Vorgeschichte von NIGHTMARE – MÖRDERISCHE TRÄUME (A NIGHTMARE ON ELM STREET, USA 1984) den Kindermörder Freddy Krueger selbst gerichtet und seine Leiche verschwinden lassen haben.

Als 1988 der vierte Teil der HALLOWEEN-Serie entstand, war der große Boom und damit auch die große Zeit der Slasher-Filme schon vorbei – eine gewisse Ausnahme hiervon war eben nur die NIGHTMARE-Serie um Freddy Krueger. Es entstanden zwar immer noch mehrere *slice'n'dice-movies* im Jahr (die Stalker-Komponente war schon seit längerem aus den meisten dieser Filme verschwunden, was jetzt noch zählte, war wirklich nur der Mord und nicht die ihn vorbereitende Inszenierung mit subjektiver Kamera und der Betonung des voyeuristischen Elements), aber sie richteten sich im Prinzip nur noch an eine eingeschworene Fan-Gemeinde. Dies bedeutete auch, dass der Spielraum für HALLOWEEN 4 und seine beiden, innerhalb der nächsten sieben Jahre entstehenden Nachfolger, Dominique Othenin-Girards HALLOWEEN 5 – DIE RACHE DES MICHAEL MYERS (HALLOWEEN V: THE REVENGE OF MICHAEL MYERS, USA 1989) und Joe Chappelles HALLOWEEN 6 – DER FLUCH DES MICHAEL MYERS (HALLOWEEN VI: THE CURSE OF MICHAEL MYERS), äußerst begrenzt blieb. Die Formeln waren etabliert und den Regisseuren blieb nicht viel mehr übrig, als ihnen zu gehorchen und damit den Erwartungen der Anhänger der Serie und des Subgenres an sich gerecht zu werden. So finden sich zwar in den einzelnen Teilen gelegentlich gelungene, also sehr effektive Szenen, aber insgesamt hinterlassen die

Filme, wie eben die meisten Slasher dieser Phase, keinen weiteren Eindruck.

Die Situation veränderte sich erst wieder entscheidend 1996 durch den Erfolg von SCREAM – SCHREI! (SCREAM, USA 1996). Als der von Wes Craven inszenierte und von dem damaligen Newcomer Kevin Williamson geschriebene Meta-Slasher kurz vor Weihnachten in den amerikanischen Kinos anlief und völlig überraschend zu dem bis zu diesem Zeitpunkt erfolgreichsten Horrorfilm in der Geschichte Hollywoods wurde, entdeckten Produzenten und Publikum ein nun wirklich für tot gehaltenes Subgenre wieder. Von dieser unerwarteten Renaissance sollte auch die HALLOWEEN-Serie noch einmal profitieren. 1998 entstand unter der Regie von Steve Miner, der schon den zweiten und dritten Teil der FREITAG, DER 13.-Serie inszeniert hatte, und unter der Mitwirkung von Kevin Williamson (der allerdings in den Credits des Films nicht erwähnt wird, von ihm stammte aber der erste Entwurf der Geschichte) HALLOWEEN H20 – ZWANZIG JAHRE SPÄTER (HALLOWEEN H20 – TWENTY YEARS LATER, USA 1998).

Wie schon der Titel andeutet, der eben nicht die bisher übliche Durchnummerierung fortsetzt, markiert dieser siebte Teil der Geschichte um Michael Myers so etwas wie einen Neuanfang, der zugleich eine Rückbesinnung auf das Original und seine erste Fortsetzung bedeutet. Steve Miner und die beiden Drehbuchautoren Robert Zappia und Matt Greenberg ignorieren die Entwicklungen, die die Saga in den Teilen vier bis sechs genommen hat, vollkommen und etablieren im Prinzip eine alternative Geschichte, eine Art von Paralleluniversum. Von den Ereignissen in dieser schrecklichen Halloween-Nacht des Jahres 1978 verfolgt, hat Laurie Strode mit der Hilfe von Dr. Loomis ihren eigenen Tod fingiert und lebt nun unter anderem Namen als Rektorin eines abgeschieden gelegenen, exklusiven Internats in Nord-Kalifornien. Sie versteckt sich und ihren gerade 17 Jahre alt gewordenen Sohn John hier vor der Welt. Wobei sie die Erinnerungen an ihren wahnsinnigen Bruder und die Angst vor ihm mit Alkohol und Tabletten bekämpft. Als Michael dann tatsächlich an Halloween wieder in ihr Leben zurückkehrt, muss Laurie ihm

HALLOWEEN H20, der Titel deutet es an: Statt die Nummerierung fortzusetzen, markiert dieser siebte Teil der Geschichte um Michael Myers so etwas wie einen Neuanfang, der zugleich eine Rückbesinnung auf das Original und seine erste Fortsetzung bedeutet.

und ihrer über zwanzig Jahre hinweg immer nur verdrängten Angst endgültig entgegengetreten. Ihre Aufgabe ist es nun, die Geschichte, die 35 Jahre zuvor mit dem Mord an ihrer älteren Schwester begonnen hatte, zu einem Abschluss zu bringen.

HALLOWEEN H20 mag in gewissen Punkten nicht vollkommen geglückt sein – manchmal hat man den Eindruck, dass Miner und seine beiden Drehbuchautoren vor der letzten Konsequenz ihrer Geschichte zurückschrecken. Aber nichtsdestotrotz ist ihnen ein *sequel* geglückt, das im Kontext der Horrorfilm-Serien der letzten dreißig Jahre neben Wes Cravens FREDDY'S NEW NIGHTMARE (WES CRAVEN'S NEW NIGHTMARE, USA 1994) zu den aufregendsten und interessantesten Fortsetzungen und Neuinterpretationen überhaupt gehört. Sie verfolgen dabei eine doppelte Strategie. Zum einen bleiben sie mit dem Handlungsstrang um John, seine Freundin und ein zweites High School-Pärchen den typischen Elementen des Teen-Horror, die schon ein Teil von HALLOWEEN waren, innerhalb eines gewissen Rahmens treu.

Auch wenn John und Molly nicht diejenigen sein werden, die Michael am Ende als *final couple*, wie es in ICH WEISS, WAS DU LETZTEN SOMMER GETAN HAST etabliert wurde, zur Strecke bringen, fügen sie sich bruchlos ein in die Reihe der von existentiellen Problemen belasteten Teenagern, die in den Filmen der späten 90er Jahre an die Stelle der klassischen Opfer und der typischen *final girls* der früheren Produktionen getreten sind. Zum anderen besinnen sich Miner und die Autoren in bestimmten Ansätzen auf die konzeptionelle Seite von John Carpenters Original, die weit über die schließlich zum Standard gewordenen Genre-Mechanismen hinausgeht.

Ganz dem Geist des ersten Teils verhaftet steht hier wieder Laurie Strode im Zentrum der Geschichte, eine Laurie Strode, die älter geworden ist und nun mit ganz anderen Ängsten leben und kämpfen muss als der Teenager vor zwanzig Jahren. H20 schließt zwar an die Ergebnisse des zweiten Teils an und präsentiert damit einen viel realeren Mörder als HALLOWEEN – Michaels Taten sind hier beinahe vollständig erklärbar und ergeben einen schlüssigen Sinn –, aber er integriert diese Einsichten in ein gedankliches Konstrukt, das Rick Rosenthals Film fehlte. Die Erklärungen waren darin nicht viel mehr als ein billiger Taschenspielertrick, eine an den Haaren herbeigezogene Motivierung für ein *sequel*, das doch nur wirtschaftliche Hintergründe hatte. Natürlich steht auch hinter dem siebten Teil die Hoffnung, dass im Zuge von ICH WEISS ... und der SCREAM-Filme auch einer Rückkehr zu einem der Urahnen des Subgenres ein gewisser Erfolg beschieden sein könnte. Doch die Zeiten haben sich in den vergangenen knapp zwanzig Jahren so weit verändert, dass auch ein Slasher-Film aus einer großen Serie jetzt mehr braucht als nur einen schon eingeführten Killer und ein paar auf spektakuläre Weise zu beseitigende Opfer. Die

Ein letzter Blick auf Michael Myers im Jahre 1978, als alles begann. 20 Jahre später sollte der dienstälteste Teen-Killer Hollywoods seinen Kopf verlieren. Und das nicht nur im metaphorischen Sinne.

Kreativität, die vormals weitestgehend in die Morde und ihre Ausführung gesteckt wurde, gilt nun wieder der Geschichte selbst.
Schulstunden. Schon in John Carpenters Original gibt es eine kleine Szene in Lauries Schule, die während einer Englischstunde spielt. Sie dient natürlich erst einmal der Charakterisierung Lauries, die hier zwar unaufmerksam ist, aber, als sie angesprochen wird, die Frage der Lehrerin korrekt beantwortet. Zugleich wird aber über diese Schulstunde ein literarisches Bezugssystem geschaffen. In dem Buch, das Lauries Klasse gerade behandelt, geht es um das Schicksal und seine Bedeutung für den Menschen. In gewisser Form nimmt dieser Unterrichtsstoff die kommenden Ereignisse vorweg. So wie in dem besprochenen Roman das Schicksal personifiziert wird, so ist Michael Lauries Gestalt gewordenes Schicksal. In H20 gibt es wieder eine Schulstunde. Nur ist jetzt Lau-

rie die Lehrerin und der diskutierte Roman ist Mary Shelleys Klassiker der Horrorliteratur »Frankenstein, or The modern Prometheus« (1818; dt. »Frankenstein, oder der moderne Prometheus«). Sie fragt ihre Schüler, wann und warum Victor Frankenstein in der Geschichte bereit ist, seinem Geschöpf entgegenzutreten, und Molly gibt die Antwort, die vielleicht auch Lauries Realität hätte werden können. Frankenstein sei nämlich erst bereit, sich dem Monster zu stellen, als er schon alles, was er je geliebt hat, verloren hat. Es bleibe kein anderer Weg mehr als die Konfrontation, die zu Ende brächte, was er einmal begonnen hat.
Auch wenn die beiden Autoren von H20 – zumindest in der Version des Films, die dann in die Kinos gekommen ist – nicht bis zum Äußersten gehen – Laurie muss nicht alles verlieren, um schließlich die Kraft zu finden, die sie für die letzte Begegnung mit Michael braucht –, sind die Analogien eindeutig. Laurie ist gleichsam Victor Frankenstein und Michael das Monster. Die sich eigentlich daraus ergebende Folgerung, dass Michael das Geschöpf von Laurie ist, wirft dann allerdings schon größere Probleme auf. Zwar ist eine psychologische Konstruktion denkbar, in der Laurie als der jüngeren Schwester, die Michael in der Aufmerksamkeit der Eltern verdrängt hat, indirekt eine Schuld an seinem ersten Mord zukäme (der dann eine Reaktion wäre auf die zweite Vernachlässigung, diesmal durch die ältere Schwester). Doch insgesamt gibt es zu wenige Hinweise innerhalb der Filme, die sie stützen würden. Allerdings schafft H20 mit der zwischen Michael und Frankensteins Monster hergestellten Verbindung einen Bezugsrahmen, der dessen Taten verständlicher macht. Er ist hier das Geschöpf, das Monster seiner Familie – wobei es unwichtig ist, wer nun direkt für sein Verhalten verantwortlich ist oder ob es überhaupt einen in dem Sinne Verantwortlichen gibt. Und alleine die Tatsache, dass er in seine Familie hineingeboren wurde, bindet ihn auf immer an jedes ihrer Mitglieder, auch an die ihm nachfolgenden Generationen. Diese Bindung ist nur durch den Tod zu lösen, entweder den der anderen oder aber seinen eigenen. Wenn Michael am Ende, durch den Autounfall nahezu unbeweglich, die Hand nach Laurie ausstreckt, ist dies eine

sehr ambivalente Geste, die genauso den Wunsch nach Erlösung wie den nach Hilfe ausdrücken kann. Dabei deutet aber mehr darauf hin, dass er hier sterben will. In dem Moment, in dem Laurie seinen Kopf abschlägt, erfüllt sich seine Sehnsucht nach dem Tod, die ihn, das übermächtige Monster, schon vor 20 Jahren getrieben hat. Es ist ein Augenblick der doppelten Erlösung, denn auch Laurie befreit sich hier nun endgültig von den Geistern der Vergangenheit und der Angst, die sie ein halbes Leben lang zu einer Gefangenen gemacht hat. Dieses Finale stellt ein würdiges Ende für eine der einflussreichsten Horrorfilm-Serien der Filmgeschichte dar.

Mutter und Sohn

Die extremen Schwankungen innerhalb der HALLOWEEN-Serie ergaben sich fast zwangsläufig aus den Voraussetzungen, unter denen die einzelnen Filme entstanden sind. Das Original hatte als ein nahezu perfekter Horrorfilm, dessen Geschichte und Inszenierung zugleich noch Ausdruck einer intellektuellen Konzeption sind, die John Carpenter aber nie betont, sondern nur unterschwellig einfließen lässt, Maßstäbe gesetzt, die jedes *sequel* von Anfang an zu einem Wagnis machten, das im Prinzip nur mehr oder weniger scheitern konnte. Eine ganz andere Ausgangsbasis hatte dagegen die FREITAG, DER 13.-Serie, die ihrem Initiator, dem Regisseur und Produzenten Sean S. Cunningham, eine sehr zweifelhafte Berühmtheit beschert hat, die allerdings mehr auf dem schlechten Ruf des ersten Teils der bisher langlebigsten Slasher-Serie basiert als auf einer wirklichen Kenntnis des Films. Noch mehr als dies schon bei HALLOWEEN der Fall ist, kann man die Entstehungsgeschichte von Cunninghams FREITAG, DER 13. als ein klassisches Lehrbeispiel für geglücktes, alle Erwartungen übertreffendes *exploitation filmmaking* heranziehen.

Wie in der großen Zeit von AIP war hier der Titel alles. Bevor auch nur irgendetwas vorhanden war, hat Cunningham über eine große Anzeige den Titel FREITAG, DER 13., der sich natürlich hervorragend für einen Horrorfilm eignet, verkauft. Erst als das erste Geld kam, hat er sich mit dem Drehbuchautor Victor Miller zusammengesetzt und eine Geschichte um den Titel herum gestrickt. Die Dreharbeiten in einem leeren Feriencamp in New Jersey begannen in dem Moment, in dem er eine halbe Million Dollar zusammen hatte. Dabei war Cunninghams erklärtes Ziel, einen »kleinen, Angst auslösenden Film für Zwölfjährige« zu drehen. Genau dieses Ziel hat er erreicht, nur dass es nicht bei den Zwölfjährigen als Publikum geblieben ist. Als FREITAG, DER 13., verliehen von dem Major-Studio Paramount, das die Rechte an dem fertigen Film ersteigert und dabei Konkurrenten wie United Artists und Warner Bros. überboten hatte, 1980 in die Kinos kam, wurde er zu einem phänomenalen Erfolg. So kamen alleine in den 80er Jahren noch sieben *sequels* in die Kinos, von denen die meisten weit mehr Geld einspielten, als sie gekostet hatten. In den 90ern entstand dann mit Adam Marcus' JASON GOES TO HELL – DIE ENDABRECHNUNG (JASON GOES TO HELL: THE FINAL FRIDAY, USA 1993) ein weiterer, zum ersten Mal nach dem Original wieder von Cunningham produzierter Teil. Aber trotz dieser ungeheuren Erfolge (gerade Paramount hat über Jahre hinweg riesige Summen mit der Serie verdient) und der enormen Popularität der FREITAG, DER 13.-Filme hat man sich selbst in Hollywood am liebsten von dieser Serie distanziert.

Anders als bei Teilen der HALLOWEEN-Serie und auch anders als bei den NIGHTMARE-Filmen stehen hinter den FREITAG, DER 13.-Geschichten keine tiefgreifenden gedanklichen Konstrukte und auch keine weiterreichenden Ambitionen. Sean S. Cunningham und seine Nachfolger wollten einfach reines Genre-Kino machen und genau das, nicht mehr und nicht weniger, sind ihre Filme auch. Dies hat natürlich dazu geführt, dass innerhalb der Serie Wiederholungen vorherrschen. Eine einmal erprobte Formel wird immer wieder durchgespielt. Die Variationen bleiben ganz bewusst oberflächlich, schließlich geht es bei dieser Form des Kinos in erster Linie um die Erfüllung bestimmter Erwartungen. Aber auch wenn gerade die späteren Teile der Serie immer mehr ineinander verschwimmen und es keine große Rolle spielt, ob einer von ihnen nun Camp Crystal Lake, den angestammten Schauplatz, verlässt oder nicht, hat die Reihe um die Morde von Mrs. Vorhees und ihrem Sohn Jason doch zumindest mit Cunninghams Original und Steve Miners erstem *sequel* zwei für die Entwicklung des Teen-Horrors zentrale Filme hervorgebracht.

Sean S. Cunninghams Rezept für den ersten FREITAG, DER 13.-Film war eigentlich denkbar einfach. Er hat die Idee von HALLOWEEN auf ihr Grundgerüst – ein psychopathischer Mörder bringt Teenager um, vorzugsweise gerade nachdem sie Sex hatten – reduziert und dann nur die Anzahl der Morde erhöht, deren Darstellung hier nun zudem noch um einiges deutlicher als bei Carpenter ausfällt. Es sind zwar jeweils nur Sekunden, in denen wir sehen, wie einem im Bett liegenden Jugendlichen von unten ein Pfeil durch den Hals gestoßen wird, sodass dessen Spitze durch den Kehlkopf wieder austritt, oder wie der Kopf von Mrs. Vorhees durch die Luft fliegt, aber sie reichen aus, einen extremen Eindruck zu hinterlassen. Die fast ganz auf Stilisierungen verzichtende Inszenierung dieser Gore-Effekte rückte FREITAG, DER 13. in die Nähe des harten Splatter-Films und brachte damit eine Form der Gewaltdarstellung in den *mainstream* – schließlich lief der Verleih und die Promotion über ein großes Hollywood-Studio –, die bisher dem *underground film* und den sogenannten *Midnight Movies* vorbehalten war. Durch diese Öffnung in Richtung explizit inszenierter Gewalt drückte Cunningham, der acht Jahre vorher Wes Cravens DAS LETZTE HAUS LINKS produziert hatte und schon damals bestehende Tabu-Grenzen verschoben hatte, dem Slasher-Genre seinen Stempel auf. HALLOWEEN gab dieser Spielart des Horror-Kinos die Struktur der Handlung vor; FREITAG, DER 13. machte diese sich nicht entscheidend verändernde Struktur für die Fans immer wieder von neuem interessant.

Schönheit. Wenn es um FREITAG, DER 13. geht, scheint dieser Begriff widersinnig zu sein – da er doch für alles steht, was Cunninghams Camp-Horror ganz offensichtlich nicht ist. Wie sollte ein Film, der unter den beschriebenen Voraussetzungen entstanden ist, der nur auf die *basic instincts*, auf unsere Faszination angesichts von Nacktheit und Tod, Sex und Gewalt, setzt, dessen Bilder zudem noch grob und ungeschliffen wirken, schön sein? Natürlich kann das nicht die Schönheit sein, von der Tom Tykwer in einem Essay über HALLOWEEN in der Zeitschrift »steadycam« spricht: »Voller unsichtbarer Experimente, in seiner Konzeption so schlicht und klar, in seinem Innern reich an komplexen Bezügen, ist HALLOWEEN einer der schönsten Horrorfilme aller Zeiten geworden.« Diese Einschätzung beschreibt Carpenters grandiose Studie über die Angst so präzise, wie es nur möglich ist. HALLOWEEN ist ein schöner Film, weil Carpenter ihn als solchen konzipiert hat. Die Schönheit von HALLOWEEN ist eine sehr bewusste, wie auch seine Einfachheit. Der Eindruck des Schönen ist das mit jedem Bild und jedem Schnitt, mit jeder Kamerabewegung und jeder Verlangsamung des Geschehens verbundene Ziel.

Cunningham hat so etwas wie Schönheit nie beabsichtigt. Ihm ging es nur um die Angst des Zwölfjährigen und vielleicht noch um seine Erregung, deswegen der durch Nacken und Hals gestoßene Pfeil und die Partie ›Strip Monopoly‹. Und doch sind ihm auch Momente der Schönheit gelungen, die aber nicht mit der Ästhetik von HALLOWEEN zu vergleichen sind. Es ist die unbewusste Schönheit echter *pulp fiction* wie in der ersten Szene, in der Kamera und Schnitt den Raum auflösen. Das Camp wird darin zum Reich des Voyeurs und Mörders, der mit seinen Blicken in das Pärchen eindringt, bevor er dann mit seiner Waffe auch die Körper der beiden penetriert. Anders als in der Eröffnungssequenz bei Carpenter erscheint der Angreifer hier lange Zeit nicht wie ein Mensch. Ihm fehlt durch die ständig wechselnden Perspektiven jegliche Körperlichkeit. Er ist präsent, ohne greifbar oder auch nur sichtbar zu sein, eine Art von Geist, der sich erst direkt im Augenblick der Tat manifestiert. Camp Crystal Lake gehört ihm. Eine Sequenz wie diese ist reines Kino und schon dadurch schön. In keinem Medium ist eine solche Erfahrung in dieser Weise vermittelbar, ist die Gewissheit der Bedrohung durch den, der einen sieht, und der Machtlosigkeit vor dessen Blick so real.

Das Stalker-Genre, so wie es von HALLOWEEN begründet

wurde, stellte im Prinzip von Anfang an eine Absage an das Konzept der Originalität da. Carpenter zitiert Hitchcock und treibt nur dessen Ideen weiter, aber er kommt damit auf einer neuen Ebene an. Das Originelle ist damit das Ergebnis des geschickten Umgangs mit dem Vorgefundenen. Sean S. Cunnigham, sein Drehbuchautor Victor Miller und auch der Rest des Filmteams, allen voran Harry Manfredini, der Komponist des Scores, treiben diese durch und durch postmoderne Entwicklung noch viel weiter als Carpenter.

Durch seine Anleihen bei HALLOWEEN ist FREITAG, DER 13. an sich schon das Zitat eines Zitats, Kino aus dritter Hand, das zwar nicht mehr die Tiefe seines großen Vorbilds besitzt, dafür aber auf eine andere Art Vergnügen bereitet. Der spielerische Charakter des Slasher-Films beruht eben nicht nur auf der Vorbereitung der Morde, bei der die Filmemacher mit den Erwartungen des Zuschauers spielen. Ein weiteres, im Hinblick auf den interaktiven Charakter der Filme (siehe hierzu auch den Text über die Regeln und Mechanismen des Stalker-Kinos) wichtiges Element sind die Zitate. So wie die typischen Signale für einen Mord, die subjektive Kamera, der Musikeinsatz, sind auch sie ein Angebot an den Zuschauer. Eine Art von Kino-Trivia-Spiel entsteht, bei dem man seine eigene Kenntnis des Genres und der Filmgeschichte insgesamt testen kann.

Die wichtigsten Inspirationsquellen für FREITAG, DER 13. sind neben HALLOWEEN der Hitchcock-Klassiker PSYCHO, den Cunningham noch mehr plündert, als Carpenter es schon getan hat, und Brian De Palmas CARRIE ein zweiter Klassiker des Teen-Horrors. Gleich in der ersten Szene beschwört Cunningham über die Musik von Harry Manfredini Erinnerungen an die Geschichte von Norman Bates herauf. Der Score seines Films verweist in der Art, in der die Streicher eingesetzt werden, direkt auf Bernard Herrmanns Musik zu PSYCHO. Während Carpenter bei seinem eigenen Score zu HALLOWEEN Herrmanns Techniken, die der Musik einen schneidenden Charakter verleihen – jeder Strich über die Saiten gleicht einem Stich mit einem Messer – noch durch den Einsatz elektronischer Instrumente verfremdet, kopiert Manfredini einfach das Motiv von Herrmann, das ja

Das wohl berühmteste Muttersöhnchen der Filmgeschichte: Norman Bates. 39 Jahre nach Anthony Perkins stand Vince Vaughn in dieser Rolle in Gus van Sants PSYCHO (PSYCHO, USA 1999)-Neuverfilmung vor der Kamera.

zu einem musikalischen Standard für Bedrohung geworden ist. Aber dieser Musikeinsatz ist mehr als nur ein akustisches Zitat. Er baut – noch bevor wir irgendetwas wissen – eine Verbindung zu der Geschichte um Marion, Norman Bates, seine Mutter und sein Motel auf. Nur sind wir uns der Bedeutung dieser Verbindung nicht gleich bewusst. Der Score erscheint zunächst einmal nur als eine Konvention, ein weiterer Teil der Patchwork-Struktur des ganzen Films. Das Ausmaß der Verbindung, die zwischen FREITAG, DER 13. und PSYCHO besteht, offenbart sich erst mit Mrs. Vorhees großem Auftritt im letzten Drittel des Films.

In dem Moment, in dem Mrs. Vorhees in der Nacht des Gemetzels im Camp ankommt, erscheint sie Alice als die Rettung. Erst etwas später, als sie von dem Tod des Jungen spricht, der hier vor Jahren ertrunken ist, zeigt sie dann ihr wahres Gesicht und gibt sich als die Mörderin zu erkennen. Nun beginnt eine Jagd, bei der sie immer wieder mit der Stimme eines kleinen Jungen spricht, der sie kommandiert. Diese Stimme war auch schon vorher im Film zu hören, nur konnte man sie bis dahin nie einer Person zuordnen, sie war eher Teil der körperlos erscheinenden Macht, die sich in der Inszenierung der Eingangssequenz manifestiert hat. Die Killerin ist hier von ihrem toten Sohn besessen, ein Teil ihrer Persönlichkeit wurde von ihm übernommen. Damit kehrt sich eben nicht nur das Geschlecht des Mörders im Vergleich zu PSYCHO um, sondern auch das Rollenverhältnis. War Norman Bates in den Momenten der Morde seine Mutter, so ist Mrs. Vorhees hier Jason. In beiden Filmen bestraft die zweite Seite der Persönlichkeit des Mörders sexuell aktive Figuren, denn sie ist es auch, die durch den Sex bedroht wird. Norman bräuchte ›seine Mutter‹ nicht mehr, wenn er eine Partnerin finden würde. Ganz so einfach liegt die Sache allerdings bei Jason nicht. Er ist ertrunken, während zwei Teenager, die eigentlich auf die kleinen Kinder im Camp hätten aufpassen sollen, miteinander geschlafen haben. Die Morde an den Teenagern, die demnächst die Aufsicht im Camp übernehmen sollen, sind mehr als nur Rache. Jede Form von Sex unter ihnen lässt Jason erneut sterben. Über die Morde versichert sich die

Jason-Seite von Mrs. Vorhees ihrer Existenz so wie Mrs. Bates in PSYCHO.

Ein weiterer großer intertextueller Coup gelingt Cunningham dann im Finale. Alice treibt in einem kleinen Ruderboot auf dem See, als plötzlich der halb-verweste Jason aus dem Wasser hochschießt und sie attackiert. Dieser Angriff ist zwar (wahrscheinlich) nur ein Traum, aber gerade das verweist auf den Schluss von CARRIE. Da Cunningham hier zum ersten Mal in der Geschichte und ihrer Inszenierung seine filmischen Vorbilder wechselt und durch die Anspielung in einen ganz anderen Kontext tritt, funktioniert dieses Traumende perfekt. Ihm gelingt es hier tatsächlich, diesen ›Ur-Schock‹, den Brian De Palma mit der aus dem Grab fahrenden Hand seinem Publikum versetzt hat, zu wiederholen. Und – dessen ist sich Cunningham, wie ein Interview mit Maitland McDonagh belegt, nicht einmal selbst bewusst – in gewisser Hinsicht macht dieses Auftauchen von Jason in der Schluss-Sequenz und später auch in den weiteren Teilen durchaus Sinn. Schon der Beginn von FREITAG, DER 13. etabliert schließlich eine gewisse Nähe zu Geisterfilmen. Das Camp Crystal Lake wird heimgesucht – von einer Macht, die anscheinend nicht nur menschlichen Ursprungs ist. Wenn diese Macht als zweite Persönlichkeit Teil von Mrs. Vorhees ist, muss sie in dem Moment, in dem Alice Mrs. Vorhees den Kopf abschlägt, freigesetzt werden. Sie kann also zurückkommen.

Und sie kehrt in Gestalt von Jason zurück – in Steve Miners FREITAG, DER 13. – JASON KEHRT ZURÜCK. Im Prinzip ist dieser Film nur bedingt ein klassisches *sequel*, da bei einer Fortsetzung die Geschichte des Originals beziehungsweise der vorherigen Teile weiterentwickelt wird. Eine solche Weiterentwicklung findet sich in Miners Regiedebüt allerdings nur in der ersten Sequenz, die man völlig losgelöst vom Film betrachten kann. Die eigentliche Handlung beginnt erst nach den *credits*, die auf die Eingangssequenz folgen. Und mit ihr kehrt der Film zurück an den Ursprung der Geschichte um Jason, zurück an den Crystal Lake. Von diesem Moment an ist Miners *sequel* eher eine Wiederholung des Originals als eine Fortsetzung. Allerdings gibt es zwei entscheidende Veränderungen gegenüber Cunninghams Film. Zum einen wird über Jason und seine Hütte im Wald, in der er einen Schrein für den abgetrennten Kopf seiner Mutter eingerichtet hat, ein doppeltes filmisches Bezugssystem geschaffen. Ein bisschen erinnert diese Anhänglichkeit natürlich an PSYCHO, in dem Norman Bates die mumifizierte Leiche seiner Mutter in einem Raum aufbewahrt. Aber noch stärker sind hier die Assoziationen zu Tobe Hoopers TCM. Der im Wald lebende Jason wird so in die Richtung von Leatherface geschoben, auch er ist das Verdrängte, nicht mehr Zivilisierte, der Wolfsjunge als ewiger Killer. Die zweite wichtige Veränderung gegenüber FREITAG, DER 13. betrifft den *look* des Films. Obwohl die Produktionskosten nicht viel höher lagen als bei Cunninghams Original – die Produzenten haben von der Paramount für den ganzen Film genau zweieinhalb Millionen Dollar bekommen, aus denen auch ihr Gewinnanteil kommen musste –, sieht FREITAG, DER 13. – JASON KEHRT ZURÜCK um einiges mehr nach Hollywood aus. Miner verzichtet hier auf den etwas groben Touch, den die Bilder des Originals haben. Er setzt dagegen auf eine stilisierte Eleganz, die jeden Eindruck von Realismus verhindert und somit den spielerischen Charakter des Genres noch betont.

Aber es sind weniger diese Veränderungen als die vor den *credits* liegende Sequenz, die Miners Debüt für alle Zeiten einen Platz in der Liste der Höhepunkte des Slasher-Films sichern wird. Ziemlich genau zwölf Minuten dauert diese Szene, in der Jason den Tod seiner Mutter rächt und Alice in ihrem Appartement tötet. Zwölf Minuten, in denen das Spiel mit der bedrohlichen Wirkung, die von der Kadrierung eines Filmbildes und der Bewegung einer Kamera ausgehen kann, auf die Spitze getrieben wird. Miner arbeitet hier ganz bewusst nicht nur mit der subjektiven Blickführung von HALLOWEEN, sondern erweitert auch das Konzept von Cunninghams Anfangssequenz, indem er zuerst die Füße Jasons ins Bild treten lässt, dann zu einer subjektiven Perspektive und später zu einem den Raum auflösenden ständigen Wechsel der Perspektiven übergeht. Er dehnt hier die klassischen Merkmale bis auf das Äußerste aus, sodass der Mord fast etwas von einer Erlösung hat. Dieser Eindruck lässt sich

Jason ist der ewige Killer. Man muss ihn nicht einmal im Bild sehen, um die Gefahr, die von ihm ausgeht, zu spüren. Er ist weder ein intelligenter Zyniker wie Freddy noch die Verkörperung des Bösen wie Michael Myers. Er legt seine Hände um den Hals seines Opfers und kennt mit ihm kein Erbarmen.

in einem gewissen Rahmen sogar auf Alice selbst übertragen. Sie versucht zwar, ein Leben nach den Ereignissen am Crystal Lake zu führen, doch das gelingt ihr offensichtlich nicht wirklich. Auf der einen Seite will sie – wie das Telefongespräch zwischen ihr und ihrer Mutter unzweifelhaft belegt – um jeden Preis ihre Unabhängigkeit wahren. Auf der anderen Seite ist ihr Leben von Angst und den Erinnerungen an die schrecklichen Ereignisse geprägt. Sie ist eine Gefangene ihrer eigenen Erlebnisse. Erst der Tod befreit sie aus diesem Gefängnis. Ein düsterer und auswegloserer Einstieg in einen typischen Slasher ist kaum denkbar. Dieser ›Kurzfilm‹ vor dem eigentlichen Film repräsentiert so etwas wie die nihilistische Quintessenz eines ganzen Genres. Hinter dem Spiel verbirgt sich die Tragödie.

Die Macht der Träume

Von den drei großen Horrorfilm-Serien der 80er Jahre ist die HALLOWEEN-Reihe wohl die wichtigste, weil mit ihr alles erst angefangen hat, die FREITAG, DER 13.-Reihe sicher die berüchtigste, aber die NIGHTMARE-Reihe die erfolgreichste. In der Geschichte der Slasher-Filme nimmt Wes Cravens NIGHTMARE – MÖRDERISCHE TRÄUME eine ähnlich exponierte Stellung ein wie Carpenters sechs Jahre zuvor entstandener HALLOWEEN. Craven hat mit der Geschichte um den Kindermörder Freddy Krueger, der von den Eltern der Elm Street getötet wurde und nun in den Träumen der Kinder erscheint, um Rache zu nehmen, dem Subgenre einen neuen Schub gegeben. 1984, als der erste NIGHTMARE-Film in die Kinos kam, hatten die letztlich unbesiegbaren Psycho-Killer längst ihren Schrecken verloren. Aber mit Freddy kehrte zumindest für Momente die Angst zurück. Die Bedrohung wechselte aus der Realität ins Reich der Träume und wurde damit ironischerweise um einiges realer. Der Wahnsinnige, der auf beinahe mechanische Weise Teenager aufschlitzt, war eine feste Größe geworden und die Konventionen versprachen eine gewisse Sicherheit, man wusste genau, was einen erwartet, wenn man einen solchen Film anschaut.
Diese Sicherheit löste sich in Cravens Fantasie von den tödlichen Träumen auf. Wie in den BODY SNATCHER-Filmen, in denen sich die Außerirdischen der schlafenden Menschen bemächtigten, wird auch hier der Schlaf zu einer lebensbedrohenden Falle. Da wir aber alle schlafen müssen und keine vollkommene Kontrolle über unsere Träume haben, löst NIGHTMARE eine Form von Angst aus, die um einiges konkreter ist als die vor dem ›Schwarzen Mann‹. Wir können die Verzweiflung und die Panik der Teenager der Elm Street ganz nachempfinden, denn wir alle kennen Albträume und unruhigen Schlaf. Eine Phase der Erholung und der Ruhe, die unser Körper einfach braucht, verwandelt sich in eine Zeit des Schreckens. Anstatt Kräfte zu sammeln für ihr tägliches Leben, verausgaben sich die Jugendlichen nun – zum einen im Kampf gegen den Schlaf und zum anderen im Kampf um ihr Leben während des Schlafs. Wes Craven betreibt hier

eine Verkehrung all dessen, was wir als gegeben voraussetzen. Es gibt keine Sicherheit mehr, denn Freddy, dieses Monster der Träume, kommt nicht mehr von außen, er ist vielmehr Teil seiner Opfer. Er lebt in ihrem Unterbewusstsein, aus dem die Träume Nacht für Nacht heraufsteigen.

Bis Freddy Krueger mit seinem Pizza-Gesicht, dem rot-grün gestreiften Pullover und dem Handschuh mit den Messerklingen Einzug hielt in die Träume, war eines der typischen Merkmale des Slasher-Films, dass die Teenager selbst für ihr Schicksal verantwortlich waren. Sie bringen durch ihr Verhalten, oder genauer gesagt durch ihr Fehlverhalten, und durch ihre ganz spezifischen Ängste das Unheil über sich. Der ›Schwarze Mann‹ holt sie, nachdem sie in der einen oder anderen Form schuldig geworden sind. In NIGHTMARE – MÖRDERISCHE TRÄUME sind nun die Teenager zum ersten Mal wirklich unschuldig. Freddy Krueger bestraft sie nicht für die Fehler, die sie begangen haben, sondern für die Sünden ihrer Eltern. Damit hält ein zutiefst fatalistisches Konzept Einzug in den Slasher-Film. Die Menschen, in diesem Fall natürlich die Teenager, haben ihr Leben in keiner Weise selbst in der Hand. Sie sind nicht nur das genetische Produkt ihrer Eltern, sie sind es auch, die letztlich für deren Handlungen zur Verantwortung gezogen werden. Damit greift Craven das biblische Motiv der Erbsünde auf und löst es aus seinem religiösen Kontext. Jeder von uns ist im Prinzip von dem Moment seiner Geburt an schuldig, denn irgendetwas werden unsere Eltern in ihrem Leben falsch gemacht haben. Eine Flucht vor dieser Erkenntnis ist unmöglich, nur die offene Auseinandersetzung mit den Sünden der Eltern verspricht noch so etwas wie Rettung.

Neben diesem grundsätzlichen Fatalismus spricht aus der Geschichte von NIGHTMARE auch ein tiefes Unbehagen gegenüber den Eltern. Sie mögen einem das Leben geschenkt haben, aber zugleich belasten sie es auch oder können es – im Extremfall – sogar zerstören. In dieser Sicht auf das Verhältnis von Kindern zu ihren Eltern mag sich auch Cravens mehr als problematische Beziehung zu seinen eigenen Eltern (siehe hierzu den Text über Wes Craven) offenbaren. Aber zugleich drückt sie einen allgemeinen Konflikt aus, in dem auch ein Grund für den enormen Erfolg des Films liegen kann. Die Jugend ist immer eine Zeit der Loslösung von den Eltern und der Auflehnung gegen sie. Wenn die Eltern nun Schuld auf sich geladen haben, für die ihre Kinder büßen müssen, dann ist die Revolte gegen sie ein noch entscheidenderer Prozess im Laufe des Erwachsenwerdens. Mit ihr löst man sich nicht nur von seinen Eltern, sondern auch von ihrer Schuld. Nancy muss dem Monster der Schuld entgegentreten und es selbst besiegen, aber im Zuge dieses Kampfes verändert sich eben auch ihr Verhältnis zur alkoholkranken Mutter und dem Vater, der die Familie verlassen hat. Mit Freddy ist das Böse im Slasher-Film zum ersten Mal wirklich aus der Anonymität herausgetreten. Der *boogey man* hat ein Gesicht bekommen, wenn auch ein weitgehend zerstörtes, und er besitzt so etwas wie eine konkrete Identität. Diese definiert sich hier im ersten Teil zwar noch weitgehend über Äußerlichkeiten, die Brandnarben in seinem Gesicht, den Pullover, der stark an den eines Piraten in den klassischen Abenteuerfilmen aus Hollywood erinnert, den Hut, den Tod bringenden Handschuh. Aber zusammen mit dem wenigen, was wir über sein Leben und seinen Tod erfahren haben, ergeben sie doch schon ein etwas anderes Bild, als es im Slasher-Film bis zu diesem Zeitpunkt üblich war. Doch die entscheidende Veränderung ergibt sich daraus, dass Freddy mit seinen Opfern spricht. Er macht zynische Witze über ihre Situation und bedroht sie, nicht nur mit seinen Messerklingen, auch mit seinen Worten. Die HALLOWEEN-Filme und die FREITAG, DER 13.-Serie schufen dadurch eine gewisse Distanz zu ihrem Killer, dass diese kein bisschen sprechen. Sie verfolgen einfach nur mechanisch ihr Ziel, das in der Auslöschung der Teenager besteht.

Das stumme, eher an eine Maschine als an einen Menschen erinnernde Vorgehen von Michael Myers in HALLOWEEN wurde zu einem Standard, mit dem erst Wes Craven konsequent brach. Freddy, den Hans Schifferle einmal treffend als ›Stand-up-Monster‹ beschrieben hat, ist eine bei aller Härte durchaus auch ironische Inkarnation des Bösen, die man – wie immer wieder von verschiedensten Autoren betont wurde – zu hassen liebt. Schon in den *sequels* zu HALLO-

WEEN und FREITAG, DER 13. gab es die Tendenz, die Killer zumindest für eine gewisse Zeit im Film zu ›Sympathieträgern‹ zu machen, die Figuren töten, die das Publikum auch tot sehen will. Mit der Figur von Freddy erreicht diese Seite des Slasher-Kinos eine neue Dimension. Die Ideen und Kommentare des *dream killer* provozieren zustimmende und jubelnde Reaktionen geradezu und je weiter sich die Serie entwickelt hat, desto mehr ist Freddy bei ihren Fans zu einer echten Kultfigur geworden. Damit treibt er das ambivalente Verhältnis zum Killer, das immer Teil dieses Subgenres war, auf die Spitze. Er ist der Held, dem zugejubelt wird wie früher in den Arenen des römischen Reichs den Gladiatoren, wenn sie ihre Gegner zerstückelt haben, und er ist das Böse, das am Ende jedes Films besiegt werden muss, damit wir wenigstens eine Zeit lang unsere Ruhe finden. So dienen die Filme der NIGHTMARE-Reihe noch mehr als alle anderen *slasher movies* einem in doppelter Hinsicht kathartischen Effekt. Durch die Morde und die Bemerkungen Freddys kann man jede Form von Aggression und Gemeinheit ausleben, um dann durch den Triumph des *final girl* seine Angst vor dem Tod zu überwinden.

In einer Hinsicht unterscheidet sich die NIGHTMARE-Reihe von allen anderen Horrorfilm-Serien der 80er Jahre. Sie wahrt zwar über die Zeit und die einzelnen Teile hinweg ihre Kontinuität, aber sie begnügt sich nicht damit, einfach nur das Bekannte zu wiederholen und es höchstens mit ein paar oberflächlichen neuen Wendungen in der Geschichte zu versehen. In nahezu jedem Teil der Serie präsentieren die Drehbuchautoren und der Regisseur einen etwas anderen Ansatz für die Geschichte von Freddy und den Elm Street Kids. So hat sich die NIGHTMARE-Reihe beinahe zu so etwas wie einem Kompendium des modernen Horrors ausgeweitet, in dem Cravens Grundidee der tödlichen Träume jeweils als Ausgangspunkt genommen wird, von dem aus man an die verschiedensten Orte gelangt.

Die radikalste Neuinterpretation bot dabei Jack Sholders NIGHTMARE 2 – DIE RACHE (A NIGHTMARE ON ELM STREET 2: FREDDY'S REVENGE, USA 1985), der fünf Jahre

Die radikalste Neuinterpretation der ursprünglichen NIGHTMARE-Geschichte bietet Jack Sholders NIGHTMARE 2 – DIE RACHE. In dem 17-jährigen Jesse (Mark Patton) findet Freddy einen Körper, in dem er sich wieder frei, außerhalb der Traumwelten bewegen kann – um zu töten.

nach dem Original spielende zweite Teil der Serie. Der 17jährige Jesse ist gerade mit seinen Eltern in das Haus gezogen, in dem Nancy Thompson die Nemesis der Kinder der Elm Street überwunden hatte. Nun beginnen ihn Albträume zu quälen. Doch diesmal will Freddy mehr als nur den Tod der Teenager, die von ihm träumen, er will einen Körper, den von Jesse, um sich wieder frei auf der Welt bewegen und überall töten zu können. Aus dem Abstieg ins Reich der Albträume wird in David Chaskins Drehbuch eine beinahe klassische Form von Horrorgeschichte. Er greift Elemente von Geistergeschichten, in denen die Geister in einem Haus gefangen sind, auf und verbindet sie mit dem Motiv der Besessenheit. So schränkt das *sequel* auf der einen Seite die Macht von Freddy Krueger ein – er ist davon abhängig, dass ein Teenager in dem Haus seiner Niederlage lebt – und erweitert auf der anderen Seite seinen Wirkungskreis. Wenn er von Jesse Besitz ergriffen hat, kann er ihn als menschliches

Werkzeug benutzen und jeden wachen oder schlafenden Menschen töten.

Ausgehend davon, dass Freddy immer noch ein Monster des Unbewussten ist, das sich zunächst in den Träumen des Jugendlichen manifestiert, variiert Chaskin hier das klassische Motiv von Dr. Jekyll und Mr. Hyde. Freddy wird zur dunklen Seite des Jugendlichen, über die er seine Gewaltfantasien ausleben kann. Jesse ist der neue Junge in der Stadt und kann so seinen Hass auf die fremde Umgebung ausleben. Mehr noch als in Cravens Original ist Freddy in diesem *sequel* auch das Böse in den Jugendlichen. Aber trotzdem kann er hier nicht gewinnen, da Chaskin am Ende noch einmal die literarischen Bezugspunkte wechselt. Aus der Variation der klassischen Horrorgeschichte von Robert Louis Stevenson wird eine Hommage an das Märchen »Die Schöne und das Biest«. Jesse wird von seiner Freundin Lisa gerettet, die bereit ist, rückhaltlos an das Gute in ihm zu glauben. Sie küsst ihn, als Freddy schon beinahe endgültig seinen Körper übernommen hat, und vernichtet damit den Dämon Krueger. Die Liebe bringt Jesse zurück. NIGHTMARE 2 nimmt damit eine Sonderstellung in der Geschichte des Slasher-Films ein, in dem die Liebe eigentlich nie eine Macht war – eine andere Ausnahme wären hier nur noch die beiden ICH WEISS …-Filme, aber selbst in ihnen verbindet das schließlich überlebende Pärchen in ihrem Kampf gegen den Killer weit mehr als nur ihre Gefühle füreinander.

An dem Drehbuch zu Chuck Russells NIGHTMARE 3 – FREDDY KRUEGER LEBT (A NIGHTMARE ON ELM STREET 3: DREAM WARRIORS, USA 1987), dem dritten Teil der Serie, war neben Bruce Wagner, Frank Darabont und Russell selbst auch Wes Craven, der Erfinder von Freddy, beteiligt. Auch wenn es bei insgesamt vier Drehbuchautoren, die in den 80er Jahren jeder für sich zu den interessantesten Genre-Autoren Hollywoods zählten, praktisch unmöglich ist, zu sagen, wer nun für welchen Aspekt des Films verantwortlich ist, macht sich hier doch die Rückkehr von Craven deutlich bemerkbar. Hatte Chaskin die Geschichte im Prinzip in eine ganz andere Richtung getrieben, baut NIGHTMARE 3 direkt auf den Ereignissen des ersten Teils auf. Mit Nancy

Thompson und ihrem Vater kehren sogar zwei seiner Hauptfiguren zurück.

Schon in NIGHTMARE – MÖRDERISCHE TRÄUME bekam die Geschichte um Freddy und seine Opfer durch das Konzept der auf die Kinder übertragenen Schuld einen religiösen Unterton, der nun zum Leitmotiv wird. Der dritte Teil erzählt nicht mehr nur von dem Kampf einiger Teenager gegen ein in ihrem Unterbewussten lebendes Monster, in ihm findet vielmehr eine Schlacht des uralten Krieges zwischen Gut und Böse, Himmel und Hölle statt, ausgetragen im Reich der Träume. Freddy ist nun mehr als nur ein Kindermörder, der nach seinem gewaltsamen Tod in den Träumen von Jugendlichen wiederkehrt, er offenbart sich hier als eine Inkarnation des Bösen schlechthin.

In einer psychiatrischen Anstalt von 100 geisteskranken Verbrechern gezeugt, die einer nach dem anderen eine dort als Schwester arbeitende junge Nonne vergewaltigt haben, war Freddy von Anfang so etwas wie der Anti-Christ, die Essenz alles Bösen auf der Erde. Nach seinem Tod hat er in der Welt der Träume sein Reich geschaffen, das nichts anderes als die Hölle ist. In ihr lebt er und wird stärker mit jedem Kind, das er tötet. Die Seelen derer, die er sich geholt hat, sind gefangen in seinem Körper. Freddy ist zu einer Erscheinungsform des Teufels selbst geworden und der Kampf gegen ihn ist einer um die Seelen seiner Opfer. Geführt wird er von Nancy, die als studentische Assistentin an eine psychiatrische Klinik gekommen ist, einem dort beschäftigten Arzt und einer Gruppe Jugendlicher, den letzten noch lebenden Kindern derer, die damals Freddy in einem Akt grausamer Selbstjustiz gerichtet haben. Außerdem werden sie noch vom Geist der Nonne unterstützt, die Freddys Mutter war. Einem Engel gleich erscheint sie immer wieder dem Arzt, um ihm den richtigen Weg zur Vernichtung des Bösen zu weisen.

In der Regel ist der Slasher-Film, und das unterscheidet ihn ganz deutlich von den klassischen Spielarten des Horror-Genres, ganz und gar eine Angelegenheit der Menschen. Mit ihm wurde praktisch die Religion, das Konzept des Göttlichen gegenüber dem Menschlichen, aus dem Horror verbannt.

Das Böse wurde endgültig zu einer rein irdischen Macht. NIGHTMARE 3 bringt nun ganz typische Motive eines von religiösen Vorstellungen bestimmten Horrors in dieses Subgenre ein. Um Freddy zu vernichten, müssen seine sterblichen Überreste in geweihter Erde begraben werden. Dabei werden Kreuz und Weihwasser wie in klassischen Vampirgeschichten zu Waffen, mit denen der Mensch gegen die Mächte des Bösen antreten kann. In dieser Hinsicht schlägt der dritte Teil der NIGHTMARE-Serie einen Sonderweg innerhalb seines Subgenres ein. Er versucht, das Motiv des Slashers in einen größeren Zusammenhang zu stellen, der sich nicht mehr nur psychologisch deuten lässt. Das Mystische wird zumindest für einen Moment wieder zu einer festen Größe, und dies in einer Phase, in der das ganze Horror-Genre sich weitgehend säkularisiert zeigte und sich höchstens einiger Motive der Voodoo-Religion bediente.

Nach dem großen, in jeder Hinsicht eher untypischen Entwurf, den Craven und seine Co-Autoren mit dem dritten Teil der Serie gewagt hatten, bedeutete das nächste *sequel*, Renny Harlins NIGHTMARE ON ELM STREET 4 (NIGHTMARE ON ELM STREET 4: THE DREAM MASTER, USA 1988), eine Rückkehr auf ein eher konventionelles Terrain. Von allen sieben NIGHTMARE-Filmen kommt er einem klassischen Slasher am nächsten, auch wenn die Wiederauferstehung Freddys, bei der ein Feuer ausscheidender Hund eine zentrale Rolle spielt, mehr an die Konventionen der Hammer-Vampirfilme der 60er und 70er Jahre erinnert. Harlin zollt hier diesen meist ziemlich absurden Anfangssequenzen, in denen der vernichtete Dracula im Zuge unglaublicher Umstände wieder zum Leben erwacht, auf eine äußerst ironische Weise Tribut und setzt damit ein erstes Signal. Nach dem düsteren dritten Teil nimmt die Serie jetzt eine Wendung hin zum *camp-horror*. Eine gewisse Form von schwarzem Humor kennzeichnete zwar auch schon die vorherigen Teile, aber ganz im Gegensatz zu ihnen nimmt sich NIGHTMARE ON ELM STREET 4 selbst nicht richtig ernst. Über allem liegt ein ironisches Augenzwinkern, das uns auffordert, Spaß zu haben und diesmal auch nicht mehr zu erwarten. Anders als in den drei vorherigen und in den drei noch kom-

NIGHTMARE 4 bietet ein überraschend großes Ensemble von mitwirkenden Jugendlichen. Der Film versucht einen Neuanfang der Serie mit Hilfe einer ordentlichen Prise Humor.

menden Teilen gibt es hier kein großes Thema, keinen außergewöhnlichen Ansatzpunkt, dafür hat er aber eine Heldin, die es in gewisser Hinsicht durchaus mit den großen *final girls* des Genres, mit Laurie und Nancy, aufnehmen kann, nur dass ihre Voraussetzungen für den Kampf gegen das Böse eigentlich noch schlechter sind als die der anderen. Harlin spielt mit den vertrauten Elementen der Serie und setzt dabei in einem noch stärkeren Maß auf Effekte. Aufgrund von Cravens Ausgangsidee, die unsere reale Welt um die Ebene der Träume ergänzt, mussten die NIGHTMARE-Filme an sich schon mehr als jede andere Slasher-Serie auf *special effects* zurückgreifen. Doch in der Regel ist es den Regisseuren trotz allem gelungen, sie ganz der Geschichte und der Atmosphäre unterzuordnen. Nur im vierten Teil verselbständigen sich die Effekte etwas, sie sind Teil des ironisches Konzeptes, das ganz bewusst eine gewisse Distanz zu den überdrehten Ereignissen provoziert. Nur widersetzt sich die Geschichte, die Harlins Film zugrunde liegt, im Prinzip dieser Strategie.

Seine Heldin Alice Johnson ist vielleicht die tragischste Figur der ganzen Serie. Sie wird von eigentlich ganz normalen Ängsten gequält, wie sie jeder Teenager kennt. Nur sind sie bei ihr ins Unermessliche gesteigert und löschen sie als eigenständige Person fast völlig aus. Den Spiegel in ihrem Zimmer hat sie vollständig mit Fotografien von ihren Freunden und ihrer Familie überdeckt. Erst als Freddy alle Jugendlichen in ihrem Umkreis einen nach dem anderen tötet, nimmt sie die Fotos Schritt für Schritt ab. So wird mit jedem Mord ihr Spiegelbild größer. Freddy nimmt Alice alle Menschen, die ihr wichtig waren, hinter denen sie sich aber auch versteckt hat, und gibt ihr damit ein eigenes Ich zurück. Ein bisschen ist dieses verlorene Mädchen wie Victor Frankenstein, der sich dem von ihm geschaffenen Monster erst stellt, als es alle Menschen um ihn herum getötet hat – nur dass in NIGHTMARE ON ELM STREET 4 noch ein Fantasy-Element hinzukommt. Alice ›erbt‹ von jedem ihrer verstorbenen Freunde dessen besondere Fähigkeit. Während die anderen sie vorher unsichtbar machten, ist es nun Alice, die sie in sich aufnimmt. Sie findet dadurch die Stärke, die sie braucht, um gegen Freddy zu kämpfen. Diese düstere Grundidee vom Teenage-Girl, das nur durch den Verlust von allem, was ihm einmal etwas bedeutet hat, erwachsen werden kann, verliert sich aber weitgehend in den Effekten und den Gags, die gar keinen Ernst aufkommen lassen wollen.

So wie das Horror-Genre in den 80er Jahren überhaupt, so war auch die NIGHTMARE-Serie ein Sprungbrett für viele junge Regisseure, die entweder mit ihrer Episode debütierten oder aus anderen Ländern kamen und noch nicht lange in Hollywood tätig waren. Die Geschichten um die Morde Freddy Kruegers boten dabei diesen jungen Filmemachern ein ideales Feld für stilistische Experimente. Da Träume und ihre visuelle Gestaltung in ihnen eine so große Bedeutung haben, besitzt der jeweilige Regisseur eine relativ große Freiheit. Das verhältnismäßig kleine Budget der einzelnen Filme schränkt diese Freiheit zwar wieder etwas ein, zwingt aber auf der anderen Seite zu einer besonderen Kreativität.

Wenn man nun die Reihe der Regisseure betrachtet, die für fünf der sieben Filme verantwortlich waren – die anderen beiden stammen von Wes Craven selbst –, dann hat Stephen Hopkins die ihm gegebenen Möglichkeiten mit NIGHTMARE ON ELM STREET 5 – DAS TRAUMA (A NIGHTMARE ON ELM STREET 5: THE DREAM CHILD, USA 1989) am interessantesten genutzt. Hopkins hat mehr als alle anderen an der Serie beteiligten Regisseure auf Stil gesetzt. Dabei hatte er das Glück, dass die Geschichte seines Teils von den beiden Comic-Autoren und Horror-Kennern John Skipp und Craig Spector stammt. Die beiden haben zwar nicht das Drehbuch geschrieben, aber die Einflüsse aus dem Comic-Sektor sind auch so unübersehbar. Zum einen sind sie ein direkter Teil der Geschichte: Freddy wird hier zu einem übermächtigen Superbösewicht, den die Teenager zu überwinden versuchen, indem sie sich in ihren Träumen in Superhelden mit übermenschlichen Kräften verwandeln.

Zum anderen prägen sie den Stil des Films. Hopkins arbeitet hier in einigen Momenten mit einer Technik, die gezeichnete Comic-Situationen direkt in Realfilm überführt. So findet die Strategie dieser Geschichte, die Neuerfindung eines Kino-Mythos aus dem Geist von Comic-Erzählungen heraus, ihren Ausdruck am deutlichsten in der Inszenierung. NIGHTMARE ON ELM STREET 5 gewinnt durch diese ungewöhnlichen Tricks, die über den für die Serie üblichen Gebrauch von Spezialeffekten weit hinausgehen, eine einzigartige Dynamik. Er hat etwas von einer Achterbahnfahrt durch ein *funhouse*, wobei die Bilder eine Comic-Qualität entwickeln, die selbst in Filmen, die direkt auf Comics basieren, eher selten sind. Ihren absoluten Höhepunkt erreicht diese visuelle *tour de force* dann im Showdown, der wie fast immer in Freddys Reich stattfindet, das in diesem Fall aussieht, als sei es eines der ›Gedankenbilder‹ des niederländischen Graphikers Maurits Cornelis Escher. In einer für den Teen-Horror, der gerade in den 80er Jahre meist von einem sehr funktionalen Stil geprägt war, eher untypischen Weise setzt Stephen Hopkins ganz auf die Bilder. Sie erzählen mehr als nur die Geschichte selbst und bekommen so wirklich einen traumähnlichen Charakter. Verspielt und surreal, düster und hintergründig, all das sind Hopkins' Bildkompositionen, die direkt ins Unterbewusstsein des Zuschauers vordringen und

Alice (Lisa Wilcox) erwartet ein Baby – und Freddy nistet sich in dessen Träumen ein. Gelingt es ihm, dessen Seele zu okkupieren, wird er in diesem fünften NIGHTMARE-Film wiedergeboren.

zum ersten Mal innerhalb der Serie Albträume nicht einfach bebildern, sondern sie in einer an das Kino Dario Argentos erinnernden Weise direkt in Kino verwandeln.

Von allen Teilen der NIGHTMARE-Serie hat der sechste, Rachel Talalays Regiedebüt FREDDY'S FINALE – NIGHTMARE ON ELM STREET 6 (FREDDY'S DEAD: THE FINAL NIGHTMARE, USA 1991), zu Unrecht den schlechtesten Ruf. Den Showdown in 3-D zu drehen, war zwar nicht gerade die beste und auch nicht die originellste Idee, aber im Prinzip geht es gerade in diesem Teil gar nicht mehr um Effekte. Sie sind nicht mehr als eine Form von modernen Gimmicks, dazu gedacht, einen Film zu verkaufen, der es sonst alleine von seiner Thematik her nicht leicht an der Kinokasse hätte.

Die Teenager der Elm Street waren in allen Teilen Verlorene, die sich deutlich von den Jugendlichen in den anderen Slasher-Filmen absetzen. Von ihren Träumen gequält, durch die Sünden der Eltern belastet, verkörperten sie die dunklen Seiten des Teenager-Lebens, die in den Filmen von John Hughes, in DAS DARF MAN NUR ALS ERWACHSENER (SIXTEEN CANDLES, USA 1984), BREAKFAST CLUB – DER FRÜHSTÜCKSCLUB (BREAKFAST CLUB, USA 1985), L.I.S.A. – DER HELLE WAHNSINN (WEIRD SCIENCE, USA 1985) und auch in FERRIS MACHT BLAU (FERRIS BUELLER'S DAY OFF, USA 1986), ausgeblendet wurden. *Teenage angst*, kaputte Familien, der Tod der besten Freunde, all das war immer Teil der Serie, die – mehr noch als es im 80er Jahre Teen-Horror die Regel war – die Zeit der Jugend als eine besondere Form der Hölle darstellt – einer im Prinzip selbst geschaffenen Hölle, deren Teufel seinen Ursprung im eigenen Unterbewusstsein hat.

Rachel Talalay, von der auch die Idee für diesen Teil stammt, und ihr Drehbuchautor Michael De Luca gehen hier noch einen Schritt weiter in dieser Richtung. Die Teenager, die nun von Freddy in ihren Träumen heimgesucht werden, sind die Vergessenen, die Ausgestoßenen, Ausreißer und Misshandelte, Süchtige und Gestörte, die in einer Art Asyl leben, betreut von ein paar Erwachsenen, die einen eigentlich hoffnungslosen Kampf für die Zukunft dieser Kinder führen. Dazu gehört die Psychologin Dr. Maggie Burroughs, die hier das eigentliche Ziel von Freddys Bestrebungen ist. Er will sie, seine Tochter, übernehmen, um so seine Herrschaft des Schreckens uneingeschränkt fortsetzen zu können.

Die Kindheit und Jugend erscheint als Hölle, der man auch später nie mehr ganz entfliehen kann, und die Welt als eine apokalyptische Vision, in der eine Gemeinde ohne Kinder einer surrealen Geisterstadt gleicht. Wie schon der dritte Teil der Serie fügt auch FREDDY'S FINALE die Geschichte des im Unterbewusstsein – nicht nur in dem der Teenager, sondern in dem unserer gesamten Zivilisation – lebenden Kindermörders in einen größeren Zusammenhang ein. Dem religiösen Entwurf von Chuck Russells NIGHTMARE-Film stellt Rachel Talalay einen existentiellen entgegen, der allerdings durch die Idee von den uralten Wesen, die Freddy seine

Macht gegeben haben, etwas abgeschwächt wird. Aber auch dieses ein wenig störende mystische Konstrukt sollte man ähnlich wie die 3-D-Sequenz nur als Beigabe verstehen, als Zugeständnis an Konventionen, denn sieht man einmal davon ab, entzieht sich dieser sechste Teil der Reihe – so weit dies im Rahmen der erfolgreichsten Horror-Serie der 80er Jahre überhaupt möglich ist – allen typischen gedanklichen und emotionalen Konstellationen, die das Slasher-Genre von Anfang an beherrscht haben.

FREDDY'S FINALE sollte der endgültig letzte Teil der NIGHTMARE-Serie werden. Deshalb schließen Rachel Talalay und Michael De Luca den Kreis, der mit Wes Cravens Original begann. Doch sie setzen seinem Postulat der Erbsünde ein bei weitem hoffnungsvolleres Konzept der menschlichen Existenz entgegen. Während in NIGHTMARE – MÖRDERISCHE TRÄUME die Schuld der Eltern auf dem Leben ihrer Kinder lastete und niemand Herr seines eigenen Schicksals war, haben die Figuren hier eine Chance zur Selbstbestimmung. Die Sünden der Eltern sind nicht Teil des Erbguts und sie alleine sind es auch nicht, die den Menschen formen. Was macht die Menschen zu dem, was sie sind? Talalay und De Luca nähern sich auf verschiedenen Ebenen und beinahe über jede Figur ihrer Geschichte dieser Frage. Doch im Mittelpunkt stehen zweifellos Freddy selbst und seine Tochter Maggie. Die Wege ihrer Entwicklung haben dabei so etwas wie stellvertretenden Charakter.

Der Ausgangspunkt für beide ist in etwa ähnlich. Freddy ist der Sohn von 100 geistesgestörten Schwerverbrechern, Maggie wiederum ist Freddys Tochter. Die Szenen aus der Kindheit und Jugend des späteren Kindermörders legen nahe, dass er nie eine große Chance hatte. Die anderen Kinder haben ihn wegen seiner Herkunft von Anfang an ausgeschlossen, der brutale Pflegevater hat ihn misshandelt. Wenn Freddy also überhaupt eine Möglichkeit hatte, seine Herkunft zu überwinden, so wurde diese in seiner Kindheit zunichte gemacht. Er ist das Monster, das sich unsere Gesellschaft selbst geschaffen hat. Maggie dagegen ist stark genug, sich ihrem ›Erbe‹, auf das Freddy jetzt all seine Hoffnungen setzt, zu entziehen. Sie ist der Mensch, der sie selbst sein will, und nicht das Produkt dessen, was andere, gerade auch ihr Vater, in ihr sehen wollen. Ihr Sieg über Freddy ist damit ein zweifacher. Durch ihn erschafft sie sich selbst und entzieht damit sowohl allen biologischen als auch allen soziologischen Erklärungsansätzen menschlichen Verhaltens die Grundlage. Das Monster mag in unserem Unterbewusstsein sitzen, sein Wachsen mag durch unsere Umwelt noch begünstigt werden, aber wir besitzen die Kraft, uns beiden Einflüssen zu entziehen. Darin liegt die große Hoffnung des sechsten Teils der NIGHTMARE-Serie, die keiner der vorherigen Filme so deutlich formuliert hat. Dass es nun eine Erwachsene ist, die diesen Sieg davonträgt, steht dabei nicht im Widerspruch zu den Konventionen des Teen-Horrors. Er ist eine verspätete oder sogar zweite Initiation, von der gerade für Jugendliche eine weitere Hoffnung ausgeht. Im Gegensatz zu praktisch allen anderen Teen-Slasher-Geschichten ist hier mit dem Erwachsenwerden noch nicht alles entschieden.

Auch wenn FREDDY'S FINALE ursprünglich der Abschluss der Serie sein sollte, kam drei Jahre später mit dem wieder von Wes Craven geschriebenen und inszenierten FREDDY'S NEW NIGHTMARE noch ein siebter Teil der Serie in die Kinos, der dem *dream killer* Freddy eine ganz neue Bedeutung gibt. Craven setzt hier die Geschichte nicht einfach fort, sondern trägt sie im wahrsten Sinne des Wortes hinter die Kulissen. Die Figuren sind nicht mehr erfundene Charaktere, stattdessen bedroht das ewige Böse, eine gestaltlose Kraft, die sich Freddy als ihre moderne Erscheinungsform ausersehen hat, die Schauspieler und die Filmemacher selbst. Hollywood wird zum Schauplatz des Kampfes gegen diese ur-böse Macht, die Fantasien der Filmmetropole werden zu Waffen.

FREDDY'S NEW NIGHTMARE ist mit seiner Reflexion über die Macht des Kinos und die Notwendigkeit von düsteren, gelegentlich auch harten Schauermärchen unzweifelhaft einer der ganz großen Horrorfilme der 90er Jahre und zugleich wahrscheinlich eines der innovativsten *sequels* in der Filmgeschichte überhaupt. Doch im Rahmen der Entwicklung des Teen-Horrors ist es etwas ganz anderes, das ihm eine besondere Bedeutung und eine einzigartige Stellung verleiht. Das Grundkonzept aller zweiten Teile von erfolgreichen Teen-Horrorfilmen genauso wie aller Trilogien, Tetralogien und Serien in diesem Bereich des Kinos bestand immer darin, dass die Produzenten auf die nachkommenden Teenager setzten. Es spielte keine Rolle, ob die Zuschauer, die einmal das Original zu einem Erfolg gemacht hatten, beim dritten oder vierten *sequel* längst in einem solchen Alter waren, dass sie sich ganz andere Filme anschauten, schließlich waren genügend Jugendliche nachgekommen. Insofern wurden das Original genauso wie alle nachfolgenden Teile in der Regel für die gleiche Altersschicht gedreht. Die Serie alterte, aber nicht ihr Publikum.

Wes Craven hat für FREDDY'S NEW NIGHTMARE genau den anderen Weg gewählt, »da das Publikum des ersten NIGHTMARE-Films jetzt genau in diesem Alter [zwischen 25 und 30 Jahren] ist, wollte ich einen Film für sie drehen«. So bricht er mit dem siebten Teil der Serie aus den typischen Mechanismen einer solchen Reihe von Filmen aus und führt Freddy damit zugleich aus dem Bereich des Teen-Horrors heraus. Anders als bei HALLOWEEN III, bei dem Tommy Lee Wallace zwar auch mit einer Grenzüberschreitung experimentiert, aber im Prinzip vor der letzten Konsequenz zurückgeschreckt hat – sein dritter Teil ist kein klassischer Teen-Horror, aber er ist immer noch Horror für die Teens –, ist hier tatsächlich ein *sequel* entstanden, das bewusst darauf setzt, dass die Fans des Originals älter geworden sind und sich im Lauf der Zeit deren Interessen und Einstellungen verändert haben (für eine weitere Diskussion dieses Films siehe den Text über Wes Craven).

Die klassischen Monster

Der Teen-Horror, und nicht nur der, stand in den 80er Jahren weitgehend im Zeichen all der Slasher, die immer wieder zurückkehrten. Wie kaum jemals in einer anderen Phase der Geschichte des Horrors wurde das Genre in dieser Zeit damit von einem einzelnen Typus von Geschichten be-

Nach sieben Albtraum-Filmen kann selbst ein untoter Serienkiller wie Freddy Krueger schon einmal durchdrehen...

herrscht. Alle anderen großen Figuren der Horrormythologie hörten zwar nicht ganz zu existieren auf, aber sie führten eindeutig ein Schattendasein. Es gab natürlich immer wieder einzelne Filme, die einen bestimmten Mythos für einen Augenblick populär machten und ein paar neue Variationen der klassischen Geschichten hervorriefen, doch in der Regel war ein solcher Boom genauso schnell vorbei, wie er gekommen war. Der Vampir, das vom Menschen geschaffene Monster und der Werwolf, die drei großen Protagonisten des Horrors, die alle eine Grundform der Erfahrung des Bösen repräsentieren und schon deshalb über Jahrzehnte hinweg das Genre dominiert haben, waren plötzlich von dem gesichtslosen Psycho-Killer, dieser diffusesten aller

Inkarnationen unserer Ängste, verdrängt worden. Selbst in den Bereichen des Genres, die sich nicht speziell an Teenager richteten, hatten sie es in den 80ern schwer, aber im Teen-Horror standen sie wirklich auf verlorenem Posten.

Unter den Werwolf-Filmen dieser Dekade kann man nur zwei wirklich zum Teenager-Kino zählen. Denn in John Landis' AMERICAN WEREWOLF (AN AMERICAN WEREWOLF IN LONDON, USA 1981), einem der berühmtesten und erfolgreichsten Lykanthropie-Filme der 80er Jahre, sind die Protagonisten schon Anfang 20 und damit etwas zu alt. Die schwarzen Humor mit drastischen Effekten verbindende Geschichte zweier amerikanischer Studenten, die in einem englischen Moor von einem Werwolf angegriffen werden, zielt zwar auf ein ähnliches Publikum ab wie die Teen-Horrorfilme, aber sie baut darauf, dass Teenager im Publikum durchaus bereit sind, sich auch mit älteren Figuren zu identifizieren, die wiederum zugleich eine etwas ältere Zuschauerschicht mit ansprechen. Von den beiden Werwolf-Filmen, die sich weitgehend auf Teenager konzentrierten, ist dann noch einer, Rod Daniels TEENWOLF (TEENWOLF, USA 1985), im eigentlichen Sinne kein Horrorfilm. Michael J. Fox muss hier zwar feststellen, dass er ein Werwolf ist, stellt aber keine Gefahr dar, weil seine Spezies es geschafft hat, ihre Impulse unter Kontrolle zu bringen. Rod Daniels Komödie ist eine Art Gegenentwurf zu dem Drive-in-Film DER TOD HAT SCHWARZE KRALLEN. Hier wird der Außenseiter, durch das, was ihn von der Mehrheit trennt, statt zum Mörder zum Star. Eines der klassischen Handlungsschemata des Teen-Horrors besteht darin, dass ein Jugendlicher Zeuge eines Ereignisses wird, das ihn auf die Spur eines Monsters führt. Wenn er dann versucht, die Erwachsenen zu alarmieren, glaubt ihm niemand. Es bleibt ihm also nichts anderes übrig, als den Kampf mit dem Monster alleine aufzunehmen, in manchen Fällen dabei noch von ein paar engen Freunden (darunter kann auch ein Erwachsener sein, der dem Jugendlichen vertraut) unterstützt. Nach diesem Prinzip kann jede Form von Teen-Horrorgeschichten funktionieren; und ein Film, der ihm folgt, ist Daniel Attias' Stephen King-Verfilmung DER WERWOLF VON TARKER MILLS (SILVER BULLET, USA 1985). Hier ist es der an einen Rollstuhl gefesselte Marty Coslaw, der zusammen mit seiner Schwester Jane und seinem Onkel Red einen sich in jeder Vollmondnacht in einen Werwolf verwandelnden Reverend zur Strecke bringt. Attias und King arbeiten in dieser Geschichte im Prinzip mit allen typischen Elementen dieses standardisierten Handlungsschemas und des klassischen Werwolf-Mythos. Die einzige einschneidende Veränderung, die sie hier vornehmen, bleibt die Behinderung Martys. Dadurch ist der Junge im Prinzip noch hilfloser, als es die Protagonisten der Teen-Horrorgeschichten an sich schon sind. Er braucht auf jeden Fall Hilfe, die hier nun aus seiner Familie heraus kommt. Der Zusammenhalt der Familie, oder zumindest bestimmter Teile von ihr, wird zum entscheidenden Mittel im Kampf gegen das Böse. Attias und King beschwören die klassischen amerikanischen Familienwerte und erschaffen damit eine Welt, die man durchaus als Gegenentwurf zu den düsteren, von Verfall und Zerfall der Familie handelnden Geschichten Tobe Hoopers sehen kann. Eine noch untergeordnetere Rolle als der Werwolf spielte im Kino des Teen-Horrors der 80er Jahre das vom Menschen künstlich geschaffene Monster. Eigentlich greift nur ein Teenager-Horrorfilm dieses Motiv auf und gibt ihm ein neues, zeitgemäßes Gewand, Wes Cravens DER TÖDLICHE FREUND (DEADLY FRIEND, USA 1986 – siehe hierzu auch den Text über Wes Craven). Alle anderen 80er-Jahre-Interpretationen passen aus dem einen oder anderen Grund nicht in die Kategorie des Teen-Horrors. John Hughes' L.I.S.A. – DER HELLE WAHNSINN arbeitet zwar mit direkten Verweisen auf James Whales FRANKENSTEIN (FRANKENSTEIN, USA 1982), die klassische Verfilmung von Mary Shelley Roman, doch geht es dabei nur um die Erschaffung eines künstlichen Wesens. Die von zwei *nerds* geschaffene Frau ist alles andere als ein Monster. Sie gleicht eher einer guten Fee, die ihre Schöpfer sicher an einigen Klippen der Jugend vorbei lenkt und ihnen hilft, zu sich selbst zu finden.

Was schon für AMERICAN WEREWOLF galt, trifft auch auf die berühmteste in den 80er Jahren entstandene Variation von diesem Mythos zu. Nahezu alle Figuren in Stuart Gordons RE-ANIMATOR (RE-ANIMATOR, USA 1985) sind etwas zu alt. Außerdem folgt Gordon mit dieser Adaption eines Stoffes von H. P. Lovecraft einer ganz anderen Tradition als der des Teen-Horrors. Ihre Wurzeln liegen in den Stücken des Grand Guignol mit seinen bewusst provokanten Grausamkeiten. Damit setzt sich RE-ANIMATOR noch deutlicher als Landis' Film von allem ab, was man mit dem Begriff Teen-Horror verbindet. Der Weg, den Gordon hier eingeschlagen hat, gleicht damit eher einer Suche nach einer Form von Horror, die bei aller Drastik und Komik doch so etwas wie die ›erwachsene‹ Seite des Genres repräsentiert, als einem Versuch, den Teen-Horror in eine neue Richtung zu treiben.

Angst und Verführung

DER WERWOLF VON TARKER MILLS und DER TÖDLICHE FREUND zählen zu den unbekannteren Teen-Horrorfilmen der 80er Jahre. Beide haben keine großen Spuren hinterlassen, weder in ihrem Genre noch in den Erinnerungen des Publikums, obwohl zumindest Cravens Geschichte von dem genialen Jugendlichen, der nur das Beste will und damit ein Monster schafft, eine der interessantesten Variationen des Frankenstein-Motivs darstellt. Um einiges erfolgreicher waren dagegen Tom Hollands DIE RABENSCHWARZE NACHT – FRIGHT NIGHT (FRIGHT NIGHT, USA 1985) und Joel Schumachers THE LOST BOYS (THE LOST BOYS, USA 1987), die beiden großen in dieser Zeit entstandenen Teen-Vampirfilme. Beide sind schon nach nur wenigen Jahren zu modernen Klassikern des Genres geworden, die aufgrund ihrer ganz und gar verschiedenen ästhetischen Konzeptionen stellvertretend für die Entwicklungen innerhalb des (Horror-)Kinos der letzten zwanzig Jahre stehen können.

Es hätte die Nacht für Charley werden können. Seine Freundin Amy ist zum ersten Mal bereit, mit ihm zu schlafen. Doch er macht den Fehler, zur falschen Zeit einen kurzen Blick zum Fenster hinauszuwerfen. Dabei sieht er, wie zwei Männer in das gerade neu bezogene Haus nebenan einen Sarg tragen. Als großer Fan der alten Horrorfilme wird er sofort misstrauisch und vergisst Amy darüber vollkommen, die verärgert

DIE RABENSCHWARZE NACHT – FRIGHT NIGHT, ein sehr klassisch inszenierter Teen-Horror-Vampirfilm, gehört heute bereits zu den Klassikern des Genres.

aus dem Zimmer und dem Haus stürmt. Seine Neugier lässt Charley auch weiter hinter Jerry Dandridge und seinem Mitbewohner Billy Cole herspionieren. Dabei wird er Zeuge, wie Dandridge sich in einen Vampir verwandelt und eine junge Prostituierte tötet. Am nächsten Tag holt er die Polizei. Doch deren kurzer Besuch im Nachbarhaus bringt Charley nur Ärger ein; der Polizist glaubt natürlich nicht an Untote, dafür hat der Junge sich aber Dandridge endgültig zum Feind gemacht. Da auch Amy und sein bester Freund ›Evil Ed‹ ihn für verrückt halten, sieht Charley nur noch einen Weg, um sich zu retten. Er wendet sich an Peter Vincent, der früher einmal den Vampirjäger in einer Reihe von billigen Horrorfilmen gespielt hat und nun als *host* beim lokalen Fernsehsender in der ›Fright Night‹ genannten Programmschiene alte Horrorfilme ankündigt. Aber auch Vincent glaubt Charley zunächst nicht, ist aber, nachdem ihm Amy Geld geboten hat, bereit, sich Jerry Dandridge einmal anzusehen. Dabei entdeckt er nur durch Zufall, dass dieser so freundlich wirkende, kultivierte junge Mann tatsächlich ein Vampir ist. Daraufhin will er zunächst nur noch raus aus der Stadt, entscheidet sich aber im letzten Moment doch dafür, den Jungen bei seinem Kampf gegen das Böse zu unterstützen.
DIE RABENSCHWARZE NACHT gehört zu den ungewöhnlichsten Horrorfilmen seines Jahrzehnts. In ihm kommt zusammen, was so eigentlich nur in den Köpfen und Träumen der Horrorbegeisterten nebeneinander existiert: die Vergangenheit des Genres mit seinen kleinen, naiven Filmen und den ungeheuer theatralischen Figuren vermischt sich mit seiner Gegenwart, die in den unscheinbaren Vorstädten mit all ihren Teenagern spielt, die sich nach dem ersten Mal sehnen – beinahe so, als hätte das Hammer Studio eine Vampirgeschichte gedreht, die Mitte der 80er Jahre in Shermer, Illinois, spielt. Ein wunderbar altmodischer und zugleich ganz zeitgemäßer Horrorfilm ist dabei entstanden, von Tom Holland geschrieben und inszeniert aus dem Geist der Filme, die er selbst in den 50er und 60er Jahren im Kino und im Spätprogramm der Fernsehsender gesehen hat, wobei er aber nie die Teenager der 80er Jahre vergißt, die John Hughes' Teen-Dramen so erfolgreich gemacht haben.

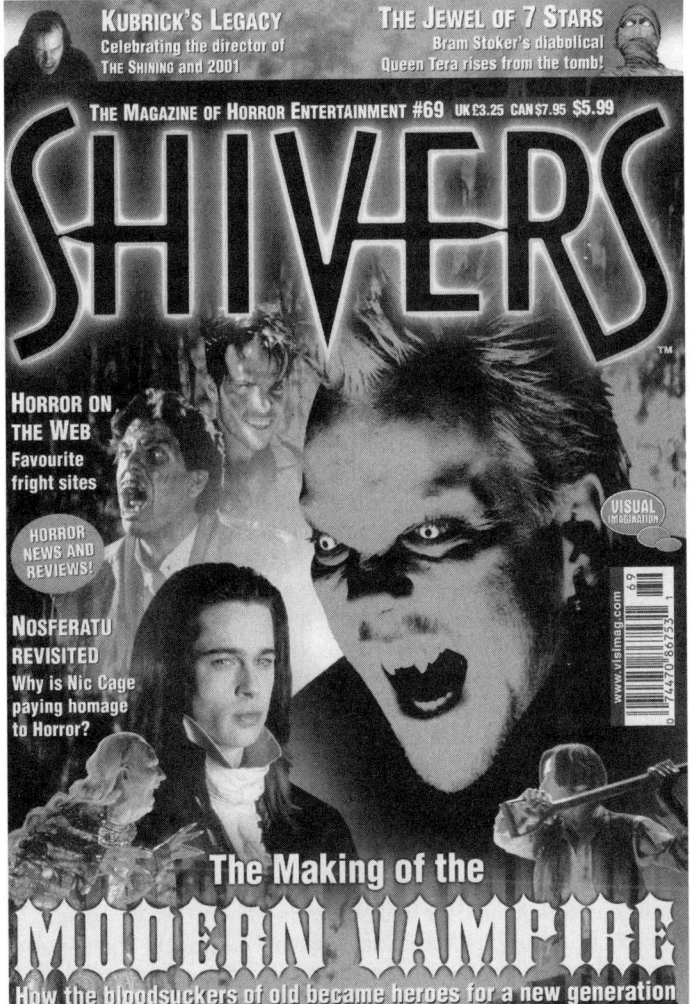

Auf einem Bild vereint: die großen Horrorfilme der späten 80er bis mittleren 90er Jahre. Von DIE RABENSCHWARZE NACHT bis Neil Jordans INTERVIEW MIT EINEM VAMPIR (INTERVIEW WITH A VAMPIRE, USA 1994).

Das Neue an DIE RABENSCHWARZE NACHT ist gerade sein Umgang mit der Vergangenheit. Während Filme wie AMERICAN WEREWOLF oder auch RE-ANIMATOR mit der Vergangenheit der von ihnen reaktivierten Mythen entweder ganz gebrochen haben oder aber nichts anderes in ihr sehen als ein Potenzial für böse Gags und drastische Witze, um so dem in die Jahre gekommenen Mythos Schwung zu verleihen, besinnt sich Holland einfach auf das, was er selbst einmal an dem Genre und dem Vampir-Mythos geliebt hat, und beweist im selben Zug, dass die klassischen Elemente des Horrors nichts von ihrem Reiz und ihrer Macht über uns verloren haben. Sein Drehbuch gleicht einer Liebeserklärung an die Zeiten, als Vampire noch die glamouröse Seite des Bösen verkörperten und die Vampirjäger edle Kämpfer für das Gute waren.

Zugleich setzt Holland in der Figur des Peter Vincent all den altgewordenen und von Hollywood ausrangierten Horrordarstellern ein Denkmal, die dann bei kleinen Fernsehstationen in billigen Pappmaché-Kulissen und übertriebenen Kostümen einem jugendlichen Publikum Horrorfilme präsentierten. Als Hollands Film entstand, waren diese in den 50er und 60er Jahren zu kleinen Ikonen gewordenen *horror hosts* schon weitgehend aus den Fernsehprogrammen verschwunden. Ihre Zeit war abgelaufen, das machte sie zu komischen und zugleich tragischen Figuren. Diese Ambivalenz nutzt Tom Holland auf ideale Weise. Gerade die komischen Elemente von DIE RABENSCHWARZE NACHT hängen sehr stark mit der Figur des *horror host* zusammen. Doch es ist eine Komik, die Vincent nie zu einer lächerlichen Gestalt macht. Ganz im Gegenteil, eine Aura von Tragik umgibt diesen Schauspieler, der seine große Zeit in *camp*-Filmen hatte, nie ein wirklicher Star war und nun gegen das Vergessenwerden ankämpft. Mit seiner Entscheidung nicht mehr nur ein Schauspieler zu sein, der immer Vampirjäger gespielt hat, und stattdessen selbst zum Vampirjäger zu werden, gewinnt er eine Würde, die ihm wahre Größe verleiht.

Der Wandel, den die Zeit dem Genre gebracht hat, wird in DIE RABENSCHWARZE NACHT selbst zum Thema. Als Charley den *horror host* Peter Vincent das erste Mal trifft, hat man

Als Marcy in EINE SCHRECKLICH NETTE FAMILIE sah sie weniger furchterregend aus: Amanda Bearse verwandelt sich in EINE RABENSCHWARZE NACHT – FRIGHT NIGHT in einen Vampir.

den gerade gefeuert. Die Jugendlichen wollen keine in billigen Studiokulissen gedrehten Vampir- und Monsterfilme mehr, ihre (Anti-)Helden sind geisteskranke Killer, die Jagd auf kreischende Teenager machen. Genau diesem Trend hin zu immer zynischeren, immer brutaleren Geschichten setzt Holland seine Geschichte vom Vampir von nebenan entgegen. Natürlich kann auch er hier nicht ganz auf Blut und Gore-Effekte verzichten, aber er integriert sie in einen Rahmen, der von den klassischen Vampirromanen und -filmen abgesteckt worden ist. All die alten Regeln wie die, dass Vampire ein Haus nur betreten können, wenn sie vom Besitzer eingeladen wurden, gelten noch. Sie geben die Entwicklung der Handlung vor und schaffen zugleich Spielraum für eine gewisse Komik, die auf den Kenntnissen der Zuschauer basiert.

Auf eine ganz und gar unaufdringliche Weise nimmt Tom Holland hier schon einen Trend des Teenager-Kinos vorweg, der sich erst in den späten 90er Jahren entfalten sollte und in dessen Zuge immer mehr berühmte Romane und Stücke der Weltliteratur ins High-School-Milieu übertragen wurden. Holland orientiert sich bei DIE RABENSCHWARZE NACHT auf sehr subtile Weise an den Konstellationen von Bram Stokers »Dracula« (1897). Für beinahe jede seiner Figuren gibt es ein Vorbild in dieser berühmtesten aller Vampirgeschichten. Charley entspricht Jonathan Harker, der als erster das Geheimnis des Vampirs entdeckt; Jerry Dandridge ist ein moderner Dracula, ein Mann, der es perfekt versteht, sich unter Menschen zu bewegen und sie für sich zu gewinnen, Eigenschaften, die den transsylvanischen Vampirfürsten spätestens seit seiner Verkörperung durch Bela Lugosi kennzeichnen; Amy ist nach dem Vorbild von Mina Harker gestaltet, der großen Liebe Jonathans, die unter den Einfluss Draculas gerät; Charleys Freund ›Evil‹ erleidet ein ähnliches Schicksal wie Renfield im Roman, nur verwandelt er sich viel schneller in einen Vampir; und Peter Vincent ist ein zögernder und bei weitem nicht so abgebrühter Nachfolger von Professor van Helsing. Hollands Film wird so zu einer echten Adaption von Stokers Roman, das heißt, er verfilmt ihn nicht einfach, sondern nimmt zentrale Elemente aus ihm heraus und passt sie der Zeit und dem Schauplatz seiner Geschichte an. So treffen die Charaktere aus Stokers Horrorklassiker auf Figuren wie aus den Teen-Filmen von John Hughes und daraus ergibt sich eine Geschichte, die auf der einen Seite völlig zeitlos ist und auf der anderen so ziemlich alles verkörpert, was typisch für dieses Genre in den 80er Jahren war. Kaum ein anderer Teen-Horrorfilm dieser Zeit ist dem naiven Charme und dem unschuldigen Reiz, den das Horrorkino in den Zeiten des B-Films besaß, so nahe gekommen wie DIE RABENSCHWARZE NACHT. Sein *sequel*, Tommy Lee Wallaces MEIN NACHBAR, DER VAMPIR (FRIGHT NIGHT PART II, USA 1988), zählt dann nicht mehr direkt zum Bereich des Teen-Horrors, da Charley nun schon etwas älter ist. Obwohl er insgesamt nicht an Tom Hollands Original heranreicht und in der Literatur meist ganz übergangen wird, so gehört er doch zu den interessantesten Fortsetzungen der 80er Jahre. Nun ist Jerry Dandridges Schwester, ein äußerst attraktiver weiblicher Vampir, hinter Charley und Peter Vincent her, sie will Rache für den Tod ihres Bruders. Wallace gelingt es hier wirklich, auf den Ereignissen von DIE RABENSCHWARZE NACHT aufzubauen und die Geschichte konsequent weiterzuentwickeln.

Joel Schumachers THE LOST BOYS, der zweite große Teenager-Vampirfilm der 80er Jahre, verdankt seine Entstehung zu großen Teilen auch dem Erfolg von DIE RABENSCHWARZE NACHT, der den Vampirfilm wiederauferweckt hat. Doch Schumacher geht einen ganz anderen Weg als Tom Holland. Seine Neu-Interpretation des Vampirmythos ist dabei so etwas wie ein Gegenentwurf zu dem Retro-Touch der Geschichte um Charley und Peter Vincent. Dabei ähneln sich die Ausgangssituationen der beiden Filme sogar entfernt. Wieder ist es ein Teenager, der sich gegen das Böse verteidigen muss, doch hat er diesmal zum einen mehr Verbündete, zum anderen aber auch mehr Gegner.

Sam ist gerade zusammen mit seinem ein paar Jahre älteren Bruder Michael und seiner frisch geschiedenen Mutter Lucy nach Santa Clara, einer kleinen Gemeinde an der Westküste, gekommen, wo sie alle bei Lucys recht merkwürdigem Vater leben werden. Zwei Dinge fallen gleich bei der ersten Fahrt durch die kleine, von einem direkt am Meer gelegenen Vergnügungspark dominierte Stadt auf. Auf der einen Seite tummeln sich ungewöhnlich viele Jugendliche auf den Straßen, auf der anderen hängen bald an jedem freien Platz in der Stadt Plakate, auf denen nach vermissten Kindern und Jugendlichen gesucht wird. Santa Clara scheint Paradies und Bermuda-Dreieck für Jugendliche in einem zu sein. Schon bald wird Sam hinter das Geheimnis von Santa Clara kommen. Eine Gruppe von Vampiren macht in den Nächten Jagd auf die nichtsahnenden Jugendlichen und eines ihrer Opfer ist Michael. Er beginnt, sich langsam in einen Vampir zu verwandeln, Rettung ist nur noch möglich, wenn jemand den Kopf der Vampir-Clique tötet. Unterstützung im Kampf um das Leben seines Bruders findet Sam bei Edgar und Alan Frog, zwei Teenagern, die im lokalen Comic-Shop arbeiten und es sich zur Lebensaufgabe gemacht haben, gegen Vampire und für den ›amerikanischen Weg‹ zu kämpfen. Zusammen mit Michael und Star, die so wie Sams Bruder auch noch nicht ganz zum Vampir geworden ist – beide haben bisher noch nicht getötet und Blut getrunken –, treten Sam und die Frog-Brüder den Geschöpfen der Nacht entgegen und besiegen sie tatsächlich in einer wüsten Schlacht im Haus von Sams Großvater. Doch damit ist das Problem noch nicht gelöst.

»Jeden Tag schlafen. Jede Nacht Party. Niemals älter werden. Niemals sterben. Es macht Spaß, ein Vampir zu sein.« Mit diesen Verlockungen hat der Verleih auf den Plakaten von THE LOST BOYS für den Film geworben und sie umreißen sein Konzept ziemlich genau. Die Versprechungen, die sich hier an das Leben als Vampir knüpfen, sind die Versprechungen des Rock'n'Roll. Der Vampir, allen voran der von Kiefer Sutherland gespielte David, der von seiner Frisur und seinem Auftreten ganz bewusst an Billy Idol erinnert, wird zu einer Art von Rock-Star und er kann in einer Zeit wie den 80er Jahren auch gar nichts anderes sein. Janice Fisher, James Jeremias und Jeffrey Boam, die Drehbuchautoren von THE LOST BOYS, folgen damit einem Konzept, das ein paar Jahre zuvor durch zwei Romane, S. P. Somtows »Vampire Junction« (1984, dt. »Ich bin die Dunkelheit«) und Anne Rices »The Vampire Lestat. The Second Book in the Chronicles of the Vampires« (1986, dt. »Der Fürst der Finsternis«), in die Vampir-Mythologie eingeführt worden ist.

Der Vampir ist nicht mehr der untote Außenseiter, der ein Leben im Schatten führt, er wird zum Rebellen, zum Star und zum Vorbild der Jugendlichen, die sich durch seine Form der Existenz ihre Jugend erhalten und damit den Traum des Rock'n'Roll leben können. Dabei braucht er nicht einmal wie die beiden Vampire bei Rice und Somtow wirklich als Rock-Musiker aufzutreten. Es reicht aus, die Bedingungen seiner Existenz nur ganz und gar auszunutzen, dann gleicht sein Leben automatisch dem eines exzessiven Rockstars. Der Preis, den er für die ewige Jugend zahlen muss, das Blut der anderen, erscheint dabei gar nicht so hoch. Daran ändert auch die Entwicklung der Geschichte von THE LOST BOYS wenig. Auch wenn am Ende der Wille zur Menschlichkeit über Sehnsucht nach der ewigen Jugend triumphiert, lässt

»Jeden Tag schlafen. Jede Nacht Party. Niemals älter werden. Niemals sterben. Es macht Spaß, ein Vampir zu sein.« Der Vampir David (Kiefer Sutherland) wird zu einer Art von Rock-Star.

Film-Archiv Lothar R. Just

Joel Schumacher wenig Zweifel daran, dass der verbotene Weg Davids um einiges reizvoller ist als der ›amerikanische Weg‹, den die Frog-Brüder propagieren. Amerika rettet sich zwar in einem *last stand* gegen den Angriff der Vampire, aber der Traum des Rock'n'Roll wird auch weiterhin bestehen.
Entsprechend der Parallelen zwischen dem Vampir-Dasein und den Sehnsüchten des Rock'n'Roll führt Joel Schumacher einen neuen Stil in den filmischen Kosmos des Teen-Horrors ein. Seine Inszenierung, die auf eine grandiose Ausstattung und glamouröse Bilder setzt, ist geprägt von MTV und dem ›High Style‹ der beiden Scott-Brüder, die in den 80er Jahren die ersten waren, die konsequent die Ästhetik der Werbung für den Film genutzt haben. Alleine die Höhle, in der David und seine Clique leben, ist ein wahrer Traum. Sie ist viel mehr als nur eine einfache Höhle. Vor 80 Jahren hatte sich hier bei einem großen Beben die Erde geöffnet und ein wundervolles Jahrhundertwende-Hotel versinken lassen, dessen fast noch vollständig erhaltene, nun mit einem riesigen Jim Morrison-Poster dekorierte Eingangshalle die Höhle ausfüllt. Die Welt der Jahrhundertwende, das Zeitalter eines Bram Stoker und eines James M. Barrie, trifft sich mit

der Welt von Pop und Rock'n'Roll. Eine morbide Dekadenz verbindet sie beide und findet ihren perfekten Ausdruck in dem verschwenderischen Stil Joel Schumachers. In den eleganteren, aufwendiger produzierten Teen-Horrorfilmen, die sich anders als DER TÖDLICHE FREUND und DIE RABENSCHWARZE NACHT ganz bewusst von der Ästhetik des Kinos eines John Hughes absetzen wollten, herrschte in den 80er Jahren immer eine Ikonographie des Albtraums vor, das gilt für die NIGHTMARE-Filme genauso wie für DAS KABINETT DES SCHRECKENS oder den eher *gothic*-geprägten PARANOIA. Mit dieser Tradition bricht Joel Schumacher hier ganz deutlich. Seine Bildern spiegeln Träume, nicht Albträume wieder. Ihre Eleganz ist unwiderstehlich und entwickelt einen Sog, der der moralischen Entwicklung der Geschichte auf einer unterbewussten Ebene entgegenläuft. THE LOST BOYS ist nicht ein Kino des Schreckens, sondern eines der Verführung. Er handelt wie fast alle Teen-Horrorfilme von einer Initiation und ist zugleich selbst eine für den (jugendlichen) Zuschauer, der fortgerissen wird in eine dekadent-sinnliche, düster-strahlende Welt, in der Erwachsenwerden auch so etwas wie den Gewinn der ewigen Jugend bedeuten kann.

THE LOST BOYS, der Titel sagt es einem eigentlich recht deutlich – zumindest wenn man in der englischsprachigen Kultur aufgewachsen ist oder wenigstens einige ihrer großen Geschichten und Märchen kennt –, ist eine Art von Adaption, die einen klassischen Stoff, James M. Barries »Peter Pan« (1911), in einem ganz neuen Gewand präsentiert. Die Teen-Vampire um David sind die *lost boys*, die verlorenen Jungen, die Peter Pan in Barries weltberühmter Geschichte um sich geschart hat, mit denen er in Neverland lebt und seine ewige Jugend teilt. Bei Barrie sind sie wirklich eine Bande von kleinen Jungen, die alle mögliche Spiele machen und Abenteuer erleben; bei Schumacher werden sie zu einer wilden Gang, die auf Motorrädern durch Santa Clara und seine Umgebung rasen und sich damit die Zeit vertreiben, sich wie Teen-Rebellen aus einem Film der 50er Jahre aufzuführen, die abends auf dem Karussell des Vergnügungsparks die anderen Besucher belästigen, die ständig feiern und ihre

unendliche Jugend in jeder Form genießen. Nur wer ist Peter Pan und wer ist Wendy?
Eine Zeit lang scheint alles eindeutig zu sein. David müsste Peter Pan sein und die Figur der Wendy würde in zwei Charaktere zerfallen. Zum einen wäre da Star, Davids Begleiterin, seine Liebe, die auch noch nicht ganz dazu gehört, zum anderen Michael, der eingeführt wird in das Neverland der Nacht, das Santa Clara für einen Vampir sein kann. Doch in dieser Konstellation stimmt natürlich die Analogie der Figuren nicht. Bei Barrie ist Peter Pan der älteste der Jungen, der in Wendy seine Begleiterin und eine Mutter für die *lost boys* sucht. Und so ist es dann auch. Max, der nette, charmante Videothekenbesitzer um die 40, der der Mutter von Lucy, Sam und Michael den Hof macht, ist Peter Pan und Lucy soll seine Wendy werden. Geht man von Barries Roman aus, ist die Wendung, die THE LOST BOYS am Ende nimmt, nicht nur logisch, sondern zwingend. Erst mit ihr gibt sich Schumachers Film endgültig als inoffizielle Verfilmung von »Peter Pan« zu erkennen. Und nur wer bei der Geschichte um den ewigen Jungen an nichts anderes als an die Disney-Zeichentrickversion des Stoffes denkt, kann angesichts der Idee, dass Peter Pan und die *lost boys* Vampire sind, überrascht sein.
Schon bei Barrie ist Peter Pan alles andere als ein strahlender Held. Er ist ein Fanatiker der ewigen Jugend, einer, der sich verweigert und nebenbei durchaus böse sein kann. Die Entführung Wendys, die Art, in der er den Kampf gegen Captain Hook führt, der Druck, den er aufgrund seiner Vorstellungen auf andere ausübt, das alles macht ihn in Barries Romanversion des Stoffes zu einer ambivalenten Figur, vor der man auch zurückschrecken kann. Außerdem liegt es einfach nahe, eine Analogie herzustellen zwischen Peter Pans ewiger Kindheit und dem ewigen Leben des Vampirs. Das Drehbuch von THE LOST BOYS setzt auf diese Analogie und entwickelt aus ihr seine Geschichte. Dabei entsteht eine grandiose moderne Version von »Peter Pan« für die Teenager des ausgehenden Jahrhunderts. Ein Klassiker der Kinderliteratur verwandelt sich in einen der schönsten Teen-Horrorfilme überhaupt und erfährt in ihm seine ideale Neu-Interpretation.

Von Killern und Außenseitern

Die 80er Jahre waren das goldene Zeitalter der Teenager-Filme und des Teen-Horrors. In dieser Zeit beherrschten sie die Fantasien Hollywoods wie nie zuvor. Doch mit dem Ende des Jahrzehnts ebbte die Teen-Welle ab. Die Teenager, die immer noch die wichtigste Zielgruppe der Traumfabrik waren und es auch heute noch sind, sehnten sich nach anderen Geschichten als denen, die John Hughes auf der einen und die Slasher-Filme auf der anderen Seite erzählten. Sie fanden neue Helden und die Teen-Filme verschwanden im Schatten von Comic-Verfilmungen und Action-Komödien, teuren Sommer-Blockbustern und kleinen ›Generation X‹-Geschichten. Natürlich entstanden immer noch vereinzelte Teenager-Filme, die versuchten, die Traditionen der 80er Jahre für die 90er neu zu beleben, doch die richtige Wende kam erst im Jahr 1996, ein paar Tage vor Weihnachten, als SCREAM anlief. Mit diesem Slasher-Film, der zugleich eine Reflexion über Slasher-Filme darstellt, haben Kevin Williamson und Wes Craven Hollywood für das Teen-Kino zurückerobert. Nun waren Teenager-Geschichten mit ihren Problemen und ihren Träumen, mit ihrer Angst und ihrer Sehnsucht, nicht mehr nur eine Sache des amerikanischen Fernsehens, sie kehrten zurück auf die große Leinwand. Ein Wechselspiel zwischen den beiden Medien entstand, das in kürzester Zeit eine ganz Reihe von Stars hervorbrachte und Teen-Kino und -Fernsehen zu einer Blüte verhalf, die es durchaus mit dem goldenen Zeitalter aufnehmen konnte.
Aber natürlich hat sich einiges verändert. Die große Zeit des Teen-Kinos im letzten Drittel der 90er Jahre ist nicht einfach eine Wiederholung dessen, was schon einmal in den 80ern da war, sie ist etwas Neues und bringt ihre ganz eigenen Phänomene mit. So strukturiert sich die Geschichte des Teen-Horrors in den 90ern – und das gilt für das ganze Jahrzehnt – nicht um ein Subgenre, den Slasher-Film, und einige dominierende Film-Serien herum. Im Zentrum der 90er Jahre-Teen-Horrors stehen vielmehr gewisse Themen, das des Übergangs von der Jugend zum Erwachsensein und das des Außenseiters als zentraler Figur im hierarchisierten High-

School-Leben. Seine Bezugspunkte sind die beiden großen klassischen Teen-Horrorfilme der 70er Jahre, John Carpenters HALLOWEEN und Brian De Palmas CARRIE. Horror-Stories als die großen Dramen des *coming-of-age*, diese Tradition begann schon bei Carpenter und setzte sich in meist banalerer Form in der Welle der Stalker- und Slasher-Filme fort. Aber das Potenzial, das in ihr steckt und sich zumindest mit HALLOWEEN und vielleicht noch in dem ersten NIGHTMARE-Film auch schon einmal offenbart hatte, das wurde erst in den 90er Jahren wirklich erschlossen und dabei spielte Kevin Williamson die entscheidende Rolle.

Dimensionen der Schuld

Wenn man so will, dann ist Williamson der John Hughes der 90er Jahre, nur dass er seine Dramen im Gewand von Horrorgeschichten erzählt. SCREAM und ICH WEISS, WAS DU LETZTEN SOMMER GETAN HAST, SCREAM 2 (SCREAM 2, USA 1997) und RETTET MRS. TINGLE! (TEACHING MRS. TINGLE, USA 1999), immer geht es darum, wie wir erwachsen werden, was es bedeutet, die kindliche Unschuld zu verlieren, wie wir uns nach diesem Verlust in der Welt zurecht finden. Nur einmal hat Williamson bisher quasi die Seiten gewechselt und mit FACULTY – TRAU KEINEM LEHRER (THE FACULTY, USA 1998) eine geradezu klassische Außenseitergeschichte erzählt. Mit seinen drei Slasher-Filmen und seinem modernen Märchen (für eine ausführliche Diskussion dieser vier Filme siehe die Texte über Kevin Williamson, SCREAM und über SCREAM 2) hat er dem Teen-Horror eine neue Dimension gegeben, beziehungsweise die Verhältnisse einfach umgedreht.

Bisher war gerade im Slasher-Film die Oberfläche, also die Handlung mit ihren spektakulären Morden, das Entscheidende und eine unterschwellige Geschichte eine schöne Zugabe, auf die viele Filme gleich verzichteten. Bei ICH WEISS, WAS DU LETZTEN SOMMER GETAN HAST und RETTET MRS. TINGLE! wirkt dagegen die Handlung fast wie eine Zugabe. In diesen beiden Fällen ist sie wirklich nicht mehr als ein Aufhänger für die Geschichten zweier junger Frauen, in denen es um weit mehr als einen wahnsinnigen Killer mit einem Fischerhaken oder eine das Leben ihrer Schüler zerstörende Lehrerin geht. In beiden Fällen setzt sich Williamson mit der Rolle auseinander, die Schuld im Prozess des Erwachsenwerdens spielt. Immer werden seine Heldinnen schuldig, nicht weil sie bewusst Grenzen überschreiten, sondern einfach weil sie schuldig werden müssen. Die Schuld ist ein Teil der Initiation ins Leben nach der Kindheit und Jugend. Einmal zeigt Williamson, wie Schuld einen Menschen zerfrisst, und einmal deutet er an, wie jemand sie in seine Persönlichkeit integriert und so durch sie stärker wird. Mit diesen beinahe philosophischen Konstrukten, die seine auch auf der Oberfläche perfekt funktionierenden Horrorgeschichten stützen, hat Williamson das Gesicht des Teen-Horrors, und natürlich besonders das des Slasher-Films, entscheidend verändert. Seine Filme sind der Maßstab, an dem die anderen sich messen lassen müssen.

Neben den drei von Kevin Williamson geschriebenen Filmen sind die beiden wichtigsten Shlasher, die in den späten 90er Jahren in die Kinos gekommen sind Danny Cannons *sequel* ICH WEISS NOCH IMMER, WAS DU LETZTEN SOMMER GETAN HAST (I STILL KNOW WHAT YOU DID LAST SUMMER, USA 1998) und Jamie Blanks' DÜSTERE LEGENDEN (URBAN LEGENDS, USA 1998). Und beide belegen auf jeweils ganz andere Art, welche Bedeutung Williamson und sein Ansatz für dieses Subgenre haben. ICH WEISS NOCH IMMER ... schließt zwar an die Geschichte um den wahnsinnigen Fischer und seinen besessenen Rachefeldzug an, aber es gibt kaum ein *sequel*, das weiter von seinem Vorgänger entfernt sein könnte. Im Prinzip verhält es sich hier genauso wie bei HALLOWEEN und HALLOWEEN 2. Der zweite Teil greift die Figuren und die rein oberflächlich-inhaltliche Seite des ersten auf, verliert aber die Ideen, die hinter dieser Oberfläche stehen, völlig aus den Augen.

Trey Callaways Drehbuch zu ICH WEISS NOCH IMMER ... ist nichts anderes als ein ganz auf die Schauwerte des Subgenres reduzierter Slasher aus dem Geist der HALLOWEEN-*sequels* der 80er Jahre, entstanden, um den überraschenden

Erfolg von Williamsons und Jim Gillespies Original für einen weiteren Film zu nutzen. Nur war die 1996/97 begonnene Renaissance des Slashers eben mehr als eine Wiederkehr der Geschichten, die sich schon etwa zehn Jahre zuvor weitestgehend totgelaufen hatten. Die Geschichte hinter den Morden, die Konsequenzen, die der Tod von Fremden wie von Freunden mit sich bringt, all das waren nun nicht mehr nebensächliche Details, über die man wie hier Trey Callaway einfach hinweggehen kann. ICH WEISS NOCH IMMER ... ist der Film eines Drehbuchautoren, der seine Vorbilder, ICH WEISS ... und die beiden SCREAM-Filme, zwar auf ihre Mechanik hin untersucht hat, aber dabei vergessen hat, dass hinter dieser Mechanik ein Herz und ein Gehirn stehen, die sie erst in Gang setzen. So kommen hier alle Mechanismen des modernen Slasher-Kinos zum Tragen, es gibt sogar zwei Mörder, den Fischer und seinen Sohn, der sich das Vertrauen von Julie James und ihren Freunden erschlichen hat, nur gehen die Bewegungen der von Callaway und Cannon konstruierten Maschinerie des gestylten Schreckens ins Leere, da außer dem Leben von ein paar eindimensionalen Figuren nichts mehr auf dem Spiel steht.

Jamie Blanks' DÜSTERE LEGENDEN ist das klassische *rip-off*. Die Parallelen zu SCREAM sind offensichtlich und es besteht auch kein Zweifel darüber, dass sich der Drehbuchautor Silvio Horta auch von ICH WEISS ... hat inspirieren lassen. Aber anders als Callaway und Cannon nehmen Horta und Blanks die Lektionen aus den Williamson-Geschichten ernst und haben um sie herum eine Geschichte konstruiert, die sich ihren Platz in der Historie der Slasher-Filme schon alleine aufgrund ihrer originellen Ausgangsidee verdient hat. Die Morde, die hier den Campus des Pendleton College zu einer Bühne des Grauens machen, sind nicht nur die klassischen Untaten eines Slashers, der seine Opfer mit den verschiedensten spitzen Objekten in einer Travestie der sexuellen Penetration tötet, sie sind vielmehr kleine Dramen, reale Aufführungen von urbanen Legenden, die jeder schon einmal gehört, aber nie wirklich geglaubt hat. Der Happening-Charakter, den die Morde im Slasher-Kino an sich schon haben, erreicht damit seinen Höhepunkt. Der Tod der einzelnen Studenten und Dozenten wird jedes Mal zu einem wahren Aktionskunstwerk einer erfinderischen Rächerin. Aber – und das ist der große Coup von DÜSTERE LEGENDEN – mit diesen genau inszenierten Morden verwirklicht Brenda mehr als nur ihre zerstörerischen Fantasien. Sie sind eine pervertierte Form von ausgleichender Gerechtigkeit, also in ihrer Art wahre Kunstwerke der Rache.

Brendas Verlobter war bei einem Autounfall ums Leben gekommen, den zwei Studentinnen des Pendleton College verursacht hatten. Die Fahrerin wollte nur so zum Spaß einmal eine urbane Legende wahr werden lassen und ist auf einer nächtlichen Straße ohne Licht gefahren. Als ein entgegenkommender Wagen ihr signalisierte, das Licht einzuschalten, hatte sie eine 180-Grad-Wendung gemacht und sich hinter dieses Auto gehängt und so lange gedrängelt, bis der Fahrer die Kontrolle verlor. Sie und ihre Beifahrerin Natalie sind mit einer sehr milden Strafe davongekommen. Brenda will nun Rache für den Tod ihrer großen Liebe. Die Fahrerin ist ihr erstes Opfer und mit Natalie, als deren beste Freundin sie sich ausgibt, treibt sie ein hinterhältiges Spiel.

In seiner Struktur mit dem die Geschichte eröffnenden Mord und dem über lange Zeit aufrecht erhaltenen Geheimnis, wer nun für die mysteriösen Morde verantwortlich ist, orientiert sich DÜSTERE LEGENDEN ganz deutlich an SCREAM. Aber mit der Figur von Natalie gehen Horta und Blanks über Cravens Film hinaus. In ihr verbinden sie die beiden Williamson-Heldinnen Sidney Prescott und Julie James zu einem Charakter. Natalie ist schuldig; und auch wenn sie nie wirklich über diese Schuld hinwegkommen kann, sind Brendas Inszenierungen doch ein Akt der Befreiung für sie. Die Morde konfrontieren sie ähnlich wie Julie James in ICH WEISS ... mit einer unbewältigten Vergangenheit, der sie sich nun stellen muss. Der Komplex der Schuld und noch wichtiger des Verlustes, den Erwachsensein auf jeden Fall bedeutet, wird von Horta in einer etwas anderen Art als von Kevin Williamson ausgeleuchtet.

Bei Williamson geht es immer darum, wie der Teenager, der erwachsen wird, sich etwas von seiner Unschuld bewahren kann, auch wenn er zwangsläufig schuldig werden muss. Silvio Horta konzentriert sich dagegen ganz auf die Frage, wie ein Neubeginn aussehen könnte. Seine düstere Botschaft, die er Williamsons Utopie von der Versöhnung von jugendlicher Unschuld und erwachsenem Handlungszwang entgegensetzt, ist die, dass die Schuld, eben anders als die Unschuld, immer bleiben wird, und ein neuer Anfang nur in dem Bewusstsein dieser Schuld möglich ist. Diese Veränderung in der Gewichtung der Last, die Teil eines jeden Lebens ist, korrespondiert direkt mit dem Alter der Figuren in DÜSTERE LEGENDEN, die anders als Julie in ICH WEISS … und Sidney im ersten SCREAM nicht mehr wirklich Teenager sind. Sie haben die symbolische Schwelle, die einhergeht mit dem Übergang vom zweiten ins dritte Lebensjahrzehnt, schon überschritten. Der Abstand zu ihrer Zeit der Unschuld ist so groß, dass ein zweites *coming-of-age* einsetzen muss. Nicht mehr die Überwindung der Vergangenheit und damit die symbolische Reinigung vor dem Eintritt in einen neuen Abschnitt des Lebens kann hier das Ziel sein, sondern nur die Integration der Vergangenheit in die Zukunft. Die Geister werden nie verschwinden, aber sie müssen auch nicht alles zerstören.

Klassenkampf

Das erbarmungslose soziale System, das unter den Schülern jeder amerikanischen High School herrscht und eine strenge, an ein Kasten-Wesen erinnernde Hierarchie schafft, war zum ersten Mal in CARRIE Thema eines Teen-Horrorfilms. In den 80er Jahren, in denen die Slasher-Filme, aber auch alle anderen Schauergeschichten mit Jugendlichen nur selten direkt an den Schulen spielten, verschwand es dann praktisch ganz aus dem Kosmos des Teen-Horrors, um dann aber in den 90ern zum zentralen Moment innerhalb einer ganzen Reihe von Filmen zu werden. Abgesehen von CARRIE spielten weit über zehn Jahre beinahe alle Teen-Horrorstories in einer Art von leerem Raum. Das gesellschaftliche Umfeld der Jugendlichen und auch die Strukturen der von ihnen selbst geschaffenen Gesellschaft wurden ausgeblendet – in HALLOWEEN

Das erbarmungslose soziale System, das unter den Schülern jeder amerikanischen High-School herrscht, ist Thema der unterschiedlichsten Slasher-Movies. Selbst der Cyberspace-Horrortripp BRAINSCAN kommt um dieses Thema nicht herum.

ganz bewusst, schließlich erzählt Carpenter hier eine Allegorie, die überall und zu jeder Zeit ihre Gültigkeit haben soll, in anderen Filmen eher so nebenbei. Es war ja auch nicht so wichtig, in welcher Clique sich nun jeder einzelne bewegte, da der Mörder sowieso keine Unterschiede machte. In den 90er Jahren setzte sich nun mit der Renaissance des Teen-Horrorfilms, aber auch schon vorher, eine Bewegung durch, der es nicht nur um Jugendliche als Opfer und Gegner von Monstern geht, die vielmehr den Schrecken der Jugend selbst einfangen will. Die Zeit an der High School wird dabei als realer Horrorfilm innerhalb jeder amerikanischen Biografie verstanden. Und der größte Schrecken der Jugend liegt nun einmal darin, ein Außenseiter zu sein, zu keiner der mächtigen und respektierten Clique innerhalb eines Jahrgangs zu gehören. Die Thematisierung und Aufarbeitung dieses äußerst realen Terrors beherrscht weite Teile des Teen-Horrors der 90er Jahre und verbindet so unterschiedliche Filme wie John Flynns BRAINSCAN (BRAINSCAN, USA 1994) und David Nutters DICH KRIEGEN WIR AUCH NOCH! (DISTURBING BEHAVIOR, USA 1998).

Der Segen des Andersseins

Einer der ersten größeren Teen-Horrorfilme der 90er Jahre war Fran Rubel Kuzuis BUFFY, DER VAMPIRKILLER (BUFFY THE VAMPIRE SLAYER, USA 1992), der damals im Sommer von BATMANS RÜCKKEHR (BATMAN RETURNS, USA 1992) völlig untergegangen ist. Der Versuch, eine andere Form von Heldin, die eben nicht ein ganz normaler Teenager, sondern eine echte Superheldin nach dem Vorbild von Comic-Charakteren ist, zu etablieren und gleichzeitig noch die typischen Genregrenzen zu verwischen, war gescheitert. Die Zeit für eine solche neuartige Teen-Horrorgeschichte war in diesem Moment noch nicht gekommen. Viereinhalb Jahre später, als Drehbuchautor Joss Whedon sein ursprüngliches Konzept in Form der Fernsehserie BUFFY – IM BANN DER DÄMONEN (BUFFY THE VAMPIRE SLAYER, USA 1997) präsentierte, hatte sich die Stimmung um 180 Grad gedreht und die Geschichten um die Vampirjägerin Buffy Summers wurden zu einem der größten Erfolge einer Mystery-Serie in den späten 90er Jahren überhaupt. Nun ist die Buffy der Serie eine wahre Kultfigur, aber die erste von Kristy Swanson gespielte Vampirjägerin dieses Namens ist immer noch eine weitgehend vergessene Randfigur im Universum des Teen-Horrors. Dabei ist sie gerade im Kontext der Entwicklungen und der Themen in dieser Phase des Genres eine der interessantesten Figuren, die man auch als einen frühen, spielerisch-komödiantischen Gegenentwurf zu all den tragischen Außenseiterfiguren sehen kann, die die Teen-Horrorfilme der letzten Dekade des 20. Jahrhunderts beherrschen sollten.
BUFFY, DER VAMPIRKILLER beschreibt eine persönliche Ent-

BUFFY – DER VAMPIRKILLER mit Kristy Swanson und Luke Perry aus dem Jahre 1992 wurde ein großer Flop. Die auf dem Spielfilm basierende Serie ist heute ein Mega-Hit. So können sich die Zeiten ändern.

wicklung, die der großen Sehnsucht nach dem Dazugehören ein klares Bekenntnis zum Anderssein entgegenhält. Buffy, die in Los Angeles lebt und gerade in ihrem letzten Schuljahr ist, gehört dazu. Als tonangebende Cheerleader und Freundin des Stars der Schul-Basketballmannschaft steht sie in der sozialen Hierarchie der High School ganz oben. Ihr Leben ist ein Traum von Sorglosigkeit, so wie ihn die Werbung und manchmal auch Kino und Fernsehen versprechen. Sie ist das Mädchen, schön, aber ziemlich ungebildet, selbstsicher, aber letztlich hohl, das alle anderen wegen ihrer Stellung beneiden, aber eben nicht mögen. Doch dann passiert etwas, das alles für Buffy verändert. Ein älterer Mann teilt ihr mit, dass sie kein normaler Mensch, sondern eine Vampirjägerin, eine Superheldin, ist, von der es in jeder menschlichen Generation nur eine gibt und deren Aufgabe es ist, die Welt vor den Vampiren und dem Bösen, das sie verkörpern, zu bewahren. Diese Offenbarung lässt Buffy aus der Scheinwelt des amerikanischen Traums, der ihr Leben bis zu diesem Zeitpunkt war, herausfallen und in einem viel gefährlicheren Los Angeles landen, als sie es bisher kannte. Nun sind eine Gruppe von Vampiren ihre Gegner und es muss ihr um andere Dinge gehen als das richtige Outfit, das Cheerleader-Training und die Vorbereitungen für die große Schulparty.

Natürlich ist diese Geschichte auch so etwas wie die Rache eines Drehbuchautoren an all den *jocks* und Cheerleadern, die ihm in der High School das Leben schwer gemacht haben. Aber Joss Whedon will hier mehr als nur das von allen möglichen Seiten propagierte Teenager-Ideal vom Sportstar und dem Cheerleader, die während der Prom Night praktisch wie von selbst zu King und Queen des Abends gewählt werden, zerstören, indem er diese Herrscher über die anderen Schüler als leere, egozentrische und ziemlich langweilige Figuren entlarvt. Buffy erfährt, dass sie die Auserwählte ist, als die sie sich wahrscheinlich schon immer gesehen hat. Nur bedeutet Auserwähltsein, etwas anderes als ein typische Cheerleader zu sein. Bis zu dem Moment, in dem sie erkennen muss, dass sie wirklich die Jägerin ist, war sie nur eine unter vielen, ein schönes Gesicht ohne jede Persönlichkeit. Sie gehörte vielleicht dazu, doch eigentlich war sie ein Nichts. Nun verliert sie alles, was vorher selbstverständlich für sie war, sie wird zur Außenseiterin schlechthin, zur Auserwählten, die eben alleine ist auf der Welt. Aber – und darin liegt Whedons großer Traum – als Außenseiterin findet Buffy zu sich, bekommt eine eigene Identität, die nichts mehr zu tun hat mit diesem Abziehbild eines ›perfekten‹ Teenagers. Sie muss jetzt zwar gegen Vampire kämpfen und ständig um ihr Leben fürchten, aber dafür hat ihre Existenz nun einen Sinn und ein Ziel. Die Welt wird gerettet von den Außenseitern, und nicht von den Teenager-Versionen von Ken und Barbie.

Das Böse in uns

In gewisser Weise kann man sagen, dass alle größeren Teen-Horrorfilme, die vor dem Erfolg von SCREAM entstanden sind, zu früh gekommen sind. Sie sind zwar ein entscheidender und unentbehrlicher Teil der Entwicklung, die der Teen-Horror über die Jahre hinweg vollzogen hat, doch sie sind in der Regel einfach übersehen und missachtet worden und können nun nur noch im Rückblick entdeckt und entsprechend gewürdigt werden. Das gilt für BUFFY, DER VAMPIRKILLER genauso wie für Andrew Flemings DER HEXENCLUB (THE CRAFT, USA 1996) und für John Flynns BRAINSCAN, nur dass diese äußerst ungewöhnliche Variation typischer Slasher-Elemente gleich in doppelter Hinsicht seiner Zeit voraus war. Zum einen fiel er, gut zwei Jahre vor SCREAM, in eine Phase des gesamten Horrorkinos, in der die wahnsinnigen Slasher scheinbar endgültig aus dem Kanon der Monster verbannt waren – die einzige Ausnahme war Freddy Krueger, der in diesem Jahr aber auch seinen letzten Auftritt haben sollte. Zum anderen nimmt er thematisch eine ganze Reihe von Filmen vorweg, die 1999 für Furore sorgen sollten. Auch wenn es in ihm nicht direkt um den Cyberspace, sondern um ein neuartiges Videospiel geht, werden schon hier all die Fragen nach Realität und Simulation, inneren Dämonen und äußerer Manipulation gestellt, die zur Zeit das Kino so stark beschäftigen wie kaum ein anderes Thema. Dabei verbindet BRAINSCAN, dessen Drehbuch von Andrew Kevin Walker stammt, der gut ein Jahr später durch sein Skript für David Finchers SIEBEN (SEVEN, USA 1995) berühmt wurde, am meisten mit David Cronenbergs EXISTENZ (eXistenZ, Kanada/GB 1998), dem Flynns zurückgenommenes Spiel mit den Möglichkeiten der Wirklichkeitsveränderung durch Videospiele aber in jeder Hinsicht überlegen ist.

Michael Brower ist ein Außenseiter, ein zutiefst Einsamer, der ganze Tage und Nächte in dem für ihn eigens ausgebauten Dachgeschoss des Hauses seines Vaters vor dem riesigen Fernseher und dem Computer verbringt. Er leitet zwar in der Schule im Rahmen eines Schüler-Projekts einen Club, in dem sich eine Gruppe Jugendlicher härteste Gewalt- und Horrorfilme ansieht, aber das ändert nichts an seiner eigentlichen Isolation von der Welt. In dem Club trifft er sich nur mit ein paar Gleichgesinnten, die ihn aber größtenteils auch nicht verstehen. Das eigentliche Leben liegt greifbar nah und doch unendlich weit entfernt im Haus nebenan. Dort lebt Kimberly. Immer wieder sieht er zu ihr hinüber, beobachtet sie. Die Sehnsucht nach ihr verzehrt ihn, aber trotzdem findet er nicht die Kraft, die paar Schritte zu ihr zu wagen.

Michael ist ein Junkie der vermittelten Erfahrungen, der durch die Medien gebrochenen Sensationen und der nur über heimliche Blicke erfüllten Liebe. Er sucht den letzten Kick, aber nur in der Festung seines Dachgeschosses ... schließlich hat er seine Mutter bei einem Autounfall verloren und selbst eine schwere Verletzung an einem Bein erlitten. Diesen letzten Kick, das »ultimative Erlebnis interaktiven Schreckens«, verspricht ihm »Brainscan«, ein interaktives CD-Rom-Videospiel, das er über eine Anzeige in einem Horror-Magazin bestellt hat. Als er die erste, eine Stunde dauernde Runde gespielt hat, kommt Michael wieder zu Bewusstsein und kann sich nicht erinnern, was passiert ist. Aber alles spricht dafür, dass er einen Mord begangen hat. Damit fängt ein wahrer Albtraum an, der ihn weit in die dunkelsten Tiefen seiner eigenen Psyche und in eine völlig ausweglose Situation führt. Angetrieben vom Trickster, einer Figur aus dem Spiel, die ihm plötzlich auch erscheint, verstrickt er sich immer mehr in dem Spiel, das Wirklichkeit zu werden scheint.

Von seiner Grundstruktur her orientiert sich BRAINSCAN sehr stark an Jack Sholders NIGHTMARE 2, nur ist es hier nicht ein Dämon aus den Träumen, sondern eine archetypische Figur aus einem Videospiel, die einem lockenden und drohenden Verführer gleich, einen Jugendlichen seine dunkelsten Fantasien und Triebe ausleben lässt. Diese grundsätzliche Nähe zu NIGHTMARE wird noch durch John Flynns Inszenierung des Tricksters betont, der hier gerade durch seine *one-liner* und seine *Stand-up*-Nummern deutlich an Freddy erinnert, aber in seiner Konzeption nach weiter geht als der die Träume heimsuchende tote Kindermörder. Freddy ist das von außen kommende Böse, das sich im Inneren eingenistet hat. Dieser Widerspruch lässt sich in der ganzen NIGHTMARE-Serie nie ganz auflösen. Er ist immer beides, der Kindermörder, der einmal wirklich gelebt und getötet hat, und die Gestalt gewordene dunkle Seite derer, die ihn träumen. Der Trickster, als psychologische Figur im Sinne von C. G. Jung ist eine symbolische Manifestation, »eine kollektive Schattenfigur, eine Summierung aller individuellen inferioren Charaktereigenschaften« (C. G. Jung). Er ist der Spielleiter des interaktiven Videospiels »Brainscan«, das in das Bewusstsein des Spieler eindringt, es weitgehend ausschaltet und so zum Katalysator des Unbewussten wird. Sein Name ist Programm. Zugleich wird Trickster aber von der kollektiven Schattenfigur zum individuellen Schatten Michaels, Ausdruck all dessen, »was ein Mensch nicht sein möchte« (C. G. Jung) und doch ist. Die Morde, die Michael im Spiel und damit (scheinbar) zugleich in der Wirklichkeit begeht, sind seine Taten. Der Kampf, den er verbal immer wieder mit Trickster führt, ist der Kampf in ihm. Konnte man bei NIGHTMARE 2 noch von Besessenheit sprechen, wird dies im Fall von Michael unmöglich. Der einsame Junge verliert die Kontrolle über seine bewusste, lichte Seite und überlässt sein Leben immer mehr dem Schatten.

Ob nun die Kapitulation vor dem dunklen Unbewussten Folge der Einsamkeit und Isolation Michaels ist, oder ob Michael so zurückgezogen lebt, weil er immer schon die gefährliche Macht in sich ahnte ... diese Frage beantworten Andrew Kevin Walker und John Flynn genauso wenig wie die nach dem Zusammenhang von medialer und realer Gewalt. Gerade diese zweite Frage entzieht sich jeder spekulativen Beantwortung und sie fällt hier zusammen mit der ersten. Natürlich gibt es Verbindungen zwischen der in Medien wahrgenommenen Gewalt und der Gewalt, die jeden Tag Teil der Wirklichkeit ist, nur sind die so komplex, so hochgradig individuell, dass jeder, der pauschal argumentieren will, falsch liegen muss. Michaels Handlungen, während er »Brainscan« spielt, haben ihre Entsprechung in seinem Inneren, aber das Spiel zerstört während seiner Dauer die Barrieren des Bewusstseins, es manipuliert ihn. Wirklichkeit und

Spiel sind nicht mehr auseinanderzuhalten – bis zum Schluss, an dem dann doch wieder eine klare Ordnung steht. Aber auch dann wird Trickster bei Michael bleiben. »Jedermann ist gefolgt von einem Schatten.« (C. G. Jung) Diese Erkenntnis schließt den Slasher-typischen Initiationsprozess ab. Im klassischen Stalker-Film gab es immer nur eine latente Verbindung zwischen dem mordenden Psychopathen und dem *final girl*, in BRAINSCAN wird sie nun offensichtlich – zwei Seelen wohnen, ach, in des Menschen Brust. Michael ist der Killer und er ist der *final boy* ... für immer.
Eine Slasher-Geschichte also, und doch ist BRAINSCAN den Außenseiter-Stories der 90er Jahre genauso nah, wenn nicht sogar noch näher. Eine ganz andere Stimmung als sonst im Kino der Stalker und Slasher herrscht hier, nicht einmal vergleichbar mit der in HALLOWEEN oder der in ICH WEISS, WAS DU LETZTEN SOMMER GETAN HAST. Mehr noch als Carpenters Nachtstück ist BRAINSCAN ein Film des Herbstes, auch wenn am Ende dann vielleicht doch der Frühling einer eigentlich schon abgestorbenen Seele steht. Eine der schönsten Szenen überhaupt in einem Teen-Horrorfilm haben Andrew Kevin Walker und John Flynn für ihre Studie in Einsamkeit geschaffen. Michael steht mal wieder am Fenster und beobachtet Kimberly, er verliert sich in seinen Gedanken an sie, in seiner Sehnsucht nach ihr. Da wird plötzlich der Traum des Voyeurs wahr. Das Mädchen beginnt sich auszuziehen, selbstverloren, scheinbar träumend, doch in Wirklichkeit ganz wach. Kimberly weiß, dass Michael da drüben am Fenster steht, sie fühlt sich selbst zu diesem verschlossenen Jungen hingezogen, der immer nur zusieht und nicht handelt und damit sein Unfall-Trauma bestätigt. Sie macht ihm nun dieses Geschenk, das auch ein Angebot ist, wenn er die Zeichen nur richtigen lesen könnte. Die ganze Sehnsucht der jugendlichen Liebe und ihr ganzer Schmerz stecken in diesem kurzen Moment, in dem Voyeurismus und Exhibitionismus nichts anderes als Ausdruck eines überwältigenden, verzehrenden Gefühls sind, das keine Worte findet. Elegischer ist die Schüchternheit und diese naive und doch unendlich raffinierte Unbeholfenheit erster Liebe selten auf Zelluloid eingefangen worden. Eine Zärtlichkeit liegt

in dieser Szene, die all das, was noch passieren wird, nur noch erschreckender macht. Michaels Rettung ist schon hier denkbar. Aber es wird noch dauern, bis er die paar Schritte zu ihr hinübergeht, und dann ist es eigentlich schon zu spät. Wenn Michael schließlich in ihrem Zimmer steht, dort, wo er am Anfang hingeblickt hat, ist er längst sein eigener Schatten.

Eine magische Stadt

Hollywood, L.A., die Westcoast, Geburtsstätte falscher Wunder und faulen Zaubers, in deren Schatten sich wahre Magie fast unbemerkt entfalten kann. Mit den Pionieren des Kinos sind auch die Magier und die Anhänger ursprünglicher, dunkler Götter hierher gekommen. Und wer die Augen nur richtig öffnet, kann in Los Angeles eine Welt in der Welt entdecken, in der die Fantasien der Traumfabrik Realität sind, besonders die schwarzen, gefährlichen. So gibt es eine Szene in Andrew Flemings DER HEXENCLUB, die ganz dieser geheimnisvollen, mythischen Stadt gewidmet ist.
Die drei jungen, von großen Träumen angetriebenen Wicca-Hexen Nancy, Rochelle und Bonnie haben gerade die vierte gefunden, die ihrem Zirkel noch fehlte, die aus San Francisco stammende Sarah. Sie waren gerade im Zentrum der Stadt, in einem kleinen Laden für Okkultes und Wicca. Nun müssen sie zurück durch Downtown L.A., bei Nacht, vorbei an den Obdachlosen, den Hütchenspielern, den Bettlern und den Hustlern. Als einer der Obdachlosen, eine Schlange in den Händen, Sarah entgegentritt, sie anspricht, gerät sie in Panik, läuft los, stößt kurz mit einem durch die Straßen ziehenden Prediger zusammen, der sie auffordert, zu Gott zurückzukehren, und rennt weiter über den stark befahrenen Boulevard. Der Mann mit der Schlange folgt ihr. Die anderen drei, die schon drüben auf der anderen Straßenseite sind, drehen sich gemeinsam um, starren zu Sarahs Verfolger herüber, wie auch die kurz vor dem Bürgersteig stehengebliebene Sarah selbst. Hass, Verachtung, Tod liegen in ihren Augen. Der Mann ruft Sarah etwas zu, die Schlange mit beiden Armen hoch über seinem Kopf haltend. Zuvor hatte

er ihr gesagt, dass er sie gesehen hat, in seinem Traum, tot. Nun trifft ihn frontal ein Pick-up-Truck, schleudert ihn zu Boden, fährt über ihn hinweg und rast weiter. Ein anderes Auto kann gerade noch kurz vor dem sterbenden Mann mit der Schlange zum Stehen kommen. Nancy und Rochelle rennen davon, Bonnie reißt die wie versteinerte Sarah mit.

Eine kleine Szene nur, ganz am Anfang der Geschichte, aber sie nimmt vieles vorweg, den Riss, der durch den Zirkel gehen wird, die Gewalt und die Kälte. Doch das ist erst einmal noch nicht so wichtig, das können wir hier noch gar nicht ahnen, und selbst wenn die Kadrierungen und die Montage alles ganz offen sagen, werden wir hier so überwältigt von der Stadt, dass wir blind sind für die Vorausdeutungen. Nichts erscheint hier gewöhnlich. Die Nacht ist aufgeladen mit einer seltsamen, gefährlichen Kraft. Die Straßen pulsieren, doch nicht so wie wir es gewohnt sind. Eine magische, dunkle Energie ist fast greifbar und die Menschen, sie sind Wracks, aber zumindest einige von ihnen sind auch Propheten. Los Angeles, die Stadt der Engel, der gefallenen Engel. Eines wird einem in diesem Moment besonders bewusst, die Frage, warum hier, an diesem idealen Ort, an dem der Zug nach Westen zum Stehen kommen musste, realisierend, dass dies immer noch der Osten, die Welt *east of eden* ist, so wenig Teen-Horrorfilme spielen, warum es immer die Provinz sein muss, in der die Slasher morden und die anderen Monster Schrecken verbreiten. Selbst BUFFY, DER VAMPIRKILLER, der in L.A. spielt, nutzt die Stadt nur als perfekten Hintergrund für die *airhead* Buffy des Beginns, ansonsten hätte diese Geschichte überall spielen können. Im Grunde wirkt das Los Angeles des Films schon wie das Sunnydale der Serie.

Mit DER HEXENCLUB bringt Andrew Fleming den Teen-Horror, der doch bisher fast ganz im Zeichen von *suburbia* stand oder sogar in der Wildnis selbst spielte wie in den FREITAG, DER 13.-Filmen, in die Großstadt. Er erobert damit ein neues Territorium, auch wenn die Konflikte an den Schulen ähnlich sind. Auch hier an der strengen katholischen Privatschule gibt es die typischen Cliquen, die gnadenlose Hierarchie und natürlich die Aufreißertypen. Aber eine Großstadt wie Los

Angeles verstärkt die Einsamkeit noch und damit auch den Wunsch der Zugehörigkeit. Genau darum dreht sich die Geschichte des Hexenclubs wie so viele andere Teen-Horrorgeschichten der letzten Dekade auch, um die Sehnsucht der Machtlosen nach Macht, der Entstellten nach Schönheit, der Diskriminierten nach Rache und der Einsamen nach Liebe. Aber in der Stadt der Gefallenen, die doch den Menschen, die es zu ihr hinzieht, dies alles, Macht und Schönheit, Wiedergutmachung und Liebe, verspricht, muss das Verlangen der an den Rand geschobenen Teenager noch schmerzlicher, ihr Begehren noch wilder sein. Die Magie erfüllt den vier Hexen ihre Wünsche, aber so wie ihre Sehnsucht maßlos war, ist nun auch ihre Gier nach dem, was sie nie hatten, maßlos – zumindest bei dreien von ihnen. Der Zauber wird zum Fluch, der Terror, den sie verbreiten, wird schlimmer als alles, was ihnen widerfahren ist.

Zum ersten Mal seit DER SATAN MIT DEN TAUSEND MASKEN geht es auch wieder um Hollywood in einem Teen-Horrorfilm, allerdings auf einer ganz anderen Ebene. Wenn Sarah und die anderen drei, dieser Zirkel der Versehrten, ihre Wicca-Rituale praktizieren und ihre Macht erproben, während im Fernsehen BEWITCHED läuft, scheint die Grenze zwischen dem Zauber Hollywoods und der Magie der Teenager-Hexen endgültig zu verwischen. Doch anders als in dem TV-Märchen lassen sich in Andrew Flemings okkultem Außenseiter-Drama weiße und schwarze Magie genauso wenig trennen wie der lichte und der dunkle Zauber des Kinos. Im Prinzip sind diese Hexen auch nur Regisseure und das ist vielleicht das geheime, untergründige Motiv all dieser Teen-Horrorfilme der 90er Jahre. Verführt von den Bildern wollen die Außenseiter zum Regisseur in ihrem eigenen Leben und in dem der anderen werden. Wenn dann am Ende Schlangen, Ratten, Maden, Kakerlaken, Mehlwürmer und Fliegen das Haus, in dem Sarah mit ihren Eltern lebt, regelrecht überfluten, ist zumindest ein Teil dieses Ungeziefers, das wir sehen, echt. Doch in der Geschichte ist alles nur ein *special effect* einer mit einem Fluch belegten Imagination. Die Ebenen verkehren sich, die Magie wird zur Wirklichkeit, die Wirklichkeit zu Magie. Damit kommt Andrew

Fleming dem besonderen Reiz des Kinos – und auch des Teen-Horrors – ganz nah. Es ist diese Inversion von Realität und Illusion, die uns immer wieder ins Kino treibt. Auch wir wären gerne Hexen und Hexenmeister, die alles umkehren können, doch – und damit entlässt uns diese düstere, manchmal regelrecht verzweifelte Geschichte mit einer tröstlichen Gewissheit – sicher ist so etwas nur im Kino.

Seduction and destruction

Sex ist Krieg. »Verführe und zerstöre!« ist die Devise, die in P. T. Andersons MAGNOLIA (MAGNOLIA, USA 1999) Frank T. J. Mackey in seinem Buch und in seinen Seminaren ausgibt. Sie richtet sich an all die Männer, die von den Frauen nicht mehr abgewiesen werden wollen, die sich nach sexuellen Erfolgen sehnen und gerne Casanova wären. »Verführe und zerstöre!« – es geht nicht um Gefühle, nur noch um Eroberung und Inbesitznahme. Jede Begegnung wird zu einem taktischen Feldzug, der nur ein Ziel kennt, den Sieg, und der liegt in der Unterwerfung der Frau, in ihrer bedingungslosen Kapitulation, die dann immer auch ihre vollkommene Öffnung bedeutet. Sex ist Krieg und nirgendwo wird er in Hollywoods Filmen der späten 90er Jahre so kalt, so gnadenlos und so total geführt wie an den High Schools.
In Roger Kumbles EISKALTE ENGEL (CRUEL INTENTIONS, USA 1998) tobt die Intrige, das verdeckte Spiel auf beiden Seiten der Linien, ganz im Geiste des 18. Jahrhunderts, wie es Choderlos de Laclos in seinem Briefroman »Les liaisons dangereuses« (1782; dt. »Gefährliche Liebschaften«) vorgegeben hat. Hier paart sich Mackeys »Verführe und zerstöre!« noch mit einer besonderen Raffinesse und ist längst nicht nur auf männliche Taktiken und Vorgehensweisen beschränkt. Selbst die Zerstörung kann dabei in Kumbles dekadentem Drama noch etwas Subtiles haben. Ganz anders in Katt Sheas CARRIE 2 – DIE RACHE (THE RAGE: CARRIE 2; USA 1998), der fast gleichzeitig mit EISKALTE ENGEL in den amerikanischen Kinos lief. Hier bedeutet die Zerstörung eine völlige Auslöschung aller Träume und Hoffnung. Was bleibt,

ist der Sprung vom Dach der Schule und ein – nun auch im physischen Sinn – zerstörter Körper auf der Motorhaube eines geparkten Autos.

CARRIE 2 ist kein *sequel* im Sinne einer Fortsetzung der Geschichte des Originals, so wie in HALLOWEEN 2 oder in SCREAM 2, er ist aber auch keine Neu-Erzählung der alten Geschichte in etwas verändertem Gewand wie beispielsweise FREITAG, DER 13. – JASON KEHRT ZURÜCK. Katt Shea und Rafael Moreu entwickeln die ursprüngliche Story von dem verwirrten und verletzten Mädchen mit telekinetischen Kräften für die späten 90er Jahre neu. Dabei spielen sie auf verschiedenen Ebenen auf das Original an – die Geschichte spielt in der selben Stadt; Sue Snell, die damals als einzige überlebt hat, ist nun Schulpsychologin und Rachel hat den selben Vater wie Carrie. Aber sie machen etwas völlig anderes aus Stephen Kings Grundidee – selbst der Hintergrund von Rachels übernatürlichen Kräften ist ein ganz anderer. Brian De Palmas CARRIE war eine poetische Studie in der Psychologie weiblicher Sexualität, eine letztlich zeitlose Erkundung der Wege, über die ein Mädchen oder auch eine Frau versuchen kann, sich zu definieren. Katt Shea erschafft dagegen in CARRIE 2 ein modernes Sittengemälde, ein schonungsloses Bild der Zeit um das Millennium herum, die grausam und kalt, ungerecht und zerstörerisch erscheint. Ihr geht es nicht um Psychologie, weder um die individuelle noch um die kollektive, sondern um Moral. Das Massaker am Ende, das den Zuschauer unvorbereitet und in einer völlig unerwarteten Härte trifft, ist die Apokalypse, nicht im Sinne einer Reinigung wie noch bei De Palma, sondern als Akt der reinen Zerstörung. THE RAGE heißt der Film im Original. Die Raserei, das Toben – das trifft den Exzess der Gewalt am Ende besser als ›die Rache‹, auch wenn Rachel ganz bewusst einen verschont und sich damit sterbend zur Liebe bekennt.

Die Mitglieder des Footballteams der Bates High School, die *jocks*, die glauben, sich praktisch alles erlauben zu können, kämpfen immer und in jeder Hinsicht um den Sieg, nicht nur im Wettkampf auf dem Sportfeld, auch in ihrer Freizeit ist Gewinnen alles für sie. Deshalb haben sie untereinander

CARRIE 2 erschafft ein modernes Sittengemälde, ein schonungsloses Bild des Milleniumzeitalters, das grausam und kalt, ungerecht und zerstörerisch erscheint.

einen besonderen Wettbewerb laufen. Es gibt ein kleines Buch. In dem ist jeder von ihnen vermerkt. Ihre Eroberungen werden darin eingetragen und für jedes Mädchen aus ihrer Schule, mit dem sie Sex hatten, gibt es Punkte, je nachdem, wie sie aussieht, wie sie sich verhält, oder wie schwer es war, sie zu erobern. ›To score‹, Punkte machen, aber auch Erfolg – in sexueller Hinsicht – bei einer Frau haben … die Footballspieler der Bates High School nehmen diesen Ausdruck in seinem doppelten Sinn so wörtlich, wie es nur geht. Eines ihrer Opfer ist Lisa, ein verzweifelt nach Liebe suchender Teenager, der hereinfällt auf die »Verführe und zerstöre!«-Taktik eines der *jocks*, die an große Gefühle glaubt, wo es doch nur um einen Namen und ein paar Punkte in einem kleinen Buch geht. Als sie erkennen muss, dass ihr Glück eine Lüge und die schönen Worte Betrug waren,

springt sie mit weit ausgebreiteten Armen, wie eine Gekreuzigte, vom Schuldach.
Rachel, die die Hintergründe des Selbstmordes ihrer besten Freundin erfahren will, legt sich dabei mit den Burschen an und wird als Außenseiterin, die sich immer nach Freunden, Aufmerksamkeit und Anerkennung gesehnt hat, zu dem perfekten Opfer einer grausamen Scharade. Die populären Mädchen der Schule kümmern sich plötzlich um sie, Jesse, einer der Sportler, umwirbt sie, für einen Moment sieht es so aus, als ob sich alles für Rachel ändert. Nur ist das alles ein hinterhältiges Spiel, das Mark, der Anführer der *jock*-Clique, ein perverser Voyeur und sexbesessener Videofilmer, inszeniert hat und dessen ganzes Ausmaß nicht einmal Jesse kennt, der anfängt, sich wirklich in die verletzliche Rachel zu verlieben. Auf einer Party nach einem Footballspiel nimmt die Intrige ihren Lauf, Mark führt das Video vor, dass er heimlich von Rachels und Jesses Zusammensein gemacht hat, und präsentiert das Buch. In diesem Moment gewinnt die Wut in Rachel Überhand und wird zur Raserei, die erst endet, als sie mit ihren telekinetischen Kräften alle bis auf Jesse getötet hat.
In Carries telekinetischen Kräften hat sich ihre unterdrückte Sexualität kompensiert. Eine Erklärung für das Übernatürliche in CARRIE 2 zu finden, fällt nun ungleich schwerer. Die Handlung selbst bietet eine okkulte Deutung an, den geheimnisvollen Vater von Carrie und Rachel, über den ihre Mütter wahnsinnig geworden sind. Anders als Carrie, die ihre besondere Gabe schon früh gezielt einsetzt, ist Rachel völlig von ihr verunsichert, sie hat sie nicht unter Kontrolle. Als sie die tote Lisa sieht, öffnen sich in der ganzen Schule die Türen der Schränke, von denen jeder Schüler einen hat, und schlagen wild hin und her. Dieser kleine Zwischenfall, der Rachels Kräfte einführt, enthält zugleich einen möglichen Schlüssel zu einer Erklärung, die über den Genre üblichen Ansatz des dämonischen Vaters hinausgeht. Es ist ein Gemisch aus Wut und Hilflosigkeit, das sich in diesem Moment Bahn bricht.
Rachel ist in jeder Hinsicht ein verunsicherter Teenager, der Angst hat, so wie die Mutter zu werden, die sich in einer

Anstalt befindet. Eine unbändige Wut auf alles und ein erdrückendes Gefühl der Machtlosigkeit, das sind die überwältigenden, widerstrebenden Emotionen, die im Teen-Horror der 90er Jahre mehr als nur einmal die Außenseiter kennzeichnen. Aber Katt Shea und Rafael Moreu steigern sie bei Rachel ins Extrem. Das Inferno, in dem sie am Ende die Party der *jocks* und ihrer Freundinnen versinken lässt, wird erkennbar als Amoklauf eines Teenagers, der keinen anderen Weg mehr sieht. Von Rachel zu den beiden Schützen von Littleton ist es nicht mehr weit.

Das Massaker, das Rachel anrichtet, ist grauenerregend, aber es hat für uns, die Zuschauer, auch eine reinigende Wirkung. All der Hass, der sich gegen Mark und seine Clique aufgebaut hat, entlädt sich nun. Die extreme Gewalt des Showdown ist dabei nicht selbstzweckhaft. Auf der Ebene der Geschichte beantwortet sie die Grausamkeit der *jocks*, die bis dahin nicht fähig waren, auch nur ansatzweise Gefühle für die Schülerinnen aufzubringen, die sie verführt und zerstört haben. Nun spüren sie zumindest im Sterben unermesslichen Schmerz, so wie zuvor ihre Opfer – im Hinblick darauf spielt der Ursprung von Rachels Kräften keine Rolle, sie sind ein Instrument der Bestrafung, aber einer Bestrafung, die nur zerstören will. Der Exzess macht Rachel zu einer tragischen Figur. Ihre Handlungen gehen zu weit, das weiß sie selbst, aber sie kann sie trotz allem nicht richtig kontrollieren. Am Ende jedoch siegt in ihr ein anderes Gefühl als das der Wut oder der Hilflosigkeit, sie rettet Jesse und opfert sich, ein großer Moment der Liebe, in dem die letzte Hoffnung liegt.

Der Albtraum von einem schönen neuen Amerika

Die *jocks* und die Cheerleader, diese *all-american-kids*, sie mögen der Albtraum der Außenseiter, der Individualisten und Einzelgänger, die in keine Gruppe, keine größere Gemeinschaft hineinpassen, sein, aber sie sind auch der Traum der Eltern, die sich eine heile amerikanische Welt wünschen. Als erfolgreiche Sportler stehen sie für Tugenden, die ihr Land groß gemacht haben, außerdem sind ihre Chancen auf einen Platz an einem guten College gleich um einiges höher. So entsteht für alle die, die nicht hineinpassen in die Schemata, eine Situation, die sie zwischen alle Fronten stellt. Auf der einen Seite ist da die Verachtung der *jocks*, für die Außenseiter so etwas wie Freiwild sind. Auf der anderen Seite sind da die Erwartungen der Eltern, der Druck, doch eigentlich dazugehören zu müssen.

Ausgehend von dieser quasi alltäglichen Situation haben der Drehbuchautor Scott Rosenberg und der Regisseur David Nutter in DICH KRIEGEN WIR AUCH NOCH! eine Schreckensvision erschaffen, die zu den bittersten und schwärzesten High-School-Geschichten überhaupt zählt. Darin wird der amerikanische Traum vom Einzelnen, vom Unabhängigen, der die Gesellschaft weiterbringt, mit einer Idee von Konformität konfrontiert, die alles Böse, alles ›Unamerikanische‹ ausrotten soll. Hinter ihr steht eine idealisierte, verlogene Vorstellung von den frühen 50er Jahren als einer Zeit, in der die Jugend – damals sah die Sicht der Eltern auf die Jugend freilich etwas anders aus – noch nicht verdorben gewesen wäre von den Ideen der 60er Jahre und allem, was ihnen gefolgt ist. Eine reaktionäre Flucht in eine heile Welt, wie es sie so nie gab, erscheint hier den Erwachsenen als der einzige Weg aus den Problemen der Gegenwart, die sie nicht bewältigen können.

Cradle Bay ist ein idyllisch gelegenes Städtchen hoch oben im Nordwesten der Vereinigten Staaten. Man erreicht es nur mit der Fähre. Und als Steve Clark hier zusammen mit seinen Eltern und seiner kleinen Schwester ankommt, hat er den Eindruck, als sei die Zeit hier irgendwann einfach stehengeblieben, so nett und verschlafen wirkt hier alles. An der High School ist dann alles – oder zumindest fast alles – so, wie er es aus der Großstadt kennt. Es gibt die Cliquen und Gruppen, die in den längeren Pausen immer zusammensitzen, sich abnabeln vom Rest der Schule, in dieser Einheit eine Art von Sicherheit und Geborgenheit findend. Zwei dieser Fraktionen bemühen sich um ihn – zum einen die Außenseiter, eine lose Clique von Individualisten, die entweder zu keiner der anderen Gruppen dazugehören wollen

DICH KRIEGEN WIR AUCH NOCH! erschafft eine Schreckensvision, die zu den bittersten und schwärzesten High-School-Geschichten zählt.

wie Gavin, der Steve alles zeigt und erklärt, oder es einfach nicht konnten wie Rachel, weil ihre Herkunft sie aus bestimmten Zirkeln von Anfang an ausgeschlossen hat, zum anderen die ›Blue Ribbons‹, die tonangebende Gruppe an der Cradle Bay High. Es sind die *jocks* und die Cheerleader, die guten Schüler und die engagierten, die sich in dieser Vereinigung zusammengeschlossen haben, um etwas für ihre Gemeinde zu tun – ein Traum eben aller Eltern, die Angst haben, dass die Vereinigten Staaten einmal in Anarchie und Gewalt versinken könnten.

Doch so perfekt, wie sie auf den ersten Blick wirken und wie sie sich auch selbst gerne präsentieren, sind die ›Blue Ribbons‹ nicht. Ihre Begeisterung für die Gemeinde schließt schon einmal alle anderen Schüler aus. Wer nicht zu ihnen gehört, braucht von ihnen auch nichts Gutes zu erwarten. Überhaupt neigen die ›Blue Ribbons‹ zu unkontrollierten Gewaltausbrüchen (die männlichen Mitglieder) oder zu selbstzerstörerischen Handlungen (die weiblichen Mitglieder), besonders in Momenten sexueller Erregung. Doch das

Erschreckendste an ihnen ist, dass sie nicht immer uniformierte Musterschüler waren, sie hatten einmal eine eigene Persönlichkeit und gehörten zu ganz anderen Cliquen.

Das Geheimnis hinter den ›Blue Ribbons‹ ist der Schulpsychologe Dr. Caldicott, ein klassischer *mad scientist* in der Tradition von Dr. Brandon. Nur träumt er nicht wie sein Geistesverwandter aus dem AIP-Klassiker DER TOD HAT SCHWARZE KRALLEN von einer Regression der Menschen und einem Neubeginn der Zivilisation. Sein Ziel ist eine ›Schöne neue Welt‹, in der die Menschen ihr ganzes Potenzial im Sinne einer großen Sache nutzen und in der alle störenden Eigenheiten ausgemerzt sind. Der Weg dorthin soll über einen chirurgischen Eingriff im Gehirn führen, der bestimmte Impulse und Persönlichkeitszüge auslöscht – zum Teil nicht unähnlich der ›Ludovico-Methode‹ aus Stanley Kubricks UHRWERK ORANGE (A CLOCKWORK ORANGE, GB 1971). Seine Versuchsobjekte sind die Jugendlichen von Cradle Bay, deren überforderte Eltern sie gerne in die Hände Dr. Caldicotts übergeben. Er schafft Monster in Musterschüler-Masken. Ihre Persönlichkeit ist austauschbar geworden, alles Menschliche an ihnen ist ausgelöscht. Was bleibt, ist eine Art von Roboter im Körper eines Menschen. Eine Fehlprogrammierung macht sie zudem noch aggressiv. Sie erinnern an DIE FRAUEN VON STEPFORD (THE STEPFORD WIVES, USA 1975), nur mussten in Bryan Forbes' Film die eigenwilligen Ehefrauen noch durch Roboter-Replikate ersetzt werden. Caldicott erreicht einen ähnlichen Effekt durch seinen Eingriff.

In gewisser Hinsicht nimmt DICH KRIEGEN WIR AUCH NOCH! eine Sonderstellung innerhalb des Teen-Horrors der 90er Jahre ein. Er fügt sich zwar in seiner Darstellung des albtraumhaften sozialen Systems an amerikanischen High Schools in die große Linie der Außenseitergeschichten ein und geht hier sogar noch einen Schritt weiter, indem er die *jocks* ganz offen zu Monstern erklärt, die am Ende von einer modernen Version des Rattenfängers von Hameln, der Kurt Vonnegut liest, in den Tod geführt werden. Aber die Bedeutung, die hier den Erwachsenen, zum einen in Gestalt von Dr. Caldicott und zum anderen in Form der Eltern, zukommt, ist völlig untypisch. In der Regel spielen sie seit HALLOWEEN keine entscheidende Rolle mehr in Teen-Horrorgeschichten. Die Zeiten der verrückten Wissenschaftler aus den AIP-Filmen war lange Zeit vorbei. Diese Konzentration auf die Jugendlichen war in der Entwicklung des Genres ein Fortschritt, weil mit ihr wirklich Teenager zu den zentralen Figuren wurden. Zugleich bedeutete sie aber auch eine seltsame Isolation, ganz so als ob Jugendliche und Erwachsene in zwei verschiedenen, sich nur ganz selten überschneidenden Welten leben würden.

Nutter und Rosenberg bemühen sich hier nun um einen größeren Zusammenhang. Sie setzen die Situation an den High Schools, die gefährliche Opposition zwischen Außenseitern und *all-american-teens*, in Relation zu den Erwachsenen, den Eltern und den Verantwortlichen von offizieller Seite. Der Riss, der durch die Gemeinschaft der Jugendlichen geht, spaltet auch schon die Erwachsenen. Da ist auf der einen Seite Dr. Caldicott, der das züchtet, was er in gewisser Hinsicht selbst ist, ein reaktionärer Leistungs- und Ordnungsfanatiker, und auf der anderen Seite Dorian Newberry, der Hausmeister und Rattenfänger, der sich bewusst bestimmten Idealen und Zielen verweigert hat, ein Aussteiger, der eine andere Art von amerikanischem Traum träumt als Caldicott. Dazu kommen die sich aus ihrer Verantwortung stehlenden Eltern, die die Individualität ihrer Kinder und die daraus erwachsenden Probleme einfach nicht akzeptieren wollen. Der Druck der *jocks* auf die nicht Angepassten scheint hier ganz im Sinne von Erwachsenen zu sein, die sich von einer stromlinienförmigen Jugend eine bessere Welt versprechen. Dieser Versuch in Form einer Horror-Science-Fiction-Geschichte einen Blick auf die äußeren Bedingungen der Zustände an den amerikanischen Schulen der Vorstädte zu werfen, macht DICH KRIEGEN WIR AUCH NOCH! zu einem der Teen-Horrorfilme der letzten zwanzig Jahre, dem eine überdurchschnittliche Bedeutung zukommt. In gewisser Hinsicht schließt sich mit ihm ein Kreis, der 1957 mit dem von Gene Fowler Jr. inszenierten DER TOD HAT SCHWARZE KRALLEN seinen Anfang genommen hat. Zugleich weist er aber auch in seiner Integration von Erwachsenen als entscheidenden Figuren der Geschichte den Weg in eine etwas andere Zukunft des Teen-Horrors (übrigens wurden von den Produzenten des Films einige zentrale Szenen mit Caldicott und den Eltern herausgeschnitten, weil die Erwachsenen eine zu große Rolle in der Geschichte hätten – zum Glück wurden diese Szenen wie auch einige andere und das viel bessere, aber untypische ursprüngliche Ende auf der DVD des Films mitveröffentlicht). Aber wohin sich der Teen-Horror im 21. Jahrhundert entwickeln wird, ist heute noch ganz offen. Zumindest war seine Bandbreite – die SCREAM-Trilogie steht neben CARRIE 2, RETTET MRS. TINGLE! neben DICH KRIEGEN WIR AUCH NOCH!, ICH WEISS, WAS DU LETZTEN SOMMER GETAN HAST neben BRAINSCAN – noch nie so groß wie in den 90er Jahren.

Ein teutonischer Anhang

Mit dem Erfolg der Teen-Horrorfilme in den USA in den späten 90er Jahren, haben sich auch deutsche Produzenten gedacht, auf diesen Zug aufspringen zu müssen. Was in der Regel in einem Debakel endet, nämlich der Versuch, amerikanisches Genre-Kino ins Deutsche zu übersetzen, hat in diesem Fall ausnahmsweise einmal zwei für das deutsche Kino sehr ungewöhnliche, sehr unterschiedliche, aber doch sehr gute Filme hervorgebracht. Da wäre zum einen Stefan Ruzowitzkis Universitätshorrorfilm ANATOMIE (BRD 1999). Der Österreicher Ruzowitzki spielt in seinem Film mit den Konventionen des Teen-Horrors, auch wenn seine Hauptfiguren dem Teenager-Alter knapp entwachsen sind. Es handelt sich um eine Gruppe besonders begabter Medizin-Studenten, die zu einem Elite-Sommerkurs an die Heidelberger Universität eingeladen werden – wo mindestens zwei Studenten ihre Arbeit etwas zu ernst nehmen: Statt an Leichen zu üben, nehmen sie sich Schwerstkranke vor, die sie in eine Art Stasis versetzen, um sie dann, bei vollem Bewusstsein, aber ohne dass diese noch Schmerz empfinden könnten, zu obduzieren.

Ganz wie in seinen amerikanischen Vorbildern, wird die

Gruppe der Mitwirkenden im Verlauf der Handlung immer kleiner, denn die Killer, die zweifelsohne aus den Reihen der Studenten stammen, haben irgendwann keine Lust mehr, nur an Kranken ihre Versuche durchzuführen.

Ruzowitzki hat nicht den Fehler begangen, einfach nur eine amerikanische Geschichte auf deutsche Verhältnisse übertragen zu wollen. Er nutzt all die Schockeffekte des amerikanischen Teen-Horrors und auch seiner Figuren, er versteht es jedoch auch, den Spielort, Heidelberg, in die Geschichte einzubauen, indem er von einem Geheimbund berichtet, den Anti-Hypokraten, die durchaus im Dienste der Menschheit Forschungen anstellen – dafür aber von Zeit zu Zeit auch schon einmal einen kranken Menschen opfern. Was ist schon ein Opfer, wenn dafür 100 000 gerettet werden können? Die beiden Killer morden nun unter dem Deckmantel dieses Geheimbundes und nutzen deren Ressourcen, um unerkannt ihrem Werke nachgehen zu können. Bis ihnen eine Kommilitonin auf die Spur kommt, die sie selbstverständlich aus dem Weg räumen wollen.

Einen besonderen Twist erhält die Geschichte etwa zur Mitte des Films, als einer der beiden Mörder entlarvt wird, dieser jedoch ohne Konsequenzen befürchten zu müssen, seinem Treiben weiter nachgehen kann, da niemand die Geschichte glaubt. Wie fragt ein Polizist noch so schön: »Geheimbünde? Serienkiller? In Heidelberg?« Was nicht sein darf, kann eben nicht sein.

Trotz einiger Schwächen vor allem in den Dialogen, wurde ANATOMIE ein Überraschungserfolg in den deutschen Kinos, was vermutlich vor allem auf die Popularität von Hauptdarstellerin Franka Potente zurückgehen dürfte.

Auf der anderen Seite startete im April 2000 der Film FLASHBACK – MÖRDERISCHE FERIEN (BRD 2000). Ihm war leider kein großer Erfolg beschieden. Obwohl die Radikalität, mit der Regisseur Michael Karen seine Geschichte erzählt, ohne auch nur einen Kompromiss einzugehen, beeindruckend ist und ANATOMIE wie einen Film für die Kindervorstellung aussehen lässt.

Im Mittelpunkt von FLASHBACK steht die Halbfranzösin Jaennette (Valerie Niehaus), die als Kind hat mit ansehen müssen, wie ihre Eltern von einem Verrückten abgeschlachtet wurden. Von den Geschehnissen gezeichnet, hat sie einen großen Teil ihres Lebens in einem Sanatorium verbracht. Dank ihres Freundes, dem Psychiater Dr. Martin (Erich Schleyer), erhält sie eines Tages eine Anstellung als Französischlehrerin im Hause der Industriellen-Familie Schröder. So führt sie der Weg in die einsame, idyllische Berglandschaft der Alpen, wo sie mit den drei Teenage-Kids der Familie die Ferien verbringen soll, um ihre Sprach-Kenntnisse zu schärfen. Den Dreien, Leon (Xaver Hutter), Melissa (Alexandra Neldel) und Lissy (Simone Hanselmann), steht der Sinn jedoch weniger nach Vokabeln als vielmehr nach Partys. Bis zu jenem Abend, an dem Jeannette glaubt, den Mann gesehen zu haben, der einst ihre Familie abgeschlachtet hat.

Statt einfach nur einen verrückten Mörder auf die Jugendlichen loszulassen und die Anzahl der Mitwirkenden mit fortschreitender Laufzeit zu dezimieren, gelingt es dem Film immer wieder, mit überraschenden Wendungen aufzuwarten, die man so nicht erwartet hätte. Auch schert sich Karen selten um Genre-Konventionen. Bei ihm gibt es keine klassischen Opfer/Täter-Konstellationen. Wo in ANATOMIE Potentes Figur Paula ein Opfer ist, verschwimmen in FLASHBACK die Grenzen zwischen den Guten und den Bösen. Karen sprengt die Grenzen und geht voller Radikalität zur Sache. Die Sichel des Mörders bohrt sich in seine Opfer, ohne Mitleid zu empfinden. Der nette, verliebte Junge von nebenan wird in seinem Auto erschlagen; das böse Mädchen landet in der Häckselmaschine, Leon wird gar entmannt und zu Tode gehetzt. Und dann geschieht das Unfassbare: Jaennette, unsere Heldin, die einzige Figur, von der wir sicher waren, sie sei unschuldig, die junge Frau, mit der wir zitterten – schwingt die Sichel. In ihrer Persönlichkeit gespalten, glaubt ein Teil von ihr, der Mann zu sein, der einst ihre Familie tötete. Eine Rettung gibt es für sie aus diesem Albtraum nicht. Regisseur Karen verweigert uns ein Happy End. Die Heldin ist eine brutale Mörderin. Sie stirbt. Nicht aber, ohne ihren Wahn an die einzige Überlebende ihres Vernichtungsfeldzuges weiterzugeben.

Ein Film, radikal und unerbittlich gegenüber seinen Hauptfiguren und den Zuschauern: FLASHBACK – MÖRDERISCHE FERIEN. Leider war dem Film kein großer Erfolg beschieden.

Kinowelt/Miramax

Scream 3

OT: SCREAM 3
US-KINOSTART: 4. Februar 2000 im Verleih der Miramax
BRD-KINOSTART: 22. Juni 2000 im Verleih der Kinowelt
LAUFZEIT: 116 Minuten

Regie: Wes Craven. Drehbuch: Ehren Kruger nach einer Idee von Kevin Williamson. Produzenten: Cathy Conrad, Marianne Maddalena, Kevin Williamson. Executive Producers: Cary Granat, Andrew Rona, Bob Weinstein, Harvey Weinstein. Co-Produzenten: Daniel K. Arredondo, Dixie J. Kapp. Co-Executive Producer: Stuart M. Besser. Musik: Marco Beltrami. Kamera: Peter Deming. Schnitt: Patrick Lussier. Casting: Lisa Beach. Produktionsdesign: Bruce Alan Miller. Art Direction: Thomas Fichter. Set Dekoration: Gene Serdena. Kostüme: Abigail Murray. Besetzung: Neve Campbell (Sidney Prescott), Courteney Cox Arquette (Gale Weathers), David Arquette (Dwight ›Dewey‹ Riley), Patrick Dempsey (Detective Mark Kincaid), Scott Foley (Roman Bridger, Regisseur), Lance Henriksen (John Milton, Produzent), Parker Posey (Jennifer Jolie, Gale in »Stab 3«), Matt Keeslar (Tom Prinze, Dewey in »Stab 3«), Emily Mortimer (Angelina Tyler, Sidney in »Stab 3«), Deon Richmond (Tyson Fox, Ricky in »Stab 3«), Patrick Warburton (Steven Stone), Liev Schreiber (Cotton Weary), Kelly Rutherford (Kristine), Heather Matarazzo (Martha Meeks), Carrie Fisher (Bianca Burnette), Kevin Smith (Silent Bob), Jason Mewes (Jay), Roger Corman (Studio-Chef), Josh Pais (Detective Wallace), Richmond Arquette (Schüler), Roger L. Jackson (Stimme des Stimm-Modulators), Jamie Kennedy (Randy Meeks), Linda McCree (Maureen Prescott).

Bei Redaktionsschluss war der Film in Deutschland noch nicht angelaufen.
US-Einspielergebnis: 86 992 000 Dollar
(Stand: 23. April 2000)

Prolog

Cotton Weary hat es geschafft. Aus dem unschuldig verurteilten Frauenmörder, der nach seiner Freilassung nichts anderes als seine 15 Minuten im Rampenlicht wollte, ist ein erfolgreicher Talkshow-Host geworden. »100 % Cotton« heißt die Sendung. Seine Popularität schützt ihn jedoch nicht davor, auf dem Freeway in Los Angeles im Stau zu stehen. Während er über das Autotelefon mit seinem Agenten redet und ihm erklärt, nur widerwillig einen Cameo-Auftritt in einem billigen Slasher-Film zu übernehmen, klingelt sein Handy. Eine Frau ist an der Leitung. Sie hat die falsche Nummer gewählt ... Als sie seine Stimme erkennt, scheint sie überrascht. Cotton Weary? Sie ist ein Fan. Cotton, vom Stau angenervt, beginnt ein Gespräch. Ob das seine Freundin nicht eifersüchtig mache, möchte die Frau wissen. Cotton lacht. Woher kann sie wissen, dass er eine Freundin hat? Die Stimme am Telefon wechselt. Es ist die des Killers. Er weiß es, weil er sie gerade unter der Dusche beobachtet. Wenn Cotton ihm verrät, wo sich Sidney aufhält, wird er sie leben lassen. Wenn nicht, wird dies für Kristine, seine Freundin, das Todesurteil sein.

Cotton gerät in Panik, fährt über den Standstreifen, rammt einen anderen Wagen, rast davon. Er versucht die Polizei zu erreichen. Ohne Erfolg. In seinem Apartment glaubt Kristine indessen, Cotton sei nach Hause gekommen. Doch es ist der Killer im schwarzen Umhang und der Maske. Allerdings spricht er mit Cottons Stimme, was Kristine glauben lässt, es sei Cotton, der sie töten wolle. Es gelingt ihr, sich im Arbeitszimmer zu verbarrikadieren. Als der echte Cotton die Tür zu diesem Zimmer eintritt, schlägt sie ihn nieder. Benommen am Boden liegend muss er mit ansehen, wie Kristine erstochen wird. Dann stürzt sich der Killer auf ihn.

Fortsetzung folgt ...

Craven irritiert den Zuschauer, indem er zwei Spielorte in den Prolog einführt. Bislang konzentrierte sich der Regisseur auf jeweils einen Handlungsort. In Teil eins war dies das Haus der Casey Becker, in Teil zwei ein Kino. Im dritten Teil beginnt die Geschichte jedoch im Wagen Cotton Learys mitten auf einem Freeway, um nun zwischen diesem Auto und seiner Wohnung hin und her zu wechseln. Auch wird mit Cotton Leary erstmals eine Figur in den Mittelpunkt des Prologs gestellt, die der Zuschauer bereits kennt. Dass Cottons Freundin die Eingangssequenz nicht überlebt, überrascht nicht, denn Craven baut in diesem Prolog ganz bewusst Parallelen zur Einleitung von »Stab 1« auf. In »Stab 1« stirbt das Mädchen, das Duschen gehen will. Der Duschmord ist im Slasher-Film ein Ritual und somit eine Konvention. Sie besteht, seit Hitchcock seine vermeintliche Hauptdarstellerin des Films PSYCHO unter einer Dusche bestialisch ermorden ließ.

Dutzendfach wurde diese Szene seither zitiert. Und auch Craven reiht sich in SCREAM 3 in die lange Reihe der Plagiatoren ein.

Der Spannungsbogen des Prologs läuft daher nicht darauf hinaus, was mit der Freundin geschehen wird. Ihr Schicksal ist mit ihrem ersten Auftritt besiegelt. Die Frage lautet vielmehr: Was geschieht mit Leary? Leary war schließlich der heimliche Held des zweiten Teils. Wird Craven ihn etwa sterben lassen? Betrachtet man den Duschmord und Cravens vermeintlich erwachtes Interesse an den Konventionen des Slasher-Films, müsste die Antwort eigentlich lauten: Leary überlebt!

Doch Craven erweist sich als Zyniker. Der Held des zweiten Teils stirbt. Dies bedeutet, dass der Regisseur den Zuschauer mit dem Mord an Cottons Freundin zuerst in Sicherheit lullt, indem er sich an die Konventionen des Slasherfilms hält. Konventionen, die er keine zwei Minuten später nicht nur wieder bricht, sondern förmlich vapurisiert! Und damit steht das Motto des dritten Teils fest: Vergiss die Regeln, denn es ist alles möglich.

Alte Bekannte

Sidney lebt in einem einsamen, großen Haus im nordkalifornischen Monterey. Sowohl das Tor zur Straße wie auch die Haustür sind mit elektronischen Sicherheitsschlössern ausgerüstet. An ihrer Seite hat sie einen großen Hund. Sie arbeitet daheim als Beraterin des ›California Women's Crisis Counseling‹, einer Telefonseelsorge. Ihr Arbeitsplatz ist das Telefon. Sie nennt sich Laura.

Das Spiel beginnt von vorne. Der Killer hat Sidney (Neve Campbell) ausfindig gemacht.

Gale Weathers ist indessen populärer als je zuvor. Sie hält einen Vortrag vor Journalistik-Studenten. Um die Beste zu sein, muss man das tun, was andere nicht tun würden, erklärt sie ihnen. Dazu gehört auch das Brechen von Regeln. »Schrecken Sie vor nichts zurück. Sehen Sie zu, dass die Welt sie hasst.« So bekommt man nicht nur die Story, man wird auch berühmt. Vor der Halle wartet Detective Mark Kincaid auf sie, der sie über den Mord an Cotton aufklärt. Auf dem Leichnam von Cotton hat der Mörder für die Polizei ein Foto hintergelegt. Doch wer ist die Frau, die auf ihm zu sehen ist? Gale kennt die Frau. Es ist Maureen Prescott – in jungen Jahren.

Sidney erfährt unterdessen aus dem Fernsehen vom Mord an Cotton und dem Film »Stab 3: The Return To Woodsboro«, in dem er eine kleine Rolle gespielt hat. Für sie steht fest, dass die Geschichte ein drittes Mal von vorne beginnt. Der Killer ist zurück. Und sein finales Opfer soll Sidney Prescott heißen.

»Stab 3« wird unterdessen in den Hallen des Sunrise Studios gedreht; auf der Terrasse von ›Sidneys‹ altem Haus in Woodsboro streiten sich gerade der Studiochef, der Produzent John Milton und Regisseur Roman Bridger über die Zukunft des Films. Der Studiochef möchte die Dreharbeiten nach dem Mord an Cotton einstellen, sehr zum Verdruss des Jung-Regisseurs, der keinen direkten Zusammenhang zwischen »Stab 3« und dem Tod Cottons sieht. Würde der Film nicht gedreht, so sein Argument, würde dies einen Psychokiller trotzdem nicht von seiner ›Arbeit‹ abhalten. Rückendeckung erhält er vom Produzenten, der seit 30 Jahren Filme dieser Art macht und noch nie ein Problem mit Psychopathen gehabt habe.

Beunruhigt ist jedoch nicht nur der Studiochef. Auch die Schauspieler machen sich Sorgen. Die einzige, die sich jedoch eindeutig dafür ausspricht, den Film abzubrechen, ist Angelina Tyler, eine vollkommen unbekannte Schauspielerin, die aus 15 000 Bewerberinnen für die Rolle der Sidney ausgesucht wurde und für die dies eigentlich die Chance ihres Lebens darstellt. Doch was ist das für ein Leben, hinter dem ein Killer her ist?

Unbemerkt schleicht sich Gale ins Studio. Sie ist von der Authentizität, mit der die Kulissen errichtet wurden, erstaunt. Schließlich wird sie von Jennifer Jolie, der Schauspielerin, die in »Stab 3« ihren Part spielt, entdeckt. Jennifer nervt Gale, indem sie ihr erklärt, wie tief sie sich in ihre Persönlichkeit hineingearbeitet habe. Wirklich überrascht ist Gale jedoch, als sie Dewey in die Arme rennt. Dewey arbeitet als Berater am Set. Und sie ist alles andere als erfreut, zu hören, dass er mit Jennifer ihre Rolle ausgearbeitet hat; eine Rolle, die sie nicht nur als Top-Journalistin zeigt, sondern auch als eine innerlich zerbrechliche Person, die sich wünscht, noch einmal die Unschuld eines Kindes zu besitzen.

Gale Weathers (Courteney Cox) wird von ihrem Schatten Jennifer Jolie (Parker Posey), der Darstellerin der Gale in »Stab 3«, auf Schritt und Tritt verfolgt.

Die Atmosphäre zwischen den beiden ist kühl. Es ist offensichtlich, dass auch ihr zweiter Anlauf, eine Beziehung zu führen, gescheitert ist. Gale glaubt dennoch, Dewey vertrauen zu können und sie erzählt ihm von Maureen Prescotts Foto. Da Dewey glaubt, Gale ginge es bei ihrem Besuch nur um eine neue Story, verrät er ihr nicht, wo sich Sidney versteckt hält.

Fortsetzung folgt ...

In der Einführung der Sidney in die Geschichte des dritten Teils präsentiert sich Craven als ein überraschend ruhiger, zurückhaltender Regisseur. Stets zeigt er Sidney in einer Halbtotalen. Sie steht im Mittelpunkt des Bildes, links und rechts bleibt das Bild leer. Craven visualisiert in diesen Bildern die Einsamkeit der Sidney Prescott. Ihre Arbeit für eine

Telefonseelsorge passt zu dieser Einsamkeit. Offenbar wünscht sie sich, mit anderen Menschen zusammen zu sein, doch sie hat Angst davor, Freude zu empfinden. Eine Freude, wie sie sie einst mit Billy gespürt hatte, der sich als Killer entpuppte, oder der mit Derek, der ermordet wurde. Indem sie anderen Frauen am Telefon zuhört und mit ihnen über ihre Probleme spricht, kommt sie diesen Frauen für einen kurzen Augenblick sehr nahe. Es entsteht Intimität. Doch ihre Geschichten sind meist traurig und so muss Sidney keine Angst vor Enttäuschungen haben.

In dem Moment, in dem die Geschichte in die Räumlichkeiten der Sunrise-Studios wechselt, verschwimmen für den Zuschauer Fiktion und Wirklichkeit beim ersten Schwenk. Film im Film. Die Handlung aus Woodsboro wird zur Realität erklärt. Eine Realität, die in diesen Hallen nachgespielt wird, bis der Killer in Erscheinung tritt und die Fiktion in die Realität zurückdrängt. Eine Realität, die für uns Zuschauer in Wirklichkeit ebenfalls nur ein Film ist. »Die Geschichte ist ganz schön vertrackt«, gibt Craven zu. »Sie führt das Publikum ganz tief in die Realität hinter der Realität. Absolut nichts ist so wie es scheint.«

Mit sehr viel Liebe zum Detail hat Craven die Charaktere der »Stab«-Schauspieler geschaffen. Der Zuschauer erkennt sofort die Personen, die die Schauspieler darstellen sollen. Selbst der milchhäutige Randy aus Woodsboro, der die Rolle des farbigen Ricky übernimmt, ist als solcher am etwas abgerissenen Kleidungsstil zu erkennen. Und doch sind diese Figuren von ihren Originalen weit entfernt. Die Schauspieler, die Craven hier porträtiert, sind die Darsteller eines billigen Horrorfilms; Schauspieler, die irgendwann die richtige Abfahrt auf dem Weg zum Erfolg verpasst haben. So wird etwa Candy, die 21 Jahre alt sein soll, von einer Mittdreißigerin dargestellt. Dies wäre an sich so ungewöhnlich nicht, waren Matthew Lillard und Skeet Ulrich doch beide bereits 26, als sie die Teenager-Killer im ersten Teil spielten, aber Craven inszenierte ihre Rollen so natürlich, dass dies niemandem aufstieß. Zeigt er nun die Figuren aus »Stab«, dann spielt er mit den Genrekonventionen und Realitäten, die dem Zuschauer ganz nebenbei einen Eindruck davon

In einer Drehpause gibt Regisseur Wes Craven David Arquette und Courteney Cox Anweisungen.

vermitteln, auf welchem Niveau ein Film wie »Stab 3« inszeniert wird. Dies gelingt Craven, ohne dass man als Zuschauer auch nur eine Szene aus »Stab 3« zu sehen bekommt.
Der namenlose Chef der Sunrise Studios wird übrigens von der Produzenten-Legende Roger Corman dargestellt, dem wahrscheinlich berühmtesten B-Film-Finanzier überhaupt. Corman, der als Regisseur mehrerer Edgar-Allan-Poe-Verfilmungen in den späten 50er und frühen 60er Jahren zu Weltruhm gelangte, gilt unter anderem als Entdecker solch großer Regisseure wie Francis Ford Coppola, Martin Scorsese, John Milius, Jonathan Demme, James Cameron, Joe Dante und George Lucas. Ende der 80er Jahre schrieb Craven ihm ein Frankenstein-Drehbuch, das jedoch nie verfilmt wurde (siehe hierzu die Craven-Biografie).
Einen Spaß erlaubt sich Craven übrigens mit der Figur des John Milton, der von Lance Henriksen dargestellt wird. Henriksen musste sich den gleichen Haarschnitt und die gleiche Garderobe wie Craven verpassen lassen, wodurch die beiden äußerlich als Brüder hätten durchgehen können.

In einem kurzen Cameoauftritt sind übrigens auch der Schauspieler Jason Mewes und der Regisseur Kevin Smith als Touristen zu sehen, die an einer Studiotour teilnehmen. Sie treten als Jay und Silent Bob auf, den zwei bekannten Charakteren aus allen vier Filmen von Kevin Smith: CLERKS – DIE LADENHÜTER (CLERKS, USA 1994), MALL RATS (MALLRATS, USA 1995), CHASING AMY (USA 1996) und DOGMA (DOGMA, USA 1999). Die beiden Kultfiguren, die zusammengenommen den Geist der ›Slacker‹-Ära verkörpern.

Zwischen Fiktion und Wirklichkeit

Sid ist unglücklich. Sie glaubt, dass all diese Morde nicht geschehen wären, wenn Maureen ihren Vater nicht betrogen hätte. Dieser versucht sie zu trösten, doch seine Worte finden keinen Widerhall. Sidney will nicht mehr verdrängen, wer ihre Mutter gewesen ist, klar kommt sie damit jedoch nicht. Einmal mehr hat ein Mensch für ihre Sünden sterben müssen. In der folgenden Nacht erscheint ihr ihre Mutter im Traum. Einem Albtraum, in dem sie ihr erklärt, sie sei wie sie – Gift. Was immer sie anfasse, stirbt.

Sarah Darling sucht nach Roman Bridger im Produktionsbüro. Es ist früh am Morgen und niemand außer ihr scheint zugegen. Das Telefon klingelt und Roman entschuldigt sich dafür, noch im Stau zu stecken. Für Sarah ist dies die Gelegenheit, sich ihm gegenüber über ihre Rolle auszulassen. Sie spielt Candy, das Mädchen, das als Zweites ermordet werden soll. Nackt, unter der Dusche. Das ist Unsinn, prustet sie ins Telefon. Warum unter der Dusche? Soll das Originell sein? Auf Romans Bitte hin übt sie mit ihm dennoch ihren Text über das Telefon. Doch sein Text unterscheidet sich von dem ihren. Er hat ihn umgeschrieben. Roman? Nein, am Telefon ist der Killer, der sich bereits im Gebäude befindet und mit Sarah kurzen Prozess macht.

Die Szene wechselt zu Gale und Dewey. Ihre Beziehung ist zerbrochen, da er in Woodsboro leben wollte, sie aber mal in Paris, mal in New York, wo immer der Job sie hinführt. Doch dies sei nicht die echte Gale Weathers, erklärt ihr Dewey. Hinter der Fassade der Karriere-Journalistin verstecke sich eine Frau, die sich ebenso wie er nach etwas Ruhe und einem geordneten Leben sehne. Der eigentliche Grund für das Gespräch ist aber, dass er den Job beim Film angenommen habe, weil er sich Sorgen mache. Vor zwei Monaten rief eine Frau bei der Polizei in Woodsboro an, die behauptete, für »Stab 3« zu arbeiten. Sie bat um Einblick in die Akte Sidney Prescott, bekam diese aber nicht ausgehändigt. Einen Monat später wurde in das Archiv eingebrochen. Zu diesem Zeitpunkt hatte er die Akte jedoch vorsichtshalber bereits verschwinden lassen. Ein Anruf von Jennifer auf Deweys Handy beendet ihr Gespräch. Sie fahren zu ihrem Haus, um von ihr vom zweiten Mord zu erfahren – und davon, dass jemand das Drehbuch nachspielt. Das erste Opfer sollte laut Drehbuch Cotton sein. Es war der Cameo-Auftritt, von dem er im Prolog erzählte. Das zweite Opfer war Candy, also Sarah. Opfer Nummer drei wäre, laut Skript, Gale Weathers, jetzt dargestellt von Jennifer.

Die Sicherung des Tatorts liegt in den Händen von Detective Kincaid und Detective Wallace, die keinen Zweifel daran haben, dass hinter den Morden ein Filmfreak steckt. Wieder wird am Tatort ein altes Foto von Maureen Prescott gefunden, das Kincaid an Gale übergibt und sie ganz offiziell bittet, ihm aufgrund ihres Wissens um die Woodsboro-Morde zu helfen, denn eins steht fest: Der Killer wird ein drittes Mal zuschlagen. Ob jedoch Jennifer dieses Opfer sein wird, ist ungewiss. Laut Aussage des Produzenten gibt es nämlich drei verschiedene Drehbuchfassungen, da es bei einem der Vorgängerteile wohl Ärger wegen illegaler Vorveröffentlichungen im Internet gegeben hatte.

Fortsetzung folgt ...

Natürlich ist die Geschichte um die drei Drehbuchfassungen eine Anspielung auf die Probleme, die SCREAM 2 während seiner Produktion erlebte, als 40 Seiten plötzlich im Internet auftauchten. Mehrere vollständige Drehbuchversionen existierten im Fall von SCREAM 3 nicht, nur Courteney Cox Arquette erhielt ein vollständiges Exemplar, da sie anteilsmäßig die größte Rolle im dritten Teil spielt. Die anderen Schauspieler, so erzählt Patrick Dempsey, der Darsteller des Detective Kincaid, erhielten ihre Drehbuchseiten oft erst einen Tag vor den geplanten Dreharbeiten. So wussten nicht einmal die Schauspieler, wer von ihnen nun ein Guter und wer ein Böser war.

Das Ende von »Stab 3«

Die Dreharbeiten werden, trotz des vorherigen Einspruchs des Produzenten John Milton, abgebrochen. Dabei geht es weniger um die toten Schauspieler als vielmehr um den möglichen Imageverlust für das Studio, zumal Roman, der Regisseur des Films, zum Mittelpunkt der Ermittlungen wird. Warum hat er Sarah in sein Büro zitiert? Er versteht die Frage nicht. Er habe sie nicht ins Büro bestellt, erklärt er. Zur weiteren Befragung wird er vom Set direkt ins Polizeirevier gebracht. Kincaid atmet durch und möchte ein Telefonat führen, doch die Batterie seines Handys ist leer. Dewey leiht ihm seines.

In diesem Augenblick erhält Sidney einen Anruf – von ihrer Mutter. Sie soll die Nachrichten einschalten, aus denen sie erfährt, dass es einen zweiten Mord gegeben hat. »Glaubst du«, fragt der Anrufer, nun mit der Stimme des Killer, »es ist vorbei, Sidney?«

In Jennifers Haus zerreißt Tom Prinze das Drehbuch. Angelina Tyler versteht seine Frustration über das Ende des Films nicht. Kein Film sei es schließlich wert, dass Menschen für ihn sterben. Gale wird derweil von Jennifers Leibwächter dabei erwischt, wie sie um das Haus schleicht. Dewey regelt die Sache. Tatsächlich hat Gale ihn sprechen wollen und zeigt ihm das Foto von Maureen Prescott. Der Mordfall Maureen Prescott machte damals Schlagzeilen, weil sie eine in ihrer kleinen Gemeinde sehr beliebte Frau war, die nie ihre Heimat verlassen hatte. So stand es geschrieben. Gale hat jedoch herausgefunden, dass im Lebenslauf der Maureen Prescott eine Lücke von zwei Jahren klafft, den Jahren nach der High School. Das könnte die Zeit sein, aus der die Fotos stammen. Beim Blick auf eines der Bilder erkennt Dewey den Hintergrund: Es ist ein Gebäude auf dem Gelände des Sunrise Studios. Was machte Maureen vor etwa 28 Jahren in Hollywood?

Etwa im gleichen Augenblick sticht der Killer in Deweys Wohnwagen Jennifers Leibwächter Stone ein Messer in den Rücken. Mit letzter Kraft schleppt sich dieser zum Haus, wo in der gleichen Sekunde die Lichter ausgehen. Die Schauspieler, sowie Dewey und Gale werden vom Killer belagert. Ein Fax geht ein – es ist eine Seite aus dem Drehbuch.

Allerdings wurde es umgeschrieben und versehen mit dem Hinweis, dass er einer Person gegenüber Gnade walten lassen wird. Doch welcher? Auf Deweys Kommando hin rennen alle hinaus auf die Terrasse, denn dort haben sie das Umfeld im Blick und der Killer kann sich nicht anschleichen.

Das Faxgerät klingelt erneut; Tom rennt ins Haus, um die Seite zu holen. Der Killer werde Gnade gegenüber denen walten lassen, die das Gas rechtzeitig riechen, steht darauf geschrieben. Zu spät – das Haus explodiert. Tom kommt in den Flammen ums Leben, die anderen stürzen einen Abhang hinunter. Dewey verliert für einen Moment die Orientierung, bevor er auf halber Strecke zum Stehen kommt. Er sieht Gale benommen auf der Straße wanken. Der Killer ist hinter ihr. Dewey zieht seine Waffe und drückt ab, stürzt dann aber den Abhang weiter hinunter. Der Killer, den er getroffen hat, entkommt. Zurück bleibt ein weiteres Maureen-Foto mit dem Hinweise: »I killed her.«

Fortsetzung folgt ...

Das Böse ist ein Teil der Welt. Es existiert schon seit Anbeginn der Zeit als Kraft, die versucht, Einfluss auf die Geschicke der Menschen zu nehmen. Nur wenn wir vom Bösen erzählen, wenn wir ihm einen Namen, ein Bild, eine Identität geben, können wir es unter Kontrolle halten. Die böse Hexe aus dem Märchen, die Hänsel und Gretel backen will, oder der Kindermörder Freddy Krueger, der in den Träumen der Teenager weiterlebt und mordet – sie sind Figuren, mit denen Geschichtenerzähler die namenlose Kraft einfangen. Das Böse wird zum Geist in der Flasche, der erst wieder entfliehen kann, wenn die Flasche zerbricht und die Figuren, in denen das Böse gefangen ist, ihre Bedeutung, ihren Schrecken verlieren.

In FREDDY'S NEW NIGHTMARE (WES CRAVEN'S NEW NIGHTMARE, USA 1994) ist Hollywood der Ort, an dem das Böse um seine Freiheit kämpft. Regisseur und Autor Wes Craven erhält in diesem Film selbst die Macht, zum Bezwinger des Bösen zu werden. Dieser letzte Teil der NIGHTMARE-Serie ist ein verzwicktes Märchen, eine Laudatio auf alle, die ihr Leben als Autoren und Schauspieler, als Regisseure und Produzenten dem fiktiven Schrecken gewidmet haben. Ihre Arbeit schützt uns und bewahrt die Welt vor der Herrschaft des Unaussprechlichen.

Hinter dieser Idee steckte natürlich eine Kampfansage, gerichtet an die, die immer wieder ins Feld ziehen gegen Gewalt in Filmen und Romanen, in Comics und Fernsehserien, die glauben, dass die Welt eine bessere wäre, wenn wir nur alles Böse aus unseren Fiktionen verbannen würden.

Wie ein düsterer, beinahe schon zynischer Gegenentwurf hierzu wirkt nun SCREAM 3. Wieder kommt Wes Craven im letzten Teil einer großen Horrorserie in Hollywood an, wieder wird die Geschichte zu einem Blick hinter die Kulissen. Die Traumfabrik träumt erneut einen Albtraum, in dessen Mittelpunkt sie selbst steht. Doch diesmal gib es keine selbstlosen Motive und hehren Ziele. Alles dreht sich um Ruhm und Geld, um Aufstiegschancen und die Angst davor, dass man es doch nie wirklich schafft.

Der Regisseur hat ein paar erfolgreiche und prämierte Musik-videos gedreht, nun will er seine Träume vom Kino verwirklichen. Doch erst muss er einmal »Stab 3: The Return to Woodsboro« hinter sich bringen, ein billiges Horror-Franchise, das die Wirklichkeit rücksichtslos ausbeutet. Darauf versteht sich der Produzent John Milton besonders gut. Er ist seit Jahrzehnten im Geschäft und hat nie eine gute Gelegenheit ausgelassen, wenn es darum ging, mit billigen Filmen und Schauspielern schnell viel Geld zu machen. All diese Schauspieler und Starlets hoffen auf den Durchbruch, bevor die Zeit und das Leben zu viele Spuren in ihren hübschen Gesichtern hinterlassen haben.

Hollywood, das ist hier Hollywood Babylon, ein Moloch, der die Menschen verschlingt, und das, was von ihnen übrigbleibt, dann wieder ausspuckt. Los Angeles sei kein Ort für Unschuld, sagt in einer Szene der Produzent, der in den 70er Jahren für seine ausschweifenden Parties berühmt war. Vor gut dreißig Jahren war es Rita Reynolds, die auf einem seiner Feste zerstört wurde, jetzt ist es Angelina Tyler, die mit ihm schlafen musste, um die Rolle der Sidney in »Stab 3« zu erhalten.

Der Name von Produzent John Milton ist einem englischen Dichter entnommen, dessen Hauptwerk »Paradise Lost« (1667, endgültige Fassung 1674, dt. »Das verlorene Paradies«) den Teufel endgültig zu einem Sinnbild für gefallene Schönheit werden ließ. John Milton ist auch der Name des Teufels in Taylor Hackfords Film IM AUFTRAG DES TEUFELS (THE DEVIL'S ADVOCAT, USA 1997). In SCREAM 3 ist Milton also ein Hollywood-Produzent und Spezialist für Horrorfilme. Die Traumfabrik wird zum Sündenpfuhl, ein Reich des miltonschen Satans und damit aber auch ein Ort der Rebellion gegen Gott. Die Filme, mit denen die Suche nach dem Garten Eden auf Erden mit anderen Mitteln fortgesetzt wird, sind alleine schon ein Akt der Auflehnung, ein Zeichen dafür, dass der Mensch nicht bereit ist, seine Vertreibung hinzunehmen. Damit ist Hollywood an sich schon ein Ort der Verdammnis.

Wer war Maureen Prescott?

Auf dem Polizeirevier steht Dewey plötzlich Sidney gegenüber. Der Killer habe sie angerufen, erklärt sie ihm. Das Versteckspiel ist vorbei. Dewey stellt Sidney Kincaid vor und zum ersten Mal verläuft ein Zusammentreffen mit Gale friedlich. Statt des üblichen Schlages ins Gesicht gibt es eine Umarmung. Woher hatte der Killer die Nummer?

Dewey wird stutzig. Er hat sie in seinem Handy gespeichert. Die einzigen, die außer ihm damit telefoniert haben, waren Jennifer und Kincaid. »Ich bin hier der Cop«, verteidigt sich der Polizist. Doch ob dies der Wahrheit entspricht? Hat ihm vielleicht jemand am Set das Handy entwendet und dann wieder zugesteckt? Ausgeschlossen ist dies nicht.

Sidney möchte sich im Filmstudio etwas umsehen. Dewey und Gale begleiten sie. Zu ihrer Überraschung treffen sie dort Martha Meeks, Randys jüngere Schwester. Martha ist nach Los Angeles gekommen, um Sidney ein Videoband vorzuspielen, auf das sie vor einigen Tagen in der Videothek, in der sie und ihr Bruder gearbeitet haben, gestoßen ist. Es ist ein Band, auf dem Randy einen Monolog hält, der an Sidney gerichtet ist. Sollte dieses Band irgendwann zu seiner Aufführung gelangen, bedeute dies, dass er die Geschehnisse des zweiten Teils nicht überlebt hat. Mehr noch, dieses Band soll Sidney nur gezeigt werden, wenn sich die Geschehnisse des zweiten Teils wiederholen. In diesem Fall brauche sie nämlich jemanden, der ihr die Regeln eines drittes Teils erklärt. Dies möchte er hiermit tun: Wenn einfach nur das Gleiche wie im zweiten Teil passiert, sprich ein Killer umgeht und willkürlich Menschen tötet, handelt es sich um eine gewöhnliche Fortsetzung. Die Regeln wären die selben wie im zweiten Teil. Ist die Aufklärung dieser Geschichte jedoch in der Vergangenheit zu suchen – vergiss die Regeln. Denn dann ist dies keine einfache Fortsetzung, sondern der Abschluss einer Trilogie. Und die hat eigene Regeln.

1. Der Killer ist übermenschlich. Erschieß ihn, steck seinen Kopf in eine Gefriermaschine – es wird ihn nicht umbringen.

2. Jede Hauptfigur kann sterben. »Sorry, auch du, Sidney.«
3. »Die Vergangenheit wird zurückkommen, um dir in den Arsch zu treten.« Das, was du über die Vergangenheit erfährst, wird dein bisheriges Wissen über sie zerstören. »Ich wünsche euch viel Glück. Doch einige von euch werde ich schon bald wiedersehen.«

Gale versucht in das Studioarchiv zu gelangen und wird von Jennifer überrascht, die ihre Nähe sucht. Schließlich will der Killer Gale Weathers umbringen. Bislang hat er sich in Ermangelung an Originalen an die Kopien gehalten. Wenn sie aber, so ihre kranke Logik, stets in ihrer Nähe bleibt, wird er sich kaum mit der Kopie begnügen. Gale ist also ihre Lebensversicherung. Dieses Denken mag zwar abstoßend wirken, doch Gale nimmt sich Jennifers an, da diese sie ins Archiv einschleusen kann. Das Archiv wird von einer ehemaligen Schauspielerin namens Bianca Burnette geleitet, die Gale und Jennifer an eine Schauspielerin von George Lucas erinnert. Nachdem sich die Verwirrung gelegt hat, kann Jennifer sie mit einer großzügigen Spende zur Mitarbeit animieren. Sie führt sie in den Teil des Archivs, wo die Vergessenen schlummern. »Unter dem Namen Prescott werden sie nichts finden«, erklärt ihnen Bianca und überreicht ihnen stattdessen die Akte einer Rita Reynolds. Dort finden sich Unterlagen zu den drei Filmen »Amazombies«, »Space Psychos« und »Creatures From The St. Andreas Falls« – Horror-Billigfilme aus der Zeit, als John Milton noch ein junger Mann war und selbst Filme inszenierte.

Fortsetzung folgt ...

Hier die Auflösung der Geschichte von der Archivarin und George Lucas: Sie ist die Schauspielerin, die die beiden zu erkennen glauben – Carrie Fisher! Richtig, sie war Prinzessin Leia im ersten Teil der STAR WARS-Trilogie. Ähnlich wie ihre Archivarin, die einst vor einer großen Schauspielerkarriere stand, dann aber, im wahrsten Sinne des Wortes, in der Versenkung verschwand, ist auch Carrie Fisher nach ihrem großen Film abgestürzt. Drogen und Alkohol folgten. Sie hat alle Stationen des Abstiegs durchgemacht. Inzwischen ist sie jedoch wieder obenauf. Carrie Fisher gehört heute zu den bestbezahlten Bearbeiterinnen von Drehbüchern (Skript-Doktorinnen) in Hollywood.

Rückkehr nach Woodsboro

Auf der Toilette des Studios kommt es zu einem Zwischenfall. Als Sidney sich die Hände wäscht, glaubt sie, in einer der Boxen den Killer bemerkt zu haben. Es ist jedoch nur Angelina Tyler, die einige Souvenirs, darunter die Maske, geklaut hat. Sie rechtfertigt sich damit, dass dies vielleicht ihre einzigen Erinnerungen an Hollywood sein werden. Sidney nimmt es ihr ab. Angelina geht zurück ins Studio, vergisst dabei jedoch ihre Haarbürste. Sid läuft ihr hinterher und findet sich plötzlich in Woodsboro wieder, vor den Kulissen von Stuarts Haus. In ›ihrem‹ Zimmer werden wiederum Erinnerungen an die Vergangenheit wach, doch die Geräusche, die sie in diesem Moment hört, sind real. Es ist der Killer, der ihr auflauert. Sie kann ihn in die Flucht schlagen, bevor ihr Dewey zu Hilfe eilen kann. Der Killer ist verschwunden.

Im Büro von Roman, dem Regisseur, kommt es zwischen diesem und John Milton in der Zwischenzeit zu einem Streit. Roman sieht seine Karriere zerstört, wenn »Stab 2« nicht zum Ende gebracht wird. In diesem Moment stürmen Gale, Jennifer und Dewey in das Büro. Milton verabschiedet Roman, der an diesem Tag übrigens 30 Jahre alt wird – was zu einem späteren Zeitpunkt nicht ganz unwichtig sein soll –, und widmet sich seinen Besuchern, die wissen wollen, was er zu Rita Reynolds zu sagen hat. Milton gibt zu, gewusst zu haben, dass Rita Reynolds und Maureen Prescott ein und dieselbe Person gewesen sind. Als ihm dies bei den Dreharbeiten zu »Stab 1« bewusst geworden sei, behielt er es für sich, aus Angst vor der Negativ-Publicity. Ausserdem gibt es noch eine zweite delikate Geschichte in Bezug auf Maureen Prescott. Anfang der 70er war Hollywood eine andere, sündigere

Dewey und die doppelte Gale. Beide Frauen haben ihm etwas zu erzählen. Wer macht den Anfang?

Welt, erklärt er den Dreien. Er war damals ein aufstrebender Horrorfilm-Regisseur und Produzent, berühmt für seine wilden Partys, auf denen Mädchen bereit waren, für ihre Karrieren bis ans Äußerste zu gehen. So wie Maureen Prescott.

Fortsetzung folgt ...

HOLLYWOOD, diese neun Lettern haben etwas Magisches. Früher einmal waren es noch vier mehr, da lautete der Schriftzug noch ›Hollywoodland‹ und warb für Grundstücke, die eine Maklerfirma all denen anbot, die hier, im äußersten Westen, angekommen waren und deren Suche nach Eden an ihr natürliches Ende gelangt war. Das Land ist schon lange weg, nur ein Traum ist noch geblieben; ein Traum, der mächtiger ist als jedes Versprechen auf Grund und Boden.

HOLLYWOOD, eine Welt des Scheins, in etwa so real wie die Fantasien, die immer noch in Richtung Westen zielen, in der Hoffnung, irgendwann einmal die letzte *frontier* zu überschreiten. Eine Grenze, die Maureen Prescott einst überquert hat.

HOLLYWOOD, alles ist Fälschung, die Namen und die Schauplätze, die Geschichten und die Gefühle, und damit doch wieder echt. Geister, auf der Leinwand und dahinter. Figuren, die so nie existierten, gespielt von Menschen, die doch ganz andere waren. Sie verfolgen uns und suchen uns heim, die Träumer und Hoffnungsvollen.

HOLLYWOOD, da ist nichts Verlockendes mehr, nur das falsche Versprechen eines überdimensionierten Werbeschilds. Das Weiß der Lettern erscheint gespenstisch, ihre schiere Größe bedrohlich. H O L L Y W O O D, die dunklen Zwischenräumen scheinen zu sagen: »Ihr, die ihr hier eintretet, lasset alle Hoffnungen fahren.« Man kann in ihnen verschwinden, für immer. Was dann noch bleibt, ist ein Gespenst, auf dessen Spuren vielleicht der Tod folgt.

Die Geschichte neigt sich dem Ende zu

»Haben Sie sich um diesen Fall bemüht?«, möchte Sidney von Detective Kincaid wissen. Er verneint dies. Vielmehr wurde ihm dieser Fall zugeteilt, was unter anderem damit zu tun hat, dass er unter Filmemachern in Hollywood geboren und aufgewachsen ist. Er kennt diese Leute, weiß, wie man mit ihnen umgeht. Sidney hat Kincaid diese Frage gestellt, da sie anhand von Filmplakaten, die in seinem Büro hängen, festgestellt hat, dass er nicht nur ein Filmfreak ist, sondern darüber hinaus ein spezielles Faible für Fortsetzungsfilme hat. Könnte er der Killer sein?

Szenenwechsel.

Auf dem Freeway erhalten Dewey, Gale und Jennifer einen Anruf von ›Sidney‹: Sie möchten bitte zu Romans Geburtstagsfeier kommen, wo sie neue Informationen über Maureen Prescott erhalten soll, doch als die drei das Haus betreten, müssen sie erfahren, dass Roman weder sie noch Sidney eingeladen hat. Dennoch bittet er sie zu bleiben – je mehr Gäste, desto besser!

Während Roman Jennifer den Keller zeigt, in dem er allerlei schräge Utensilien aus diversen Horrorfilmen versammelt hat, bleiben Gale und Dewey im Wohnzimmer zurück, von wo aus Dewey Sidney anrufen will. Er wählt die Rückruftaste – und vernimmt ein Klingeln aus dem Wandschrank, in dem sie ein Handy, einen Sprachmodulator und das Kostüm des Killers finden. Der Killer ist im Haus! Auf der Stelle machen sie sich auf die Suche nach Jennifer, Roman, Angelina und Tyson. Doch der Killer hat bereits zugeschlagen. Roman liegt tot in einem Sarg aus Miltons privater Requisitenkammer. Jennifer konnte sich in letzter Sekunde verstecken. Gale nimmt sie bei der Hand und nun machen sie sich auf die Suche nach Dewey, der plötzlich verschwunden ist. Die einzige, die sie finden, ist jedoch Angelina, die panische Angst hat. »Ich habe dieses Schwein Milton gefickt, um die Rolle zu bekommen und nicht, um mit den Stars zu sterben«, schreit sie und rennt davon – um nur Augenblicke später dem Killer zum Opfer zu fallen.

Jetzt weilen nur noch Gale, Jennifer, Dewey und Tyson unter den Lebenden. Die vier treffen wieder aufeinander, doch das hält den Killer nicht davon ab, es mit allen gemeinsam aufzunehmen. Er wütet wie ein Berserker und verletzt Dewey, der sein Bewusstsein verliert. In Panik rennen Tyson und Jennifer davon. Tyson ist der Erste, der das Rennen um sein Leben verliert. Auch Jennifer überlebt ihr Zusammentreffen mit dem Killer nicht, nur Gale wird verschont. Sie und Dewey sind fortan seine Geiseln. Ihr Leben gegen das von Sidney.

Diese befindet sich derweil noch immer in Kincaids Büro. Auf seinem Schreibtisch entdeckt sie eine Mappe mit Zeitungsmeldungen über die Woodsboro-Morde. Kincaid scheint von dem Fall regelrecht besessen? Sie wird aus ihren Gedanken gerissen, als ihr Handy klingelt. Am anderen Ende der Leitung meldet sich der Killer. Er wird Gale und Dewey am Leben lassen, wenn sie zu ihm in Miltons Haus komme. Und zwar alleine ...

Fortsetzung folgt ...

Dass Kincaid offenbar von Sidney fasziniert ist, ist keine zufällige Geschichte. Drehbuchautor Ehren Kruger und Regisseur Craven spielen hier auf einen Filmklassiker mit dem Titel LAURA (LAURA, USA 1944) von Otto Preminger an, dessen Vorbildfunktion für SCREAM 3 sich erst in dem Moment erschließt, in dem man sich darüber bewusst wird, welchen Namen Sidney sich in ihrem freiwillig gesuchten Asyl in Nordkalifornien gegeben hat: Laura!

Wie nur wenige andere Filme hat Otto Premingers Krimi-Melodram die Gedanken und Visionen der nachfolgenden Filmemacher verfolgt. Laura ist eine der großen Ikonen der Filmgeschichte und diese nekrophile Liebesgeschichte zwischen der unerreichbaren Laura Hunt und dem Polizisten Mark McPherson ist einer der schönsten Träume Hollywoods. Von ihm hat sich auch David Lynch bei TWIN PEAKS (TWIN PEAKS, USA 1989–91) inspirieren lassen. Laura Palmer und Agent Dale Cooper, das ist auch die Liebesgeschichte von Laura Hunt und Mark McPherson, nur dass es bei Lynch kein Happy End gibt.

Laura, so nennt sich Sidney Prescott in ihrem Versteck. Wie David Lynch treiben auch Wes Craven und sein Drehbuchautor Ehren Kruger hier ein über Assoziationen funktionierendes Spiel mit Otto Premingers Klassiker. Erst über diese Verbindung zu LAURA erschließt sich die ganze Dimension dessen, was in den wenigen Szenen zwischen Sidney und Detective Mark Kincaid angedeutet wird. Dabei funktioniert sein Vorname genauso wie der von Laura als ein direkter Verweis auf den berühmten Krimi. Die Grundkonstellation bleibt erhalten, doch die Figuren bekommen ganz andere Züge.

Als Sidney in Detective Kincaids Büro ihre Akte entdeckt, wird sie misstrauisch. Sie ahnt, dass er eine Obsession für sie hat, deutet sie aber falsch. Im Gegensatz zu McPherson, der ganz in den Bann von Lauras Schönheit geraten ist und dessen Liebe aus dem Äußerlichen erwächst, sieht Kincaid in Sidney vor allem eine Seelenverwandte, einen Menschen, der gezeichnet ist, so wie er, der sich Tag für Tag durch Hollywood bewegt. Für ihn, den Polizisten bei der Mordkommission, gibt es hier keinen Glamour, keinen Zauber. So wie

Sidney in vieler Hinsicht das Gegenteil von Laura ist, so verbindet auch Kincaid und McPherson außer ihrer Liebe zu einer Frau, die sie nicht kennen, wenig. Premingers Polizist ist ein typischer Cop, ungehobelt, von der Straße geprägt, der sich zu Laura hingezogen fühlt, weil sie alles ist, was er nie sein kann. Kincaid verbindet im Gegensatz dazu fast nichts mit den Bildern von Polizisten, wie wir sie aus dem amerikanischen Kino kennen. Eine Aura von Melancholie und Sehnsucht umgibt ihn.

Das ist vielleicht die größte Überraschung und Wendung, die Craven und Kruger bereithalten. In ihrem Teil wird die SCREAM-Trilogie zu einer zarten Liebesgeschichte, die ein Gegengewicht zu den *screw-ball*-Situationen zwischen Gale Weathers und Dewey Riley bildet. Die stürmische und mehr als wechselhafte Beziehung zwischen der Starreporterin und dem Kleinstadtpolizisten war immer ein komisches Element, das die düsteren Geschichten um die Psychopathen hinter der SCREAM-Maske etwas aufhellte. Mit der nur subtil angedeuteten und sich erst in der letzten Einstellung direkt offenbarenden Beziehung zwischen Sidney und Kincaid nimmt die Trilogie eine deutliche Wende ins Romantische. Zwischen Sidney und Kincaid besteht eine wahre Seelenverwandtschaft, sie ist genau der Mensch, den er in ihren Fotos entdeckt hat.

Der finale Akt

Auf der Terrasse von Miltons Haus wird Sidney per Handy angewiesen, sich mit einem Metalldetektor abzutasten. Der Detektor piept, als sie ihn über ihr rechtes Bein führt. In einem Halfter trägt sie eine Waffe, die sie zuvor Kincaid aus dem Schreibtisch gestohlen hat. Sie wirft die Waffe in den Swimming Pool. Kaum ist sie im Haus, wird sie vom Killer zu Boden geschlagen. Doch dieses Mal erlebt der Mann mit der Maske eine böse Überraschung. Sid trägt an ihrem Fußgelenk eine zweite Waffe. Ohne Warnung feuert sie auf den Killer. Als die Gefahr gebannt scheint, versucht sie, die an

Stühle gefesselten Dewey und Gale zu befreien. Plötzlich erscheint Kincaid mit vorgehaltener Waffe. Die Verwirrung steigert sich, als Kincaid vom Killer angegriffen und außer Gefecht gesetzt wird. Sidney rennt davon, weil ihre Waffe leer ist.

»Du willst mich, dann hole mich.« Auf ihrer Flucht durch das Haus verschlägt es sie in Miltons kleines Privatkino, in dem gerade ein Amateurfilm läuft, auf dem ihre Mutter zu sehen ist. Der Killer schließt Sidney im Saal ein und tritt aus dem Dunkel hervor. Unter seiner Kutte trägt er eine kugelsichere Weste. Dann zeigt er ihr sein Gesicht. Es ist Roman, der Regisseur. Sein Tod war eine Finte.

Und nun erklärt er Sidney, warum er diese Morde gegangen hat. Als er heute vor 30 Jahren zur Welt kam, gab ihn seine Mutter direkt nach der Geburt zur Adoption frei. In der Regel geschieht dies zum Wohl des Kindes, damit es in einer Familie aufgenommen wird, die ihm Liebe entgegenbringt. Leider hatte er dieses Glück nicht. Liebe und Zuneigung sollte er als Kind und Jugendlicher nie erfahren. Er wusste jedoch, dass seine leibliche Mutter irgendwo da draußen zu finden war. Vor vier Jahren konnte er sie schließlich ausfindig machen: Maureen Prescott! Sie hatte ihn abgegeben, als sie Hollywood verließ. Als er ihr jedoch gegenüberstand, schloss sie ihn nicht in ihre Arme.

In seiner Wut begann er ihr nachzustellen und schließlich heimlich zu filmen. Die Filmaufnahmen, die sie zusammen mit Mister Loomis zeigen, spielte er schließlich dessen Sohn Billy vor. Aufgrund seiner Beobachtungen wusste er von Billys psychotischen Anwandlungen. Indem er ihm die Filme zeigte und mit Informationen über Maureen fütterte, inszenierte er Billy von Anfang an als ihren Mörder. Er arbeitete ein Skript aus, nach dem Billy vorgehen sollte, doch Billy war noch verrückter, als er geglaubt hatte, und begann, sein eigenes Drehbuch zu schreiben. Ein Skript, in dem weit mehr Menschen sterben sollten als nur Maureen Prescott.

Während die beiden miteinander reden, können sich Dewey und Gale befreien. Er nimmt die Waffe des schwer verletzten Kincaid an sich und begibt sich auf die Suche nach Sidney, die wehrlos mitansehen muss, wie Roman John Milton gefesselt aus einem Schrank zerrt. Dies ist der Mann, der Maureen Prescott, dem Mädchen aus der Kleinstadt, die Unschuld raubte. Dafür muss er sterben. Ohne sichtbare Gefühlsregung schneidet er ihm die Kehle durch.

Diesen Mord will er Sidney, seiner Halbschwester, anhängen. An ihrer Schuld wird niemand zweifeln, dafür hat er gesorgt, indem er eine ganze Reihe an Beweisen manipuliert hat. Warum er ihr die Morde anhängen will, ist leicht zu erklären. Sie hat das Leben gelebt, das er hätte leben sollen, und damit ist sie für seine Taten im Endeffekt verantwortlich.

Diese Bemerkung macht Sidney wütend. Immer gebe der Killer den anderen die Schuld für sein Tun. Mal ist es das Fernsehen, das einen Killer beeinflusst hat, mal die Mutter, die ihr Kind verstieß. Wann, will sie von Roman wissen, wird ihr endlich einmal ein Killer sagen, dass er für seine Taten selbst verantwortlich ist? Roman rastet aus und schießt Sidney in den Bauch, die getroffen zusammenbricht. Als er Dewey und Gale herannahen hört, bereitet er seine Flucht vor – doch plötzlich ist Sidney verschwunden. Sein Handy klingelt. Er ist verwirrt und für einen Moment unaufmerksam. Dies ist der Moment, auf den Sid gesetzt hat. Sie stürzt sich auf ihn und rammt ihm ein Messer in die Brust. Während er blutend vor ihr liegt, offenbart ihm Sidney ihr Geheimnis: Auch sie hat eine kugelsichere Westen getragen.

Was immer Roman auch getan haben mag, er ist ihr Bruder. Sie nimmt seine Hand an sich, während er nach Luft ringt. Es dauert nicht lange – und sein Kopf fällt zur Seite.

Dewey und Gale gelangen endlich in den von Außen abgeschlossenen Raum. In diesem Moment springt Roman ein letztes Mal auf. Das Messer mag in seinem Herzen stecken, doch tot ist er noch immer nicht und Dewey schießt. Einmal, zweimal, dreimal. Doch Roman will einfach nicht sterben. Die letzte Kugel jagt er schließlich in Romans Kopf. Der Regisseur bricht zusammen. Er ist endgültig tot.

Zurück in Nordkalifornien, hat Sidney den langsam wieder gesundenden Kincaid, Gale und Dewey in ihr Asyl eingeladen. Für Dewey bietet dieser Ausflug die Gelegenheit, Gale zu fragen, ob sie ihn heiraten möchte. Ohne zu zögern willigt sie ein. Als Sidney das Haus betritt, möchte sie die Tür

elektronisch verschließen. So ist sie es gewohnt. Doch warum sollte sie dies tun? Die Gefahr ist gebannt. Sie wirft die Tür einfach nur ins Schloss. Ein Luftzug reicht jedoch aus, um sie wieder zu öffnen.
Sidney lächelt.

Ende von Teil 3

Der letzte Teil einer Trilogie – heißt es – kennt keine Regeln mehr. Er kann alles auf den Kopf stellen – für die beteiligten Figuren genauso wie für uns. SCREAM 3 stellt alles auf den Kopf. Nicht so sehr durch die Offenbarung, dass Billy Loomis nur ein Darsteller in dem Film eines anderen war, der schließlich das Skript an sich gerissen und eigenmächtig umgeschrieben hat. Viel weitreichender ist die Geschichte von Sidneys Mutter. Sie verändert die ganze Trilogie. Aus den Slasher-Stories wird eine Geistergeschichte. *The SCREAM-Triology is haunted by the ghost of Rita Reynolds.*
Als Maureen Prescott vor dreißig Jahren Woodsboro verließ, wurde aus ihr Rita Reynolds. Ihren Namen ließ sie hinter sich und mit ihm das Provinzidyll, in dem sie groß geworden ist. Sie wollte eine andere werden, doch das Mädchen aus der Kleinstadt muss ihr wie ein Schatten gefolgt sein. Was immer auch auf dieser Party in der dunklen Villa John Miltons mit all ihren Geheimgängen und versteckten Räumen passiert ist, es hat Maureen Prescotts Traum von Rita Reynolds und einem anderen Leben zerstört. Sie ist in Los Angeles geblieben, bis ihr Sohn, ein Bastard der Traumfabrik, geboren wurde. Erst danach ist sie als Maureen Prescott nach Woodsboro zurückgekehrt. Und wieder folgte ihr ein Schatten – oder nun treffender ein Geist: Rita Reynolds.
Rita Reynolds ist nie gestorben, weder in Hollywood noch in Woodsboro. Sie hat Maureen Prescott ein Doppelleben führen lassen; als vorbildliche Familienmutter und als notorische Ehebrecherin. Die 18-Jährige verlor damals mehr als nur ihre Unschuld. Ein Teil von Maureen Prescott verschwand, an ihre Stelle trat Rita Reynolds.
Billy wollte Rita Reynolds töten, die Frau, die er für das Zer-

brechen seiner Familie verantwortlich gemacht hat, doch sein Opfer war – ganz wie es der Regisseur aus Hollywood geplant hatte –, Maureen, die Mutter, die ihren Sohn nicht anerkennen wollte. So wurde Rita Reynolds zum quälenden Geist, der primär Sidney immer wieder heimsuchen sollte. Der Mörder schlüpft mit seinem Stimm-Modulator in die Rolle von Maureen/Rita und inszeniert sich mit seiner schwarzen Kutte und der weißen Maske selbst als Gespenst. Doch das bräuchte er gar nicht.

Noch vor dem ersten Anruf, den Sidney in ihrer Einsamkeit erhält, erscheint ihr ihre Mutter im Traum. Doch die Frau, die sie für Maureen Prescott hält, ist in Wirklichkeit Rita Reynolds, die Anspruch auf Sidney als *ihre* Tochter erhebt. Dieser kleine Zwischenfall ist mehr als nur ein Traum, er ist eine Geistererscheinung. Hier wird zum ersten Mal sichtbar, was unterschwellig schon in den beiden vorherigen Teilen zu spüren war. Es sind mehr als nur die Erinnerungen an die Lügen der Mutter, die Sidney verfolgen, es ist mehr auch als die Angst, dass sie so werden könnte wie Maureen. Rita verfolgt Sidney, denn nur diese kann sie erlösen, indem sie die Existenz ihrer Mutter endgültig auslöscht. Erst mit dem Tod des Killers, Ritas Sohn, verschwindet der Geist.

Am Rande notiert:

Die Dreharbeiten zu SCREAM 3 begannen am 6. Juli 1999 in einer Polizeistation in Nord-Hollywood. 59 Tage später wurden sie in den Hallen des CBS Studio Centers abgeschlossen, wo die meisten Innen- und Außenaufnahmen entstanden. Tatsächlich gab es in diesem Film weitaus weniger Außendrehs als in den beiden vorangegangenen Filmen. Da SCREAM 3 größtenteils unter Filmemachern spielt, wurde auch deren Arbeitswelt, die Filmstudios, in die Geschichte als Drehort integriert. Die Kulissen des ersten Teils mussten größtenteils nachgebaut werden, da sie nicht mehr existierten.

Das Haus des Produzenten John Milton steht auf einem Hügel von Silverlake und wurde im Jahre 1923 erbaut. Ein

Großteil der in den 20er Jahren entstanden Einrichtung, wurde für den Film restauriert oder nach alten Fotos neu entworfen, um ihr ein dekadentes Aussehen zu verpassen, wie man sich das für den widerwärtigen Produzenten vorstellt.

Craven betont, dass SCREAM von Anfang an als eine Trilogie konzipiert worden sei. »Wir haben bereits an einen dritten Film gedacht, als wir den ersten drehten. Was wir jetzt über die Hintergrundgeschichte des ersten Teils offenbaren, schließt den Kreis nahtlos. Alle offenen Fragen werden hier beantwortet. SCREAM 3 ist viel mehr als nur eine [Best of Teil 1 und 2] *Reader's Digest*-Ausgabe der Vorgänger.«

Der von Kevin Williamson engagierte Drehbuchautor Ehren Kruger gehört zu den Autoren-Newcomern Hollywoods. Aus der Feder des 1972 in Alexandria, Virginia geborenen Schreibers stammt bereits das Skript zum Thriller ARLINGTON ROAD (ARLINGTON ROAD, USA 1998) und John Frankenheimers neuem Actionfilm REINDEER GAMES (USA 2000).

Kameramann Peter Deming, der für Craven alle SCREAM-Teile ins richtige Bild gesetzt hat und seine Karriere als Kameramann bei Sam Raimis TANZ DER TEUFEL begann, gilt sonst eher als Spezialist für Komödien.

Die Produzentin des Films, Marianne Maddelene, ist Präsidentin von Wes Craven Films, Cravens eigener Produktionsgesellschaft. Sie wurde von Craven 1985 im Vorfeld der Dreharbeiten zu DER TÖDLICHE FREUND als persönliche Assistentin engagiert. Heute gilt sie als *die* treibende Kraft von Wes Craven Films und hat maßgeblich einen Vertrag mit Miramax ausgehandelt, der Craven mindestens bis 2004 an das kleine Major-Studio bindet.

FILMOGRAFIE – EINE AUSWAHL

Zeichenerklärung: Ot = Originaltitel, R = Regie, B = Drehbuch,
P = Produzent, K = Kamera, M = Musik, S = Schnitt, D = Darsteller.
Da gerade bei B-Filmen die Verleiher im Laufe der Zeit oft variieren,
haben wir auf deren Nennung verzichtet. Als Starttermine gelten
vor 1990 ausschließlich die in der Bundesrepublik Deutschland, von
den wenigen Genrefilmen, die auch in der DDR einen Start
erhalten haben, liegen leider keine Daten mehr vor.
Punkte: 0 = kann man vergessen; 1 = uninteressant; 2 = annehmbar,
nicht berauschend, aber nett; 3 = sehenswert, sollte man schauen;
4 = ein absolutes Muss!
Halbschritte sind möglich. Die Bewertungen beruhen auf den
subjektiven Meinungen der beiden Autoren.

AB IN DIE EWIGKEIT
Ot: HAPPY BIRTHDAY TO ME
Kanada 1980
R: J. Lee Thompson. B: John Saxton, Peter Jobin, Timothy Bond.
P: John Dunning, Andre Link. K: Miklos Lente. M: Bo Harwood,
Lance Rubin. S: Debra Karen. D: Melissa Sue Anderson, Glenn Ford,
Lawrence Dane, Sharon Acker, Frances Hyland, Jack Blum,
Matt Craven
Laufzeit: 110 min
Deutschland-Start: 31. 7. 1981

Eine Mordserie versetzt die Schüler eines ehemals idyllischen
Colleges in Angst und Schrecken. Eher ein konventioneller
Thriller als ein Teen-Horrorfilm.

AMERICAN WEREWOLF
Ot: AN AMERICAN WEREWOLF IN LONDON
USA 1981
R + B: John Landis. P: George Folsey Jr. K: Robert Paynter.
M: Elmer Bernstein. S: Malcolm Campbell. D: David Naughton,
Griffin Dunne, Jenny Agutter, John Woodvine, Anne Marie
Davis, David Schofield, Frank Oz
Laufzeit: 97 min
Deutschland-Start: 29. 4. 1982

Zwei amerikanische Studenten werden in einem englischen Moor von einem Wolf angegriffen. Einer der beiden stirbt, der andere verwandelt sich beim nächsten Vollmond in eine menschenmordende Bestie. Kein klassischer Teen-Horrorfilm, aber aufgrund der Hauptfiguren ein artverwandtes Werk. Mit schwarzem Humor und herausragenden Spezialeffekten, aber ohne greifbare Dramaturgie.

2

AMERICAN WEREWOLF IN PARIS
Ot: AMERICAN WEREWOLF IN PARIS
Großbritannien / Niederlande / Luxemburg 1997
R: Anthony Waller. B: Tim Burns, To Stern, Anthony Waller.
P: Richard Claus, Alexander Buchman. K: Egon Werdi. M: Wilbert Hirsch. S: Peter R. Adam. D: Tom Everett Scott, Julie Delpy, Vince Vieluf, Phil Buckman, Julie Bowen, Pierre Cosso, Thierry Lhermitte
Laufzeit: 98 min
Deutschland-Start: 15. 1. 1998

Amerikanische Studenten auf einem Europa-Tripp geraten mit französischen Skinhead-Werwölfen zusammen. Fortsetzung von AMERICAN WEREWOLF, die jedoch einen weitaus schrägeren Humor vertritt als das Original.

2½

ANATOMIE
BRD 1999
R + B: Stefan Ruzowitzki. P: Jakob Claussen, Andrea Wilson, Thomas Wöbke. K: Peter von Haller. M: Marius Ruhland. S: Ueli Christen. D: Franka Potente, Benno Führmann, Anna Loos, Sebastian Blomber, Traugott Buhre, Holger Speckhahn, Arndt Schwering-Sohnrey
Laufzeit: 100 min
Deutschland-Start: 3. 2. 2000

An der Universität von Heidelberg nehmen zwei Studenten ihr Medizinstudium etwas zu ernst und obduzieren auch solche Patienten, die noch nicht gestorben sind. Spannend, aber mit großen Schwächen in den Dialogen.

2

ATOMIC THRILL
Ot: I WAS A TEENAGER ZOMBIE
USA 1986
R + S: John Elias Michalakis. B: James Martin. P: Richard Hirsh, John Elias Michalakis. K: Peter Lewnes. D: Michael Ruben, Steve McCoy, Cassie Madden, George Seminara, Peter Bush
Laufzeit: 86 min
Deutschland-Start: August 1988 (Video)

Highschool-Jungs erschlagen einen Drogenhändler und werfen die Leiche in einen Fluss – der zufällig atomar verseucht ist. Der Drogenhändler kehrt als Zombie zurück und tötet seinerseits einen der Teenager. Um dem Zombie einen ebenbürtigen Gegner gegenüberzustellen, werfen die Schüler ihren toten Freund nun ebenfalls in den Fluss – woraufhin dieser als guter Zombie zurückkehrt. Hanebüchen!

0

BLAIR WITCH PROJECT
Ot: THE BLAIR WITCH PROJECT
USA 1998
R + B + P + S: Daniel Myrick, Eduardo Sanchez. D: Heather Donahue, Michael Williams, Joshua Leonard, Bob Griffith, Jim King, Sandra Sanchez
Laufzeit: 86 min
Deutschland-Start: 25. 11. 1999

Der erfolgreichste Film aller Zeiten im Vergleich Kosten (etwa 40 000 Dollar) und Einspielergebnis (142,8 Mio in Nordamerika). Dabei ist BLAIR WITCH PROJECT ein wirklich schlechter Film: Drei junge Filmstudenten sind in einem Wald, wo sie einen Reportage über eine ›Hexe‹ machen wollten, verschwunden. Nur ihr Filmmaterial wurde entdeckt. Im Pseudodokumentarstil gedrehter Horror-Film, der dem Zuschauer weismacht, die Geschichte sei wirklich passiert. In den USA hat dies funktioniert, in Europa lief der Film zwar aufgrund der Medienpublicity recht erfolgreich in den Kinos, blieb aber hinter dem Erfolg in den USA zurück. Wahrscheinlich, so Regisseur Myrick in einem Interview, ist das europäische Publikum für eine solche Geschichte einfach zu intelligent. Danke für das Lob.

$^{1}/_{2}$

BLUTGERICHT IN TEXAS
Ot: TEXAS CHAIN SAW MASSACCRE
USA 1974
R + P: Tobe Hooper. B: Tobe Hooper, Kim Henkel. K: Daniel Pearl.
M: Arkey Blue, Roger Bartlett & Friends, Timberline Rose.
S: Sallye Richardson, Larry Carroll. D: Marilyn Burns, Paul A. Partain,
Edwin Neal, Jim Siedow, Allen Danzinger, Gunnar Hansen
Laufzeit: 81 min
Deutschland-Start: 25. 8. 1978

Vier Jugendliche geraten in der Einöde an einen verrückten,
Kettensägen schwingenden Serienkiller. Der Film besitzt eine
ungemein verstörende Atmosphäre, die Regisseur Hooper jedoch
durch einen grässlichen Soundtrack immer wieder zu zerstören
weiß. Als erster Shlasher-Film wurde BLUTGERICHT IN TEXAS
als Kunstwerk ins berühmte Museum of Modern Art in New York
aufgenommen. Die insgesamt drei Fortsetzungen sind zwar
Slasher-, aber keine Teen-Horrorfilme.   2½

THE BOOGEY MAN
Ot: THE BOOGEY MAN
USA 1979
R + P: Ulli Lommel. B: Ulli Lommel, George T. Lindsey, Suzanne
Love. K: David Sperling, Jochen Breitenstein. M: Tim Krog. S: Terell
Tannen. D: Suzanne Love, Ron James, John Carradine, Nicholas
Love, Raymond Boyden, Felicity Morgan
Laufzeit: 82 min
Deutschland-Start: 19. 6. 1981

Ein Frauenmörder kehrt 20 Jahre nach seiner Ermordung zurück –
und tötet die Spiegelbilder seiner Opfer, woraufhin diese auch in
der Realität sterben. Originelle Grundidee mit inszenatorischen
Schwächen; drei Jahre nach Teil eins wurde eine Fortsetzung
inszeniert.   2½

BRAINSCAN
Ot: BRAINSCAN
USA 1994
R: John Flynn. B: Andrew Kevin Walker. P: Michel Roy. K: François
Protat. M: George Clinton. D: Edward Furlong, Frank Langella,
T. Ryder Smith, Amy Hargreaves, Jamie Marsh, Victor Ertmanis
Laufzeit: ca. 100 min
Deutschland-Start: 1996

Der Videospiel-Freak Michael kriegt die interaktive CD-Rom »Brainscan« in die Finger, deren Hauptfigur, der Magier Trickster, in das Unterbewusstsein der Spieler eindringt. In den so entstandenen Fantasiewelten begeht Michael einen Mord – und muss feststellen, dass dieser auch in der Realität geschehen ist. Das Problem ist, dass der Trickster ihn nicht einfach aus dem Spiel aussteigen lässt. Ein Geheimtipp.

4

BUFFY – DER VAMPIRKILLER
Ot: BUFFY THE VAMPIRE SLAYER
USA 1992
R: Fran Rubel Kuzui. B: Joss Whedon. P: Kaz Kuzui, Howard Rosenman. K: Jamey Hayman. M: Carter Burwell. S: Camilla Toniolo, Jill Savitt. D: Kristy Swanson, Donald Sutherland, Paul Reubens, Rutger Hauer, Luke Perry, Michele Abrams, Hilary Swank, David Arquette
Laufzeit: 82 min
Deutschland-Start: 22. 3. 1993

Der Film, auf dem die TV-Serie beruht. Ein durchschnittlich verzogenes High-School-Gör erfährt, dass sie auserkoren ist, als Slayer gegen Vampire in den Kampf zu ziehen.
Ein sehr guter Film, den leider niemand sehen wollte.

3

CARRIE – DES SATANS JÜNGSTE TOCHTER
Ot: CARRIE
USA 1976

R: Brian De Palma. B: Larry Cohen nach dem Roman von Stephen King. P: Paul Monash. K: Mario Tosi, M: Pino Donaggio. S: Paul Hirsch. D: Sissy Spacek, Piper Laurie, Amy Irving, William Katt, Nancy Allen, Betty Buckley, John Travolta
Laufzeit: 98 min (gek. 94 min)
Deutschland-Start: 22. 4. 1977

Sensibles, von der religiös-fanatischen Mutter unterdrücktes Mädchen, entdeckt beim Eintritt in die Pubertät ihre telekinetischen Fähigkeiten. Als sie das Opfer eines üblen Schülerscherzes wird, kommt es zur Katastrophe.

4

CARRIE 2 – DIE RACHE
Ot: CARRIE 2 – THE RAGE
USA 1999
R: Katt Shea. B: Rafael Moreu. P: Paul Monash. K: Donald M. Morgan. M: Danny B. Harvey. S: Richard Nord. D: Emily Bergl, Jason London, Dylan Bruno, J. Smith-Cameron, Amy Irving
Laufzeit: 105 min
Deutschland-Start: 14. 1. 2000

Die Halb-Schwester von Carrie entpuppt sich ebenfalls als übersinnlich/telekinetisch begabt, was unweigerlich in einer Katastrophe enden muss. Trotz der ähnlichen Geschichte ein bemerkenswert guter Film.

CHRISTINE
Ot: CHRISTINE
USA 1983
R + M: John Carpenter. B: Bill Phillips nach dem gleichnamigen Roman von Stephen King. P: Richard Kobritz. K: Donald M. Morgan. S: Marion Rothman. D: Keith Gordon, John Stockwell, Alexandra Paul, Robert Prosky, Harry Dean Stanton
Laufzeit: 113 min
Deutschland-Start: 16. 3. 1984

Oft unterschätzter John-Carpenter-Film über die Liebe eines 17-jährigen High-School-Schülers zu seinem Auto, das eine Seele besitzt und gar mörderisch auf alle Menschen reagiert, die sich zwischen ihn und ›ihr‹ stellen.

CHUCKY 2 –
DIE MÖRDERPUPPE IST ZURÜCK
Ot: CHILD'S PLAY 2
USA 1990
R: John Lafia. B: Don Mancini. K: Stefan Czapsky. M: Graeme Revell. P: David Kirschner. D: Alex Vincent, Jenny Agutter, Gerrit Graham, Grace Zabriskie
Laufzeit: 80 min
Deutschland-Start: 18. 12. 1991

Fortsetzung des spannenden Horrorfilms CHUCKY, DIE MÖRDERPUPPE (CHILD'S PLAY; USA 1986) um eine vom Geist eines Serienkillers besessene Puppe. Teil 2 übt sich im Teen-Horrorgenre, indem Andy, dem von Chucky heimgesuchten Jungen aus dem ersten Teil, nun eine ältere Teenager-Cousine und

deren Familie zur Seite gestellt wird, die Andy natürlich kein Wort
von besessenen Puppen glauben. Was ihnen gesundheitlich
nicht bekommt. Fader Aufguss des ersten Teiles, ohne dessen
Spannung und Originalität.

CHUCKY 3
Ot: CHILD'S PLAY 3
USA 1991
R: Jack Bender. B: Don Mancini. P: Robert Latham Brown. K: John
R. Leonetti. M: Cory Lerios, John D'Andrea. D: Justin Whalin, Perrey
Reeves, Jeremy Sylvers, Travis Fine, Dean Jacobson, Brad Dourif,
Peter Haskell, Dakin Matthews, Andrew Robinson, Burke Byrnes
Laufzeit: 87 min
Deutschland-Start: 16. 11. 1992

Chucky wird einmal mehr wiedergeboren und sucht nach
Andy, seinem Lieblingsopfer. Der ist inzwischen zum Teenager
herangereift und wohnt zur Zeit wegen sozialer Auffälligkeiten
in einer Militärakademie, wo ihm Zucht und Ordnung beigebracht
werden soll. Abgesehen von einer Prise schwarzen Humors
ein kaum erträglicher Slasher, in dem die Gewalt zum Selbstzweck verkommt.

CHUCKY UND SEINE BRAUT
Ot: BRIDE OF CHUCKY
USA 1998
R: Ronny Yu. B: Don Mancini. P: David Kirschner, Grace Gilroy.
K: Peter Pau. M: Graeme Revell. S: Randolph K. Bricker, David Wu.
D: Jennifer Tilly, Brad Dourif, Katherine Heigl, Nick Stabile,
Alexis Arquette, Gordon Wolvett, John Ritter
Laufzeit: 89 min
Deutschland-Start: 9. 9. 1999

Chucky wird von seiner früheren Freundin Tiffany (großartig:
Jennifer Tilly) dank eines Voodoo-Zaubers zu neuem Leben erweckt.
Als es zwischen den beiden zu einem Streit kommt, bringt
Chucky Tiffanny um und transferiert ihre Seele ebenfalls in eine
Puppe. Sie versöhnen sich und suchen in einem Teenager-Pärchen
jene Körper, in denen sie wiedergeboren werden möchten. Doch
Tiffany beginnt Mitleid zu empfinden. Mit Ronny Yu hat ein
Hongkong-Regisseur den vierten Teil inszeniert und ein visuell
herausragendes Werk mit viel schwarzem Humor erschaffen.

DEATH HOUSE
Ot: SORORITY HOUSE MASSACRE
USA 1986
R + B: Carol Frank. P: Ron Diamond. K: Marc Roshovsky. M: Michael Weatherwax. S: Jeff Wishengra. D: Angela O'Neill, Wendy Martel, Pamela Ross, Nicole Rio, John C. Russell
Laufzeit: 86 min
Deutschland-Start: Mai 1987 (Video)

Nach dem Einzug in ein neues Haus, wird eine junge Studentin von Albträumen heimgesucht. Eines Tages bricht ein Serienkiller aus einer psychiatrischen Anstalt aus und nimmt direkt Kurs auf ihr Domizil. HALLOWEEN-Abklatsch.

1

DICH KRIEGEN WIR AUCH NOCH
Ot: DISTURBING BEHAVIOUR
USA/Kanada 1998
R: David Nutter. B: Scott Rosenberg. P: Armyan Bernstein, Jon Shestack. K: John S. Bartley. M: Mark Snow. S: Randy Jon Morgan. D: Katie Holmes, Nick Stahl, James Marsden, William Sandler, Bruce Greenwood
Laufzeit: 84 min
Deutschland-Start: 27. 5. 1999

An einer High School werden aufsässige Jugendliche wie von Zauberhand in artige, obrigkeitshörige Musterschüler verwandelt – die brutal gegen jeden vorgehen, der sich ihrer Lebensweise eines sauberen Amerikas in den Weg stellt. Brillanter Thriller von AKTE X-Regisseur David Nutter, der an den Kinokassen leider floppte. Dennoch ein Meisterwerk.

4

DÜSTERE LEGENDEN
Ot: URBAN LEGENDS / USA 1998
R: Jamie Blanks. B: Silvio Horta. P: Neal H. Moritz, Gina Matthews, Michael McDonnell. K: James Chressanthis. M: Christopher Young. S: Jay Cassidy. B: Alicia Witt, Rebecca Gayheart, Joshua Jackson, Michael Rosenbaum, Loretta Devine, Jared Leto, Robert Englund
Laufzeit: 100 min
Deutschland-Start: 4. 2. 1999

An einem College verübt ein Serienkiller grausame Morde. Eine Studentin kommt ihm auf die Spur und glaubt, er suche sich für seine Taten urbane Legenden als Vorbild aus. Bei Redaktionsschluss befand sich in den USA DÜSTERE LEGENDEN 2 noch in der Nachproduktion.

3

EINMAL BEISSEN BITTE
Ot: ONCE BITTEN
USA 1985
R: Howard Storm. B: David Hines, Jeffrey House, Jonthan Roberts.
P: Samuel Goldwyn Jr. K: Adam Greenberg. M: John du Prez.
S: Marc Grossman. D: Lauren Hutton, Jim Carrey, Karen Kopins,
Cleavon Little, Thomas Ballatore
Laufzeit: 90 min
Deutschland-Start: 21. 8. 1986

Drei schüchterne Jungs vom College werden von einer in die Jahre
gekommenen Vampirin gefangen, die zur Erlangung des ewigen
Lebens die Vereinigung mit einem jungfräulichen Mann benötigt.
Einer von ihnen: Jim Carrey! Platte Witzchen retten keinen
Film ohne Drehbuch.

½

FACULTY – TRAU KEINEM LEHRER
Ot: FACULTY
USA 1998
R + S: Robert Rodriguez. B: Kevin Williamson. P: Elizabeth Avellan.
K: Enrique Chediak. M: Marco Beltrami. D: Jordana Brewster, Clea
DuVall, Laura Harris, Josh Hartnett, Shawn Hatosy. Robert Patrick,
Salma Hayek, Famke Janssen, Piper Laurie
Laufzeit: 98 min
Deutschland-Start: 25. 12. 1998

Williamson trifft BODY SNATCHERS. Zu näheren Infos siehe
das Kapitel über Williamson.

3

FINAL DESTINATION
Ot: FINAL DESTINATION
USA 2000
R: James Wong. B: James Wong, Glen Morgan, Jeffrey Reddick.
P: Glen Morgan, Craig Perry, Warren Zide. K: Robert McLachlan.
M: Shirley Walker. S: James Coblentz. D: Devon Sewa, Ali Larter,
Kerr Smith, Kristen Cloke
Laufzeit: 110 min
Deutschland-Start: vorauss. 24. 8. 2000

Eine Französisch-Klasse will nach Paris fliegen. Doch einer der
Schüler bekommt am Flughafen eine Panik-Attacke und sieht
das Flugzeug abstürzen. Sechs junge Passagiere folgen seinem
Aufruf, nicht in die Maschine einzusteigen. Da geschieht das
Unfassbare: Das Flugzeug stürzt ab. Doch kann man den Tod

überlisten? Irgendjemand oder etwas ermordet die Überlebenden! Bei Redaktionsschluss war der Film gerade in den USA angelaufen, eine Bewertung war noch nicht möglich.

FLASHBACK – MÖRDERISCHE FERIEN
BRD 2000
R: Michael Karen. B: Jimmiy Sangster, Natalie Scharf. P: Markus Zimmer, Rikolt von Gagern. K: Peter Jochen Krause. M: Siggi Müller. S: Behruz Torbati. D: Valerie Niehaus, Xaver Hutter, Alexandra Neldel, Simone Hanselmann, Elke Sommer, Katja Woywood
Laufzeit: 100 min
Deutschland-Start: 6. 4. 2000

Radikaler Teen-Horrorfilm aus deutschen Landen, der seine Hauptfiguren nicht gerade mit Samthandschuhen anfasst. Ein Film, der weitaus kompromissloser zur Sache geht, als seine amerikanischen Vorbilder.

FLATLINERS
Ot: FLATLINERS
USA 1989
R: Joel Schumacher. B: Peter Filardi. P: Michael Douglas, Rick Bieber. K: Jan De Bont. M: James Newton Howard. D: Kiefer Sutherland, Julia Roberts, William Baldwin, Kevin Bacon, Kimberly Scott, Joshua Rudoy
Laufzeit: ca. 130 min
Deutschland-Start: 22. 11. 1990

Was ist der Tod? Fünf junge Medizinstudenten überqueren die Grenze zwischen Diesseits und Jenseits. Zuerst nur für eine Minute, dann zwei, drei ... Doch mit dem Tod spielt man nicht. Wieder zum Leben erweckt, bringen sie allesamt ihre Geister aus dem Jenseits mit. Atmosphärisch brillanter, in der Anzahl der Figuren, ihrer Probleme und seiner Spiellänge maßlos aufgeblähter Big-Budget-Film mit Teen-Horroranleihen.

FREDDY'S FINALE –
NIGHTMARE ON ELM STREET 6
Ot: FREDDY'S DEAD: THE FINAL NIGHTMARE
USA 1991
R: Rachel Talalay. B: Michael de Luca. P: Robert Shaye, Aron Warner. K: Declan Quinn. M: Brian May. S: Barry B. Leirer. D: Robert Englund, Lisa Zane, Shon Greenblatt, Breckin Meier

Laufzeit: 96 min
Deutschland-Start: 5. 9. 1991

Um Freddy zu vernichten bedarf es des einzigen Menschen, der sein Blut in den Adern fließen hat. Und das ist seine Tochter. Die dunklen Bilderwelten sind beeindruckend, leider vermiesen einige unübersehbare Löcher im Drehbuch den Spaß am letzten, klassischen NIGHTMARE-Film.

2½

FREDDY'S NEW NIGHTMARE
Ot: WES CRAVEN'S NEW NIGHTMARE
USA 1994
R + B: Wes Craven. P: Marianne Maddalena, Jay Roewe. K: Mark Irwin. M: J. Peter Robinson. S: Patrick Lussier. D: Heather Langenkamp, Robert Englund, Miko Hughes, David Newson, Wes Craven
Laufzeit: 112 min
Deutschland-Start: 19. 1. 1995

Als Abschluss-Film der NIGHTMARE-Serie hat sich Craven an einen märchenhaften Tripp durch reale und fiktive Welten gewagt. Er ist kein Teen-Horrorfilm und damit eine Ausnahme im Rahmen der Serie. Dies ändert nichts daran, dass Craven die Serie mit einem Meisterwerk begonnen hat, um sie mit einem Meisterwerk (vorerst?) zu beenden.

4

FREITAG, DER 13.
Ot: FRIDAY, THE 13TH
USA 1980
R + P: Sean S. Cunningham. B: Victor Miller. K: Barry Abrams. M: Harry Manfredini. D: Betsy Palmer, Adrienne King, Mark Nelson, Jeannie Taylor, Robbi Morgan, Kevin Bacon
Laufzeit: 95 min
Deutschland-Start: 23. 10. 1980

Neben HALLOWEEN und NIGHTMARE der Klassiker des Teen-Slashers. Umstritten, aber wegweisend.

3

FREITAG, DER 13. – JASON KEHRT ZURÜCK
Ot: FRIDAY, THE 13TH – PART II
USA 1981
R + P: Steve Miner. B: Ron Kurz. K: Peter Stein. M: Harry Manfredini. S: Susan Cunningham. D: Amy Steel, Kirsten Baker, Tom McBride, Adrienne King
Laufzeit: 85 min
Deutschland-Start: März 1986

Der erste FREITAG, DER 13.-Film, in dem der berühmt berüchtigte Jason auftritt. Im Ferienlager am Crystal Lake beginnt er einen Vernichtungsfeldzug gegen alle Jugendlichen, die nur ein bisschen Spaß suchen. Inszenatorisch der vielleicht beste Film der Serie. Siehe Teil 3 unter dem Buchstaben U – UND WIEDER IST FREITAG, DER 13.

3½

FREITAG, DER 13. – DAS LETZTE KAPITEL
Ot: FRIDAY, THE 13TH – THE FINAL CHAPTER
USA 1984
R: Joseph Zito. B: Barney Cohen. P: Frank Mancuso Jr. K: João Fernandes. M: Harry Manfredini. S: Joel Goldman. D: Erich Anderson, Judie Aronson, Peter Barton, Kimberly Beck, Corey Feldman, Tom Everett, Joan Freeman
Laufzeit: 91 min
Deutschland-Start: 13. 7. 1984

Teil vier der Serie. Zehn Jugendliche stehen diesmal auf Jasons Schlachtplan am Crystal Lake. Stupide Blutorgie, die dazu beigetragen hat, dem Teen-Horrorfilm in der Öffentlichkeit zu seinem schlechten Ruf zu verhelfen.

0

FREITAG, DER 13. – EIN NEUER ANFANG
Ot: FRIDAY, THE 13TH – A NEW BEGINNING
USA 1985
R: Danny Steinmann. B: Martin Kitrosser, David Cohen, Danny Steinmann. P: Timothy Silver. K: Stephel L. Posey. M: Harry Manfredini. S: Bruce Green. D: Melanie Kinnaman, John Shepherd, Shavar Ross, Richard Young, Vernon Washington
Laufzeit: 88 min
Deutschland-Start: April 1986 Video (2. 1. 1987 Kino!)

Tommy, der Junge, der Jason in Teil vier in den Ruhestand geschickt hat, leidet seit den Geschehnissen am Crystal Lake unter Wahnvorstellungen und landet wegen ihnen in einem Sanatorium.

Dort geht schon bald ein Killer um, der – und das ist das einzig
Originelle an dem Film – nicht Jason ist. Ansonsten ebenso
dilletantisch wie sein Vorgänger.

0

FREITAG, DER 13. – TEIL 6 –
JASON KEHRT ZURÜCK
Ot: FRIDAY THE 13TH, PART 6 – JASON LIVES
USA 1986
R + B: Tom McLoughlin. P: Don P. Behrns. K: Jon Kranhouse.
M: Harry Manfredini. S: Bruce Green. D: Thom Matthews,
Jennifer Cooke, David Kagen, Kerry Noonan, Renée Jones
Laufzeit: 83 min
Deutschland-Start: April 1987 (Video)

Jason erwacht in seinem Grab zu neuem Leben, erhebt sich
von den Toten und begibt sich in ein Kinderferienlager, um sich
der Halbwüchsigen auf seine Art anzunehmen. Teil 6 ist kein
guter Film, zumindest aber überdeckt er seine dramaturgischen
Schwächen nicht durch den Einsatz sinnloser Blut-Orgien
wie seine Vorgänger. Tatsächlich lässt sich ein gewisser Hang
zur Selbstironie nicht verleugnen.

1

FREITAG, DER 13. – JASON IM BLUTRAUSCH
Ot: FRIDAY THE 13TH – THE NEW BLOOD
USA 1988
R: John Carl Buechler. B: Daryl Haney, Manuel Fidello. P: Ian
Peterson. K: Paul Elliott. M: Harry Manfredini. S: Barry Zetlin,
Maureen O'Connell, Martin Jay Sadoff. D: Lar Park Lincoln, John
Otrin, Jennifer Nako, Susan Blue
Laufzeit: 85 min
Deutschland-Start: November 1988 (Video)

Mit ihren telekinetischen Kräften befreit die junge Tina – ohne
dies zu wollen – Jason aus seinem nassen Grab im Crystal
Lake. Einmal mehr macht sich der untote Killer über eine Horde
von Jugendlichen her, bis er sich Tina widmet, die jedoch Hilfe
aus dem Jenseits von ihrem tote Vater erhält. Kein guter Film,
aber im Gegensatz zu den Teilen drei bis sechs wenigstens
spannend.

1½

FREITAG, DER 13. – TODESFALLE MANHATTAN
Ot: FRIDAY THE 13TH – JASON TAKES MANHATTAN
USA 1989
R + B: Rod Hedden. P: Randolph Cheveldave. K: Bryan England.
M: Fred Mollin. S: Steve Mirkovich. D: Kane Hodder, V. C. Dupress.
Barbara Bingham, Jensen Daggett, Scott Reeves
Laufzeit: 95 min
Deutschland-Start: 1. 12. 1989

Als blinder Passagier an Bord eines Ausflugsdampfers verlässt
Jason den Crystal Lake und gelangt nach Manhattan, wo er sich in
der Kanalisation einnistet und von dort aus seinen ewigen Kampf
gegen Jugendliche aller Hautfarben und Religionen fortzusetzen.
Leidlich spannend ... Teil acht siehe unter dem Buchstaben
J = JASON GOES TO HELL.

1½

DAS GRAUEN KOMMT UM ZEHN
Ot: WHEN A STRANGER CALLS
USA 1978
R: Fred Walton. D: Carol Kane, Charles Durning, Colleen Dewhurst
Laufzeit: ca. 100 min
Deutschland-Start: 4. 4. 1980

Ein anonymer Anrufer terrorisiert eine Babysitterin mit Drohanrufen
– bis sich herausstellt, dass er im Kinderzimmer sitzt und die Kinder
ermordet hat. In der ersten Hälfte ein Teen-Horrorfilm, der die
Geschichte aus der Perspektive des Opfers erzählt, richtet der Film
seinen Blick in der zweiten Hälfte auf den Mörder, der sieben
Jahre nach der Tat aus einer psychiatrischen Anstalt ausbricht.
Während der Telefon-Sequenzen ein überwältigender Film,
bricht er in der zweiten Hälfte vollkommen ein.

2

GREMLINS – KLEINE MONSTER
Ot: GREMLINS
USA 1983
R: Joe Dante. B: Chris Columbus. P: Steven Spielberg. K: John Hora.
M: Jerry Goldsmith. S: Tina Hirsch. D: Zach Galligan, Phoebe Cates,
Hoyt Axton, Dick Miller, Francis Lee McCann, Polly Hollyday
Laufzeit: 108 min
Deutschland-Start: 26. 10. 1984

Joe Dantes ätzende Posse über kleine, fiese Monster, die zu
Weihnachten eine ruhige, amerikanische Kleinstadt auseinander-
nehmen und den 17-jährigen Billy, der indirekt für dieses Geschehen

die Verantwortung trägt, ganz schön schwitzen lassen. Herrlich
durchgedreht, ohne dabei zu vergessen, einen kritischen Blick hinter
die Vorstadtfassaden zu werfen. In der Fortsetzung sind die
beiden Hauptfiguren dem Teenager-Alter entwachsen. **3½**

HALLOWEEN – DIE NACHT DES GRAUENS
Ot: HALLOWEEN
USA 1978
R + M: John Carpenter. B: John Carpenter, Debra Hill. P: Debra Hill.
K: Dean Cundey. S: Tommy Lee Wallace. D: Jamie Lee Curtis,
Donald Pleasance, Nancy Loomis, P. J. Soles, Charles Cyphers.
Laufzeit: 91 min
Deutschland-Start: 6. 7. 1979

Sollen wir zu diesem Film wirklich noch etwas sagen? **4**

HALLOWEEN 2 – DAS GRAUEN KEHRT ZURÜCK
Ot: HALLOWEEN 2
USA 1981
R: Rick Rosenthal. B + P: John Carpenter, Debra Hill. K: Dean
Cundey. M: John Carpenter, Alan Howarth. S: Mark Goldblatt,
S. Skip Schoolnik. D: Jame Lee Curtis, Donald Pleasance, Chalres
Cyphers, Jeffrey Kramer, Lance Guest
Laufzeit: 93 min
Deutschland-Start: 11. 11. 1982

Misslungene Fortsetzung des ersten Teils, die allenfalls darin
überzeugt, direkt an den Geschehnissen der ersten Geschichte
anzusetzen und sie zügig bis zu ihrem blutigen Ende führt. **1½**

HALLOWEEN 3
Ot: HALLOWEEN 3 – SEASON OF THE WITCH
USA 1982
R + B: Tommy Lee Wallace. P: John Carpenter, Debra Hill. K: Dean
Cundey. M: John Carpenter, Alan Howarth. S: Millie Moore. D: Tom
Atkins, Stacey Nelkin, Dan O'Herlihy, Ralph Strait, Michael Curry
Laufzeit: 92 min (USA: 98 min)
Deutschland-Start: November 1986 (Video)

Kein wirklicher Teen-Horrorfilm. Ein Millionär will alle Kinder
Amerikas opfern, um einen alten keltischen Kult wieder aufleben
zu lassen. Ein eigenartiger Film, dessen Schwächen durch die
suggestive Kraft des Soundtracks wett gemacht werden können. **2½**

HALLOWEEN 4 – MICHAEL MYERS KEHRT ZURÜCK
Ot: HALLOWEEN 4 – THE RETURN OF MICHAEL MYERS
USA 1988
R: Dwight H. Little. B: Alan B. McElroy. P: Paul Freeman. K: Peter Lyons Collister. M: Alan Howarth. S: Curtiss Clayton. D: Donald Pleasance, Ellie Cornell, Danielle Harris, George P. Wilbur
Laufzeit: 92 min
Deutschland-Start: 8. 6. 1989

Michael Myers, der am Ende des zweiten Teils, welch eine Überraschung, nicht den Tod gefunden hat, erwacht aus seinem Koma, entkommt seinen Bewachern und kehrt zurück in seine Heimatstadt, um seine letzten, lebenden Verwandten zu töten. Solide Geschichte, sehr gut inszeniert.

HALLOWEEN 5 – DIE RACHE DES MICHAEL MYERS
Ot: HALLOWEEN 5 – THE REVENGE OF MICHAEL MYERS
USA 1989
R: Dominique Othenin-Gerard. B: Dominique Othenin-Girard, Michael Jacobs. P: Ramsey Thomas. K: Robert Draper. M: John Carpenter, Alan Howarth. S. Jerry Brady. D: Donald Pleasance, Danielle Harris, Ellie Cornell, Beau Starr
Laufzeit: 89 min
Deutschland-Start: 11. 7. 1991

Verunglückter fünfter Teil. Der Schweizer Regisseur Othenin-Gerard bemüht sich darum, dem Film eine Sub-Ebene zu verleihen und entwickelt eine Geschichte von Schuld und Sühne, in der sich die Figur des Michael Myers mehr und mehr zu ›dem personifizierten Bösen‹ entwickelt, als das sie im ersten Teil von Dr. Loomis (Donald Pleasance) bezeichnet wird. Querelen am Set (der Regisseur wurde gefeuert) Umschnitte und andere Unannehmlichkeiten haben dafür gesorgt, dass man der Geschichte irgendwann nicht mehr folgen kann!

HALLOWEEN 6 – DER FLUCH DES MICHAEL MYERS
Ot: HALLOWEEN 6
USA 1995
R: Joe Chappelle. B: Daniel Farrands. P: Paul Freeman. K: Billy Dickson. M: Alan Howarth. S: Randolph Bricker. D: Donald Pleasance, Paul Rudd, Marinne Hagan, Devin Gardner, J. C. Brandy, Mitchell Ryan, Mariah O'Brien
Laufzeit: 84 min
Deutschland-Start: 30. 5. 1996

Ist Michael Myers das Produkt keltischer Rituale? Wie immer metzelt sich Michael Myers durch eine Reihe von jungen Leuten. Doch was soll das?

HALLOWEEN H20 – 20 JAHRE SPÄTER
OT: HALLOWEEN H20 – TWENTY YEARS LATER
USA 1998
R: Steve Miner. B: Robert Zappia, Matt Grennberg, Kevin Williamson (ungenannt). P: Paul Freeman. K: Darin Okada. M: John Otman. S: Patrick Lussier. D: Jamie Lee Curtis, Adam Arkin, Michelle Williams, Adam Hann-Byrd, Jodi Lyn O'Keefe, Janet Leigh, Josh Hartnett, LL Cool J.
Laufzeit: 86 min
Deutschland-Start: 29. 10. 1998

H20 macht das einzige Richtige: Er ignoriert die Teile 4 bis 6 und setzt die Geschichte einfach als Anschluss von Teil 2 fort. So trifft Michael auf seine Schwester Laurie, killt, wer immer ihm vor das Messer tritt, bis er im finalen Kampf mit seiner Schwester den Kopf verliert. Ein würdiges, spannendes Ende.

DER HEXENCLUB
Ot: THE CRAFT
USA 1996
R: Andrew Fleming. B: Peter Filardi, Andrew Fleming. P: Douglas Wick, Lisa Tornell. K: Alexander Gruszynski. M: Graeme Revell. S: Jeff Freeman. D: Robin Tunney, Fairuza Balk, Neve Campbell, Rachel True, Skeet Ulrich, Breckin Meyer, Christine Taylor.
Laufzeit: 100 min
Deutschland-Start: 4. 7. 1996

Vier Außenseiterinnen an einer elitären High School entdecken ihr Talent für die Hexerei. Sie ignorieren die Warnung, mit ihren Kräften sorgsam umzugehen ... Großartig fotografierter Mischling aus Teen-Horror und Mystik-Thriller.

HEATHERS (a.k.a. LETHAL ATTRACTION)
Ot: HEARTHERS
USA 1989
R: Michael Lehman. B: Daniel Waters. P: Denise DiNovi. K: Francis Kenny. M: David Newman. S: Norman Hollyn. D: Winona Ryder, Christian Slater, Shannen Doherty, Lisanne Falk, Kim Walker
Laufzeit: 119 min
Deutschland-Start: 5. 11. 1990

Die ›Heathers‹-Clique, eingebildete, arrogante Mädchen aus reichem Hause, schikanieren ihre Mitschülerinnen. Aufgrund ihres Status sind sie unantastbar. Bis Veronica (Winona Rider) davon genug hat und mit Mord und Totschlag dem Treiben der Heathers Einhalt gebietet. Kein klassischer Teen-Horrorfilm, aber durchaus mit Berührungspunkten zum Genre. Unterlegt mit schwarzem Humor.

3½

DIE HORROR-PARTY
Ot: APRIL FOOL'S DAY
USA 1986
R: Fred Walton. B: Danilo Bach. P: Frank Mancuso Jr. K: Charles Minski. M: Charles Bernstein. S: Bruce Green. D: Deborah Foreman, Deborah Goodrich, Jay Barker, Clayton Rohner, Pat Barlow, Amy Steel.
Laufzeit: 85 min
Deutschland-Start: 14. 12. 1987

Zehn junge Studenten verbringen ein Wochenende in einem abseits gelegenen Haus. Einige vollkommen unsinnige Morde lichten die Reihen der Jugendlichen. Indirekt orientiert sich der Film an Agatha Christies Krimiklassiker »Zehn kleine Negerlein«, der schwarze Humor macht die schlechten Schauspielerleistungen und die dilettantische Inszenierung erträglich.

1

ICH WEISS WAS DU LETZTEN SOMMER GETAN HAST
Ot: I KNOW WHAT YOU DID LAST SUMMER
USA 1997
R: Jim Gillespie. B: Kevin Williamson nach einer Geschichte von Lois Duncan. P: Neal H. Moritz, Erik Feig, Stokeley Chaffin. K: Denis Crossan. M: John Debney. S: Steve Mirkovich. D: Jenifer Love Hewitt, Freddie Prinze Jr., Ryan Philippe, Sarah Michelle Gellar, Anne Heche, Johnny Gedecki
Laufzeit: 101 min
Deutschland-Start: 19. 3. 1998

Vier Teenager überfahren am Abend ihres Schulabschlusses einen Fußgänger und lassen den Toten verschwinden. Als er wider Erwarten erwacht, wird er von einem der Jugendlichen erschlagen. Ein Jahr später erhält eines der beteiligten Mädchen eine Nachricht: »Ich weiß was du letzten Sommer getan hast.«

4

ICH WEISS NOCH IMMER WAS DU LETZTEN SOMMER GETAN HAST
OT: I STILL KNOW WHAT YOU DID LAST SUMMER
USA 1998
R: Danny Cannon. B: Trey Callaway. P: Neal H. Moritz, Erik Feigg, Stokely Chaffin, William S. Beasly. M: John Frizzell. D. Jennifer Love Hewitt, Freddie Prionze Jr., Brandy, Mekhi Phifer, Bill Cobbs, Matthew Settle.
Laufzeit: 100 min
Deutschland-Start: 29. 4. 1999

Der Fischerhaken schwingende Bösewicht des ersten Teils lockt die Überlebende seines ersten Schlachtfestes mit einer Freundin auf eine karibische Insel. Dort metzelt er sich durch diverse Feriengäste.

1

I WAS A TEENAGE FRANKENSTEIN
USA 1957
R: Herbert L. Strock. B: Kenneth Langtry. P: Herman Cohen, Samuel Z. Arkoff. D: Whit Bissell, Phylis Coates, Gary Conway, Robert Burton
Laufzeit: 75 min
Kein Deutschlandstart

Ein Professor namens Frankenstein entdeckt in einem Autowrack den leblosen Körper eines Teenagers und flickt ihn wieder zusammen. Das so entstandene, entstellte Monster zieht es daraufhin zum Lover's Lane, dem Ort, an den sich die Jugendlichen zur trauten Zweisamkeit jenseits des Elternhauses zurückziehen und dezimiert deren Anzahl gewaltig.

1½

JASON GOES TO HELL – THE FINAL FRIDAY
Ot: JASON GOES TO HELL – THE FINAL FRIDAY
USA 1993
R: Adam Marcus. B: Jay Huguley, Adam Marcus. P: Sean S. Cunningham. K: William Dill. M: Harry Manfredini. S: David Handman. D: Kane Hodder, Karie Keegan, John D. Le May, Steven Culp, S. Williams
Laufzeit: 84 min
Deutschland-Start: 29. 9. 1993

Sean S. Cunningham, der Erfinder der Serie, kehrt mit dem neunten Teil auf den Produzentenposten zurück, als wolle er sich für all den Schund, der in den Jahren, in denen er nur indirekt oder gar

nicht in die Arbeiten an der Serie involviert gewesen ist, beim Zuschauer entschuldigen – und ignoriert einfach die Geschehnisse der Teile drei bis sieben. Nach seinem vermeintlichen Tod im Kugelhagel von FBI-Agenten am Ende des letzten Teiles, sucht sich Jason einen neuen Körper.
Mit überraschend viel Selbstironie, vielen Querverweisen zu anderen Horrorfilmen (wie NIGHTMARE), spannend inszenierter neunter Teil. Bei Redaktionsschluss befand sich der zehnte Teil in der Post-Produktion, Teil elf wird geplant. $2^{1}/_{2}$

JAWBREAKER – DER ZUCKERSÜSSE TOD
Ot: JAWBREAKER
USA 1999
R + B: Darren Stein. P: Lisa Tornell, Stacy Kramer. K: Amy Vincent. M: Stephen Endelman. S: Troy T. Takaki. D: Rose McGowan, Rebecca Gayheart, Julie Benz, Judy Greer, Chad Christ, Pam Grier
Laufzeit: 87 min
Deutschland-Start: 12. 8. 1999

Die eingebildeten High-School-Schönheiten Courtney, Julie und Marcie wollen ihrer Freundin Liz einen Streich spielen: Sie überfallen und fesseln sie – wobei diese leider an einem großen Lutschbonbon erstickt. Wie wird man nun eine Leiche los, fragen sich die bösen Mädchen? Bösartig-zynisches Kleinod über das Kasten-Wesen an US-High-Schools mit überdurchschnittlich guten Darstellerinnen. $3^{1}/_{2}$

DAS KABINETT DES SCHRECKENS
Ot: FUNHOUSE
USA 1980
R: Tobe Hooper. B: Larry Block. P: Derek Powers, Steven Berhardt. K: Andrew Laszlo, M: John Beal. S: Jack Hofstra. D: Cooper Huckabee, Miles Chapin, Elizabeth Berridge, Largo Woodruff, Sylvia Miles
Laufzeit: 91 min
Deutschland-Start: 26. 6. 1981

Vier Teenager verbringen, als eine Art Mutprobe, eine Nacht in einer Geisterbahn, wo sie Zeugen eines Mordes werden. Als der Killer, ein fürchterlich entstellter Mann, der von seiner Mutter wie ein Kind behandelt und damit in den Wahnsinn getrieben wird, die Teenager entdeckt, beginnt er eine Jagd, die nur ein Mädchen überleben wird. Verstörender Slasherfilm, der aus der Geisterbahn einen echten Horrorexpress macht. 3

DIE KILLERHAND
Ot: IDLE HANDS
USA 1999
R: Rodman Flender. B: Terri Hughes, Ron Mil Bauer. P: Andrew Licht. K: Christopher Baffa. M: Graeme Revell. S: Stephen E. Rivkin.
D: Devon Sawa, Seth Green, Elden Henson, Vivica A. Fox
Laufzeit: 92 min
Deutschland-Start: 26. 8. 1999

Anton (Devon Sawa) ist sicher einer der größten Deppen, die an amerikanischen High Schools herumlaufen. Als ausgerechnet seine rechte Hand von einem Dämon befallen wird, killt er erst seine Eltern, dann seine besten, nicht minder depperten Freunde, die jedoch als Zombies auf die Erde zurückkehren. Irgendwann hackt sich Anton seine Hand ab – doch diese führt längst ein Eigenleben. Ein an Geschmacklosigkeiten kaum zu übertreffender, aber irgendwie doch sehr witziger Film.

2½

KINDER DES ZORNS
Ot: CHILDREN OF THE CORN
USA 1984
R: Fritz Kiersch. B: George Goldsmith nach dem gleichnamigen Roman von Stephen King. P: Donald P. Borchers, Terence Kirby.
K: Raoul Lomas. M: Jonathan Elias. S: Harry Keramidas. D: Peter Horton, Linda Hamilton, John Franklin, R. G. Armstrong, Robby Kiger, Courtney Gains, Annemarie McEvoy, Julie Maddalena, Jonas Marlowe, John Philbin
Laufzeit: 89 min
Deutschland-Start: 25. 5. 1984

Unter dem Einfluss des charismatischen Teenagers Isaac stehend, metzeln die Jugendlichen eines kleinen Städtchens alle Erwachsenen nieder. Sie glauben ein göttliches Werk zu verrichten und ahnen nicht, dass ein Dämon in Wahrheit die Morde angeordnet hat. Das Auftauchen eines erwachsenen Ehepaares bringt ihren Gottesstaat ins Wanken. Interessante Variation des Teenager-Horrors: Die Erwachsenen sind die Gejagten, die Jugendlichen die Jäger. Nach der irrsinnigen Eingangssequenz, in der die Jugendlichen mit unglaublicher Präzision den Massenmord an den Erwachsenen begehen, verflacht der Film zu einem stupiden Slasher-Gemetzel. Inzwischen wurden vier, mit jedem Teil schlechter werdende Fortsetzungen, inszeniert.

1½

LEATHAL ATTRACTION
Siehe HEATHERS

DAS LETZTE HAUS LINKS
Ot: LAST HOUSE ON THE LEFT
USA 1972
R + B: Wes Craven. P: Sean S. Cunningham. K: Victor Harwitz.
M: David Hess. D: David Hess, Luca Grantham, Sandra Cassel,
Marc Scheffler
Laufzeit: 82 min
Deutschland-Start: 19. 10. 1973

Siehe das dazugehörige Kapitel in der Craven-Biografie.

L.I.S.A. - DER HELLE WAHNSINN
Ot: WEIRD SCIENCE
USA 1985
R + B: John Hughes. P: Joel Silver. K: Matthew F. Leonetti. M: Ira
Newborn. S. Mark Warner, Chris Lebenzon, Scott Wallace. D: Kelly
LeBrock, Anthony Michael Hall, Ilan Mitchell-Smith, Bill Paxton,
Robert Downey Jr., Judie Aronson, Suzanne Snyder
Laufzeit: 94 min
Deutschland-Start: 19. 12. 1985

John Hughes, der König des Teenager-Films der 80er Jahre,
küsst den Horrorfilm. Jugendfrei, versteht sich. Zwei Looser von
der High-School erschaffen sich mit ihrem Comodore-Computer
die perfekte Traumfrau – was an ihrer Schule natürlich für
Aufsehen sorgt. Witzig, ironisch, visuell einer der wegweisenden Teenager-Filme seiner Zeit.

LOST BOYS
Ot: THE LOST BOYS
USA 1987
R: Joel Schumacher. B: Janice Fischer, James Jeremias, Ferrey
Boam. P: Harvey Bernhard. K: Michael Chapman. M: Thomas
Newman. S: Robert Brown. D: Corey Feldmann, Corey Haim,
Jami Gertz, Kiefer Sutherland, Jason Patric, Barnard Hughes,
Dianne Wiest
Laufzeit: 93 min
Deutschland-Start: 14. 1. 1988

Jugendliche geraten in den Bann einer Gang von modernen Vampiren, die ihnen das ewige Leben versprechen. Hervorragend fotografierter Film, der das klassische Thema des Vampirismus mit den Ingredienzien des Teen-Horrors würzt. **3½**

MARY LOU
Ot: PROM NIGHT II – HELLO MARY LOU a.k.a
THE HAUNTING OF HAMILTION HIGH
Kanada 1987
R: Bruce Pittman. B: Ron Oliver. P: Peter Simpson. K: John Herzog.
M: Paul Zaza. S: Nick Rotundo. D: Michael Ironside, Wendy Lyon,
Justin Louis, Richard Monette, Lisa Schrage
Laufzeit: 93 min
Deutschland-Start: November 1989 (Video)

Beim Abschlussball ihrer High School 1957 kommt die junge Mary Lou bei einem Brand ums Leben. 30 Jahre später bemächtigt sie sich der Seele eines an sich ruhigen Mädchens und verwandelt diese in eine Serienkillerin. Außer dem Titel hat der Film nichts mit PROM NIGHT zu tun. Ansonsten: Gut fotografiert, schlechtes Drehbuch.

MEIN NACHBAR, DER VAMPIR
Ot: FRIGHT NIGHT II
USA 1987
R: Tommy Lee Wallace. B: Miguel Tejada-Flores, Tim Metcalf, Tommy Lee Wallace. P: Herb Jaffe, Mort Engelberg. K: Mark Irwin.
M: Brad Fidel. S: Jay Lash Cassidy. D: William Ragsdale, Roddy McDowall, Traci Lin, Julie Carmen, Russell Clark, Jonathan Gries. Ernie Sabella
Laufzeit: 103 min
Deutschland-Start: 23. 2. 1989

Fortsetzung von DER RABENSCHWARZE NACHBAR, der es gelingt, noch spannender als der erste Teil daher zu kommen, leider aber nicht dessen erzählerische Tiefe erreicht. **2½**

MIKE MENDEZ' KILLERS
Ot: KILLERS a.k.a. MIKE MENDEZ' KILLERS
USA 1996
R: Mike Mendez. B: Mike Mendez, Dave Larsen. D: Dave Larsen, David Gunn, C. T. Miller, Rene Cohen, Damian Hoffer, Nanette Bianchi, Wendy Latta

Laufzeit: 83 min
Deutschland-Start: 9. 10. 1997

Odessa und Kyle haben ihre Eltern umgebracht und wurden aufgrund dieser Tat zu Medienhelden. Zwei Jahre nach ihrer Festnahme entkommen sie der Haft und finden Unterschlupf im Hause der Familie Ryan, durchschnittlichen, amerikanischen Spießbürgern – die sich als gefährliche Serienkiller entpuppen. Hipp-Shit der übelsten Sorte, der vorgibt, Medienschelte zu betreiben und sich doch nur in plakativen Gewalttätigkeiten suhlt.

0

MONSTER IM NACHTEXPRESS
Ot: TERROR TRAIN
Kanada 1979
R: Roger Spottiswoode. B: T. Y. Drake. P: Harold Greenberg. K: John Alcott. M: John Mills-Cockell. S: Anne Henderson. D: Ben Johnson, Jamie Lee Curtis, Hart Bochner, David Copperfield, Derek MacKinnon
Laufzeit: 97 min
Deutschland-Start: 18. 6. 1981

Während einer ausgelassenen Silvesterparty von Studenten an Bord eines Zuges, taucht ein Killer auf und dezimiert die Anzahl der Anwesenden dramatisch. Ob es sich beim Mörder um einen ehemaligen Kommilitonen handelt, der vor drei Jahren das Opfer eins üblen Scherzes wurde und dem Wahnsinn verfallen ist? Überdurchschnittlich gut fotografierter Thriller mit Scream-Queen Jamie Lee Curtis.

2½

NIGHTMARE – MÖRDERISCHE TRÄUME
Ot: A NIGHTMARE ON ELM STREET
USA 1984
R + B: Wes Craven. P: Robert Shaye, Sara Risher. K: Jaques Haitkin. M: Charles Bernstin. S: Rick Shaine. D: Heather Langenkamp, John Saxon, Robert Englund, Johnny Depp, Amanda Wyss, Ronee Blakeley
Laufzeit: 90 min
Deutschland-Start: 29. 8. 1985

Sollen wir zu diesem Film wirklich noch etwas schreiben?

4

NIGHTMARE II – DIE RACHE
Ot: A NIGHTMARE ON ELM STREET, PART 2 –
FREDDY'S REVENGE
USA 1985
R: Jack Sholder. B: David Chaskin. P: Robert Shaye. K: Jaques Haitkin. M: Christopher Young. S: Arline Garson. D: Mark Patton, Robert Englund, Kim Meyers, Robert Rusler, Marshall Bell, Clu Gulagher
Laufzeit: 85 min
Deutschland-Start: 19. 3. 1987

Erste Fortsetzung. Freddy nistet sich im Körper eines 17-jährigen Jungen ein, um in die Realität zurückkehren zu können.
Gute Ideen in einer eher durchschnittlichen Inszenierung. **2**

NIGHTMARE III – FREDDY KRUEGER LEBT
Ot: A NIGHTMARE ON ELM STREET III –
DREAM WARRIOR
USA 1983
R: Chuck (= Charles) Russell. B: Wes Craven, Bruce Wagner, Frank Darabont. P: Robert Shaye. K: Roy H. Wagner. M: Angelo Bandalamenti. S: Terry Stokes, Chuck Weiss, Clint Hutchinson. D: Robert Englund, Heather Langenkamp, Patricia Arquete, Craig Wasson, Zsa Zsa Gabor
Laufzeit: 95 min
Deutschland-Start: 7. 1. 1988

Von Albträumen geplagt, finden sich einige Jugendliche in einer Nervenheilanstalt wieder. Eine ihrer Ärztinnen ist Nancy, die Überlebende des ersten Teils. Sie erkennt, wem die Jugendlichen ihre Albträume zu ›verdanken‹ haben. Nervenzerfetzende
Spannung in bedrohlichen Kulissen. **3½**

NIGHTMARE ON ELM STREET 4
Ot: A NIGHTMARE ON ELM STREET IV –
THE DREAM MASTER
USA 1988
R: Renny Harlin. B: Brian Helgeland, Scott Pierce. P: Robert Shaye. K: Steven Fierberg. M: Craig Safan. S: Michael N. Knue, Chuck Weiss. D: Robert Englund, Rodney Eastman, Danny Hassel, Andras Jones, Tuesday Knight.
Laufzeit: 93 min
Deutschland-Start: 2. 2. 1989

Freddy nistet sich wieder einmal in den Träumen von Jugendlichen aus der Elm Street ein. Wie gewohnt meuchelt er sie dahin, bis er auf ein Karate-Mädchen trifft. Der von Action-Fanatiker Renny Harlin inszenierte Film hat die schwächste Story, ist jedoch ungemein witzig ...

2

NIGHTMARE ON ELM STREET 5 – DAS TRAUMA
Ot: A NIGHTMARE ON ELM STREET – THE DREAM CHILD
USA 1989
R: Stephen Hopkins. B: Leslie Bohem. P: Robert Shaye. Rupert Harvey. K: Peter Levy. M: Jay Ferguson. S: Chuck Weiss, Brent Schoenfeld. D: Robert Englund, Lisa Wilcox, Danny Hassel, Whitby Hertford, Kelly Jo Minter, Erika Anderson
Laufzeit: 89 min
Deutschland-Start: 8. 2. 1990

Im ungeborenen Kind einer jungen Frau versucht Freddy wiedergeboren zu werden. Eine hervorragend geschriebene Fortsetzung, visuell brillant, aber leider absolut spannungslos inszeniert. Teil 6 bitte unter dem Buchstaben F nachlesen: FREDDY'S FINALE.

PARANOIA
Ot: HELL NIGHT
USA 1981
R: Tom de Simone. B: Randolph Feldman. P: Irwin Yablans, Bruce Cohn Curtis. K: Mac Ahlberg. M: Dan Wyman. S: Tony DiMarco. D: Linda Blair, Vincent van Patten, Jenny Neumann, Kevin Brophy, Suki Goodwin
Laufzeit: 100 min
Deutschland-Start: 1987

Vier Jugendliche verbringen aufgrund eines Rituals eine Nacht in einem Horrorhaus – und werden prompt von einer Bestie verfolgt. In Deutschland bei einem nicht mehr existierenden Videoverleiher mit sechs Jahren Verspätung zu einem nicht mehr zu verifizierenden Zeitpunkt erschienen, handelt es sich um einen überraschend geradlinig und spannend inszenierten Film.

3½

PROM NIGHT – DIE NACHT DES SCHLÄCHTERS
Ot: PROM NIGHT
Kanada 1979
R: Paul Lynch. B: William Gray nach einer Story von Robert Guza Jr.
K: Robert New. M: Carl Zittrer, Paul Zaza, S: Brian Ravok. D: Leslie
Nielsen, Jamie Lee Curtis, Casey Stevens, Eddie Benton, Robert
Silverman
Laufzeit: 91 min
Deutschland-Start: 18. 12. 1980

Beim Spielen kommt ein Mädchen bei einem Unfall zu Tode.
Jahre später, auf dem Abschlussball der High School, beginnt
ein Unbekannter den Tod des Mädchens zu rächen. Schwere
inszenatorisch-handwerkliche Schwächen trüben das
Vergnügen an der brillant geschriebenen Story.

PROM NIGHT II
Siehe MARY LOU

PROM NIGHT III – DAS LETZTE KAPITEL
Ot: PROM NIGHT III – THE LAST KISS
Kanada/USA 1989
R + B: Ron Oliver. P: Peter Simpson, Ray Sager. K: Rhett Morita.
M: Paul Zaza. S: Nick Rotundo. D: Tim Conlon, Cindy Preston,
Courtney Taylor, David Stratton, Jeremy Ratchford
Laufzeit: 94 min (gekürzt 85 min)
Deutschland-Start: 27. 2. 1992

Mary Lou kehrt zurück aus dem Jenseits, verführt den Teenager Alex
und killt all jene, die ihn bislang mit Spott und Häme bedacht
haben. Unentschlossen zwischen Slasher-Film und Komödie
schwankende Fortsetzung.

PROM NIGHT – EVIL OF DARKNESS
Ot: PROM NIGHT IV – DELIVER US FROM EVIL
Kanada / USA 1991
R: Clay Boris. B: Richard Beattie, P: Ray Sager. K: Rick Wincenty.
M: Paul Zaza. Stan Cole. D: Nikki de Boer, Alden Kane, Joy Tanner,
Alle Ghadban, James Carver
Laufzeit: 93 min (gekürzt 87 min)
Deutschland-Start: 28. 4. 1992

Ein psychotischer Priester erwacht nach 33 Jahren aus einem Koma und mordet sich durch eine ganze Reihe von Teenagern, die es gewagt haben, vor der Ehe Sexualverkehr auszuüben! Leidlich spannend inszeniert, überrascht der Film mit einigen intelligenten Spitzen gegen religiösen Fanatismus.

1½

DIE RABENSCHWARZE NACHT – FRIGHT NIGHT
OT: FRIGHT NIGHT
USA 1985
R + B: Tom Holland. P: Herb Jaffe. K: Jan Kiesser. M: Brad Fiedel. S: Kent Beyda. D: William Ragsdale, Roddy McDowall, Chris Sarandon, Stephen Geoffreys, Jonathan Stark
Laufzeit: 106 min
Deutschland-Start: 18. 11. 1986

Stell dir vor, du bist ein vollkommen normaler Kleinstadt-Teenager – und musst feststellen, dass dein neuer Nachbar, den deine alleinstehende Mutter sehr attraktiv findet, ein Vampir ist. Wetten, dass dir niemand glauben wird? Hollands Film ist mit viel Liebe zum Detail inszeniert und ebenso eine Hommage an den klassischen Horrorfilm wie ein Teen-Horrorfilm der 80er Jahre.
Fortsetzung: MEIN NACHBAR, DER VAMPIR

3

RAGMAN
Ot: TRICK OR TREAT
USA 1986
R: Charles Martin Smith. B: Michael S. Murphey, Joel Soisson, Rhet Topham. P: Michael S. Murphey, Joel Soisson. K: Robert Elswit. M: Christopher Young. D: Marc Price, Tony Fields, Lisa Orgolini, Doug Savant, Elaine Joyce, Glen Morgan, Gene Simmons, Ozzy Osbourne, Elise Richards
Laufzeit: 97 min
Deutschland-Start: 3. 9. 1987

Ein toter Heavy-Metal-Sänger kehrt aus dem Jenseits zurück, nachdem ein Fan seine allerletzte Platte rückwärts abgespielt hat. Es gibt jedoch Sänger, von denen wünschte man sich, sie würden einfach nur Legenden bleiben ... Sehr selbstironischer, spannender, handwerklich jedoch nicht immer überzeugender Slasher-Film, in dem ›Kiss‹-Sänger Gene Simmons und ›Black Sabbath‹-Mitbegründer Ozzy Osbourne Nebenrollen spielen.

2

DER RE-ANIMATOR
Ot: H. P. LOVECRAFT'S RE-ANIMATOR
USA 1984/85
R: Stuart Gordon B: Stuart Gordon, Dennis Paoli, William J. Norris.
P: Brian Yuzna. K: Mac Ahlberg. M: Richard Band. S: Lee Percy.
D: Jeffrey Combs, Bruce Abbott, Barbara Crampton, David Gale,
Robert Sampson, Carolyn Purdy-Gordon
Laufzeit: 95 min
Deutschland-Start: 31. 10. 1988

Der junge Student Herbert West mag kein Jugendlicher mehr sein,
ein richtiger Erwachsener ist er aber auch noch nicht. Er ist ein
Genie, das Gott herausfordert, indem er den Tod besiegen will.
Doch der Tod lässt nicht mit sich spielen. Kammerspielvariante der
Frankenstein-Geschichte mit für eine kleine Billigst-Produktion
herausragenden Schauspielern.

3½

DER SATAN MIT DEN TAUSEND MASKEN
Ot: HOW TO MAKE A MONSTER
USA 1958
R: Herbert L. Strock. B: Kenneth Langtry, Herman Cohen. P: James
H. Nicolson, Samuel Z. Arkoff. K: Maury Gertsman. M: Paul Dunlap.
S: Jerry Young. D: Robert H. Harris, Gary Conway, Gary Clarke,
John Ashley, Paul Brinegar
Laufzeit: 72 min
Deutschland-Start: 12. 4. 1962

Ein Maskenbildner rächt sich für seine Entlassung, indem er tötet,
wer immer ihm auf die Nerven geht. Ein Trash-Klassiker, der
einige wirklich sehr schöne Momente hat und seine jungen
Darsteller ein bisschen ernster nimmt als andere Filme
dieser Zeit.

3½

SHOCKER
Ot: SHOCKER
USA 1989
R + B: Wes Craven. P: Marianne Maddalena, Barin Kumar.
K: Jacques Haitkin. M: William Goldstein. S: Andy Blumenthal.
D: Peter Berg, Michael Murphy, Mitch Pileggi, Cami Cooper,
Timothy Leary
Laufzeit: 105 min (gekürzt 101 min)
Deutschland-Start: 10. 5. 1990

Craven variiert das Thema des untoten Killers in der Form, dass dieser zu einer Art Energiewesen mutiert, das seine Opfer unter anderem über das Fernsehen aufsucht. Trotz einer originellen Idee und einer temporeichen, sehr ironischen Inszenierung ist SHOCKER als Gesamtwerk betrachtet ein eher durchschnittlicher Craven-Film.

2

SLAUGHTERHOUSE
Ot: SLAUGHTERHOUSE ROCK
USA 1987
R: Dimitri Logothetis. B: Ted Landon. P: Louis George. K: Nicholas von Sternberg. M: Mark Mothersbaugh, Gerald V. Castle. S: Daniel Gross. D: Nicholas Celozzi, Tom Reilly, Donna Denton, Toni Basil, Hope Marie Carlton
Laufzeit: 81 min
Deutschland-Start: April 1989

Ein von Albträumen geplagter Junge erfährt von einer Traumdeuterin, dass sein Schicksal auf Alcatraz besiegelt werden wird. Eines Nachts sucht er die ehemalige Gefängnisinsel mit Freunden auf, ein Killer erscheint und dezimiert die Jugendlichen auf die bekannte Art. Eine tote (!) Rocksängerin kommt den Jugendlichen zu Hilfe.

½

SQUELCH
Ot: SQUELCH
USA 2000
R: John Dahl. B: Clay Tarver, Jeffrey Abrams. P: Jeffrey Abrams, Chris Moore. K: Jeff Jur. S: Eric L. Beason. D: Leelee Sobieski, Brien Varady, Paul Walker, Steve Zahn, Stuart Sone, Michael McCleery
Laufzeit: N.N.
Deutschland-Start: vorauss. Herbst 2000

Drei Jugendliche nehmen auf einer langweiligen Autofahrt von Colorado nach New Jersey CB-Kontakt zu einem Trucker auf. Der zuerst freundliche Kapitän der Landstraße entpuppt sich jedoch schnell als Psychopath, der mit Vorliebe Jagd auf Teenager macht. Da sich der Film bei Redaktionsschluss noch in der Produktion befand, war eine Bewertung aus verständlichen Gründen nicht möglich.

–

TANZ DER TEUFEL
Ot: EVIL DEAD
USA 1982
R + B: Sam Raimi. P: Robert Tapert, Bruce Campbell, Sam Raimi.
K: Tim Philo. M: Joseph Loduca. D: Bruce Campbell, Ellen
Sandweiss, Betsy Baker, Hal Delrich, Sarah York
Laufzeit: 85 min
Deutschland-Start: 10. 2. 1984

Fünf junge Leute unternehmen einen Wochenendausflug
in eine verlassene Waldhütte, wo sie das Tonbandgerät ihres
Vormieters entdecken, der einen alten Dämonenkult er-
forscht hat. Beim Aufsagen einer Beschwörungsformel beginnt
für die fünf jungen Erwachsenen ein Kampf auf Leben und
Tod gegen eine Invasion von Dämonen. Ein Film, der Angst
macht und mehrere Jahre in Deutschland verboten war.
Die erste Fortsetzung ist de facto ein Remake von Teil 1,
Teil 3 ist ein Fantasy-Film ohne Berührungspunkte zum
Teen-Horror.

TEENWOLF
Ot: TEENWOLF
USA 1985
R: Rod Daniel. B: Joseph Loeb III, Matthew Weisman.
P: Mark Levinson, Scott M. Rosenfelt, George Perkins. K: Timothy
Suhrstedt. M: Miles Goodman. S. Lois Freeman-Fox.
D: Michael J. Fox, James Hampton, Susan Ursitti, Lorie Griffin,
Jerry Levine, Mark Arnold
Laufzeit: 90 min
Deutschland-Start: 19. 12. 1985

Ein mittelmäßiger High-School-Schüler entdeckt, dass er ein
Werwolf ist. Über Nacht mutiert er zum coolsten Jungen der Schule,
verliert aufgrund seiner ihm zu Kopf steigenden Popularität aber
seine Freunde. Witzige Teen-Horrorkomödie, die auch im
Kinderprogramm laufen kann.

TEENWOLF 2
Ot: TEEN WOLF TWO
USA 1986
R: Christopher Leitch. B: R. Timothy King. P: Kent Bateman. K: Jules
Brenner. M: Mark Goldenberg. S: Steven Polivka, Kim Secrist,
Harvey Rosenstock, Raja Gosnell. D: Jason Bateman, Estee
Chandler, Kim Darby, John Astin, Paul Sand

Laufzeit: 95 min
Deutschland-Start: 10. 12. 1987

Gleiche Geschichte wie in Teil 1. Nur mit anderen Schauspielern – und absolut witzlos.

0

DER TOD HAT SCHWARZE KRALLEN
Ot: I WAS A TEENAGE WEREWOLF
USA 1957
R: Gene Fowley Jr. B: Ralph Thornton. P: Herman Cohen.
K: Joseph LaShelle. M: Paul Dunlap. D: Michael Landon, Yvonne Lime, Tony Marshall, Whit Bissell
Laufzeit: 75 min
Deutschland-Start: 30. 3. 1962

Ein hemmungsloser, junger Student wird von einem Verbrecher in einen Werwolf verwandelt. Der Ur-Vater aller Teen-Horror-Filme!

2½

DER TÖDLICHE FREUND
OT: DEADLY FRIEND
USA 1986
R: Wes Craven, B: Bruce Joel Rubin nach einem Roman von Diana Henstell. K: Philip Lathrop. M: Charles Bernstein.
S: Michael Elliot. D: Matthew Laborteaux, Kristy Swanson, Michael Sharrett, Anne Twomey, Anne Ramsey
Laufzeit: 91 min
Deutschland-Start: 12. 2. 1987

Wes Cravens Teenager-Horrorfilmvariante des Frankenstein-Themas (siehe hierzu die Craven-Biografie).

3

TÖTET MRS. TINGLE a.k.a. RETTET MRS. TINGLE
Ot: TEACHING MRS. TINGLE
USA 1999
R + B: Kevin Williamson. P: Cathy Conrad. K: Jerzy Zielinski. M: John Frizzell. S: Debra Neil-Fisher. D: Katie Holmes, Jeffrey Tambor, Helen Mirren, Marisa Coughlan, Liz Stauber, Vivica A. Fox, Molly Ringwald
Laufzeit: 95 min
Deutschland-Start: 11. 11. 1999

Durch eine Reihe von unglücklichen Zufällen werden drei Schüler die Geiselnehmer ihrer verhassten Lehrerin. Zwischen dem Opfer und den Tätern entbrennt ein Psychokampf. Nur: Wer ist eigentlich das Opfer, wer der Täter?

4

TOURIST TRAP
Ot: TOURIST TRAP
USA 1978
R + B: David Schmoeller. P: J. Larry Carroll. K: Nicholas von
Sternberg. M: Pino Donaggio. S: Ted Nicolaou. D: Chuck Connors,
Jocelyn Jones, Jon van Ness, Robin Scerwood, Tanya Roberts,
Keith McDermott
Laufzeit: 90 min
Deutschland-Start: 21. 11. 1980

Vier Mädchen werden nach einer Reifenpanne von einem
geisteskranken Serienkiller und dessen lebensgroßen, sich
selbstständig bewegenden Puppen (!) gejagt. Trotz Mängeln
in der Geschichte spannend inszeniert.

2

UND WIEDER IST FREITAG DER 13.
Ot: FRIDAY THE 13TH – PART III
USA 1982
R: Steve Miner. B: Martin Kitrosser, Carol Watson. P: Frank Mancuso
Jr. K: Gerald Feil. M: Harry Manfredini. S: George Hively. D: Richard
Brooker, Dana Kimmell, Paul Kratka, Catherine Parks, Jeff Rogers
Laufzeit: 95 min
Deutschland-Start: 13. 5. 1983

Jason treibt sich auf einer Farm herum, um wieder einmal die
Anzahl der jugendlichen Darsteller im Verlauf der Geschichte
drastisch zu dezimieren. Im Gegensatz zum stilistisch
hervorragenden zweiten Teil ein jämmerlicher Film ohne
Atmosphäre. Lief in den Kinos in 3-D!

0

WARLOCK: THE ARMAGGEDON
Ot: WARLOCK: THE ARMAGGEDON
USA 1993
R: Anthony Hickox. B: Kevin Rock, Sam Bernard. P: Peter Abrams,
Robert L. Levy. K: Gerry Lively. M: Mark McKenzie. D: Julian Sands,
Chris Young, Paula Marshall, Steve Kahan, Charles Hallahan,
R. G. Armstrong, Zachary Galligan
Laufzeit: 81 min
Deutschland-Start: 4. 10. 1994

Eine Woche vor einer Sonnenfinsternis wird der Hexer Warlock
wiedergeboren und muss sechs magische Steine in seinen Besitz
bringen, um am siebten Tag die Mächte der Finsternis entfesseln zu
können. Zwei Teenager aus der Provinz, Nachkommen vorzeitlicher

Druiden, ziehen gegen ihn in den Kampf. Fortsetzung des hervorragendem Horror/Fantasy-Films WARLOCK – SATAN'S SOHN (WARLOCK, USA 1988).

WARLOCK – DAS GEISTERSCHLOSS
Ot: WARLOCK III – THE END OF INNOCENCE
USA 1998
R: Eric Freiser. B: Bruce David Eisen, Eric Feiser. P: Bruce David Eisen. M: David Reynolds. D: Bruce Payne, Ashley Laurence, Boto Bliss, Angel Boris, Richard P. Hearst, Paul Franics
Laufzeit: 94 min
Deutschland-Start: 23. 11. 1999

Die junge Kris erbt ein Haus und bekommt über das Wochenende Besuch von Collegefreunden – sowie von Warlock, dem bösen Zauberer, der nichts anderes im Sinn zu haben scheint, als die Bevölkerungsrate der Vereinigten Staaten niedrig zu halten. Langweiliger Slasher, der lediglich ein paar nette visuelle Spezialeffekte zu bieten hat.

DER WERWOLF VON TARKER MILLS
Ot: SILVER BULLETT
USA 1986
R: Daniel Attias. B: Stephen King nach seiner eigenen Kurzgeschichte. P: Martha Schumacher. K: Armando Nannuzzi. Jay Chattaway. S: Daniel Loewenthal. D: Gary Busey, Everett McGill, Corey Haim, Megan Follows, Robin Groves
Laufzeit: 94 min
Deutschland-Start: 10. 7. 1986

Ein behinderter Junge entdeckt, dass eine Mordserie in seinem Heimatstädtchen von einem Geistlichen begangen wird, der sich bei Vollmond in einen Werwolf verwandelt. Doch außer seinem Onkel glaubt ihm niemand. Misslungene Mischung aus Stephen-King-Verfilmung und einem Teen-Horrorfilm.

WIZARD OF DARKNESS
Ot: EKO EKO AZARUKU
Japan 1995
R: Shimako Sato. D: Juni Takegami, Shimako Sato. P: Yoshinori Chiba, Sun-ichi Kobayashi. K: Shouei Sudou. M: Mikiya Katakura. S: Takka Yamazaki. D: Kimika Yoshino, Miho Kanno, Shu-ma, Naozumi Takahoshi

Laufzeit: 81 min
Deutschland-Start: 1997 (der Film war nur auf Festivals zu sehen)

An der Seika High School in Tokio gehen eigenartige Dinge vor sich. Mizuno, ein von Magie besessener Jugendlicher, warnt seine Mitschüler, dass offenbar jemand versucht, den Teufel zu beschwören. Doch außer einem Mädchen nimmt seine Warnungen niemand ernst. Ein japanischer Teen-Horrorfilm, der auf einer Comicserie basiert. Von dem ungemein aufwendig produzierten Spielfilm lief in Japan unlängst eine Fortsetzung.

BIBLIOGRAFIE

Annan, David: Cinema of Mystery and Fantasy. London 1984
Balun, Chas. (Hrsg.): The Deep Red Horror Handbook. New York 1989
Balun, Chas.: Horror Holocaust. Albany 1986
Baumann, Hans: Horror – Die Lust am Grauen. Weinheim/Basel/München 1989/1991. 2. Auflage
Bernstein, Jonathan: Pretty In Pink – The Golden Age of Teenager Movies. New York 1997
Bertler, Andreas / Lieber, Harry: Hölle auf Erden. München 1993, 3. Auflage
Brockhaus Enzyklopädie in 24 Bd.; 19. völlig neu bearb. Auflage. Mannheim 1986–1994
Carroll, Noël: The Philosophy of Horror or Paradoxes of the Heart. New York/London 1990
Chion, Michel: David Lynch. London 1995
Clover, Carol J.: Men, Women And Chain Saws – Gender In The Modern Horror Film. London 1992
Crane, Jonathan Lake: Terror And Everyday Life. London/Neu Delhi/Thousand Oaks (Kalifornien) 1994
Curci, Loris: Shockmasters of the Cinema. Key West 1996
Dick, Rainer: Stars des Horrorfilms. München 1996
Dika, Vera: Halloween, Friday The 13th, And The Films Of The Stalker Cycle. Cranbury/London/Mississauga 1990
Dirk, Rüdiger/Sowa, Claudius: Teen Scream – Titten und Terror im Neuen amerikanischen Kino. Hamburg/Wien 2000
Dreibrodt, Thomas/Lukas, Christian: Onscreen – Regisseure, Schauspieler und ihre Filme in Interviews. Bochum 1999
Everson, William K.: More Classics of the Horror Film. Fifty Years of Great Chillers. Secaucus 1986
Farin, Michael & Hans Schmid (Hrsg.): E Gein. A Quiet Man. München 1996
Frank, Alan: Madman, Demented Doctors And Psychopath Scientists. London 1975
Furman, Elina: Neve Campbell – An Unauthorized Biography. Los Angeles 1999
Gaschler, Thomas/Vollmar, Eckhard: Dark Stars – Zehn Regisseure im Gespräch. München 1992
Giesen, Rolf: Der phantastische Film. Ebersberg auf Juist 1983
Gifford, Denis: A Pictorial History of Horror Movies. London/New York/Sidney/Toronto 1973

Goldberg, Lee & Randy Lofficier & Jean-Marc Lofficier & William Rabkin: The Dreamweavers. Interviews with Fantasy Filmmakers of the 1980s. Jefferson/London 1995

Hickenlooper, George: Reel Conversations. Candid Interviews with Film's foremost Directors and Critics. New York 1991

Hofmann, Frank: Moderne Horrorfilme. Rüsselsheim 1994 (2. Auflage)

Javna, John: Cult TV – A Viewer's Guide To The Shows America Can't Live Without. New York 1985

Jones, Stephen (ed.): Clive Barker's A–Z of Horror. New York 1997

Jones, Stephen: The Frankenstein Scrapbook. The complete Movie Guide to the World's Most Famous Monster. New York. 1995

Just, Lothar: Film-Jahrbuch 1996. München 1996

Just, Lothar: Film-Jahrbuch 1997. München 1997

Just, Lothar: Film-Jahrbuch 1998. München 1998

Just, Lothar: Film-Jahrbuch 1999. München 1999

Kasprzak, Andreas: Stephen King und seine Filme. München 1996

King, Stephen: Danse Macabre. Die Welt des Horrors in Literatur und Film. München 1988

Kerekes, David/Slater, David: Killing For Culture – An Illustrated History Of Death Film From Mondo To Snuff. London 1993

Loderhose, Willy: John Carpenter – Das große Filmbuch. Bergisch-Gladbach 1990

Lukas, Christian: Die X-Akten, die fünfte Staffel, der Spielfilm. München 1998

MacKinnon, Kenneth: Misogyny in the Movies. The De Palma Question. Cranbury/London/Mississauga 1990

Mangels, Andy: From SCREAM to DAWSON'S CREEK. An unauthorized Take on the Phenomenal Career of Kevin Williamson. Los Angeles 2000

Maxford, Howard: The A–Z Of Horror Films. London 1996

McCarty, John: The Fearmakers – The Screen's Directorial Masters Of Suspense And Terror. New York 1994

McCarty, John: Movie Psychos And Madman. New York 1993

McCarty, John: Splatter Movies – Breaking The Last Taboo Of The Screen. Bromley (Kent) 1984

McDonagh, Maitland: Filmmaking on the Fringe. The Good, the Bad, and the Deviant Directors. New York 1995

Morton, Jim (ed.): Incredibly Strange Films. Re Search #10. San Francisco 1986

Newman, Kim: Nightmare Movies – A Critical History Of The Horror Movie From 1968–1988. London 1990 (2. Auflage)

Paul, William: Laughing Screaming. Modern Hollywood Horror & Comedy, New York 1994

Praz, Mario: Liebe, Tod und Teufel. Die schwarze Romantik. München 1994 (4. Auflage)

Robb, Brian J.: Screams & Nightmares. The Films Of Wes Craven. London 1998

Schifferle, Hans: Die 100 besten Horror-Filme. München 1994

Schulz, Berndt: Rocker, Punks und Teenies. Vom Rebellenfilm der 50er Jahre zum Popcorn-Kino. Bergisch Gladbach 1988

Seeßlen, Georg/Kling, Bernt: Unterhaltung – Lexikon zur populären Kultur – Western, Science Fiction, Horror, Crime, Abenteuer. Reinbeck bei Hamburg 1977

Seeßlen, Georg/Roloff, Bernhard: Kino des Utopischen – Geschichte und Mythologie des Science-Fiction-Films. Hamburg 1980

Seeßlen, Georg/Weil, Claudius: Kino des Phantastischen – Eine Einführung in die Mythologie und die Geschichte des Horrorfilms. München 1976

Stell, John: Psychos! Sickos! Sequels! Horror Films of the 1980. Baltimore 1998

Stresau, Norbert: Der Horrorfilm – Von Dracula zum Zombie-Schocker. München 1986

Svehla, Gary J. & Susan (ed.): We Belong Dead. Frankenstein on Film. Baltimore 1997

Thomson, David: Beneath Mulholland. Thoughts on Hollywood and its Ghosts. New York 1997

Timpone, Anthony (Hrsg.): Fangoria's Best Horror-Films. Avenel (New Jersey) 1994

Trebbin, Frank: Die Angst sitzt neben Dir. Berlin 1990/1992, 3. Auflage

Twitchell, James B.: Dreadful Pleasures. An Anatomy of modern Horror, Oxford u. a. 1985

Waller, Greogory A. (Hrsg.): American Horrors – Essays On The Modern American Horror Film. Chicago 1987

Westphal, Sascha/Lukas, Christian: Buffy – Das inoffizielle Fanbuch. München 1999

Westphal, Sascha/Lukas, Christian: Buffy – Die neuen Abenteuer. München 1999

Wiater, Stanley: Dark Visions – Conversations With The Masters Of Horror Film. New York 1992

Williamson, Kevin: SCREAM. A Screenplay with a Foreword by Kevin Williamson and an Introduction by Wes Craven. New York 1997

Wolf, Leonard: Horror. A Connoisseur's Guide to Literature and Film, New York u. a. 1989

Periodika:
Cinefantastique, DreamWatch, Fangoria, Femme Fatales, Hamburger Morgenpost, Jetzt, Marabo – Magazin fürs Ruhrgebiet, Moviestar, SciFi Flix, Sci-Fi Universe, Salt Lake Tribune, SFX, Shivers, Space View – Das SciFi-Magazin, Spiegel, Starburst, Starlog, TV Guide, Xposé, Xposé Specials und andere mehr

DANKSAGUNGEN

Danksagungen haben den Zweck, all jenen Menschen und Institutionen eine kleine Anerkennung zukommen zu lassen, ohne die ein Buch wie dieses niemals hätte entstehen können. Unser besonderer Dank gilt dabei natürlich Wes Craven, ohne dessen Filme dieses Buch nie geschrieben worden wäre. Ein herzliches Dankeschön geht auch an die Kinowelt AG für ihre Hilfe in allen Lebenslagen. Auch der Agentur Just Publicity sei ein herzliches Dankeschön ausgesprochen.

Wir bedanken uns außerdem bei Sven Schellack und Kai Krick für Filme, Bücher und allerlei nützliche Tipps, unserem Lektor Markus Naegele, Jovan Evermann, Christian Frank, Uwe Tächl (besucht das TV Serien Central!!!), Lorenzo Zucchetti, Dirk Ebinghaus, Georg Sonntag und dem Team des Comiclands in Dortmund-Bövinghausen für unendliche Stunden des Stöberns und jeder Menge Materialbeschaffung, den Leuten der Filmbuchabteilung des Bücherbogens in Berlin, Birgit Schwenger von Amazon.de, Petra Schwuchow von der Columbia TriStar, Darth Brodt Dreibrodt (der einst als Tom bekannt gewesen ist), Thomas Klarmeyer fürs Korrekturlesen, FLASHBACK-Regisseur Michael Karen für eine prompte E-Mail, Nicole Maly sowie unseren Eltern. Im Besonderen danken wir Michael Hühne im fernen Hongkong und der Firma UUNET in Dortmund für ihre stets hervorragende Unterstützung. Und wo wären unsere Biografie-Texte ohne Marek Schirmers Heldentaten (besucht www.witten.net)

DIE TOP TEN DES TEEN-HORRORFILMS

SASCHAS TOP TEN

1. RETTET MRS. TINGLE! (TEACHING MRS. TINGLE; USA 1999; Regie: Kevin Williamson)
2. CARRIE – DES SATANS JÜNGSTE TOCHTER (CARRIE; USA 1976; Regie: Brian De Palma)
3. ICH WEISS, WAS DU LETZTEN SOMMER GETAN HAST (I KNOW WHAT YOU DID LAST SUMMER; USA 1997; Regie: Jim Gillespie)
4. HALLOWEEN – DIE NACHT DES GRAUENS (HALLOWEEN; USA 1978; Regie: John Carpenter)
5. BRAINSCAN (BRAINSCAN; USA 1994; Regie: John Flynn)
6. WIZARD OF DARKNESS (EKO EKO AZARAKU; Japan 1995; Regie: Shimako Sato)
7. DER TOD HAT SCHWARZE KRALLEN (I WAS A TEENAGE WEREWOLF; USA 1957; Regie: Gene Fowler Jr.)
8. SCREAM – SCHREI (SCREAM; USA 1996; Regie: Wes Craven)
9. DAS KABINETT DES SCHRECKENS (THE FUNHOUSE; USA 1981; Regie: Tobe Hooper)
10. PARANOIA (HELL NIGHT; USA 1982; Regie: Tom DeSimone

CHRISTIANS TOP TEN

1. NIGHTMARE – MÖRDERISCHE TRÄUME (NIGHTMARE ON ELM STREET, USA 1984; Regie: Wes Craven)
2. HALLOWEEN – DIE NACHT DES GRAUENS (HALLOWEEN, USA 1978; Regie: John Carpenter)
3. SCREAM – SCHREI (SCREAM, USA 1996; Regie: Wes Craven)
4. DICH KRIEGEN WIR AUCH NOCH (DISTURBING BEHAVIOUR, USA/Kanada 1998; Regie: David Nutter)
5. ICH WEISS WAS DU LETZTEN SOMMER GETAN HAST (I KNWO WHAT YOU DID LAST SUMMER, USA 1997; Regie: Jim Gillespie)
6. CARRIE – DES SATANS JÜNGSTE TOCHTER (CARRIE; USA 1976; Regie: Brian De Palma)
7. DER HEXENCLUB (THE CRAFT, USA 1996; Regie: Andrew Fleming)
8. SCREAM 2 (SCREAM 2; USA 1997)
9. DIE RABENSCHWARZE NACHT – FRIGHT NIGHT (FRIGHT NIGHT, USA 1985; Regie: Tom Holland)
10. FLASHBACK – MÖRDERISCHE FERIEN (BRD 2000; Regie: Michael Karen)

BILDNACHWEIS

Kinowelt/Miramax (S. 38, 41, 42, 46, 59, 137, 155, 165, 171, 177, 208, 213, 222, 227, 228, 241, 245, 246, 252, 256, 351, 426, 430, 432, 434, 444)
Foto-Archiv Lothar R. Just (S. 9, 14, 30, 37, 95, 104, 106, 109, 119, 122, 128, 130, 131, 149, 282, 288, 300, 303, 306, 318, 333, 351, 364, 369, 373, 376, 381, 389, 394, 402)
Christian Lukas (S. 71, 173)
Astro Records & Filmworks (S. 79)
Privatarchiv der Autoren (S. 102, 161, 199, 235, 331, 360, 385, 387, 415)
20th Century Fox Home Video (S. 404)
Highlight Film (S. 419)
Concorde Filmverleih GmbH (S. 425)

Spannende Kinounterhaltung zum Lesen

Max Allan Collins
Die Mumie
01/20039

Warren Adler
Begegnung des Schicksals
01/20042

Raymond Benson
James Bond – Die Welt ist nicht genug
01/20047

Richard Matheson
Echoes – Stimmen aus der Zwischenwelt
01/20052

Klaus Krämer
Kaspar von Erffa
Drei Chinesen mit dem Kontrabass
01/20053

Peter Lerangis
Sleepy Hollow
01/20054

Sebastian Junger
Der Sturm
01/20056

01/20039

HEYNE-TASCHENBÜCHER

Dean Koontz

»Visionen aus einer jenseitigen Welt – Meisterwerke der modernen Horrorliteratur.«
HAMBURGER ABENDPOST

01/6913

Eine Auswahl:

Mitternacht
01/8444

Schattenfeuer
01/7810

Die Augen der Dunkelheit
01/7707

Das Haus der Angst
01/6913

Das Versteck
01/9422

Flüstern in der Nacht
01/10534

Phantom
01/10688

Schwarzer Mond
01/7903

Tür ins Dunkel
01/7992

Brandzeichen
01/8063

Schattenfeuer
01/7810

Wenn die Dunkelheit kommt
01/6833

HEYNE-TASCHENBÜCHER